糊涂百年

ZHENG BANQIAO ZHUAN

郑板桥

传

忽培元　著

团结出版社
UNITY PRESS

图书在版编目（ＣＩＰ）数据

　　糊涂百年 ： 郑板桥传 / 忽培元著. -- 北京 ： 团结
出版社，2021.9
　　ISBN 978-7-5126-8455-3

　　Ⅰ. ①糊… Ⅱ. ①忽… Ⅲ. ①郑板桥（1693-1765）
一传记 Ⅳ. ①K825.72

　　中国版本图书馆 CIP 数据核字(2020)第 224815 号

出　　版：团结出版社
　　　　　（北京市东城区东皇城根南街 84 号　　邮编：100006）
电　　话：(010) 65228880　65244790　（出版社）
　　　　　(010) 65238766　85113874　65133603（发行部）
　　　　　(010) 65133603（邮购）
网　　址：http://www.tjpress.com
E-mail：zb65244790@vip.163.com
　　　　　tjcbsfxb@163.com（发行部邮购）
经　　销：全国新华书店
印　　装：天津盛辉印刷有限公司

开　　本：163mm×240mm　　16 开
印　　张：25.5
字　　数：427 千字
版　　次：2021 年 9 月　　第 1 版
印　　次：2021 年 9 月　　第 1 次印刷

书　　号：978-7-5126-8455-3
定　　价：66.00 元

自　序

郑燮自诩：康熙秀才，雍正举人，乾隆进士。我看还得再加一句：后世楷模。

《糊涂百年：郑板桥传》名曰文学传记，实属历史小说。文献提供了人物与故事的骨架脉络，文学手段赋予其生命基因，令人物复活起来。这，即是文学功能的神奇所在。正因为如此，本书才有资格走下束之高阁的所谓"学术殿堂"而迈进大众视野，成为各类读者热切欢迎的畅销书。有一年，庞大的郑氏家族在河南郑州举办"国际文化交流年会"，会上一次购买本书两千册，并特邀作者现场签名，与会代表人手一册，并把该书研讨会作为大会系列活动之一。会上郑氏家族当即决定捐资修建"郑板桥纪念书院"。一本书能够引发如此大的社会反响，是作者始料不及的。可见文学的魅力不可估量，她一下子就把一个逐渐远去的模糊背影活生生呈现在当代读者面前，让僵硬呆板的文献资料与零星虚幻的口头传闻变得生动起来，成为了完整真切、血肉丰满的文学典型。难怪《糊涂百年：郑板桥传》出版五年多，尽管淹没于浩渺丛书之中，热情的读者在网上还是为她点了"五星"，并留有大量的微评赞语。《糊涂百年：郑板桥传》成了阅读热点。

在清代大量书画家和官员中，郑板桥为什么知名度如此之高？无疑这首先得益于他大量传世的精美书画作品。他的书法融古而不泥古，"六分半书"独树一帜，成为书坛一绝。论画，他的小写意水墨丹青则以书法入画，写尽幽兰清韵、劲竹风骨及奇石神髓。在浩若烟海的清代书画中，携风带露，脱颖而出。把墨竹写到极致，令幽兰大放异彩。然而如果仅仅如此，或许他也很难家喻户晓。除了是书画大家，对于寻常百姓而言，郑板桥更是一位清正廉洁的好官，一名令百姓世代怀念的好县令（父母官）。为了创作本书，笔者曾经多次到江苏兴化和扬州、河南范县、山东潍坊等地采风体验。前者是他的生身之地、成长之所，后者是他为官之地、亲民之所。笔者所到之处，都有民间自发为他修建的纪念馆，也有他大量亲民爱民的故事流传。他在当地人民中口碑很好，这就像他笔下的兰竹，生根于泥土，三百年不死，三百年不倒，三百二十多年之后，仍然鲜活宜人，郁郁葱葱。足见是他的人格魅力，成就了他的艺术，更决定了他的画品与人格的不朽。这是一个专业书画家所不能获取的境界与殊荣，亦是一位普通县令难以赢得的影响和声望。

在清代海量书画家和众多官员中，能够称得上思想家者极少。三百年后，郑板桥以思想家的姿态卓然耸立，与同时代任何一位思想家相比都毫不逊色。他的思想之一，是为官的"民贵理论"与"公仆意识"。这在封建社会，是极高的哲思官品。这些思辨，不仅留存于他的大量文章书信和题画诗及词赋小唱之中，更体现于他的施政理念、举措与执政实绩中。另外，郑板桥的思想，主要还体现在他对于中华美学精神的深刻理解阐述和对艺术创新的自觉追求。由于他的理论学说、艺术感召和潜心践行，吸引团结了一大批中青年画家，逐步形成了以他为中心的"扬州八怪"创作群体和卓尔不群的独立画派。"扬州八怪"，以其强烈而深远的影响力，把清代日趋衰微的绘画，导引提升到了一个全新的高度，开拓了清中晚期的创作繁荣局面。他忠于生活和敢破常规、锐意求新求变的创作思想，成为了画坛旗帜。全面探索和呈现郑板桥思想，无疑是本书的重要内容和一大亮点。

郑板桥要还活着，应该是327岁了吧。就艺术影响力和政声而言，他老人家的确还活着。特别在撰写本书的日子里，无论白天还是夜晚，只要一闭上眼睛，他老人家就活脱脱站立在笔者面前微笑点头。即感到我们经历相似，爱好相近，思想相和，感情相吻，心灵相通，成了真正的忘年之交。感觉他老人家并未远去，曲终而韵续，梦醒则魂逸。有幸成为本书作者，是同板桥老人的一次神交，把其中的故事讲给读者，显然是为的责任和义务。感谢团结出版社慧眼识珠，给予本书重新出版的机会。

忽培元

2020 年 11 月 10 日

目录

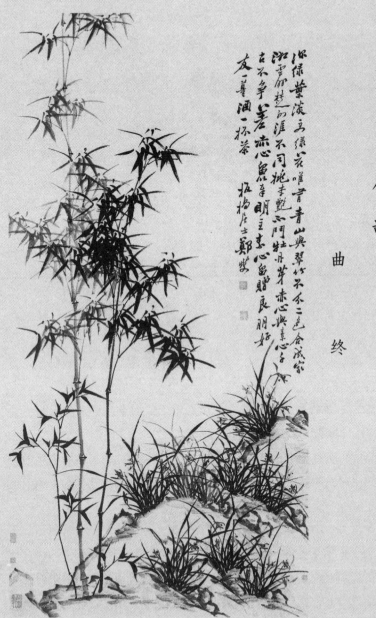

序歌

曲终

深绿叶浓立绿荫 唯有青山與翠竹不分二逕合成家
泓雲卿韓而淮不同 挑李艳不鬪牡丹芽 亦心與素心合
古不争 若恋恋 暖草朋主志心留贈良朋好
友一蕈酒一杯茶

板桥居士 郑燮

一

"呜呼哀哉！聪明难，糊涂尤其难，由聪明而转入糊涂更难……"不知缘何，他老人家近来总是禁不住念叨这句自己也不记得书写过几多遍，而市井俗人往往又会误解谬读的所谓奇言怪语。

人生实在是变幻无常。乖巧的时光也像在与人作对。当你感觉畅快，它即如白驹过隙，而重病缠身之时，它却又成了一头懒驴，从早到晚磨磨蹭蹭。

这天，艰难挨到黄昏时分，被"渴疾"折磨得骨瘦如柴的郑板桥仰卧病榻，感到浑身没有一点儿力气。

时值乾隆三十年隆冬岁末，即一七六五年十二月十二日。夕阳即将沉落，兴化城显出慵懒无奈的疲惫。

苏中平原上号称九湖十八河的纵横水网之间，呆滞的青砖城墙木然地矗立。古老的兴化城，四面水关紧闭，西城门楼子上往日喧哗飞舞的暮鸦，也都静静沉落在屋脊上面，俯视笼着沉沉炊烟的灰色瓦顶。

空旷的青黄天空中没有了一丝儿的风。城内东西大街，范公署两侧南北向的武定街与文定街上，大小店铺都已早早地打烊关门。街面上行人很少。寒风萧瑟中，几条野狗夹着尾巴匆匆穿街而过。四牌楼边八字桥下东西市河的流水，清幽得令人窒息。整个古城都好像得了痨病，悄然地喘息着、隐忍着，等待什么不祥事情的降临。

"听说郑板桥老夫子病得不轻。"

"唉，一代丹青圣手，名士清官，难道这就……"

"体察民间痛痒，得志加泽于民。"

"是呀，老人家这一辈子可是不易！"

"可不是嘛，幼年丧母、中年丧妻、老年丧子……"

"听说他那堂弟郑墨倒是仁义，执意把自己的儿子郑田过继给他老人家顶门立户……"

"有老人家的官品、人品、画品与名望就足以为郑家顶门立户！"

"这倒也是。东门外的郑家老宅，还有他现如今借住的西边'拥绿园'，势必都又要成为咱兴化地面儿上的文脉宝地，老人家是千古不朽的文曲星下凡！"

"可不，板桥老先生堪称是咱兴化人的骄傲！"

东门外街市的茶馆中，几位胡须灰白的老茶客聚在一起轻声议论着。年少者也不再喧哗，静静倾听。大家的心情都显得沉重。

二

往日高朋雅集、热闹异常的"拥绿园"，此刻寂静若死水一潭。池塘中枯黄的残荷子立于清白薄冰之上，孤立蓬端的翠鸟发出冷冷的叫声，更显出孤独的凄然。

卧室里西向的窗户上面，正悄然透进一抹惨淡晚霞。霞辉幽幽地映照着卧榻上的老人。他那消瘦清癯的面容隐约有些活气儿泛出，茫然的目光也显得有了神采。

此刻，板桥老人正呆呆瞅着自己那一双枯瘦的手，已是多日未曾捏笔抚纸。霞辉里，长长的指甲泛着竹子般的亮光，骨节更如竹竿节儿似的凸起，只是同窗户上透进的灵动竹影相比，呆滞僵硬了许多。

竹子与望竹者，一窗之隔，恰巧形成境与人的一种呼应。一辈子迷竹恋竹的丹青高手突然意识到，自己周身的骨节都像是在焦渴苦痛中慢慢地变坚发硬，整个的生命也仿佛正在悄然化作一株经霜老去的竹子……

东门外郑家老屋院内那几丛比自己年岁还要长久的竹子，堂屋中那张木床和总是躺在床上生病的生身母亲。母亲的面容逐渐由模糊变得清晰，他感觉自己这就要归去到母亲的身边，那是另一个世界，另一重天地。祖父、父亲、阿叔，还有费妈和继母、亡妻、不幸夭折的儿子……他们都在那边等着自己……

近来每日的黄昏，幽雅的"拥绿园"总是如此寂静。自从他一病不起，那些络绎不绝的买画索字者久已没了踪影，连那些吆喝捧场凑热闹的闲人也是渐次地销声匿迹。而至交好友们则是病的病走的走……

唉，园子里真是安静，鸦雀无声的寂静。可这并不是他平日期盼的那种祥和平顺的清静，而是令人不安的死寂。重病中人原本就格外的敏感脆弱，脑子里会时时翻江倒海、浮想联翩。难道这借居之所果真将要成为自己生命的终结之地？

三

园子的主人李鱓仁兄已是故去六年。瘫卧病榻的金农老兄也于去年撒手而别……唯板桥独自痴迷地守在这里，艰难地咀嚼着那日趋远去的友情与欢乐的余韵。他还记得五年前为李鱓的《花卉册》题跋的情景，心中复涌起一阵焦虑惆怅。

口渴难耐。他的目光落在墙上悬着的那把古琴。心爱之物随他大半生漂泊。每每心绪烦乱或是焦渴难耐，他总要弹上一曲，顿觉神清气爽。眼下，他是实在没有力气再弹。他为古琴起的名字也很有趣，曰"寒泉漱石"。琴背面龙池上铭刻的四句诗也都是他亲手书写："声非郑卫，音杳筝琶。悠然太古，吟啸烟霞。"落款"板桥"，款下还有一方"郑燮之印"。这是郑家祖传的一件宝物。明代琴师杨继盛所制。他并没有意识到自己的文字能为古琴增色，只是想到了最爱听他抚琴的知音李鱓。

这位兴化乡贤年长郑燮七八岁，却是终生不离不弃的至交。李兄少年得志，也照例是"才雄颇为世所忌"。二十五岁即高中举人，三年后又以画品入宫供奉朝廷，可谓一帆风顺、少年得志。可惜旋即就被排挤出局，虽有幸检选至山东滕县，终也因自恃清高，不屑于摧眉折腰，多逆小人且忤大吏，到头来还是遭到罢官还乡的厄运……

"呜呼哀哉，聪明难，糊涂尤难，由聪明而转入糊涂更难……"

郑板桥含糊地念叨，声音却细小得连自己都听不清楚。

窗户上最后一抹亮光不知何时消失，屋里顿时漆黑一团。他索性闭上双目，眼前却还晃动李鱓仰天大笑的姿容。随即也分辨出了他周围的那几个人影，分明有矮胖敦实的金农、孤傲冷峻的高翔、瘦骨嶙峋双目失明的汪士慎、穷老无依却依然不肯随人俯仰的李方膺……

瞧这几位，一个个破衣烂衫……难道进了阴曹地府也还有贫贱富贵之别、孤傲趋炎之分？纷繁的人世之外，那性情开朗火烈的故人李鱓明明正在不远处急切地向自己招手呼唤，只是听不出音声。

四

一阵窸窣响动，桌上灯光亮起。郑燮恍惚中睁开眼，见昏黄灯影里饶夫人小心端着药碗，目光忧郁地注视着自己。他便挣扎着说：

"汝可是又为我熬了汤药？"

饶夫人低下头，手中的药碗有些哆嗦。

"唉，我说过多少遍，夫人呀，不用费心劳神。世间的药石，医不了我的渴疾。"

饶夫人欲言又止，眼圈儿顿时红了。她聪慧温顺的目光只是在他鼓胀的腹部扫视关注。

唉，真也难怪，瞧他老人家那脸色，那鼓胀的肚子。汤药是再也咽不下去啦。可不进药石又怎么得了？眼瞅着老爷子病成这样，头脑竟是明镜儿似的清亮，身边的人们心中都十分的难过。

堂弟郑墨和已经正式宣布过继给自己的侄子郑田只是不断地奔忙煎熬，走马灯似的请来新的郎中把脉、诊断、开药，跑药铺抓药。饶夫人却是左右为难。

饶夫人虽是小妾，但这么些年对老爷照顾却是无微不至。久病不愈的郑燮，原本是深深体恤夫人难处的，他总固执地认为自己得的是文人的绝症，根子是在心底里，在于那困扰了一辈子终还是无法摆脱更无法达到所谓"由聪明转入糊涂"的心灵纠结。

什么是聪明，什么又是糊涂？作为读书人，自己琢磨大半辈子，似乎也没真正弄清。不择手段、不要人格，甚至不顾廉耻地一味渴求名利齐备、出人头地、风光一世，是否就是聪明人的活法？而默默无闻却又是津津有味地活在自己渴望的真善美的理想世界里，不知四季晨昏、老之将至，难道就是糊里糊涂？假设那样，自己倒是宁愿能够糊涂处世。但是在他的内心深处，总有另一个郑燮在那里作怪，偏要不服输地做一个世人公认的所谓聪明人。

一个人活在世上，到底是为聪明而来还是为糊涂而生？每个人，甚至每个人的不同时期的答案也许不尽相同。一辈子情不自禁、言不由衷的人，到了生命的最后一刻，也许才会明白，自己一生苦心孤诣、惨淡经营、工于算计、斤斤计较的所谓名呀、利呀，到头来果真就那么重要？而被尘世视为糊涂之人，那些宽博大度、超然物外的人，往往是真正的圣人贤达，才是真正看破红尘的智者。

可你自己究竟属于怎样的人呢？重病中的郑燮扪心自问，回答则是认为自己充其量也就是世人眼中一个力求糊涂而难得糊涂的玩主。直到此刻了，心中还有着那么多的世俗杂念放不下，那么多的名节牵挂、利益瓜葛……如此想来，他便更加固执地认为自己胸中那根结了几十年难以排解的"病竹节"开始发起威来。这才是真正的症结所在，是任何的药石也无能为力的文人痼疾。

看来对于人生的物质功利，要真正做到糊里又糊涂，还真是一件艰难的事情。他感到自己还真舍不下这个给自己带来了无限烦恼与欢乐的人世，放不下许多世俗的功利诱惑。

五

当郑燮耐着性子，勉强服下饶夫人和郑墨、郑田执意熬煮的汤药，凄苦地眉头紧皱，目光又投向枕边那本翻阅了不知多少遍的木版医书：《集验背疽方——论渴疾本原》。

在他看来这原本倒是一部切要之书。宋代祖传名医李迅，老先生行医半世，检行集要，在书中列举出渴疾病因杂沓众类，可在郑燮看来，自己这心结之病，主要还是情志失调所致。郁怒伤肝，肝气郁结，劳心竭虑，以致郁久化火，火热内燔，消灼肺胃阴津而发为消渴。如今回想，这些都是仕途追逐所染之疾呀。

唉，也是难免，身在宦海，喜怒忧乐，何以由得自己执掌。谁人又说得清楚，那渺无穷尽的名呀利呀功呀过呀，行情涨涨落落，交椅沉沉浮浮，风雨寒热杂然交替，难免个中心境总处冰火之中，浇熬淬炼，岂避得愁郁狂躁，内火自燃，实乃顽症之源……

老人家无奈闭目长叹，又盘算饶夫人他们所熬之药，无非木瓜、紫苏、乌梅、地参、茯苓、芍药等生津液止渴之类，服多而渴愈甚，茫无功效。而这一位前辈李老先生，倒似务实之人另有良方，公然放言竟能服之三日，焦渴即止。且遂久服之，不唯渴疾不作，且可气血益壮，饮食加倍，强健过于少壮，云云。还讲盖用此药，非愚愗自执鄙见，实有源流。曰自为童儿时，闻先君言，有一士大夫病渴疾，诸医遍用渴药，治疗累载，不安。有一名医海之，使服加减八味丸，不半载而疾痊，因疏其病源云：今医多用醒脾、生津、止渴之药，误矣！而其疾本起于肾水枯竭，不能上润，是以心火上炎，不能既济，煎熬而生渴。今服八味丸，降其心火，生其肾水，则渴自止矣。可是自己也曾久服这"八味丸"，初似有效，后即茫然。又言内中北五味子最为得力，此一味独能生肾水、平补、降心气，大有功效。名医乃亲见有验，故敢详着之。唉，古今医术固高，只怨自身病入膏肓，无可救药矣。

老人家的心绪，顿时落入谷底。他又想到了自己的归老之所。难道至死也没有真正属于自己的一间房舍？

六

郑板桥的晚年，往来于兴化与扬州之间，漂泊不安、居无定所。然而这并非他要的生活。一直到他生命的最后，也还是耿耿于怀。他在范县任上时，堂弟郑墨在家乡兴化城边的鹦鹉桥南买得一所屋宇。郑燮得知曾传书言，希望堂弟在新宅就近也帮自己买一块地皮，将来也造一所宅院归老为居。他当时想得天真：

站在院中凭栏眺望，可见一片老城半堤绿柳，近前且有小桥流水、池鱼丛花……他早算计过了，买地约需银钱百两。过往周济贫士、捐款修城虽也耗去不少积蓄，但俸禄之中余得这点儿买地造屋的费用还是不难。再说，他所渴望也不过数间草屋、一圈土墙。院内也不求什么楼阁假山、画栋雕梁，只要植竹、种树、栽兰、育花之外铺一条碎石的小道曲通书房而已。书房也就两间足矣。一间存书，一间会客，客厅亦可写字作画、品茗饮酒。另有专供起居的两三间主屋，一进两开，两代人亲近居住，侧屋则是两间厨房、一间客房……这一切对于他这个县老爷、大书画家而言，不算奢望呀！

然而，看来这梦境一直要伴随他走去另一个世界了。

呜呼哀哉，一切都是空中楼阁，空中楼阁呀！

官罢囊空两袖寒，聊凭卖画佐朝餐。最惭吴隐奁钱薄，赠尔春风几笔兰。

　　这是他六十六岁那年为次女出嫁时画兰所题，此刻忆起都觉得惭愧。这样的经济状况，何以能够买地造屋？六十八岁那年，他在诗文《自序》中说自己"初极贫，后亦稍稍富贵，富贵后亦稍稍贫"。

　　世人都讲什么"一任清知府，十万雪花银"，自己十年知县任内，本该也是可以不仅"稍稍富贵"，而这些年"大幅六两"卖画期间，也是足以达到殷实而不至于贫呀。问题显然就在于这自恃清高、落拓不羁，平日非但不把银钱放在眼里，还反对别人攒钱，骂人家是驮钱驴。公开悬格卖画，其实并非贪钱，作画仅凭兴趣而已，提笔在手总是强调"风雅要多钱要少"，而一旦有钱，高兴起来，又大把花销、周济……还说什么"黄金避我竟如仇，湖海英雄不自由"，结果倒也"我避黄金竟如仇，老怀豪宕得自由"，心灵虽求得了某种平衡，可兴化的造屋计划终归成了泡影……多亏挚友李鱓慷慨相助才得以回到兴化安居。李鱓也是晚年落破，家产早已不是当年的"水田千亩"，但田地还算有些。他不光在城南建起"浮沤馆"，等到郑燮归来，便又特意近旁围了一处小园儿，内栽兰竹，专供老友吟诗作画，取名"拥绿园"，还自己欣然题匾曰："聊借一枝栖。"

　　这时，堂弟郑墨同郑田又怯生生地来到床前嘘寒问暖。这反倒使他的心中更添几分悲凉。他同自己单门独户的父亲一样，本希望多子多孙、兴旺家族，结果却两个儿子均不幸夭逝。这种"无后"的悲哀又能向谁诉说？好在这郑田还机灵孝顺，终日同着饶夫人一起身边伺候，也不觉得孤寂。

七

　　"郑田儿，"郑燮亲切地唤着孩子的名字，等他来到近前，就指着自己胸前佩戴的一枚圆柱形玉坠说：

　　"你们知道，我一生孟浪清贫，没有给后人留下一砖一瓦、一垄田土，这个就留给你，也是个念想。"

说着，吃力地由颈上取下那玉坠，亲手戴在堂侄儿的脖颈上。清白光润的玉坠，在灯光下越发显得冰清玉洁。那孩子含着眼泪，一时不知说什么才好。

这还是好友金农送给自己的心爱之物。送他之前，还专意请高翔在上面刻了一枝竹子和一副对联："清寒直入人肌骨，一点尘埃住得无。"见此情景，一旁的郑墨也十分感动。心想这对联，不仅仅是对堂哥画品的赞誉，更是对他一生人格的概括。郑墨如此想着，禁不住也泪流满面。

还有一事，是他老人家放不下的，那就是自己那些心血化成的诗文。他自选的《诗钞》《词钞》，还有家书、小唱，选择的标准皆是极高至严，稍不如意的篇目，他宁可付之一炬。如此，他还是放心不下，唯恐后人有多事者狗尾续貂，就在《后刻诗序》中，厉声喝道："板桥诗刻止于此矣，死后如有托名翻版，将平日无聊应酬之作，改窜烂入，吾必为厉鬼以击其脑！"

可谁知这身后之事，能否尽如人愿？

不知为何，他突然记起了真州的毛家桥与西郊，那可是多年都不曾忆起的天堂之地呀。一双黑黑的眼睛就像一团深不可测的山潭，可以穿越时空的洞穴，他感到自己的身子落入其中而失重……恍惚间突然觉得一口气上不来，就背了过去，再也没有唤醒过来。

一片慌乱中，"拥绿园"里顿时起了哀婉的哭声。郑板桥老夫子去了！静夜里，这消息很快就传到了东门外面，惊动了整个兴化老城。

石畔青青竹数竿 傍添瑞草是幽蘭 老夫卅載
瓊林客 只畫春風不畫寒
板橋鄭燮

第一章

冬萌

一

　　康熙三十二年，亦即公元一六九三年。天灾甚于人祸。饱受干旱袭扰的江淮大地又遭水涝。焦渴的池湖与龟裂的田土顿时又化为一片汪洋。到处是泡在水里的村落庄稼，到处是饥饿不堪的人群。地方官吏与恶霸盘剥豪夺倒也罢了，这样的反常气候延续三年，号称鱼米之乡的富庶之地，许多农民、渔家破产，许多的人背井离乡、流离失所。乡下人纷纷涌向城镇，仿佛那里存在着生路。是年深秋，原本是山清水秀、热闹非常的江苏兴化老城里，由于聚集了太多的难民，铺面关闭了不少，市井空前冷落。平日热闹的叫卖声被凄惨的乞讨声代替，街面就显得异常拥挤混乱。

　　十月二十四日深夜，东门外护城河畔板桥边一座虽不富丽但看着还算体面的庭院内，堂屋门口，蹲着一位身着青布长衫的中年男人，他瘦小委琐，面色青黄，神情紧张焦虑，双手下意识地攥着由脑后拖到胸前的那根枯黄细软的发辫。从他的装扮来看，显然是个读书人。他就是本分博学的教书先生郑之本，虽是一介名不见经传的穷教书先生，却是兴化城里的名士，素以文才出众、品行端庄而深受乡邻敬佩。

　　"我说之本，你别老是蹲在外面，当心风寒。"

　　正房中堂前仍亮着灯光。正襟危坐的父亲郑清之故作镇定地将着胡须说。其实他的心中比儿子还要忐忑不安。但他不动声色。他毕竟是见过世面的人，在外为官多年，如今虽说告老还乡，但却仍无长孙，现在儿媳临产，老人家也是兴奋不安。

　　郑家原本是名门望族，先世寓居苏州阊门，明洪武三年（1370）迁来兴化城内北水关桥南汪头，是城里有名的书香门第。但是到了郑之本一辈，单凭耕读而没有功名官运支撑、更无实业商事辅佐终是不济。加之连年水灾，于是家道开始衰落，延至他顶门立户之时，更是屡试不中，开馆教书的收入也是更加微薄。清苦的日子就一直困扰着这个老廪生一家。他一直有个未能实现的心愿，就是盼望妻子汪氏能给自己多生几个儿子，将来培养成人，好能中兴家道，荣宗耀祖，完成梦寐以求的科举功名。可是夫人过门数年，只是病病歪歪，服药不断。好容易有了身孕，却又遇上难产……

又过了大约半个时辰，堂屋里传来慌乱之声。郑之本紧张万状，侧耳探听，就分辨出了婴儿的啼哭。他蓦然起身正要从门缝张望，门却"吱"地开了。迎面站着的女佣费妈高兴地说：

"老爷，生了，夫人生了个少爷！"

"是男孩子？"

"可不，大胖小子。"

郑清之坐着虽没动身，但下颌的胡子却抖翘起来。嘴里嗫嚅着说："嗯，十月二十五日子时，与雪婆婆同日生哩。"

郑之本高兴起来，不顾一切地冲进屋去，就见接生的王阿婆正捧着那拼命啼哭的婴儿悉心擦洗着，嘴里还不住地唠叨：

"哭吧，大声哭吧，大胖小子！这下我们郑先生可心啦！"

郑之本定睛一看，那赤条条的婴儿，可不像他心中渴望已久的大胖小子。又瘦又小不说，双目紧闭，小鼻子小嘴拥挤在一起，声嘶力竭地蹬着细腿拼命啼哭，一看就是个坏脾气的小冤家。但毕竟是个小子呀，还是头胎，也算给这个清苦不堪的家庭，带来了巨大的喜气。身体原本就虚弱的汪夫人愁容密布的脸上也有了一丝笑意。邻里街坊也都提着彩蛋红糖登门祝贺，连家中的奴仆们也一个个喜气洋洋。善良的人们啊，大伙儿的心事都是一样，就是希望这个生不逢时的男孩的出生，能够给这个衰落中的家族带来好运，给这个人丁单薄的家庭带来兴旺的福音。小侄子的到来，连那平日贪玩的小叔子郑之标，也高兴得合不拢嘴，整天围在婴儿身旁嘿嘿地傻笑。

二

"他爸，别整天宝贝宝贝地喊了，也该正经给孩儿起个官名啦。"

一天夜里，病中的汪夫人仰坐床上，看着郑之本亲昵地抱着孩子逗个不停，便轻声地说。

"名字我想过几个，可父亲都说不中意。他老人家说就叫'郑燮'吧，字'克柔'。《尚书·洪范》云'燮友柔克'，孔传曰：'燮者，和也，世和顺以柔能治之。'父亲的意思是期望孙儿长大成人能够以和处世，出则以和顺治理天下，好光耀祖宗。我自己寻思，这字乃'克柔'，言外之意，也是说再不要像他老爸这般，功名不济又无钱无势，一介文弱书生、穷教书匠……"

汪夫人听得抿着嘴哧哧直笑。生下了儿子，郑之本对于夫人的感激是难以言表的。可眼瞅她的病情日见加重，心中时时感到忧虑。汪夫人原本是大户人家姑娘，聪敏贤慧、知书达理，可惜体弱多病。自从嫁到郑家，总是病病恹恹，就没过几天舒坦日子。好在郑先生对她不错，虽然脾气乖僻，但对她还是一贯的温存体贴。郑家老屋开始有了笑声。

汪夫人自从生了儿子，更是劳心劳神。白天好在有费妈帮忙操劳，喂吃喂喝、换洗尿布。天久日长的，傻小子一见了费妈，反倒两眼发亮，又挥手又蹬腿的一副欣喜模样儿，倒像是见到了亲娘。每到夜晚，本该随母亲安睡，小东西却时常哭闹不休。这令汪夫人心中很是烦乱。她本来就睡眠不佳，好不容易在两次咳嗽之间昏昏睡去，孩子一哭一闹即被惊醒，她就得爬起来抱着乖哄。听不得孩儿的哭声，这是母亲的本能天性。可是抱在怀中的孩子仍然是啼哭不止，小家伙是饿了，母亲那干瘪的乳房吮不了几口，就没有了奶水。他哪里懂得母亲得的是肺痨，按医嘱是不能生育的。他更不能懂得，母亲为了哄他不哭，在那漫漫长夜之中，就像一盏灯，几乎努力熬尽最后一点儿油。

"噢噢，摇呀摇，摇到外婆桥，外婆不在家，谁疼我们小宝宝……"母亲轻唱着。

就这样，一个病弱的母亲，整夜整夜地抱着襁褓中的儿子，咳嗽着，摇晃着，嘴里还不停地哼着童谣。说来也怪，她那温柔如丝的催眠曲一旦响起，孩子不但不睡，反而会瞪圆一双小眼睛惊异地望着母亲。敏感的母亲发现小家伙真是聪明过人。他显然对于音乐有着格外的敏感。催眠曲的作用很快见效，孩子渐渐闭上眼睛，呼吸也缓慢均匀。只有母亲的催眠曲才会使婴儿缓缓入睡，可病困交加的母亲，却是再也不能入睡。她担心着这个生不逢时的苦命孩子将来的命运，担忧自己有一天不能再为他唱催眠曲时，谁又来哄他入眠？

生母的心事，襁褓之中不懂事的婴儿当然是浑然不知。以至后来他长大成人，每讲到生身母亲对自己的疼爱，竟然没有丝毫的印象。而只是隐约地记得母亲病逝的情形。但那也是模糊不清的。有时甚至连他自己也会以为那只是想象中的幻觉：在那个记忆中模糊的日子，太阳被乌云遮蔽，天色是灰沉沉的。由外面疯跑归来的郑燮，被老屋里一阵哭声吸引。他慌忙跑进门，就见父亲坐在床边，怀里抱着母亲，像平日里母亲抱着自己一样。只是他那铁青的脸上却挂着两行泪水。母亲她不再咳嗽，却像睡着一样地双目紧闭，瞅着异常的俊美。郑燮不顾费妈的阻拦，硬是爬上床去，把自己的小脸贴在母亲脸上。他感到有些冰凉，便慌忙地抬头端详着母亲。双手触摸到母亲的身体，感到有些僵硬。他已经习惯了母亲因为剧烈的咳嗽而全身颤抖的情形。母亲仿佛知道儿子的到来。她那紧闭着的眼角，正有一滴泪水缓缓渗出。他紧紧地搂着母亲哭唤着，把自己的小脸埋在母亲的怀中，那熟悉的气息，使他忘记了此刻的情景，而是情不自禁地想要寻找母亲的乳房……许多年后，当他在自己的诗歌中写下这样的情形，连自己都感到凄凉。其实这还是费妈事后告诉他的。当时不懂事的孩子，他哪里知道，那就是同母亲见的最后一面。而挂在母亲眼角的那一滴干涩的泪水，也就是亲爱的母亲留给儿子的最后一点儿可怜的爱。一个不满三岁的孩子无知却有情的举动，唤起的则是大人们更深的痛苦。平日严肃的父亲再也无法克制自己而抱着妻子失声痛哭。一家人就这样用哭声送走了母亲。

汪夫人的病逝，对于这个清贫的家庭，如同雪上加霜。郑之本的儿子小

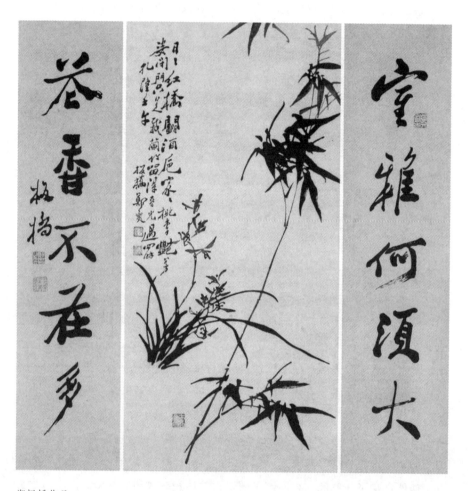

郑板桥作品

郑燮，从此成了没娘的孩子。他没有给郑家带来好运，街坊邻里还有人偷偷议论说："这麻丫头命硬，克母。"

三

连年的灾荒，使郑家这个家道中落的书香门第，变得越发凄凉冷落。依靠教书与廪银养家糊口的郑之本，不但学生越来越少，各家所送束脩，也是大不如前。祖上传下的微薄田产，由于荒歉，收入也就十分有限。几个雇佣的仆人，工钱难以为继。好在郑家一向待人宽厚，主仆之间的关系也就不同寻常。

"各位如有办法，就再找个东家去做吧。"郑之本多次对大伙儿说。

可就是没人应声。人是有感情的，看来短期内没有工钱大伙儿也都不愿意离开郑家。许多年了，在这所大宅子里忙碌，大家是一个生活的集体。在这个集体中，感情变得比金钱更为重要。感情也使得和睦的主仆关系逐渐地发酵为一种难得的亲情。但人又是要吃饭的，要挣钱养家糊口的。无奈之下，主人就想了一个折中的办法，允许大伙儿除了为郑家的家务操劳之外，还可在外面找点儿能贴补家用的事做。郑板桥的乳母费妈，就是这样。她的重情重义与勤劳能干，在此时体现得尤为突出。郑燮在这样一个特殊的家庭氛围中出生成长，使得他从小就没有富贵子弟的优越与淫逸矫情，一生都对于劳苦者抱以深深的同情。

那个时代，江淮大户人家与佣人，相互间还不仅仅是雇佣关系，而是有人身依附意味的。比如费妈，原本就是郑燮的祖母蔡太夫人的侍女陪嫁来到郑家的。到郑燮出生那年，她已经在郑家操劳了三十多年。这时候的费妈，早已经不是那个细声细语说话、目光羞涩柔顺的使唤丫头，而是手脚粗大、说话高喉咙大嗓门的四十五六岁的女佣。她早已有了自己的丈夫、儿子，但她的心思却还主要操在郑家。郑家老小也都把她视为自家人，她也没把自己当作外人。她爽直口快，心地善良，乐于助人。遇到多大的难怅她都是乐呵呵一副憨厚的笑脸。三岁失去母亲的郑燮，从此就像费妈的亲儿子一样。白天她宽阔厚实的脊背就是孩子的大地，夜晚她温暖的怀抱使孩子几乎完全忘记了失去母亲的孤寂。

然而不幸的是，贫穷与饥馑仍在延续，情谊终究无法抵御生活的逼迫。结果，郑家能够做活的佣人越来越少。最后，仅剩费妈一人还坚持留下照顾可怜的郑燮。父亲郑之本的话语是越来越少。整天阴沉着一张愁苦的脸，除了在私塾里忙，就是捧着书本发呆。郑燮的老祖母年老体弱，经常默默孤坐或卧床不起。有时整个一所大院子，就剩了费妈与小郑燮的身影在晃动。在那静悄悄的院子里，费妈说起话来就像打开了高音喇叭。小孩子的心目中费妈就像是能够遮风挡雨和壮胆依靠的一棵大树、一座高山，费妈就是自己童年的天和地。自从母亲去世，费妈就搬到郑燮住的堂屋来睡了。于是每天早晨一睁开眼睛，那亲切的笑容就像太阳一样，总是如期地照射在小孩子的脸上。那是一张质朴的、因营养不良而过早显出枯黄苍老的慈祥笑脸。"乖儿子，睡醒啰？"于是在那母亲般温暖的阳光照耀下，小孩子不哭不闹，顺从地穿衣下地。接下来，她便围绕着他，开始了一天的悉心忙碌。她总是把他的小脸小手洗得干干净净，把衣帽为他缝制得整整齐齐。嘴里还不断地念叨："我们郑家祖辈都是体面人家，我们郑先生的儿子，就得穿得齐整让人看着体面。"大户体面人家的保姆费妈，她是真心维护着主人家的体面，决不会把一个吊着鼻涕的少爷背到人前。当她背着衣帽整齐的小郑燮来到街面上，总感觉有许多的街坊邻里的眼光都在瞅着这孩子。当看到别人家的孩子手里拿着姜糖饽饽，她也不愿意让人家觉出郑先生的儿子穷酸。她放下背上的郑燮，故意大声地吩咐卖烤炉烧饼的阿贵："给我家小主人来一张热饼！"眼睛却不由得左右瞅瞅。说话间就由衣兜摸出一枚铜板，响响地拍在阿贵油渍渍的案板上，随即接过热乎乎的芝麻烧饼，递给早已伸出一双小手的燮儿，"乖，不要乱跑，吃着烧饼赶快回家找奶奶玩，姨妈去场上买菜啦。"郑燮鼓着腮帮点点头，欣喜地迎着朝阳、蹦蹦跳跳沿着石铺的街道乖乖地回家去。

那时候，郑燮的爷爷、奶奶都还健在，他们视失去亲娘的孙子为掌上明珠。每日年迈多病的祖父都要教他识文断字、吟诵唐诗宋词。他老人家一手捧着《三字经》或《百家姓》，甚或《千家诗》，念起来就像唱歌一样好听。

郑燮便跟着吟唱。爷爷还用手指蘸着茶水，在桌面上写字，要他辨认。看他认真的样子，爷爷兴致更高，便指着上房中堂名士石涛的一幅兰竹图，眉飞色舞地给他讲授丹青绘事。虽然他对于"脱胎于山川""搜尽奇峰打草稿"这些个高深之理还是懵懂不清，但经爷爷指点，他看着那山水、兰竹、花果、人物倒是甚为眼亮。爷爷的诱导使得郑燮从小就对字画有了敏感的偏爱。年轻时读书刻苦又做过官见过世面的爷爷，还告诉他要刻苦读书将来考取功名的道理。有时还会演戏似的穿起威风的官服，在院子里迈着八字步走来走去，逗得郑燮嘿嘿直乐。爷爷却不笑，一本正经地说："不读书，不光没得官做，还没得饭吃哟。"郑燮瞪大眼睛，想着爷爷的话，不懂得为什么会是这样。他只是觉得爷爷讲起话来胡子一抖一抖的甚是好玩，便努力攀上爷爷的膝盖，伸手去摸那银白的胡须。爷爷连声说："要不得，要不得，君子动嘴不动手也！"郑燮便嘿嘿地笑。爷爷也忍不住哈哈地笑，屋子里顿时充满了欢乐。

"记住了，乖孙子，我们郑家可是书香门第。这位东汉经学大家郑玄，那可是了不起的大人物，他就是我们的先祖。这可得记住了。我们的祖宗是北海高密人，祖籍在今日山东。"

在兴化郑氏祠堂里，爷爷牵着郑燮，指着一位老夫子的画像说。祠堂的名称很奇怪，叫"书带草堂"。

"爷爷，什么是'书带草'？"

"书带草，就是麦冬草，一种很结实的长草，汉代读书人用它来捆扎书简片子，当然也是我家先祖使用过的物件。"

这幅画像与这个细节郑燮牢牢地记在了心中，他后来刻有"书带草"白文印章一枚，以纪念值得自豪的远祖人物郑玄。

奶奶的溺爱却是纯物质的。每天早晨，她老人家都会拄着拐杖，按时挣扎着立在街门口眼巴巴盼望孙子归来。那满头的苍发在沁凉的晨风中瑟缩，眼睛里很快就溢出混浊的泪水。而在她老人家的身边，总是会站着一个穿着补丁衣，却收拾得干干净净的小女孩。她很懂事地伸出手，扶着老奶奶。她就是邻居家的小女孩，名字叫王一姐。她比郑燮大五岁，就像是郑燮的亲姐姐。她同奶奶一道期盼着跟随费妈上街买烧饼吃的弟弟快快归来。

费妈说是去买菜，其实她是上别人家帮工挣钱了，不然别说她自己的儿子与丈夫要挨饿，就是来日一早郑燮要吃的烧饼也无钱再买了。可是费妈的良苦用心小孩子哪里晓得。他光是记得，刚刚出膛的贴炉烧饼嚼在嘴里香甜得不忍下咽。这时候小郑燮心中，就满是费妈的亲切笑容。他把吃剩的烧饼，小心捂在手中又贴近鼻子闻闻，暗暗咽着口水。想到费妈叮嘱自己的话，便加快了回家的脚步。可当他沿着古老的河堤走着，看到堤旁有一群孩子绕着一座老屋追逐嬉闹，还有的蹲在瓦砾堆上寻觅着什么。金色的阳光，把堤柳与屋宇的影子拖到了河水中，晨风又赶忙把它们搅和成一片碎金。小郑燮瞅着不觉就放慢了脚步。他伸手摸摸老柳树的苍干，又拽拽低垂的柳丝，目光最终停在了水中自己的影儿上。一只小鸟突然从树梢惊起，他就感到脖领里凉飕飕的舒服。于是，他站在板桥上拽扯一根柳条故意地抖抖，便又有大滴的露珠洒落下来，他就缩着脖子痛快地打了一个冷颤。这是每天都要重复的游戏。有时过往的乌篷船上穿着花衫子的小姊姊也会吸引他的目光，他就追着船儿往前走去。船上的小姊姊很友好地向他招手。他突然感到害羞起来，他想起了王一姐，赶忙驻足低下头去，从眼角目送着船儿远去。他于是往家赶，因为他的眼前满是那一双漂亮的大眼睛，那是王一姐看着自己时的眼睛。小孩子的心中突然意识到，王一姐的眼睛就像钓鱼的钩儿，把自己的心钓住了。

费妈讲的，如果夜里落了雨，早晨就会起雾。奶奶可是没这么讲过。她只是说，雾是龙王爷爷吸烟吐出来的。郑燮还是相信费妈的话。因为她在他的心目中是无所不通晓的。只要费妈说有，那就是肯定有的。昨晚肯定是落了雨的，此刻他才被浓雾包裹得严严实实。不远处的板桥下传来桨声和远远的几声叫卖。他就想象着，往日那个向自己挥手微笑的花衫子的姊姊……觉得有些不好意思，这时远远地传来了奶奶的呼唤声。他急忙答应着，撒腿朝家里跑去。

就在他于河沿上耽搁这一阵，手脚麻利的费妈已经替别人家做好了早饭，又急急赶回来照顾郑燮和祖父祖母了。的确，费妈是小郑燮心中的太阳，听到她那高亢的嗓音，眼前的浓雾就会散去。太阳的温暖更多地体现为她每次由外面回来都会带好吃的东西。有时是一块姜糖，有时是一块夹青红丝的点心，有时是一把裹着芝麻的花生米，还有一种雪白的米糕饼夹着一段炸得焦黄的油条，叫作"黄鼠狼钻棉花胎"，郑燮一听就忍不住咯咯地笑。费妈就重复一遍。他笑着吃着，就感觉手里捏着一团躲着黄鼠狼的棉花胎，感到好奇又紧张的欣喜。许多次，费妈自己的儿子俊和哥哥来了，她却仍然

郑板桥作品《兰》

把好吃的统统递到郑燮手里。还说俊和哥哥十四五岁是大人了，不和弟弟争吃东西。于是郑燮的生活里就有了一个疼他护他的好哥哥。在郑燮眼里，俊和哥哥长得高出自己一头，读书很是用功，常常受父亲称赞。他的样子很像他的母亲，笑起来脸上也有两个小酒窝。有这样一个壮实的哥哥时常保镖一样立在身边，街面上的野小子就不敢欺负郑燮。他就这样在周围亲人们的呵护之下，长到了六七岁，开始懂得许多事情。他发现父亲瞅着自己的眼神较以前更加地威严起来。那是看待一个成年人的眼神，是先生看待学生的眼神，充满了不满和责备。

但他唯独没有注意到家庭的变故。甚至连爷爷的过世都没有在他的心里留下多深的印象。因为有费妈在，他心中的太阳每天照样升起。每天晚上还是像一只小鸟依偎在那温暖的怀中。有时犯起糊涂，还会在她背上用小拳头当鼓敲。那顽皮的样子，常常把她逗乐。往往是看到别的孩子被母亲拖着小手学步的情景，他就会想起自己的母亲。他的心中仍然存留着失去母亲的阴影。"一个孩子，从小失去母亲的伤口是无法愈合的呀。"费妈时常小声对邻居大婶说。

四

有一天，当郑燮在河沿古板桥上玩到肚子咕咕直叫，却还是没有听到费妈的呼唤声。他感到一阵心慌，撒腿就往回跑。当他回到家中，却看到费妈默默地蹲在灶间抹眼泪。这是以前从未见到过的。以后许多日子，她也不再大声说笑，也不再欢乐地讲述趣事。脸上的泪痕倒是时常不干。只是每天照例牵着郑燮外出买烧饼吃，照例做着一切的家务，手脚更不见停歇。还翻箱倒柜，把郑燮和祖母的旧衣物统统集中拿到河边去洗完浆晒之后，又仔细缝补熨平，再一件件精心叠齐包好。当她做着这些，总是低头无语，眼睛里会突然地聚满泪水。郑燮看着害怕起来，就依偎到她的怀中。她就放下手中的活计，搂着他啜泣不止。郑燮不明白费妈的心思，还有她为啥要把那么多的柴火买来整齐地码在灶间，把齐墙那一排溜的水缸全都装满了水。他只是懵懂地觉得有什么大事就要发生。费妈的眼泪，就像夜里落下的大雨，小孩子的心中，一整天都会聚满疑虑的浓雾。他想着这些，夜间常常被梦魇惊醒。有一天，他梦见早晨醒来一睁眼不见了费妈，顿时哭醒了，睁开眼睛一看，费妈正俯身望着自己，但是脸上却失去了笑容，而且拖着两行热泪。

小郑燮最害怕的事情终于发生了。这天早晨，费妈照例牵着他的手到阿贵的摊子上买了烧饼，此后就再也没有露面。郑燮急忙赶回家，灶间没有人，奶奶的床边也没有，他最后走进后院她的住屋，里面也是空的。

"费妈，我要费妈！"

郑燮在院子里哭着喊着，又追到大街上去寻找。但是到处都没有她的身影，连俊和哥哥也随之消失了。今后该怎么办呢？他独自站在河沿的板桥上，哭得更加伤心，连肚子饿了都没有感觉，王一姐一直陪着他伤心落泪，他却浑然不知。直到父亲找来，牵着他的手回家，他才收住哭声，但仍然啜泣不止。

"我要费妈！"

他几乎是央告着对父亲说。

父亲告诉儿子："费妈外出做活了。"

"为啥不在我们家里做？"

"我们付不起人家工钱，她还要给你买烧饼吃。"

"费妈真狠心，也不告辞就走了。"

"她是不忍心看见你和奶奶难过才不辞而别的。"

小郑燮听得又忍不住哭出声来。这个没娘的孩子，他所依靠的遮风避雨的大树被一阵风刮跑了，他所依靠的得势壮胆的高山突然地倒下了，这就像天崩地裂一样的可怕，在郑燮幼小的心灵中，费妈的突然消失所造成的创伤比失去亲生的母亲还要深重。此后许多夜晚，他都在睡梦中梦见费妈。

那些孤独的日子，多亏了王一姐的陪伴。青梅竹马的小伙伴，使他依然存留着生活的热望。

五

　　费妈已离去许多日子，郑燮都不相信这会是真的。早晨，他百无聊赖地呆站在上河沿板桥上。眼前的风景对他再也没有了吸引力。归来，还是习惯地掀开灶上的锅盖找东西吃。锅里虽然还像往日一样，热乎乎地摆着香喷喷的饭菜，但却没有了费妈亲切的笑脸与身上熟悉的气息。这丰盛的早餐是继母郝姨妈的心意。调制精细的千页豆丝与他最喜欢吃的青菜盐粥，甚至糖糕肉圆似乎都变得索然无味。这个执拗的半大小子，他怎么也不能接受一个陌生女人的关爱。他甚至错误地把费妈的突然出走与她的到来联系起来埋怨。每每想到这里，他就再也不觉得肚子饿了。他把掀开的锅盖重新合上，眼泪顿时又聚满了眼眶。每当这时，郝姨妈总会把锅里的饭菜款款端出，悄然递到他的手中。

　　郑燮的父亲郑之本，这个耿介沉默的读书人。除了读书和教书，他不知道这个世界上还有别的什么重要事情。他对于儿子的教育，常常也就局限于督促他熟读启蒙之书与唐诗宋词。要他把《三字经》背得滚瓜烂熟，把《千字文》用毛笔小楷写得工工整整。他经常唠叨着教导孩子们："书中自有黄金屋，书中自有颜如玉。"但生活好像故意和他开玩笑，那书中的所谓"黄金"，就是迟迟不见出来光顾。而倒是应了后半句老话，他才在郑燮的母亲去世几年之后，得到了"颜如玉"的续弦者郝夫人，也就是孩子好久都不能接受的这位好心肠的可怜继母。父亲不留意孩子的心事，也不关注续弦的难处。同那个时代许多未曾获取功名的读书人一样，他善良而迂腐，敏感而脆弱，永远只是活在之乎者也的世界里，活在自己虚幻的情景中。

　　灾荒过后几年，江南水乡又恢复了富庶与繁华。兴化老城重新热闹起来。东西水关进出的货船又开始络绎不绝。郑家的日子也像东门外重新热闹起来的街市一样有了明显起色。田土的收入增加，朝廷颁诏扩大乡、会考试的录取名额，私塾里的孩子便多了起来，郑之本的脸上多云见晴，甚至有了笑意，话也多了起来。他见了儿子郑燮，总是和蔼地说："该读书了，我的傻儿子，不要整天在河沿上同那些野小子疯啦，得用功考取功名呀。"他并没有注意到，本来瘦小的儿子长了个子，显得更加瘦小。

听到教导，郑燮怯怯地瞪着一双大眼睛望着父亲，只是不说话。自从爷爷去世，他感到自己长大了许多，爷爷生前讲过的许多话，许多当时不懂的人物和故事，即开始变得明朗清晰。继母郝夫人正是爷爷去世后不久，也就是他五岁时过门的，但是在郑燮的心中却一直不能接受这个来取代生母的陌生女人。更何况她还替代了费妈，成为祖母和自己生活的依靠。这对于未成年的他，是心灵的考验与折磨。他起初并没有意识到，一个自己并不愿意接受的女人，开始从一切方面取代他所无法接受的失去了的亲人的位置。而另一方，却是要待前房所生如同己出。对于双方而言，这种感情空间的切入与置换该是多么的艰难而痛苦呀。当然，这种书本里不可能写着的实际生活中的波澜，嗜书如命的郑之本是肯定不易知晓。郑家每日貌似平静的生活，就这样暗流涌动，充满了戏剧般的冲突。

费妈的突然离去，不仅使一个孩子生活上失去了依靠，在心理上，也经历着亲人生离死别的痛苦。就像在暗夜中行路，原本是依偎在费妈宽阔的背上，那么无论周围是多么的漆黑、道路是多么的崎岖，他都没有觉出艰难恐怖。可走着走着，突然就变成了他一个人……王一姐那天真美丽的眼睛似乎成了他生活中唯一的光明。

"孩子，不要难过啦，费妈走了还有郝姨妈照顾你嘛。"

暗夜中孤行的孩子，起初听到这和蔼的话语，并没有为之感动。他的心中还满是费妈那太阳般的笑容，他的恋母感情的空间，还是被费妈占得满满当当，还没有容得下别人的空间。

这是考验一个继母的时刻。聪明的郝姨妈没有因此懊丧。她心中明白，这种迟到的母爱，对于一个八九岁的对人世间的一切都是一知半解的男孩子而言，就像误了农时而迟播的种子。也许只能留归他在日后的漫长岁月中萌发、回味。但就是这样，贤良的继母郝夫人也是心甘情愿。

"燮儿，有什么心事告诉郝姨妈？"

她不曾奢望孩子唤自己母亲。其实她还从未听到这个执拗的孩子叫过自

郑板桥作品《竹》

己一声"郝姨妈"。

郑燮就像什么也没有听到，只是照例低头瞅着自己的手指，他的小拇指上有道伤痕，那是捉螃蟹时不小心被钳的。他又记起了费妈在河边为自己捉螃蟹的情景来。她赤足站在水中，抓到一只大螃蟹，就一挥手甩到岸上。郑燮欢呼着勇敢地追上去，用小手把它按在沙地上，螃蟹在他手下挣扎，他的心就兴奋地突突狂跳。费妈是天足，不像郝姨妈的一双小脚，整天大门不出、二门不迈的。

"燮儿，快吃了这碗米粉，一大早出去，也不知道肚饥。"

郝姨妈说着话，就把热乎乎的饭碗递到他面前。郑燮想着捉螃蟹正在兴头，才不愿意有人打搅，就下意识一挥手，瓷碗被撞落地上打碎了。

郑燮抬头看一眼郝姨妈，她竟然没有发火，却说："没事，只要我们燮儿没被烫着就好，姨妈给你再下一碗。"

郑燮恼羞成怒，竟在地上打滚大哭。郝姨妈耐心哄他起来，为他拭泪。

八九岁的男孩子，正是调皮捣蛋惹得猪狗都嫌的年龄，但在旁人眼中，郑燮并不淘气，倒像个丫头一样文气十足。因为小时候出水痘脸上隐约落下几颗白斑，邻人就都唤他"麻丫头"。麻丫头整天埋头读书习字，闷头闷脑地发呆。和王一姐一起玩耍的时候，他更是显得温顺随和。但他内心的叛逆，却是远远超过了一般的孩子。

家里的日子艰难，虽还不至于饿肚，但缺柴少米，也是经常会有的。在面临饥饿威胁的时候，首当其冲的还是郝姨妈挡着。她总是千方百计省吃俭用，调剂着让丈夫、婆婆和郑燮吃饱穿暖。她自己代替女佣，整天迈着一双三寸金莲，忙前忙后。夜里还就着油灯为全家缝补衣衫。丈夫的冷漠、老婆婆的埋怨唠叨，再加上郑燮的叛逆，续弦与继母这双重角色可真是难为了这个身体本来就不强壮的柔弱女子。她终日默默地忍受，周围没有人注意到她的难怅，甚至没有谁留意到她的存在。

六

　　郑家既不是地主豪富，也不是官僚世家，而是兴化城里有名的世代勤勉的耕读人家。这个好名声显然也是大户人家的姑娘不顾实际的经济状况，愿意嫁到郑家的根源所在。"耕读持家"，这是封建时代一个家庭门风高尚的标志，是深受人们景仰的一块金字招牌。到了郑之本的手上，当然地继承着这个传统。他虽然近乎是一个书呆子的读书人，但对于儿子的栽培，还是十分地上心。在郑燮刚刚懂事时，就从爷爷那里得到了不同于寻常人家的启蒙教育。到郑燮七岁那年正式随父亲到书房读书时，他早已比别的孩子要多背许多的唐诗宋词，能够把毛笔字写得像模像样。他还能模仿许多的民间小唱，显示出惊人的记忆与对诗词音韵及丹青画事的特别敏感。

　　以社会职业划分人的等级，是当时一种不言而喻的时尚。排列顺序则为"士农工商"。学而优则仕。比方各种职业是一个宝塔，那么当官入仕，就是塔的最高一层，是许多人做梦都想攀登的高处。显然，做工或种田人家的子弟，读书的目的是"做官"，改换门庭。而书香世家的子弟读书，当然更是唯一的荣宗耀祖的途径。

　　郑家本身是书香门第，就连郑燮的外祖父家，也是书香世家。郑燮生母的父亲，也就是他的外祖父汪翊文，就是一位学富五车的人物。他不仅精通诗词音律、擅长琴棋书画，而且懂得《易经》风水，对于四书五经更是深研博记，出口成篇。郑燮的生母汪夫人，是外祖父的独生女儿，自然从小耳濡目染，受到了良好的书卷熏陶。这种文化的渗透是直入基因的。因此，郑燮一开始读书，就呈现出与众不同的艺文才情。连他自己在成年之后，也推测认为自己的艺术禀赋主要应是得自外祖父家。而读书则由父亲亲自教授，"偏吃另喝"自然是可想而知的事情。

课堂上，表情威严的郑之本，衣帽整束，总是一手端着书本，一手习惯地捏着一把戒尺。这是他的标准师道形象。别的先生的戒尺，不是吊在醒目的墙上示威，就是置于讲桌右侧恐吓。郑先生则是永远捏在手中。但他手里的戒尺，却是很少落在学生的手心。那只是一种威慑，是用来吓唬顽皮小子的。机灵的郑燮早看出了父亲的色厉内荏。同窗的孩子个个望而生畏，他心里倒是暗暗好笑。他甚至好奇地想象着瘦小的父亲手无缚鸡之力，他那戒尺落到手心，究竟是一种什么样的感觉？于是他就在课堂上故意挑战父亲的权威。一次习字课上，当别的学生都埋头习字，而郑燮把笔杆咬在嘴里东张西望，还冲着近旁的孩子做着鬼脸。父亲一抬眼，就看见了儿子的恶作剧。但他起初装作没有看见，仍然在讲台上戴着那副祖传的石头镜子摇头晃脑地默读典籍。郑燮见父亲对自己的调皮浑然不觉，更是胆大妄为起来，干脆用毛笔在自己脸上画了副眼镜，装作父亲的样子，摇头晃脑地高声诵书。果然，一下就把课堂搞砸了。同学们由哧哧偷笑到哄堂大笑，等到郑之本弄清原委，顾万峰和王竹楼几个顽皮小子干脆也都纷纷效仿起来。肃静的课堂成了一窝乱蜂。看重师道尊严的郑之本一下气炸了！他把戒尺在课桌上敲得啪啪山响，但仍然没有把那几个顽皮小子镇住。原因是他的儿子郑燮干脆跳上书桌冲着他直做鬼脸。孩子们的哄笑声几乎要把房梁掀起来了！

"下来，岂有此理！"

郑之本一声怒吼，倒是把天花板上的陈年浮尘震得哗哗直坠。其他的顽皮小子吓得各归其位，唯独郑燮还待在书桌上不动。大家的目光都集中在他那张滑稽可笑的脸上，他却摇头显出毫不在乎的样子，更像是喝醉了酒，眼睛直愣愣地瞅着父亲手中的戒尺。

"下来，跪下，把手伸出来！"

郑燮还没反应过来，已被父亲像老鹰抓小鸡一样从书桌上提溜下来了。他居然顺从地跪地伸出了左手。因为他常听父亲讲，自己小时候因为书没背好，被先生，也就是郑燮的爷爷用戒尺打得筷子都不能操、连毛笔杆儿都捏不住。因此他狡黠地伸出了左手。

父亲气得满脸通红，嘴都有些歪斜，二话没说，就抢起戒尺照他的小手心里拍下来。郑燮咬牙挺着，只觉手心就像被烙铁烫着一样，火辣辣的疼。他咬牙坚持了三下，就下意识地把手躲了回来。父亲正在气头上，哪里还管儿子疼不疼，把手捥回来又是连打五下。说是至少要打八大板。眼见先生动了真的，顾万峰和王竹楼那几个顽皮小伙伴早吓得脖子缩在衣领中了，课堂上只有郑燮的哭叫声。

"你们，还有你们，顾万峰、王竹楼，看你们谁还敢捣蛋？"

郑之本真正是一个色厉内荏的人。看到儿子哭得满脸是泪，他的心就软了下来。这是一个没娘的孩子呀。他开始后悔起来，他开始悔恨自己的无能来了。但是脸上还是强装着一副威严的样子。他当时并没有真正意识到这次父子冲突的严重性，远不是儿子受到了皮肉之苦，手肿得几天端不住饭碗，也不是由此而引起的老母亲的哭闹与郝夫人的心疼埋怨，而是父子间长时间的冷战生分和暴力所激发的他那少不更事的更加的顽劣与叛逆。

人都说三岁看小，七岁看老。父亲也看出来了，儿子显然不是一个"少怀大志"之才。当然，为人本分的郑之本也并不希望儿子将来能够攀龙附凤，但是他也有一个难以启齿的理想，就是希望儿子通过熟读经史，稔熟艺文，考取科举功名。这是不言而喻的，但是他也不愿意直讲。读书人的内心是极其脆弱而又最讲究面子的，他恐怕讲出来，别人会想，你自己为何读了大半辈子书也没有考取什么功名？这是他最要命的心结，而解开这个心结的人，看来就只能依靠儿子郑燮了。可儿子的表现实在令他失望。开戒后的戒尺，屡屡落在儿子的手上。可那反响却再也没有第一次那么强烈。儿子是从来不哭，只是咬牙硬撑。这使得那些顽童也更加放肆起来。郑之本感到了无奈，也深悔当初没有"易师而教"。无奈之下，唯一可以给他带来安慰的就是罚他背诵古文。

"郑燮，你们昨日放学不回家上哪疯去来？"儿子不知啥时成了那几个顽皮小子的头儿。

"到河滩里抓螃蟹去来。"

"怎么弄得满身泥污，鼻青脸肿？"

郑燮不再说话。昨日回家，本来父亲就要发作，只是有奶奶和郝姨妈死活地护着，他早知道惩罚会等到学校里了。

啪啪啪，父亲的戒尺又在课桌上响了起来。郑燮下意识地攥攥双手，心中盘算着今天该"值勤"的是左手还是右手。这一次惩罚的自然也少不了顾万峰和王竹楼。

"罚你背诵范文正公《岳阳楼记》两遍！"

郑燮心中一愣，难道父亲要改变惩罚的方法？他狐疑地抬眼看看父亲，发现那平日除了威严再毫无表情的脸上，却流露出一丝痛惜的神色。这种奇怪而陌生的表情，像一根无形的钢针，刺在了儿子的心上，几乎要接通父子的亲情神经。可惜这只是一瞬间的事情，如同电光一闪，孤独蒙童的扭曲顽劣，转眼又淹没了理智。

就这样，郑燮机械地背诵着课文。滚瓜烂熟，却又快得叫你无法听清。可郑之本却没有打断他，只是静静地听。

郑之本，开始试着妥协，试着不再使用武力。个中另有的缘由，郑燮当然不得而知，这也是郝夫人用心吹拂枕边风的结果。在继母的眼里，郑燮一直就是个聪慧而重情重义的好孩子，只是个性有点儿执拗，她就时常劝说丈夫要因材施教，循循善诱。

七

郑燮儿时最好的伙伴除了同学中的几个生性好动的顽童，例如顾万峰与王竹楼，就是可爱的邻居家的女孩儿王一姐。此外还有一位，即叔父郑之标，郑燮管他叫阿叔。阿叔贪玩，近三十岁尚未婚娶，堪称是郑燮的忘年之交。

其实一般成人对于孩子的了解，往往是片面的，甚或是想当然的。只有当你真正放下成人架子，成为他们真正的知心伙伴，才可能准确地了解他们的内心。在童年的郑燮看来，叔父这个人才是自己真正的朋友，一个他终生都没有忘记的知心伙伴。可是很长一段时间，他都似乎不记得叔父的名号。他只是亲昵地唤他"阿叔"，正像他也唤他"阿燮"一样。他是父亲一母同胞的亲弟弟，但却长得五大三粗，更像是家中的雇工一样衣着散乱，不修边幅。他似乎对于读书兴趣不大，仿佛是经常喝得醉醺醺的，胡楂上总是沾着饭渣米粒什么的，脸也从来不认真盥洗。可他却是特别喜欢和善于逗小孩子玩乐。郑燮从小一见阿叔，还没等他做鬼脸儿就会呵呵大笑起来。可阿叔却是从来不笑，显出一个真正的伙伴的认真神情，给他讲述许多有趣的事情。他的手是特别的灵巧，一片榕树叶子，转眼就是一个可以吹响的哨子，而几根马兰草，经他那么一鼓捣，就成了一只要飞的蚂蚱。他还会双手写字，用手指蘸墨画的虫草花卉也是别有韵味。可他自己却从不正经作画，只是在看到郑燮按照父亲的要求枯燥乏味地正襟危坐习字的时候，他才偷偷溜进书房"捣乱"一气。奶奶时常举着阿叔的"画作"，不无炫耀地说："可惜了吾儿的才华，如果画了拿去卖，肯定都抢。"阿叔不以为然，从奶奶手中夺过那画纸，团了扔入炉火之中。奶奶一脸茫然。他的生性古怪由此可见一斑。可是不知为什么，当他与郑燮在一起，他那种认真的神情一下子就使他们相互之间心灵连通，忘记了年龄和辈分。于是他们就成了很好的玩伴，成了可以互诉衷肠，相互信任、理解，甚至做了错事互相包庇的知心朋友。然而父亲同阿叔的关系，却犹若仇敌之间的冷战。有时两人冲突起来，永远也只是那两句话："侬总也该干点儿正经事由！不能坐吃山空呀。""我也没吃侬没穿侬呀，挨得侬管？"接下来又是沉默、继续无休止地相互蔑视与冷战。

　　也许在父亲的眼里，郑燮也同阿叔一样，是郑家的一个叛逆小子。因此当郑燮淘气的时候，父亲就会把阿叔拉出来做反面的教材。"你这样下去，将来也就是你阿叔的坏子！"郑之本如此说时，脸上即显出深深的痛苦忧虑。接下来就会讲那重复过不知多少次的"悲惨往事"。据说阿叔从小就不用心读书，尽管也是智商很高，几乎可以过目不忘、出口成章，但就是不愿意用功，经常逃课。父亲还说，"你爷爷当初骂他'种田嫌苦，经商怕累，一天到晚只知道吃了睡！'"，阿叔的确是能吃能睡。他吃起烧饼，至少五张，还外带两碗米粉。吃得全家人都用眼睛偷着瞅他，只有郑燮和奶奶笑他长个橡皮肚子。因为他有时候又可以三天只吃两顿饭。有时喝多了酒，挺着个蝈蝈肚子在他那脏兮兮乱糟糟的床上一躺就是一两天，而且鼾声如雷。郑燮揪他的耳朵都没有反应，奶奶用拐杖都捅不醒他。他的日子就这样自由自在地过着，直到年过而立，还是一事无成。可他却是特别地喜欢小孩子。把郑燮视为亲儿子一样，宠他，疼他。

　　这天傍晚，郑燮又走进阿叔的房间，阿叔刚刚睡醒，正揉着眼睛向他招手表示欢迎。那是正房背后的一间平房，又黑又小。原先是看门的佣人居住，后来佣人走了，阿叔就自己做主搬了进去，大约是因为离大门不远，又有一条便道通着后门水道，出入很是自由方便，因此阿叔愿意独自住在这里。此处也就成了郑燮经常出入的地方，成了他的避难所与安乐窝。每逢在外面与人打架受了委屈，或惹出了什么是非受到父亲责怪，叔父的小屋就成了郑燮躲风避难的场所，因为父亲从来不迈进这里一步。而更多的时候是读书习字厌倦了，阿叔仿佛知道他的心事，会巧妙地替他找出脱身的借口，把他带到这僻静之地，玩上一阵。可这一天，他却不是来玩的，而是来诉苦的。由于在课堂上偷玩斗蟋蟀，父亲罚他背书，他硬是不肯，原因是父亲放走了他心爱的铁头蟋蟀王。结果，又挨了戒尺，手心火辣辣的正疼。郑燮委屈得连郝姨妈烧的饭也不吃，就来找阿叔诉苦。"什么风把阿燮吹来了？"阿叔真是高兴。可侄子一见阿叔就扑进他的怀里委屈地哭起来。阿叔问清了缘由，嘴里一边骂着哥哥郑之本无情，一边抚摸着阿燮的头许愿要为他再捉两只上好的蟋蟀。郑燮一下子就不哭了，感到了真正父亲般的温暖。

在郑燮的记忆中，阿叔的肩膀是宽阔有力的，那也是他儿时的福地。不仅可以骑在上面观风景做游戏、看花灯摸鸟蛋，还可以攀附在上面，躲开父亲的视线和成人们的监督，躲进一个属于儿童自己的自由世界里去。那里没有监视、没有惩罚，更不必喝下那些苦巴巴令人想都要反胃的汤药。他总觉得，那药是郝姨妈对自己的一种变相惩罚，可为什么奶奶也要劝他喝呢？只有阿叔认为，小孩子不要整天喝什么药，说他自己从小就没有喝任何中药，也长得壮实如牛。说着还故意伸出粗壮的臂膀，显出结实的肌肉。郑燮玉树临风地待在那肩头上面，就觉得更加安全靠实了。

阿叔还是一个虔诚的佛教徒，一个可爱的施主。在兴化城里城外有许多建造考究的寺庙。春暖花开或是隆冬时节，阿叔就领着郑燮到庙里去拜见和尚。这又是郑燮最喜欢做的一件事情。阿叔最要好的朋友是观音阁的住持大和尚时雨。那时候，他的大徒弟，也就是以后成为郑燮挚友的高僧实曙还是个刚入寺的小和尚。他年纪比郑燮大不了多少，但却是一副成人一样的稳重外表。每次见到时雨大和尚，郑燮都感到自己得到了人生的慧启。那些充满人生哲理的绵绵话语，就像春雨瑞雪，令他滋润，令他清醒。他当时甚至很羡慕实曙的选择，整天都能守着师父，随时聆听启蒙教诲。然而，当他从庙里归来，回到嘈杂的街市俗世间，就又感到了烦恼，感到世俗的无聊。他对于阿叔的理解与精神依赖就越发加深，甚至一天不见面，都感到想念。

终于，有天晚上，郑燮没有听郝姨妈的劝说回到奶奶身边，而是睡在了阿叔的偏屋里，那个童话般的世界。就在阿叔那单身汉的又脏又破的被窝

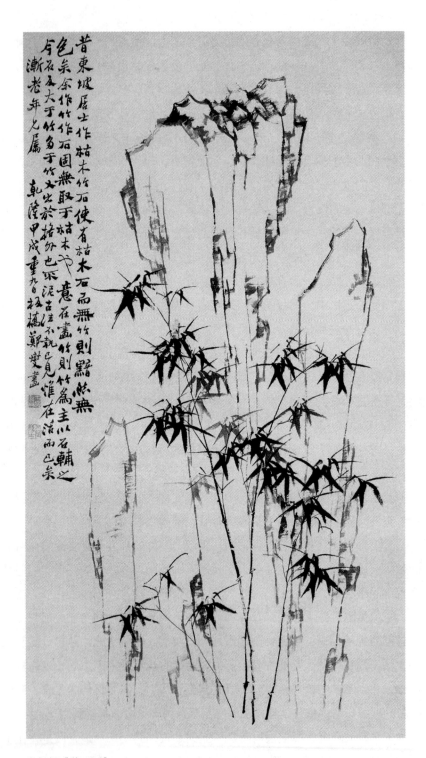

郑板桥《竹石图》

里，躺在那大山一样温暖厚实的身旁，听着他不知从哪里听来的惊艳凄美的神话传说与鬼狐故事，直到沉沉进入梦乡。后半夜，他被冻醒。由于长夜的寒冷，缩着一团的他双脚不停地来回摩擦，结果把阿叔的被子蹬出了一个大洞。阿叔发现后笑得岔了气，指着那个洞说："瞧，'娇儿恶卧踏里裂'，你也成了杜工部诗中的一个人物！"惩罚是要他背诵《茅屋为秋风所破歌》。一首唐诗背完，郑燮也被逗乐，完全忘记了那丢失蟋蟀与委屈挨打的痛苦，笑得就像吃了糯米粑粑。那时候在他幼小的心目中，唐代诗人杜甫是个多么善良又可爱的老头子呀，就像他时常在阿贵的烧饼摊上遇到的唱小曲行乞的太阳公公。就是这一夜，他在阿叔的怀抱中睡得最香，结果梦见自己要撒尿，就讲梦话说："阿叔，阿燮要尿尿。"就听阿叔说："尿吧，尿吧。"于是他就开尿了。结果等他醒过来，满满当当一泡尿全都浇在了阿叔的被窝里。他正不好意思，阿叔却笑着说："没事，没事，我正好洗了个免费的热水澡哩。"两个人又是哈哈一阵大笑。

就这样，这位仿佛生来就是专为保护侄儿的叔父，只能在深秋沁凉的风雨中，和衣搂着郑燮熬过漫漫长夜。

八

一年又一年，继母郝夫人无私的爱，终于融化了郑燮心中的冰垒，温暖了麻丫头的心灵。他的心中，原先完全被费妈占据着的感情空间，逐渐被郝姨妈替代。不知从哪一天开始，郝姨妈也像费妈一样，成为了郑燮生活的依赖，成为了他遮蔽风雨的大树、高山。执拗的孩子一旦顺从起来，就会百依百顺。尽管郝姨妈的脸上不像费妈那样，整天挂着憨厚的笑容，有时甚至还透出隐痛的神色。但是她的每一次关心的叮嘱与善解人意的安慰，都像潇潇春雨，无声地润泽着他的心田。小男孩甚至开始偷偷地注视郝姨妈，欣赏她那娇小的背影和年轻俊俏的面容，欣赏她说话时莞尔一笑的优雅，欣赏她沉默时显出淡淡忧愁的神情和盘腿坐在罗汉床上的娇态。甚至在每晚入睡时还会想着，郝姨妈拖着病弱的身子累了一整天，不知歇着没有。他也不知郝姨妈得的是什么病。只是闻见她喝的药汁很苦很苦，只是看见她喝药时的表情好难受好难受，只是瞧见父亲面对郝姨妈的脸色越来越阴沉，只是感觉郝姨妈夜间咳嗽的声音越来越响、次数也越来越多。可是第二天，当他醒来的时候，就又听见灶间传来响动声。他知道，那又是郝姨妈在忙着为全家预备早饭。果然，当他穿好衣服，郝姨妈就努力地迈着一双小脚端来了洗脸水，热腾腾的早饭也已经摆好在桌上。

有一次，郑燮下学回家，看到郝姨妈平躺在床上，脸色苍白、双目紧闭。父亲和奶奶还有阿叔都围在床边。善福堂的大先生正在为她把脉。也许是听见有人走进来，郝姨妈睁开眼，看见了郑燮，眼眶中突然闪动着泪花，努力地抬起手，说：

"燮儿，过来，让姨妈看看。"

郑燮不知发生了什么事情，一时立在门口，看看父亲，又瞅瞅奶奶，不敢近前。直到阿叔过来牵了他的手，来到郝姨妈身边。却见郝姨妈的脸色更加的苍白，眼圈发着青，嘴唇也没有了血色。

"燮儿，"郝姨妈伸出纤细蜡黄的手，摸摸他的头，又握住他的手。他感到郝姨妈的手冰凉冰凉，不禁打了个寒噤。

"姨妈……"

他努力地喊出一声"姨妈"，连自己听着都怪怪的。

这还是燮儿这执拗的孩子第一次当众称呼自己呀，她眼中的泪水顿时涌出了眼眶。

郑燮也哭了。他哭得很伤心。他第一次像一个成人一样意识到自己的命硬命苦！他埋怨老天对自己真是太不公平，失去生母，失去费妈，难道又要失去郝姨妈？！这一个个的亲人，难道……他不敢往下想了。其实他并没有意识到，这也许是老天爷在磨砺自己，即所谓好运与厄运的平衡与交替。赐给一个人某一方面天分的同时，又给予他某种灾难与缺憾。他哭着用枕边的手绢轻轻地为郝姨妈擦拭着脸上的泪水。周围的大人，除了大先生都感动得哭了。

大先生从容地把完了脉，闭目思索一阵，又用留着长指甲的瘦手，轻轻翻起郝夫人的上眼皮瞅瞅，然后慢条斯理地由袖兜中掏出手绢，仔细地擦着双手。所有人的眼光，都盯着他的嘴。可那露着两颗金牙的嘴就是不见发出任何声音。而他那眉心结起的疙瘩却使得屋子里的空气顿时紧张起来。沉默了好一阵，大先生打个手势，干咳两声从屋里退了出去。父亲和阿叔急忙随他而去，三人在门外嘀咕了好一阵，父亲和阿叔回来，大先生走了。见谁也不言语，郝姨妈说："没事，我只是累了才突然发昏的，躺躺就好了。娘，您说不是吗？"奶奶忙说："就是，躺躺就会好的，我年轻时也老这样。"

从此，郝姨妈再没有力气为郑燮洗衣烧饭了。可郑燮一下学，就守在郝姨妈的床前，静静地望着她因苍白更显清秀而慈祥的脸。他幼小的心被继母郝姨妈牵着，又一次经受着痛苦折磨。从春到夏，郝姨妈的病情在日日加重着。大先生来的次数却是在增加，开的药方也是越来越离奇古怪。等到郝姨妈完全不能起床时，郑燮的心都要碎了。母子相守，经常默默无语。郝姨妈强忍着病痛的折磨，而他却感觉自己就像一只春蚕，每一次看到郝姨妈因痛苦而昏厥，他都要蜕去一层外壳。一个执拗而叛逆的孩童，就这样在心灵的纠结痛苦中逐渐地蜕变成长。使他完全从童年时代走出来的，正是照顾他整整九年的亲爱的郝姨妈的离世。当初生母去世他还幼小，似乎并没有多深印象。如今郝姨妈病逝，他号啕大哭。全家人都劝他不住。他哭得不吃不喝，哭得好伤心呀！哭自己的命硬命苦，哭老天爷有眼无珠，哭送子娘娘太无情，没让郝姨妈给自己生下一个弟弟，也哭费妈的生离与生母的死别，哭贫穷困扰与饥馑缠身……仿佛整个童年的苦水，都在这一刻决了堤，一下子统统涌上心头。仿佛这一场大哭，就是郑燮的成人仪式。从此后，他告别了童年的岁月，提早地迈入了成人的行列。但是连连失去亲人的心灵创伤却是终生难以愈合。这最终化作了他的孤傲与尖刻的个性。当他独处之时还会无端地泪流满面……他以后忆起，仍然悲从中来：

无端涕泗横栏干，思我后母心悲酸。十载持家足辛苦，使我不复忧饥寒……

郝夫人病逝，眼瞅父亲整天阴沉着脸，不停地吸着水烟发呆，郑燮的心中更加郁闷。奶奶倒是显得格外坚强，病病歪歪的身子骨似乎比从前还硬朗了。夜里睡觉再也听不到叹息呻吟。两位嫂子的先后离去，似乎对于阿叔郑之标的心灵震撼更大。几天之内，他几乎变了另外一个人。郑燮发现，阿叔最大的变化，就是衣服穿得整洁许多，脸上的胡须也不见了踪影。而且每天都要把脸洗得干干净净，言谈举止也之乎者也，开始有了读书人的味道。郑燮看在眼里，笑在心里。连他住的小屋，也新换了明亮的窗纸，收拾得干净爽利。奶奶看到了这些，立在门外逢人便讲："嘻嘻，瞧吾标儿懂得孝道啦，瞧吾标儿懂得礼教啦。"这时候，阿叔手里牵着郑燮正挑回一担水，母亲的夸奖使他红了脸，只笑不说话。

九

很快，就有人上门提亲。扬言要打一辈子光棍的郑之标再也不是避而不见，而是按照母亲的吩咐，乖乖换上一件新棉袍，再罩上团花图案的黑缎子马褂、戴起瓜皮小帽儿，俨然一副新郎官的模样去会媒相亲。郑燮见得，就傻乎乎指着阿叔认真地问："奶奶，我阿叔要娶媳妇了不是？"奶奶瞪眼小声说："小孩子家懂个啥，你阿叔早该有个家室了。"郑燮不知道"家室"是何物，便瞪起眼睛问阿叔。阿叔小声说："傻小子，连这都不懂，家室就是你阿叔的媳妇，你阿叔婆。"

年轻美丽的阿叔婆终于娶进了门。红袄绿裤彩盖头，被一顶花轿吹吹打打抬到大门口，脚不落地又被新郎阿叔撅着屁股背起来。张灯结彩鞭炮齐鸣的婚礼上，阿燮扮演的是引人童子角色。他穿着像新郎官一样的新衣服，胸前绾着同样的大红绸花，走在最前面，小手牵着一根红绸子，绸子的另一头被新娘子的双手攥着。进了大门入二门，一直引进正院东厢房的洞房门外红毡上。奶奶看见了高兴得直吻他的脸，连父亲的脸上也云开日出地绽开了笑容。就在他像个真正的成年人自豪地迈步走着的那一刻，他感到自己长大了，成了真正的男子汉。也许人们并没意识到，这就是一个孩子参加某些成人仪式的深层意义所在。这一年，郑燮九岁了，可在他的心目中，亲手把阿叔婆引进门的自己再也不是一个顽皮执拗惹人厌的顽童，而是有荣誉感、有责任心、能做大事情的男子汉啦。

新进门的阿叔婆，按照兴化的习俗，郑燮叫她婶婶。婶婶过门那年，其实还不满十七岁，一脸的稚气，说起来还是个女孩子，见人只会羞涩地抿嘴笑，而且一笑脸就红得像早春的桃花。左边脸蛋上的小酒窝就像盛了一杯桃色胭脂酒。不知为啥，郑燮一看到婶婶笑，就羞得赶紧低下头去。可婶婶却好像只有在他面前最大胆，又像是有意为难他。"阿燮，"她也学着阿叔的口气这样叫他，"你低头做什么，是不是怕婶婶看见你的俏眼睛？"

郑燮只是低头不言语。心中倒咕咚咕咚打起鼓来。不知为什么，他隐约觉得，婶婶脸上的小酒窝比王一姐的大眼睛还要叫他心神不安。

"这个剪纸戏人儿是婶婶给你剪的，你看像不像你？"

郑燮抬起眼睛，看见婶婶白皙的手，正举着一个红纸戏人儿，他认得是张生戏莺莺中的相公张生。他的脸一下子红到了耳脖根。婶婶见状，只是咯咯地笑，笑得阿叔莫名其妙，笑得奶奶也跟着乐，说："燮儿，还不接了谢婶婶。"

"谢婶婶。"接过剪纸戏人儿的郑燮应付一句，撒腿就逃。把婶婶和大家的笑声甩在身后老远。

生自普通农家的婶婶的手的确很巧。她就像一只小鸟，从小在田野里和竹林中长大。自由奔放的性格和一双巧手，使她天生讨人喜欢。她除了会做家务，还会捏面人儿，会剪纸人儿，还会描花鸟鱼虫，据说都是无师自通。郑燮常常呆坐着观看婶婶做手工。眼下她正在绣一个鞋帮，那是给奶奶做的绣花鞋，据说是寿鞋，是奶奶特意要她做的，说是自己百年之后，要穿着儿媳妇做的绣花鞋去渡无常桥。郑燮听不明白，婶婶只是瞅着他笑。奶奶对于婶婶十分偏爱，视若生女，常常当众警告阿叔："你要对我媳妇不好，我就用拐杖敲你的脑壳。"其实阿叔把婶婶早已捧为掌上明珠，连阿燮瞅着都有些嫉妒。但他小孩子的心中也是喜欢着婶婶，感觉她就像是一只欢乐的喜鹊，不仅吸引着每个人的眼球，还给这冷清的庭院带来了无限的欢乐。

婶婶到来，真正给这个家庭带来的大喜还应该是生儿育女。对于这个几代人丁都是欠旺的郑家来讲，生子添孙可是天大的喜事。起初婶婶进门，奶奶是整天喜得合不拢嘴，满心想着快快能抱上小孙子。但是过了半年，总没有小儿媳有喜的消息。阿叔起初连挑水嘴里都哼着小唱，但随着日子的流去，他也开始变得沉默。郑燮更是一有空儿，就往婶婶屋里去想看弟弟。但是总也只看到婶婶一个人瞅着他羞涩地笑。郑燮发现，婶婶脸上的笑意，开始变得有些勉强，之后，就再也听不到她咯咯的笑声。但是郑燮看不懂大人们的心事，他还是满怀信心地盼着小宝宝的诞生。

"我不吃，留给小宝宝吃。"

"小宝宝还没影呢，你吃。"

"那就留给婶婶吃。"

"为啥留给婶婶吃？"

郑燮不再说话，脸忽地红到了脖根儿。

奶奶嘎嘎地笑，连连叫他精豆子。婶婶更是慈爱地望着他，把奶奶手中的好吃的，接过来硬塞在郑燮手里。阿叔故意说："吃不吃？你不吃，给我吃。"郑燮抬腿就跑，阿叔就在后面追，出了门，双脚就地踏得啪啪响，郑燮呵呵笑着就要飞出大门去，却同进门的父亲碰了个满怀。

一家人盼着小宝宝的出生。终于有一天堂弟墨儿出生了！郑家清贫的日子又顿时充满喜悦与希望。

十

好事也像唱戏，一台连着一台。郑燮十岁这年，离去五年没消息的乳母费妈突然回来了！这是郑燮梦寐以求的。可是那日当他下学回家在奶奶的屋中看见费妈时，却一下愣住了。

"燮儿，快看是谁回来了！"

"费妈？！"

他有些不敢相信，瞪圆眼睛仔细地瞅。在冬日傍晚的阳光里，费妈依旧是那一脸憨厚的笑容，只是瘦了，也苍老多了，颧骨高耸，鬓角生出了华发，额头的皱纹更深，衣着也没有从前整洁，裤角和鞋子上沾着尘土泥巴，肩上挎着包袱，手里提着雨伞，像是走了很远很远的路。

"燮儿！几年不见都长这么高啦？！"

费妈的嗓门还是那么高，只是没有从前那么欢快。

郑燮还是呆立。他很害怕这又是一个梦境！

"燮儿，不认识费妈了？也难怪，孩子都快长成大人啦。"

她的声音悲伤而嘶哑。郑燮的心中一怔，眼泪顿时模糊了眼睛。

"费妈，上哪里去了？"

相互思念已久的人再也无法控制情绪，一下子紧紧搂抱着哽咽起来。

费妈回来啦，她又承担起了郑家几乎全部的日常家务。平日寂静的院子里从此有了声息。依照郑家当时的经济状况，是无法再雇请一位佣人的，但是费妈不是外人，她也不是为了打工挣钱而来，而是亲情与责任趋使。正如她对奶奶讲的："我是郑家的奴仆，只要老主人和小少爷还在，我就不能忘了郑家"。

郑燮不爱听"奴仆"这样刺人的字眼。在他的眼里，乳母就是自己的母亲。听奶奶讲，当初母亲生他三天后还没有下奶，他饿得通宵号哭。费妈就抱着他整夜地乖哄，见他还是号哭不止，无奈之下就把她自己的乳头送到婴儿嘴中。小燮儿就立即住了哭声。奇怪的是，乳母的乳头竟然有了奶水！从此以后，小郑燮不再哭闹，费妈的奶水使他得到了最初的营养……许多年之后，沉默的少年郑燮对于费妈的敬爱，增加了理性的色彩。她并不识文断字，顺从丈夫、养育儿子不过是妇道天职。视郑家如自家，看待郑燮如亲生骨肉，在她行将步入老年，仍以自己所能，照顾老夫人，使得她老人家颐养天年；照顾连连失去亲人的郑燮，使他能够健康成长；照顾因两次鳏居而心绪败坏的郑之本，使他这支撑着郑家日子的独木不至于倒下，这一切，似乎皆是她的本分，她的心地是金玉般的纯。

不久后的一天，郑燮正在书房习字练画，就听得费妈在院子里同父亲和另一个人说着话。不一会儿，门开了，父亲兴冲冲地领着一个头戴官帽身着整齐官服的人进来："燮儿，你看是谁来了？"郑燮起初没有认出，定睛细看，竟然是费妈的儿子俊和哥哥！两个人见面，免不了又是一阵欢天喜地。原来俊和哥哥努力读书，已经考取了功名，这可是天大的喜事，可是费妈却是只字未提，也许是恐怕这个消息对于郑之本会产生心灵的刺激，或是别的什么原因，反正直到俊和哥哥突然走进郑家，来接他的母亲去享清福，人们才恍然醒悟。郑燮从未见过父亲那么高兴。俊和不但是费妈的儿子，更是郑之本的学生。如今俊和哥哥考取了功名、衣锦还乡，作为众所周知的启蒙先生，郑之本真切地品尝到了自豪与喜悦的滋味。费妈见状，高兴得眼里噙满了热泪。她心中的一块石头总算是落了地。郑家门里好多年没有着官服的人出入了，俊和这一出现，简直令家道衰微的郑家蓬荜生辉。

过去曾背负着郑燮、牵着他的手，呵护他，同他几乎形影不离的那个仁义又憨厚老实的俊和哥哥，如今穿上了绣有海天祥云瑞鸟图案的令人敬畏的官服，当上了操江堤塘八品官，这在郑燮的心中触动不小。无异于在他平静的心中，投下了一块石头、掀起了不小的波澜。"书中自有黄金屋……"他的耳边又响起了父亲那曾经令他生厌的口头禅。但这一刻，他心中的浓雾仿佛开了一道缝隙。俊和哥哥的出现，就像一道阳光透出。俊和哥哥就是自己的榜样。用功读书，求取功名！他的心中暗暗萌发出一颗效仿的种子，整天围着俊和哥哥寸步不离。

俊和哥哥这次归来，其实是要接母亲到自己任职的地方去奉养孝敬她老人家的，但是费妈就是不肯，她哭着说自己丢不下老夫人与燮儿。俊和哥哥坚持等了几天，无论怎么劝说，甚至搬出奶奶说话，费妈终是不肯。直到俊和哥哥无奈地离去，郑燮悬着的心才放下。费妈在他心中更加高大圣洁了。

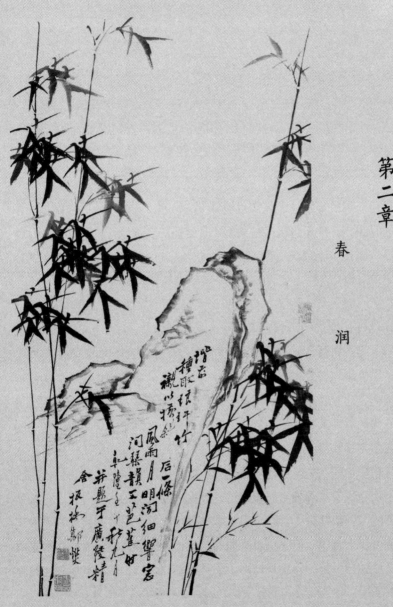

第二章

春　润

一

日子缓慢而不断地滑过，就像古板桥下的流水，有时喧哗，有时悄无声息。喧哗的时候，往往是水浅或是遇到了什么阻力，而悄无声息的，却往往是河道深处，或是水流顺畅之时。这弯弯曲曲的流水，多像推着你前去的日子……郑燮呆呆地站在桥上想着，感到一种莫名其妙的惆怅。

冬日过后，春天终于来了。夜里一场大雨，河里的流水变得有些混浊，河岸上的柳丝却是更加的嫩绿宜人。今天是清明佳节，学堂照例放假一天。郑燮站在桥上等王竹楼、顾万峰那几个同窗好友一同去城外的古庙观音阁中赏竹。那是早先阿叔曾经多次背着他玩过的好去处，庙院中生长着高大古老的香樟与榕树，还有一丛丛的斑竹和罗汉竹。每到春季，新篁出土，生机盎然。庙门外面两尊高大祥和的石狮子，头顶和背上生满了苔藓，就像狮子的绒毛。郑燮常常喜欢攀上狮子的背，去望那绿水稻地与垛田村落，还有在水田中赶着牛犋犁地的农夫。适逢春暖花开，垛田上的油菜花金黄一片，有牧童骑着水牛吹着牧笛从田埂上缓缓穿过，就像一幅美丽的水墨丹青……如此美景，却不能与阿叔共赏了。唉，自从婶婶进门之后，阿叔就突然长大成人了，变得像个正人君子，似乎再也不屑与孩童伫儿厮混，这使得郑燮很是难过，感到了孤独与失落。特别是婶婶生了堂弟墨儿之后，搬出老屋独住的阿叔就更是着了迷，整天围着老婆孩子打转转，似乎早忘了阿燮的存在。

"春去夏至晴日头，桥下碧水自东流。观景少年思何往，一汪清波化新愁……"

这时，板桥东头走来了一位雪白胡子的老者，野服斗笠，打着裹腿，像是远道而来，边走边唱。是太阳公公！郑燮的眼睛突然一亮。

走近了，老者破衣烂衫一副行乞打扮，左手挂着一根底端开裂的竹竿，右手摇着一片挽着铜钱的牛胛骨，嘴里欢快地唱着小曲，一步一踮地朝着郑燮走来。郑燮的心，早已随着那小曲儿的节奏而加快了跳动。原来他是老爷爷的小粉丝，看到无家可归的老人家永远欢快的笑脸，听到他那摇响铜铃一样的歌声与朗声大笑，郑燮的心中就会透进阳光。也许正因为这样，秀才公公还有一个美好的绰号，这就是郑燮从小就喜欢叫的太阳公公。

"太阳公公，您好早哟。"

"哈哈哈，不早不行嘛，张老五的千页、阿贵的烧饼，哪个是等我的？哈哈哈。"

太阳公公说着，举起腰间吊着的油光锃亮的烧酒葫芦仰起脖子就喝了一口，身子痛快地一抖，肩头的褡裢也就油乎乎地在朝阳中闪着亮光。

"小书生，一支帆，立桥头，眺远山。桥下扁舟无知颜，新燕翩翩愁雾添。江鱼悠悠秀水寒，少年无奈好孤单。老夫唱曲到身边，忘忧莫愁酌自欢。"

太阳公公一边放声唱着，一边就来到郑燮面前，再次夸张地举起酒葫芦，仰脖喝上一口，然后就把葫芦递到少年嘴边。

郑燮显然已被感动，他眼圈红红地接过葫芦，学着太阳公公的样子仰脖喝了一口……

这样的情景不知重复过多少次，于是孤独少年学会了借酒浇愁。他感到奇怪的是太阳公公的酒葫芦里仿佛永远都装着喝不完的老酒。看到郑燮认真喝酒的样子，太阳公公哈哈大笑起来。郑燮也禁不住哧哧地抿着嘴笑。在那一刻，这年龄和处境似乎完全不同的一老一少，显然都感受到了彼此共同渴望自由的心灵是相通的。

郑燮笑着由衣兜摸出一枚铜钱，太阳公公毫不客气，赶忙摘下头上的斗笠接着。郑燮的心中更加充满了欢乐。

少年艳羡活神仙。在郑燮看来，流浪乞讨的太阳公公过的就是神仙的日子。没有人关心他从哪里来，夜里又住在什么地方，听说他时常在古庙中过夜。居无定所，行无定向，像一只喜好歌唱的飞鸟，谁也说不清楚他明天会在什么地方飞翔。郑燮羡慕老人家无忧无虑的生活，除了喝酒欢笑，就是游走歌唱。如果不离开兴化，他每天早晨，准会去豆腐老五的店里讨一碗热千页吃，然后再到阿贵的烧饼摊子前吃一张刚出炉的热烧饼。郑燮最喜欢的是听老人现编现唱的小曲儿。有时读书厌了，他真想离家出走，随着太阳公公唱着小曲儿，游走四方。据说他原先也同父亲一样十年苦读求功名未果，便沦为一介穷教书先生，以后又何以跳出三界外、不在五行中？从来无人探究。十五六岁的少年，望着太阳公公飘然远去的背影，陷入美好的遐想……他不但自己羡慕，甚至还希望自己古板严厉的父亲有朝一日也成为像太阳公公一样游走四方的活神仙……

二

　　郑燮正想得出神，突然眼睛被一双冰凉如玉的小手轻轻地蒙住了。他知道是那些玩伴中的一位趁自己发呆时绕到了身后捉弄自己。只闻得一阵奇香，却一时猜不出是谁。又感觉身后的人呼吸心跳急促，像是特别的兴奋。他正纳闷儿，就听得咯咯的笑声银铃般响起。他的心中突然地一阵激动，脸就禁不住发起烫来。

　　"猜猜，是谁？"

　　正在变声的男孩子明显嘶哑的声音充满了热情。郑燮听出是好友顾万峰。顾万峰秉性耿介，读书很是认真，记忆力也是像郑燮一样的超常。他的身世大致同郑燮一样，是属于衰落中的大户人家，在当时的社会是没有地位的，只勉强能够达到在学堂念书的份儿。

　　"猜不出来吧，那就罚你买千页烧饼给我们享用。"

　　另一个男孩是王竹楼，正如他的名字"国栋"一样，他的发迹不久的新贵父亲，希望他将来能够飞黄腾达。他那傲慢也有些霸气的语气中透着少年的自负。郑燮不喜欢王竹楼那矫情世故的性格，更不喜欢他在玩乐中恃才逞强，特别是看不惯他对好友顾万峰的不恭态度，可又暗暗佩服他的聪慧与灵动。但是王竹楼平日对于郑燮倒是十分的喜欢。三人相处虽然免不了也有争吵，但又彼此欣赏，时常就形影不离。他们从小随郑燮的父亲读书，后又一同拜陆种园先生学习诗词、临习书法。在郑燮父亲的戒尺和威严的陆先生面前，他们可谓是久经考验，结成了最牢固的同盟。郑燮有时觉得自己几乎就像是喜欢一个女孩子一样喜欢长得清秀帅气却总是不听话的王竹楼。他们在没有人的时候，还会情不自禁地手拉手散步游玩。郑燮觉得王竹楼的身上，有一种特殊的气息，这令他有些着迷又有些紧张慌乱。这种情形，只有见到王一姐的时候，才会像雾气一样散失得无影无踪。

眼下这一刻，他所闻到的奇香，正是王一姐那特有的女儿气息，是一个清纯得像花骨朵一样的女孩子特有的淡淡的清香。

"一姐，快撒手！"郑燮的声音里显出羞恼。

身后的人这才松开手来，果然就是自己从小就喜欢的邻居家女孩儿王一姐。她已经出落成了一个大姑娘的模样，高高的身坯，腚股翘翘，胸前也鼓鼓的。可惜小时候留的长辫子却不知何时剪成了男童一样的短发，甚至还穿起了小伙子的衣衫。但是在郑燮的眼里，她的男人扮相倒比女装更加可爱迷人。也许是看到他在脸红，大他四岁的王一姐脸也忽地红了，更像是一朵刚刚含苞的芙蓉。两人对视的一瞬，就都又低下了头。这个细节被敏感尖酸的王竹楼看在眼里，便嚷嚷着说：

"哎，还害羞哩，心中有啥秘密嘛。快告诉我们。"

"是呀，告诉我们，一定保密。"顾万峰也说。

"哪里，哪里！"王一姐捂着脸、跺着脚，急得要哭似的。

"滚，滚滚！"郑燮突然变成了一个勇敢的男子汉，他不顾一切挥着长长的手臂，追逐着两个顽皮伙伴。他们就这样嬉闹着开始了一次有趣的郊外游玩。

从小同郑燮青梅竹马的邻居女孩儿王一姐家，本也属于大户人家。只因官霸勾结吃了冤枉官司，父亲气病早逝，家人奴婢四散，堂堂一个殷实人家，只留得一座空落落的老宅院。王一姐和年幼的弟弟只得靠母亲为人做女红绣工维持生计。一姐从小就很懂事也很要强，她心灵手巧，人也长得漂亮，柔美之中却有一股男孩子的豪气。高鼻阔嘴，水汪汪一双大眼睛透着坚毅又像总是在笑。为了体现顶风扛雨自立门户的心愿，到后来她干脆一副男孩子的装扮，迈开一双天足在街上行走，引人非议却毫不在意。郑燮从小就喜欢她的这股豪气，喜欢看她那双好像会说话的眼睛，喜欢听她细声细气地唱曲儿。有时他正哭闹着，费妈就说，别哭了，我们去找一姐玩过家家，他就立即不哭，甚至见了把一根长辫子盘起在脑后像男孩子的王一姐还忍不住会破涕为笑。很懂事的王一姐从小就像亲姐姐一样地护着郑燮。每次玩耍她都和颜悦色地让着他。而不知从哪一天起，郑燮则像一个真正的男子汉一样暗恋上一姐，可他并不知晓，王一姐也逐渐地喜欢上了他。二人真是情投意合、两小无猜。这当然是背着父亲和街坊邻里的情窦初萌。包括这次郊游，本来顾万峰与王竹楼是反对女儿家参加的，可郑燮却硬是坚持，因为在他看来，没有王一姐的参加，一切就会变得索然无味。

三

城外的水网垛田，碧绿金黄，令人兴奋不已。这其实不是自然风光，而是劳作的创造。垛田是农夫祖祖辈辈开挖水道的产物。在这泽国水洼地上，人们挥汗如雨，一锹一镐地开挖出排水行船的水道，同时又把泥淖化作高出水面许多像平原上的庄稼垛子一样的良田沃土。人们在这水乡创造出旱涝保收的奇迹，又在这肥沃的土地上种植油菜与杂粮。于是到了春季，一垛垛金黄色的油菜花，就像无数欢乐的彩筏漂浮在水面上，把一望无际的大地田野装扮得花团锦簇。这是郑燮家乡兴化独有的一景，是江北水乡平原独一无二的美景。许多年后在离开故乡的日子，郑燮还会在睡梦中见到故乡的垛田。那时他已经懂得这貌似奇特的美景之中，渗透了农夫祖祖辈辈的辛劳，埋没了多少人的大好青春与生命，又寄托着人们世世代代的梦想与希望。

那一日，当几个半大不小的少年，像一群无忧无虑的小鸟，挣脱闹市与世俗的烦恼，嬉戏着飞向自由自在时，无意间却被田野劳作的身影吸引。首先是近旁的农夫。郑燮怀着极大的好奇，被一位吆牛犁田的田舍翁吸引住了。他放弃了追拿顾万峰和王竹楼的游戏，同王一姐牵手呆立在田埂上观着农人熟练而又细心的劳作。他吃惊地发现，一个头戴斗笠身披蓑衣挥动鞭儿吆牛的农夫，那面部严肃认真的神情与姿态动作的愉悦自负，就像一位胸有成竹的艺术家进入了创作境地。

"哦，回来，对啦，我家老牛好灵光，虽不识书达理，也是善解人意啰——"

老翁看到有人关注，就故意拿腔拿调地说着，竟然也像太阳公公一样，摇头晃脑地哼起了别人永远听不明白意思的快乐小曲儿。郑燮发现，劳动者的欢乐是从内心深处飘飞出来的。小小年纪的他为之深深陶醉。

瞧那得意的农夫，他那不时地同老水牛亲昵交谈和对它唱曲儿的状况，使得少年郑燮大为感动。那欢声笑语逗得王一姐在一旁咯咯直乐，也吸引了顾万峰与王竹楼好奇地回转身来凑热闹。

田舍翁那种艰苦劳作中表现出的忘乎所以的乐观情绪，令郑燮记忆深刻。只是他并未意识到，自己对于劳动人民的同情与爱的种子已在不知不觉地萌发着。由当初对于费妈的爱，和对于王一姐全家的同情，到对于唱曲儿乞讨的太阳公公的羡慕，以至对于田舍翁的快乐情绪的理解……这些，就是一部无字句的书，是他的人生中比四书五经还要重要的教科书。当少年郑燮痴

郑板桥作品

迷于眼前的景象，他就陶醉于这无字句而有生命的大书之中了。

田野啊更是一幅美妙无比的画图。眼前这玉带般纵横交织的水道，那连接起来的金黄的油菜花与嫩绿的秧苗交织在一起打磨成翡翠雕饰一般的田野，竟是那农夫的双手创造出的美景。那其中包含多少农家的汗水辛劳、欢乐、希冀。少年郑燮第一次惊异地发现，佃农是那样值得同情与尊重。他们那整天匍匐在田垄与水田中的瘦小蜷缩的躯体，那终日不停地操作着的看着粗糙笨拙的农夫农妇的双手，竟是如此的灵巧无比！如同他曾经惊叹不已的织绣坊的绣姑们仙女般的酥手一样的灵巧，绣出的景致却是更加的锦绣迷人。这个聪慧善良的少年，当他在郊外的田野里游玩，无意之间，开始对于田野中耕耘播种的劳作者，产生出无限的同情与敬意，甚至产生出诗意的冲动……这种印象，在许多年之后，仍然留在他的心底，萌发出热切的诗句。

也就在这一刻，那个平时在父亲眼中永远是不用功读书、喜好偷偷饮酒，还不时地与顽童们追逐谩骂甚至动手打闹的蔫怪的顽童，那个惹得许多老者咋舌瞪眼的叛逆者，眼下却突然变得格外庄严虔诚。这一刻的郑燮，完全是一个懂事少年的神情与姿态。他的神情深深地感动了王一姐。她开始为他打抱不平。那些个心存成见，甚至阻止孩童与他一起玩耍的市井俗人，他们哪里知晓这个天资聪慧的少年的过人优点，哪里懂得他对于贫苦人的理解与同情心是多么的高贵又是多么的超俗。人们更不会明白，这个有时焦躁、有时沉默的貌似脾气古怪的少年，他何以对那些撑船、打鱼、种地而成年累月又是靠吃糠咽菜度日的人，却是一副诚挚的敬重。人们更不明白，他是多么鄙视世俗，蔑视那些鼠目寸光、蝇营狗苟和贪图小利的庸俗之人，更不能容忍那些趋炎附势、仗势欺人的势利小人。少年郑燮的骨子里，就像一株竹子，有天生的根脉气节，更有虚心向上的高洁特质，不甘与杂草臭蒿为伍。作为一个耿介少年，他最最不能容忍的，就是那些满口之乎者也、整天摇头晃脑、一瓶子不满半瓶晃荡却还眼珠子总是望着天空的穷酸秀才。在少年郑燮的心目中，这样的人虽是自视清高，但他们并没意识到自己只是功名的奴才，只是并未达到中举入仕的目的而仍然不甘于入乡随俗、更瞧不起种田做工劳力的人。因此见到那些人欺负识字不多的劳动者，郑燮就气得不行，总禁不住要同他们理论。他的这种举动，更加引来世俗的非议。但是他还是我行我素。在许多人的眼里，郑家大少爷知书达理以后，反倒成了一个不合群的怪人。

四

太阳升起老高了，几个少年才游游荡荡地来到了观音阁。庙里勤快的小和尚实曙已经打扫完内外，正挑着一副大木桶去井上打水。路遇男女施主，羞涩地合掌低头，嘴中含糊地念叨"阿弥陀佛"。调皮的王一姐看小和尚羞涩的样子，忍不住逗他说："小师父，早饭吃得可好？"

那实曙小和尚脸更涨红，低目不再说话。

王一姐咯咯地笑。王竹楼与顾万峰也都哧哧地笑。唯独郑燮不笑，而是很庄重地注视实曙。他的心里一直把实曙视为朋友。阳光下，实曙身上的百衲袈裟十分的抢眼，使得他仿佛与俗人生活在两个世界，相互隔阂、难以沟通。等到实曙挑回一担水时，突然变得怒不可遏。原来淘气的王竹楼与顾万峰公然攀上庙门口大石狮的背，高声朗诵着唐人的诗句。郑燮连忙制止，他们哪里肯听。实曙忍无可忍，生气地大声喝斥：

"下来，哪个施主敢在庙门首不恭！"

"哪个不恭来着，小师父你把话讲清！"

王竹楼强词夺理，竟厉声反问人家。

"你，你们，蹬背上头的，也算是恭敬？！"

"石狮子不过是庙门外的摆设而已，难道也成了佛不成？"王竹楼故意挑衅。

老实巴交的实曙一时无言以对，急得眼圈都红了。

"还不赶紧下来，一会儿惊动了时雨老法师，可不是闹着玩儿的。"郑燮怯声警告说。

王一姐也帮他劝诫。两人这才下了石狮子，嘴里依然不满地嘟哝着。

果然，门外的喧哗声惊动了庙院里打太极拳的时雨方丈。这位知识渊博的瞎眼老方丈已经九十多岁，却还耳聪心明，行动也还灵便。他老人家每日除了诵经打坐，还要按时在庙院里打几套太极拳。他是郑燮阿叔的忘年之交，自然也就成了小郑燮敬仰的朋友。老人家可是个大智慧的和尚。他虽然患眼疾十多年前就已几乎失明，但仍然世事洞明，人情练达，宽容大度，古今天下之事无所不知无所不晓。阿叔从前时常在庙里做义工居住，此后每次带着郑燮来庙中造访，时雨老方丈总是盛情款待。庙里的饭菜虽素，又是以茶代酒，但老方丈的热情与谈吐的智慧弥补了一切。在郑燮心中，听他老人家谈古论今，真是一大乐事，言谈之中，他还会告知你许多生活的哲理与机巧。而更吸引他的是老方丈写得一手好字，画得一笔好画。特别是他画的墨竹，更是郑燮最为喜爱的。枝叶之间，脉脉含情，就像老人家的言语谈吐，不乏侠骨义胆。这种脱俗又亲切的艺术气质，对郑板桥以后艺术本真的形成不无影响。

"是哪个在外面喧哗？实曙，有话请施主进门吃茶叙谈。"

时雨老方丈从容大度的声音，依旧洪钟般温润。天籁之声，空灵悠远，所有的凡音统统被淹没了。顾万峰同王竹楼赶忙伸舌缩脖，再也不敢吱声。小和尚实曙瞪他俩一眼，这才引着大家进了庙门。

"时雨公公，是郑燮同几位同窗看望您老人家，也代表我家阿叔请安。"郑燮上前施礼，恭敬地说。

"哦，是小燮儿，好久不见你们来，你阿叔他可好吧？"

"阿叔好着呢。如今有了婶婶和墨儿。"

"哦，成家啦，这么大事情，也没告我一声。"

"阿叔说怕惊扰您老人家诵经打坐。"

"嗯，好人好报，阿弥陀佛。"

于是，几位少年被迎入佛堂，吃茶叙谈。佛堂里禅香缭绕，鸦雀无声。老方丈笑眯眯地盘坐莲花垫上，像一尊闭目养神的弥勒大佛，安详宽厚的样子，使得少年浮躁的心灵一下子淡定下来。郑燮的眼睛，不停地盯着两侧屋墙上的字画。他知道，那都是老方丈七八十岁时的手笔。如今老人家已是功德圆满，每日只是诵经打坐，不见凡间红尘倒也越发清净专注。

每次到了庙里，郑燮都感到一种淡泊的惬意，仿佛是灵魂得到了清洗，又像是身心得到了慰藉。他因此很羡慕小和尚实曙，每日除了劳作，就是跟着师父诵经打坐。六根清净，心不染尘多好，也不思谋功名，也不艳羡红尘，便没有那么多的烦人俗事困扰……

"几位小施主，都是在学堂用功吧，近日功课可好？"

"还好。"郑燮看看王一姐和王竹楼、顾万峰，顺从地说。

"随种园先生习词，好啊。他的书法也是方圆首屈一指。你们书法练得如何？还有，我说过《芥子园画谱》也得认真临习呀。书法绘画这些个技艺，只是熟能生巧，最讲童子功底。"

"师父讲得没错。"王竹楼抢先说，"郑燮他是每日黎明即起，静夜方休，虽未见头悬梁锥刺骨，却是真下苦功夫呀，如今已是字画俱佳，诗词出众，我等早已是望尘莫及。"

"师父，别听他胡诌，我只是每日在父亲督促下完成习字功课罢了，绘画并未着手，岂敢言佳？至于诗词更是幼稚。"

时雨老方丈听得，微微一笑，道："书画诗词之道，如同攀山越涧，山外有山，涧外复涧，攀越之举，永无穷尽。是不可言佳，不可言佳呀。"

"师父所言极是，晚生学步，只得皮毛。不敢丝毫懈怠。"郑燮又说。

时雨师父满意地点头称是。王一姐说："师父，郑燮平日最喜欢您老人家画的竹子。说是寥寥数枝，迎风听雨，清清爽爽；说是不俗不凡，有情有意，堪称君子之貌。"

时雨老方丈抿嘴笑而不语，片刻后说："大家吃茶，大家吃茶。"

此刻的郑燮，恭恭敬敬，手端茶盅，一直瞪大眼睛，注视着时雨法师，倾听其言，悉心体察着他的内心，感悟到了一种宽博与空阔悠远的意境。这使他的心灵于混沌之中，透入了智慧的曙光。超越凡俗的艺理与人道的雨露从此沁入心田。这是从前与阿叔同来时不曾有过的感觉。以后他便成了古庙的常客，时雨老法师无意之间的点滴教诲，时常使他进入一种超越常人更超越禅境的思维境界。只是他并不自觉。那些平淡却深刻的感悟与启迪竟成为了郑燮以后做人为艺不变的根性。

兰梅竹菊四名家，但少春风第一花。
寄与东君诸子弟，好将文章满天花。

乾隆壬申 板桥郑燮

郑板桥作品

五

　　性情豪爽如男孩的王一姐，含苞待放、韶华迷人，终于出脱成一个懂事的俊俏姑娘。她以自己的乐善好施、助人为乐与尊大爱小，渐渐在街坊邻里中受到认可好评，人们渐渐接受了她那一点点女儿的叛逆。她变得更加从容自信，更加热情洋溢。但是唯独见到郑燮态度就变了一个人儿，总感到羞涩紧张。她在小的时候，是处处让着郑燮的，可是等到郑燮长大了，她却要他让着自己。但她并不明说，只是内心的一种难以言说的强烈希冀。眼下正是夏日的黄昏，人们都在院子里纳凉。郑燮与好友顾万峰下象棋，王一姐却来捣乱。她支的招数都是希望郑燮输棋，显然是故意惹他生气好让他关注自己。可不知为啥，生性要强的郑燮一遇到王一姐就没脾气了。好在顾万峰善解人意，一盘终了就主动让王一姐坐镇。王一姐盼不得与郑燮双双对弈，便在他迎面的石凳上坐下来，脸上显出兴奋的红晕。郑燮偷偷瞄她一眼，脸颊就有些发烫。两人不知为啥，膝盖不由自主就挨在了一起，相互又都像是毫无觉察。

　　论下象棋，王一姐哪里是郑燮的对手。可是郑燮心里明白，自己还是要输给她才好。于是故意走错一步，便要求悔棋，王一姐坚决不许。于是两人争执起来。郑燮故意服输，王一姐竟然毫不觉察，只是得意洋洋。顾万峰在一旁看得明白，就暗暗好笑。在郑燮心中，这样的时光，该是多么的欢乐幸福。两个相互爱慕着的少男少女，彼此都感受到了情窦初萌的心灵震颤。这种情形就像夏雨的滋润，成为他们一生的美好记忆。

　　岁月就像桥下的流水，日夜不停地流淌。黄昏时分，郑燮站在桥上，望着远方发呆。他不是在等人，而是在背书。王一姐就站在他的身边。她故意把身体靠得很近，彼此能感觉到对方的心跳呼吸。好长时间，他们不说一句话。王一姐同许多的女孩子一样，从小没进过学堂，但是她聪慧过人，她的母亲从小教她背诵《三字经》《百家姓》和《千家诗》，使她不但认识了字，还能够读书写字，这使得她对于郑燮的书艺才情与心高过人很是能够心领神会。两个相互看着对方长大的人，不用言语，也知道对方的心思。

郑燮此刻手里虽拿着一本书，但是他并不看，他的目光是投向不远处的一个渔翁。夕阳之下，老渔翁正在奋力收网。王一姐深知，喜好关注劳苦之人，这是郑燮善良的天性。他小的时候，拿了费妈给他买的烧饼，总是要留一小块给王一姐吃的。但是如果在他回家的路上遇到了讨饭的难民，他就把烧饼给了人家。麻丫头这种善良而富有同情心的举动，也是她喜欢他的一个缘由。

王一姐逐渐地发现，随着年龄增长，那个在父亲眼里还有些调皮捣蛋的麻丫头，如今变得性格越来越安详沉稳，而求知的欲望却是一天比一天浓厚起来。他经常独自一个人带着一本书到这八角河桥上来看，王一姐要找他肯定能找得到的。于是他们避开熟人众目，默默地相处在一起。广场上闹市与车水马龙的环境，很快就离他们远去。王一姐还发现，麻丫头读书有一个习惯，就是喜欢反复背诵，嘴里时常嘟嘟嚷嚷就像牛羊吃进了青草，独处时慢慢地反刍。她最喜欢看他默默背书的样子，总是专心致志，好像能够从中咀嚼出无穷的快意。有时他背着书，会突然地提出一个奇怪的问题，令王一姐忍俊不禁。

"烟笼寒水月笼沙，夜泊秦淮近酒家……一姐，你说古人为什么对于事物竟是如此的敏锐，观察得那么细致？难道他们比我们今天人的脑子聪慧？"

王一姐只有抿着嘴笑他痴痴的样子，却是无言以对。

"这情景，你看看，诗中的景象我们兴化也是有的呀，轻雾、寒月、碧水、酒家，淡淡的愁、无尽的哀怨……可是我们却没有写出这样动人的诗句。"

郑燮说着话，目光痴痴的，眼睛里闪着亮光。王一姐为之感动。聪慧的姑娘，细察一个少年才子的内心情怀，她理解他的愁怨与痴情，更看得出他对于自己的那一份痴痴的心仪。

在别人看来，郑燮是那种"过目不忘"的少年天才，但是王一姐却看出来了，他的超强记忆，其实来自于专心致志的苦读。郑燮自己也说："我就是一头牛犊子，白天吃进了草料，夜里就得反刍才能消化吸收，真正变成自己的营养。"可见他并不丝毫地认为自己的记忆有什么过人之处。而令王一姐渐渐感到不快的是，当郑燮逐渐长大懂得刻苦学习以后，他就几乎变成了一只真正的书虫儿，整天一头钻到其中，连周围的一切都不顾了，甚至对于她的存在都会忽视。于是当他再说自己就是一头牛犊子的时候，王一姐就顶碰他说：

"还小牛犊子哩，你就是一只小书虫儿，整天只知道啃书，哪里还懂得吃草进料？"

郑燮听得一愣，"你才是虫子！"随即就嬉笑，追着王一姐，要她讨饶。

"钻书虫儿，书虫儿，钻书虫儿。"王一姐两条长腿跑起来比男孩子还快，郑燮哪里能追得上？但是越是追不上，郑燮就越发生气，于是更是穷追不舍。王一姐才巴不得他这样。于是他们跑下了八角桥，在那耸立着四牌楼的广场上兜起了圆圈，引来路人惊异的目光。王一姐跑跑停停，不住地回头挑衅，郑燮却不敢怠慢，可总是追不上她。直到看见郑燮跑出了满身的汗气、累得实在拉不动腿儿了，王一姐这才停下来，故意装出束手就擒。郑燮趁机把冰凉的手伸到她的脖颈处和腋下捅痒，令她笑得直不起腰，可她嘴里却还喊着："快来看，书虫儿咬人了，书虫儿咬人了。"郑燮的手伸得更深，突然就探到了女孩子胸前羞于被触的那个私密的地方。王一姐突然变得安静下来。双手却紧紧地抓住郑燮的手，像是怕他再往下伸，又像是怕他把手抽走。两个人都一时愣在了那里，神情变得异常庄重。

当天夜里，郑燮躺在床上失眠了。他想着白天的情形，感觉自己触摸过一姐胸部的手指滑腻腻的很不自在。黑暗中，他下意识地搓搓手，却感到两只手都不自在起来。他想着王一姐姣柔的面容，那迷人的火辣辣的眼睛和雪白光滑的颈项，就感到一阵阵的心慌意乱，顿时脸发烧、心狂跳、呼吸气短……等到回过神来，他不敢想象来日再见到她的时候，该是多么的尴尬羞涩。

六

连年的水患与灾荒，使得这一时期家中的日子实在熬不过去，几乎就要断粮。父亲郑之本同儿子郑燮商量后，只得送他到外祖父汪家，随一位博学正直的曾先生读书。曾先生既是饱学之士，琴棋书画当然样样精通。只是秉性特别桀骜不驯，授课中向许多未中科举的读书人一样，难免有意无意流露出对亡明的留恋与对现今天朝的不屑。这对于学生的影响是潜移默化的深刻。

此日，曾先生慷慨激昂地讲授文天祥的《正气歌》，随后要学生以心得作副对联。郑燮仍沉醉于文君那沛乎天地的浩然正气之中，他望着窗外的一棵高大的梧桐与一丛茂密青翠的竹，随口便道：

"斯人如碧梧翠竹，其志在流水高山。"

先生喜出望外，连连点头称是。并评说道：

"此联气度不凡、对仗工巧，可谓精对！"

同学们听得，就都为他鼓掌。第一天上课，郑燮就赢得了满堂喝彩。同桌的他可爱的表妹更是赞不绝口。

曾先生又称赞说："好呀，'碧梧翠竹，流水高山'，可见少年其心不凡，其志高远，一个人从小要立下如此志向，前途无可限量。"

郑燮被先生和大家夸得有些不好意思。文天祥爱国忠君的浩然正气，令他感奋不已，久久难忘。他从此读书有了一个更高的境界，就是注意理解和汲取其中的思想哲理，而且对于古代名家书法的理解，也上升到了风骨气节，即精气神的境界。郑燮因祸得福，在外公家寄学期间，他成熟了许多，读书学诗习字更加地用心得法，考取功名、入仕报国的意识也日趋明确而强烈。

这天下学后，郑燮正与表妹一同在镇外田野游玩观景。远远就见官道边老楸树下立着一个人，原来是曾先生。

"那不是曾先生吗？他老人家在此做啥？"郑燮感到奇怪。

"先生又是犯了迷糊，他又要为人讲故事了。"

郑燮更觉好奇便凑过去喊了一声"曾先生"。

曾先生并不回答，只是瞪起眼睛煞有介事地说："你们快看，那远远来了浩浩荡荡一队人马。林立的矛杆，飘动的旌旗，扬起的尘灰，遮天蔽日而来。"

郑燮莫名其妙。

曾先生又说："走得近了，却见是一队官兵押着一辆囚车。囚笼中站着一个白发雪髯的老人。这样的一支奇怪队伍，很快就吸引了沿途的人们围观。听说人犯是朱三太子，由山东解往淮安，然后再改水路押解杭州。皇上下了谕旨啦，是要杀头的。瞧那颈上的大刑枷，足足有八十斤重。瞧那手脚上的镣铐，少说也有二百斤吧。听说老人家一路上绝食抗议，不吃不喝，面对呵斥，连眼睛也懒得一睁。唉，无愧是朱皇上的后人！人们怯声议论。"

曾先生完全陶醉在他的故事里。郑燮禁不住说："人们对那笼中的囚犯，倒是充满了同情。"

"可不是咋的！"曾先生继续说，"这押解要犯的列阵，由旱路入水路，一路标旗密布，招摇过市，显然是朝廷有意要如此地张扬，故意要让沿途的汉族百姓，特别是颈后生着反骨的读书人看看，目的就是要杀一儆百。同时，又是警戒森严、如临大敌似的惊恐，显出对于百姓和当地官员的不放心。这在百姓与读书人中引起了极大的动荡不安以致反感。朱三太子何许人也？"目光如炬的曾先生说，"不过一介皇家后裔，明朝遗老而已，有什么可怕的？值得如此地大动干戈？岂有此理！不久，杭州那边就有消息传来，说老人家被砍了脑袋！"

郑燮听得，心中不寒而栗。他问曾先生：

"为啥要处死一个古稀老人？他犯的啥罪？"

"听说罪名是'企图谋反'。"

"一个孤苦伶仃的老人，还能谋什么反？"郑燮不敢相信。

"罪属莫须有呀！"曾先生悲哀地说，"不久又有噩耗传到，说老人家在浙江余姚家中的妻子、儿女和儿媳等，一家老少统统悬梁自尽。"

"我也听祖父讲过，这新的不幸消息在民间引起轩然大波。人们的震惊更甚于朱三太子本人被处死。"

"谁说不是？"曾先生愤然地说，"那种同情与对于暴政的不满情绪，就像饥饿与瘟疫一样在民间悄然蔓延至今。"

亲历者曾先生活灵活现地讲述，在少年郑燮的心底投下了难以消除的仇恨的阴影。

"你们知道吗，我们兴化历史上最值得敬仰的英雄是谁？"一次，郑燮问表妹。

"那当然是战国时期开辟兴化为食邑的大将军昭阳啦。"表妹得意地说，"不然咱们兴化城现今为啥还称作昭阳镇呢？"

"不对，我以为应该是十八条扁担聚众造反的英雄张士诚。"

"张士诚？那不是犯上作乱吗？"

"犯上作乱又怎么啦，元末社会黑暗，难道只许贪官污吏欺压百姓而不许百姓聚众反抗？"

"那到头来怎么样？还不是要么一个个都成了官兵的刀下之鬼，要么投降被人家招安。张士诚投降了元军，后又镇压农民起义军，被朱元璋打败而被俘自杀，这难道不是事实？"

郑燮不再说话。表妹说得没错呀，张士诚的农民起义军起初在高邮建立了政权，还自称为王，可是最终还是被官兵镇压无奈而降，但他嘴里还是不能服输，便说："可是人们如今还都流传他的事迹。连泰州县志上都写得明明白白。据说，前辈施耐庵就是根据民间传说的张士诚的事迹才写成了《水浒传》。可谓流芳千古的传奇人物。"

就这样，他和表妹还有新结识的同窗好友，又像当初在兴化同顾万峰、王竹楼几位一样，时常聚在一起评古论今、谈天论文，常常争论到忘记了吃饭。

七

怀王入关自聋聩，楚人太拙秦人虎，杀人八万取汉中，江边鬼哭酸风雨。项羽提戈来救赵，暴雷惊电连天扫，臣报君仇子报父，杀尽秦民如杀草。战酣气盛声喧呼，诸侯壁上惊魂逋，项王何必为天子，只此快战千古无。千奸万黠藏凶戾，曹操朱温尽称帝，何似英雄骏马与美人，乌江过者皆流涕！

郑燮小小年纪，读史的见地倒是傲然不凡，时有高论。同窗好友很是信服，表妹常常表现出的则是深藏心底的爱慕。可惜郑燮不久又回了兴化，如此浅尝辄止的情愫令他们惆怅。

春风柳絮、夏蝉阵雨、秋风落叶、冬露寒风，洪水的肆虐，难民的惨象，还有高门阔院、招摇过市的大轿、官员的腐败与青楼酒肆的歌舞喧闹、满街衣衫破烂的乞丐，伴着老城里衰颓残破的古建与低矮破败的民房……少年郑燮看在眼中，兴化老城也许就是康熙盛世的一个真切的缩影，他面对这一切，心情复杂而沉重。更难以忍受的是那垛田中的农夫与河船里的舵手，还有那五行八作的劳苦者，那一张张黑瘦麻木的面容，目光呆滞，神情木讷，都仿佛沉睡未醒，而犹有少数的读书人醒着。越是自觉清醒，就越发感到呼吸的不畅、精神的压抑与惘然无措的压力。于是，清谈日盛。这清谈的风气，也传染到了年少的学子。郑燮他们，即便饿着肚子，也不愿意散去，往往谈到月上中天，谈到更深夜半，从三皇五帝，谈到唐宗宋祖，从班超、傅介子，谈到祖逖、司马迁、屈原、李白、杜甫……

品味郑燮的读史诗，王竹楼、顾万峰便心悦诚服，与郑燮完全志同道合。英雄所见略同，他们二人对率领盐工造反的张士诚也是推崇备至，辩论的问题也只是在于他们失败的原因与教训。

每当此时，王一姐还会悄悄为他们送来酒菜，一碟水煮花生米或茴香豆，一壶廉价的老酒。大家在夏日的月光下开怀畅饮，酒过三巡，谈锋更加激烈，激昂慷慨之情难以宣泄，梦想成为将军文士的郑燮竟然拔剑起舞，对月长吟："对酒当歌，人生几何？譬如朝露，去日苦多……"顾万峰、王竹楼和王一姐为他鼓掌喝彩。酒壮人胆，之后他们就公然骑在范公署衙外的石狮子背上，高声谈论军事兵法，治世方略，俨然是未来的将军翰林。皎洁月光里，王一姐总是静静地听着，妩媚艳羡的目光，使得郑燮更加心潮难平。

这一时期，郑燮之所以敬重一代枭雄曹操、青睐草莽英雄张士诚的原因，连他自己也说不很清。也许是读了《水浒传》与《泰州志》，甚或是发现了这人世间的种种不平，也许是读过了那些赞颂武侠豪杰的诗词经典，甚或是生理的发育与知识的增加，荷尔蒙与历史烟云的混合，滋长了他的抱负与野心。他的身体与心胸一同开始成长膨胀，他再也不能容忍世俗的规矩和任何条条框框，再也不愿意咬牙切齿地隐忍任何世俗的约束，或保持沉默的不满与叛逆状态。父亲、太阳公公和曾先生，乡贤陆种园先生，还有兴化城里那些一年四季总穿着脏兮兮长衫、面色清癯的老举人、穷秀才、朽贡生，那些穷愁潦倒还摇头晃脑、却永远端着读书人的酸臭架子，之乎者也地空谈一生、终老家门的悲剧人物，都从不同的侧面给予他某种觉醒的刺激。可是"万般皆下品，唯有读书高"的古训还是深入在心底，他最难忘记同王竹楼、顾万峰二友随陆老先生学习吟诗填词作联的情形。每每看到陆先生瘦弱如一段弯曲的瘦竹，躬腰伸长脖子走进塾馆或得意忘形地细声吟诵诗词，他就感到一种无奈的悲凉，仿佛看到了自己的未来。想着这九州大地，历朝历代成千上万的读书人伸脖翘首拥挤在依靠科举步入仕途以出人头地的羊肠小道上，就等于赌徒押宝、蛟龙投网，势必盲目冒险、束手就擒……

激情洋溢的反叛少年，他要立志成为一个能够掌握自己命运的人，在自主人生的通衢大道上奔放行走。他要成为一条自由的蛟龙，在河湖江海的风浪中任意搏击。他时常在睡梦中想象自己变成了一只鹰，在天地之间搏击翱翔。他按捺不住自己的理想，他时常在同学中公然宣称，自己要成为文武全才英雄豪杰，引得大家哈哈大笑。他却不以为然，除了拼命读书，整天佩剑而行，当众习舞。久而久之，同学们都说郑燮好说大话，自负过高。可谁又

郑板桥作品

晓得，他那样讲，心中的抱负也正是那样的呀。一个人的诚实，往往被曲解成为异端，成为孟浪轻狂、没有城府，成为众人的轻视与笑柄。郑燮对此毫不在意，依然我行我素，照样的孟浪轻狂。性情旷达不羁的陆种园先生倒是很能理解他的志向，他倒是真心希望自己的这位聪慧过人的门生成为文武全才的英雄豪杰。说话尖酸刻薄、一贯贫而好饮的陆先生，每每喝多了酒，便红着脸对郑燮说："王侯将相宁有种乎？王侯将相宁有种乎？"据说他老人家也是少负狂气，傲睨不羁，也是乐善好施，同世俗人生格格不入。据说他年轻时曾被一位下来视察民情的巡抚看中，本有机会出仕为官的，可他终归是淡于名利，厌恶制艺，性情又是孤峭，难入官俗，故只有在兴化老家填词作书，设馆授课，倒也桃李遍地，颇有文名。郑燮并不因此轻视先生，反而更加敬重他的人格。甚至对他的终生孤贫，常以笔砚赊酒，索字者替之赎回，也不认为可笑。加之陆先生素与父亲郑之本交好，是郑家常客。郑燮更是尊崇先生的词韵书艺，拜于陆种园门下，同陆先生秉性投缘，视如父兄。

八

又一个秋季到来，城外垛田里的油菜收割了。农夫们又开始忙着整地播种。远远的天边，传来早归群雁的叫声，像云霞一般掠过郑燮的心头。他照例站在东门外古老的板桥上。脚下的桥柱，有的已经腐朽，勉强尚可以行人，但是摇摇晃晃、咯吱作响。等到行人远去，他又感到了空虚。他再也无法注意桥下的流水与过往的船只，更看不到甲板上的美貌姑娘。班超、祖逖、傅介子、屈原、文天祥，这些古代先贤，他们都有理想抱负，将自己的国家民族作为建功立业的目标，然而自己呢？将来为谁建功业，理想抱负又是什么，成为将军文士的精神寄托又是什么？一阵凉风吹来，河畔茂密的梧桐树上飘落一片黄叶，那叶子旋转着、挣扎着，恋恋不舍的样子，终于飘落到了水面，悄然无声地随波逐流而去。郑燮突然想起了去世不久的"江南第一画家"石涛，还有前两年去世的奇才八大山人，父亲和兴化的许多文人还有时雨和尚，讲到苦瓜和尚石涛的去世都感到格外惋惜，才刚刚六十六岁呀，比起八大山人的八十岁，还有十多年的光阴，正是一个画家的黄金年华。可惜奇才短命，虽不算短命也属早逝呀。这就是命运。板桥仰望着天空，长长的一声叹息，却吐不尽胸中的苦闷。他眺望着扬州的方向，想象着一个天才的归宿。由出仕到归乡，从游历到出家，醺醺欲醉的陆先生与心怀苦痛的苦瓜和尚，这难道就是正直读书人的归宿？据说石涛孤零零地葬于扬州蜀冈之上，他暗下决心以后定要前去拜谒。

朱三太子的悲剧、陆先生与石涛的坎坷与归宿，在少年郑燮的内心播下抑郁的种子。他开始忧虑国家的前途与自己的未来。他的心中，已经不再是只装着东门外郑家老屋的日子，而是国家的前途。

又是一年春暖花开。河畔梧桐树上生出了许多新叶，院中园圃的竹子也冒出了不少新篁，这些充满生机的现象使郑燮开始振作精神。康熙四十七年（1708），十六岁的郑燮读了不少古籍文章也听了不少的历史掌故。不知不觉，他的心中树立起一尊尊的雕像，也编织了一个个的梦境，但现实总好像在破灭着他的偶像与梦。然而无论如何，他已经开始长大，成为了一个有思想有见地的青年。无论这思想与见地同现实的矛盾冲突多么激烈，又给他带来多大的困惑与痛苦，他还是逐渐地长大了。

九

炎黄子孙历来有一种不自觉的偏见，就是认为中国只能由汉人统治，汉人之外的任何民族入主中原，无论你贡献多大，有多少文治武功，也不能被容忍接受。因此，所谓"夷夏之防"，一直是人们心照不宣的一个无法解开的心结。

因为你是汉人之外的异族，只应该被统治，而不能成为统治者。岂不知，我们所谓的汉人，原本也是诸多民族融合的结果。从根本上讲，没有所谓异族，也就没有汉族。汉族与汉人之外的各个异族，共同组成了中华民族的大家庭。郑燮生活的康雍乾时代，人们可不这样认为。不光是前明的遗老遗少，甚至田老挑夫骨子里都不这么认为，就是异族人本身，包括大清皇帝老爷王公贵族的骨子里面也都不这么认为。因此官吏制度、税收与俸禄，还有割除乱党与文字狱之类，其中都难免透出民族的偏见以致隔阂与裂缝。别人可以昏睡不醒，可以盲目忍受，天下的读书人可是难以做到精神的麻醉与糊涂。他们在这裂缝之中，清醒地眨巴着眼睛，备受折磨地求生。

康熙皇帝，包括所有的清帝，最为担心的一件大事情，就是汉人知识阶层，亦即天下士子的人心向背。郑燮家乡所在的江北，是士子集中的地域之一。康熙皇帝曾经六次巡幸，说破了皆是为此而忙碌。他的第六次南巡，也是其最后一次出巡，动作更是出人意料。说起来康熙不愧是一代明君，他来到南京，竟然亲祭明孝陵，还发谕旨免去灾区赋税，并亲自到农夫的茅屋与庄稼地里巡察。这一切礼贤下士的举动，迎来了士子们的感动甚至眼泪。老百姓面对明君，也许只懂得山呼万岁，可读书人心里明白，这无非是满族统治者在弥补民族的裂隙，安抚江北江南的民心。而这些举动，倒似乎颇有作用，深得人心。郑燮对此似乎并无多深印象。但是，朱三太子被杀的传闻，如同洪水注入了运河，那狂暴的冲击，却又不断在长江两岸百姓心中引发了不安的回响。

许多年后，仍然议论纷纷。一日，父亲请陆种园先生对饮，郑燮在一旁伺候。夏日酷热中没有一丝风，院圃的竹子散发出的一缕幽逸很快就消失在恼人的蝉鸣之中，可谓是静中之闹，对酌者的心情也是难以平静。

"听说当年审讯时，他老人家坦白自己就是崇祯皇帝的三太子，名叫朱慈焕。"郑之本嚼着一粒花生米说。

陆先生手将胡须沉吟半晌，又看一眼身边的郑燮，神情庄严道："三太子？朱三太子，记得他当时是被封为定王吧？"

"可不是，明朝灭亡，定王他可遭了大难，屡次被流寇俘虏挟持，受尽折磨，好在保全了性命。"

"唉，古稀之年，当日王孙，眼瞅已是风烛残年。临了竟成满人刀下之鬼。"

陆老先生像是在填词，顿挫铿锵，声若裂帛。郑燮听得，心生凉气，不寒而栗。

"唉，北京，他们的父亲，先帝爷留下的帝都，发来的判词竟然是'朱某虽无谋反之事，岂无谋反之心？应拟大辟，以息乱阶！'"

"哼，好一个'岂无谋反之心'！欲加之罪，何患无辞！"陆先生说着情绪激动起来，捧着茶杯的双手与胡须通在颤抖。

"亡国灭种！这就是晚明的悲哀，定王未能善终，此乃亡帝之后的悲哀。"

父亲的一声长叹，令郑燮感到了悲伤。他想象着可怜定王的后半生，感到自己也正像一株小小的孤竹，生长在高高悬崖裂缝之中，在风中飘摇，在雨中挣扎，在雷鸣电闪中扭曲变形……不是松柏，不是梧桐，也不是香樟、银杏，只是一株不甘寂寞也不够安分的孤竹，扎根在这民族仇恨、隔阂、杀戮与国脉断裂的裂缝之中。十六岁的郑燮突然真切地感受到了被挤压的痛苦。一个弱小的生命，正寂寞地、孤立无援地成长在这怨与恨、血与火、仇恨与压榨的令人窒息的裂缝之中。这就是现实，就是孤竹的生存现实。有根没土的现实，有流无源的现实。他突然感到了伤心，感到恐惧甚至绝望。深感每一阵风雨，都可能把自己吹倒。而每一次失去亲近的人，都好像是割断了自己的一条根须。没有沃土、没有抵御旱涝之本，所能够依赖的就是这坚硬而冷酷的民族认同的山石。孤竹的根须只能够孤零零地牢牢巴结在这山石之上，饱受饥寒之苦，隐忍偷安，苟且度日。然而命运总是不依不饶，一再把亲人从他的心中夺走，断裂着他那赖以生存的根须。这也就像清王朝对待汉族士子的政策，时松时紧，冷热不匀。然而，也正是这人世的风雨雷电，在孤竹成长的心灵中造成了虚心与气节，产生出一种难以言状的坚忍不拔的内涵之力，没有依靠而自强不息的力量。

郑燮因此想到一位同姓的先贤，父亲时常引以为自豪的人物——南宋遗民郑所南。那也是异族入侵，那也是亡国灭种的灾难。先是金人后又是蒙古部落……郑所南，这位在民族残杀的夹缝之中，生存下来的一株特殊的植物。

"你们那位族人，他不是树木，也不是竹子，而是一株桀骜不驯的兰草。"

陆种园先生时常讲："作为读书人，在元兵南侵之时，他上书陈奏献策，力主抵抗，只因人微言轻，未被采纳。宋亡之后他面南痛哭不起。他是个画家，从此画兰花只画根而不画泥土，忠心可鉴，愤怒与深情可鉴呀。"

郑燮理解陆先生的旨意，更理解郑所南那忠心与愤慨的分量。他正体验着无土的悲哀。好在又同样姓"郑"，一种出自内心的崇敬，使他以"所南翁后人"自居、自励。由此想去，郑燮也领悟了陆老先生与外祖父、曾先生他们何以终身隐居乡间，而为何太阳公公会在佯作癫狂中超度自己，而父亲却永远守着一个清贫的教馆，度着忍饥耐寒的日子。

夹缝中的孤竹，并不屈从于命运的摆布。他毕竟不是一株弱兰纤草，而是一棵坚挺而虚心有节的竹子。他要依托山石，奋力向上，努力地探出头去，同大地相连，与高天相接。正因为少年有过如此抱负，当他以后成为一个画家，他笔下的主体意象几乎永远都是劲节向上的竹子，与那坚硬无比的山石。即使画兰花，也是绝不写盆中之物，而是山间之兰，植根于山野大地之兰。

十

　　一个人生命即将终结那一刻所向往的，也许就是他最留恋的吧。许多年后，当郑燮在拥绿园告别人世之时，他记起了毛家桥和西邨——他记忆中的人间仙境、世外桃源。想到了那一双销人魂魄的黑眼睛……他也许在心里还在感激父亲的引领。

　　毛家桥与西邨属于真州。真州又称"仪真县"，时属江苏扬州府管辖。毛家桥在县城东北约三十五里，扬州西南方向，长江北岸。郑燮随父亲来毛家桥读书，当在康熙四十八年（1709），是年他十七岁，正是敏感热情、风华正茂。难怪那里旖旎风光与悠然江水，还有江边垂钓的渔翁、打柴的樵夫、茂密的翠竹与卖花的村姑，他会终生铭记。读书之余，他寄情山水，时常独自在江边吟诗舞剑、抚琴吹箫，在幽静凉爽的竹林中行走，眼前是青山碧水，耳边是动听的鸟鸣与溪水的歌唱。他喜欢随手摘下一片竹叶，仔细地端详，遂又噙在口中，嚼那苦涩的清香。山脚边的小溪是由山涧深处发源，流淌过无边的竹林，才变得如此清澈诱人。溪畔有浑圆的巨石，他时常在石上歇息，但见黑色的游鱼在水中追逐嬉戏。后来请教渔夫才知那体形狭长的鱼，名为鯈子，它们成群结队，悠闲自得，像天空中飞来的一行大雁，令人心旌荡漾、浮想联翩。

　　静夜，当连接海口的江水随潮涨起漫过沙滩，漫入竹林，少年郑燮还端坐书房秉灯夜读。详读典籍，同古贤亲近。窗外夜风中竹吟与涛鸣如同琴瑟的合奏，时隐时现，更增加了读书的意境。他开始诵读一段文字，连自己都感到了悠远激昂，浑然动听。第二天一大早，他即来到江边，贪婪地拣那落潮后留在泥沙上的精美彩贝，那心情又像在翻阅一本图画书。只是阳光下的少年，自己也就出现在了画面之中。茂林修竹、游鱼溪水、水中晃动的蓝天白云，这宏观与微观的一切，没有市声的嘈杂，也看不到不幸与苦难，是他单独拥有的理想之境，也是充满诗意的世界。他陶醉其间，尽情地感悟，接下来便是终生的铭记与幸福回忆。于是几十年之后，当韶华已逝，青春不再，他才从那挥之不去酝之心底的陈酿之中，捧起一掬，自品甘醇，饮之为诗，发而为图：

风晴日午千林竹，野水穿林入林腹。绝无波浪自生纹，时有轻鯈戏相逐。日影天光暂一开，青枝碧叶还遮覆。老夫爱此饮一掬，心肺寒僵变成绿。展纸挥毫为巨幅，十丈长笺三斗墨。日短夜长继以烛，夜半如闻风声、竹声、水声秋肃肃。

课后，郑燮照例在江边竹林中游玩、沉醉，忽听得不远处传来一阵悠扬又欢快的箫声。他望过去，就见竹林深处小道上，走来了骑牛的牧童。牧童光着黑黑胖胖的身子，留着调皮的发锁，仅穿着大红的裹肚横骑水牛背上，活脱脱年画中的欢乐童子。他吹的曲子，大约是一首民谣，当地的人们很熟悉的民谣吧，充满了欢乐与祥和。伴着江流美景，即组成了和谐。郑燮被他所迷，牧童却被自己的吹奏陶醉。于是，当牧童走过他的身边，竟是浑然不觉，而郑燮却目不转睛地瞅着人家，直到箫声远去，他仍回不过神，身不由己地循声而往，便来到了一个叫西邨的小村，一个现实中的人间天堂。

少年郑燮惊异地发现，这一带的农民，生活得富裕安逸，从茅屋盖造到田园风俗，竟然充满了古趣与诗意，丝毫不见饥馑与辛劳的窘迫。牧童的欢乐使他忘记了自己童年的苦愁与困惑。陶醉在眼前这种绝无仅有的环境中，郑燮的心胸顿时也变得乐观而开朗。白天无论大人和小孩，多在田野间劳作，在布谷声中插下秧苗。田埂上的行人，有的提着鲜鱼，有的担着和泥带土的新笋。林荫下面的屋宇，白净的纸窗中，时时传出悠扬悦耳的读书声，令他流连忘返。

当他随着牧童的箫声走去，就看见竹林中一片花圃茅屋。一阵清风送来阵阵花香。郑燮正看得出神，突然一群挎了花篮的少女从天而降般地由竹林中飘然而至。

"卖花来，卖花。"

"卖花来，卖花！"

啊哦，原来那日在江边码头见到的卖花女子也就来自这美丽的西邨。西邨是一座古村，历来盛产鲜花。郑燮的记忆中，每一户花农的家，茅屋、竹篱、山石与花圃，还有终日在其中侍弄劳作的大哥大姐、公公婆婆，就组成一幅题为《花仙》的丹青。而每一座现实中的花园都是一片姹紫嫣红的花海。卖花女子的芳容与花衣在花海中徜徉，在阳光下，在竹影中，不同的形状与色彩相互映衬，争奇斗艳。

"小哥哥，买一束花儿吧，我们西邨的兰花最是有名，香而不艳，素雅宜人……"

一个黑眼睛的姑娘有些羞涩地说。

"哦，好迷人呀，'香而不艳，素雅宜人'！"

大伙儿都笑她了，她的脸顿时红到了颈根儿。

不知为啥，郑燮的脸也忽地红了。他不敢再看那双水汪汪的黑眼睛。他想起了王一姐的眼睛。他方才明明感觉自己已经落入那深潭似的瞳孔之中了。

有些性野的姑娘们开始起哄。把黑眼睛的兰花姑娘往郑燮的怀里推搡。郑燮避之不及，两人的身子居然贴在了一起。

等他回过神来，已被一群卖花的少女团团包围，逃脱不得。那一张张俊秀的面容在鲜花的映衬下，更显得异常妩媚。郑燮感到自己忽然来到了天堂，周围都是散花的仙女。只觉清香宜人，他一时分不清那是她们身体衣服的香气还是花香。他如入梦境之中，拼命眨巴着眼睛，一时不知如何应对。姑娘们看出了他那书生的窘态，便咯咯咯笑成了一片。郑燮红了脸，也跟着她们嘿嘿地傻笑。他从未笑得如此开心，如此轻松畅朗。这笑声使得他和那些素不相识的姑娘们很快成了朋友。黑眼睛的兰花姑娘说什么也要送他一枝兰花做纪念，别的姑娘也要送他别的花。于是他的怀中转眼就被各种鲜花堆满。他感动不已，一个个地问她们的名字，想不到她们的乳名都是篮子里的花名。比如，兰花、栀子、芍药、鸡冠子、牵牛、金钟……这一回，是他回笑她们的爹娘图省事，才给她们随手起个花名搪塞。对呀，她们无可辩驳，一时急得噘了嘴。

"相公，看你手捧书卷，身佩宝剑，一定是个文武双全的举子啦。"

"对，一定是文武双全之人，那给我们舞剑如何？"

"对，我们为你唱曲儿。"兰花姑娘黑眼睛里闪着火辣辣的光亮说。

郑燮推辞不过，于是在翠竹环绕花香盈盈的仙境之中，他伴着姑娘们的歌声，拔剑运气，潇洒飞舞，自然赢得了喝彩。

那一刻，连他自己也深信自己就是文武双全的才子。从此后，他便成了西邨的常客，成了西邨姑娘们真正的挚友，更是兰花姑娘的心底知音。西邨的酒肆也是他所留恋的。他曾经在那里微醉而诗兴大发。于是唤来笔墨，在粉墙上信笔挥洒，留下墨迹。那是多么风流倜傥的往事，西邨的人们几十年后都还记得，都还小心地保留着少年郑燮的墨宝。

那次故地重游，小酒肆墙壁上醉后信笔涂写的稚嫩诗句还真切地呈现着，才使他仿佛寻回了一点旧梦。可惜卖酒的少年已经胡子拉碴。他寻遍江边与竹林，也没有了老渔翁和壮樵夫的踪影。卖花的女子早已出嫁了吧，没有人还能认出他这个变了模样与心境的舞剑相公。他面对稚嫩的墨迹，自斟自饮，酒至微醺，默默回味往昔。月明霜冷的早晨，形单影只地踏影独行。他心中的悲凉终于化作了哀婉的诗句：

童仆飘零不可寻，客途长伴一张琴。五更上马披风露，晓月随人出树林。麦秀带烟春郭迥，山光隔岸大江深。劳劳天地成何事，扑碎鞭梢为苦吟。

郑燮决计再也不会到这里来了。破碎的旧梦无法再圆，找回的只是无尽的惆怅。

十一

重访真州的第二年深秋，郑燮意外地在兴化遇到心中挥之不去的王一姐。如同美丽的江村不再那样幽静，竹篱花圃已经衰败，市井的嘈杂声增加不少。同样在一家简陋的酒肆，那装扮说明她已是老板娘了吧。性情显然还是那样泼辣，心中似乎依然那样自信，甚至还吸着水烟，嗓音嘶哑，目光呆滞恍惚。才几年不见，岁月的艰辛写在她泛黄的脸上，再也找不到当年的娇媚动人……意外的相遇，使两人都很惊讶。然而只是目光中一闪，过后便没有了亲切感觉。严酷的时光雕刀，分分秒秒的无情，破坏了少年梦中的红颜知己。

"一姐，你过得可好？"

他想找回过去的感觉。

"麻丫头，你可好吧？"

"嗯。"听着她喊自己乳名，他感到有些别扭。

接下来便是沉默。二人低头无语。时间的溪流滞凝起来打着旋儿。

此后谁也不再说话，如同陌生人搭讪过后，他感到了尴尬的失望，甚至绝望。王一姐的脸上，毫无快意。这次意外相见，完全破坏了他心中的美好记忆。他深埋心底的初恋梦境，却在重逢那一刻消失、飘逝了。他心中暗暗流着眼泪。当年那个目光似火能够点燃热情的王一姐哪里去了？那个一两句私密话脸蛋儿就会泛出红云的王一姐哪里去了……

当晚回到客栈，郑燮辗转反侧，心里不停地责问自己，仿佛这一切的绝望，都是因为自己的罪过。第二天，他鼓起勇气想去给一姐告别，可是再也没有见到她。也许是有意躲避，不愿再见一面，不愿引起伤心。这次意外而又令人绝望的见面，使他痛苦了许久，使他对生活的叩问更加缺失了答案。

颠倒思量，朦胧劫数，藕丝不断莲心苦。分明一见怕销魂，却愁不到销魂处。

如今，早已时过境迁，物是人非。自己已经是无梦境而有家室之人。可是偶然之间，还会念及过去感情的深深浅浅、点点滴滴。就像在饮一杯陈年的苦酒，会在微醺之时感到无奈与木然。儿时迷人的王一姐终于在他的梦中消失，可是那个娇小羞涩好以诗词传情的可爱表妹，却还是久久挥之不去，同样地化为诗句：

中表姻亲，诗又情愫，十年幼小娇相护。不须燕子引人行，画堂得到重重户。

外婆家读书的日子，舅父家的千金，一个同王一姐的命运似乎不同，性格与处境更大相径庭的要强女子，一个从小相互便知但此后数年不见，等到再见时就突然碰撞出爱慕的火花的可爱女子。那时的王一姐大概已经嫁人，正是他痛苦之时，这一朵美丽的栀子花般娇小迷人的女子正好填补了他感情的空虚："盈盈十五人儿小，惯是将人恼。"她有着同王一姐不同的羞涩与妩媚，又像王一姐一样对自己一往情深。他们一同习诗填词，一同阅读《西厢记》《白蛇娘子传奇》《梁山伯与祝英台》，心中就都把自己比作张生与莺莺、许仙与白娘子还有梁祝。于是，暧昧的恋情便浸润在目光里言语中，渗透在彼此的诗句里。诗绢与词帕秘密往来传递间，就有了黄昏的期盼与月夜幽会的紧张与甜蜜。才有了春日一同扑蝶的欢乐与夏日黄昏庭院花树之下对弈的情趣，和月下幽会心跳之妙甚至相拥相携，山盟海誓，以至私定终身……然而，不料却触犯伦理，于是除了像白蛇娘子与许仙那样天上人间一般被强行分离之外，留在少年郑燮心中的就是一生都抹之不去的怨恨与缺憾。这一时期，感情的折磨甚过生计的窘迫。

十二

读书人眼前的出路，很狭窄很拥挤。这也是夹缝之中的唯一生路。郑家世代读书科考生员，享受朝廷免差粮与俸禄特权，自然不忘。许多人尽管对满人不满，还是没勇气放弃功名，缘由也在于此。郑燮十九岁那年，年长自己七岁的同乡学子李鱓中举，在兴化城里引来轰动。李鱓能文善诗、能书善画，其画如同那秉性，纵横驰骋，不拘绳墨，不入窠臼，多得人文天趣，很是令人喜欢。其书法亦遒劲飘逸但不失古人法度，颜筋柳骨，颇得精髓，可谓是才艺双全，风流偶傥。郑燮与李鱓，两人此时虽无缘相见，但李鱓声名在外，早已是郑燮心中的榜样。李鱓才气横溢，尖角早露，中举之后韶华初绽，即被朝廷破格录用宫中专事绘画。以举人入宫侍君，破格殊荣，前途无

杨妃罢晓妆
独坐自题
访在上头
一片里云
遮墨溃译
宵聚苍水
晶珠

李鳝

李鳝作品

量呀。当下名震一时，委实令人羡慕。于是拜师深造从小喜爱的绘画，也就成为了郑燮的新萌理想。这倒也并非见异思迁，其实他从童年蘸着雨水面对庭院中的竹子在地上临实写生，少时照着《芥子园画谱》在描红簿子上潜心涂抹勾画算起，已经与翰墨色彩结缘许多年月。加之书法的不断精进与学问的日趋宽博，要讲童子之功，他这个天性爱好书画的人论起习字学画，倒真是有着深厚的童子功底。再说书法绘画，何为"写意"，不就是要有写更要得生趣精意？于是，他对于此两门功课，更是埋头苦钻。

一年之后，大约二十岁的郑燮，通过院试考中秀才，他成为了名副其实的生员。这虽是梦寐以求的，可他怎么也高兴不起来。一个人得到秀才资格，是进入士大夫阶层的第一道门槛。成为秀才即代表有了功名在身，在地方上就能够受到尊重，亦有了各种特权，例如免除差徭，甚至见到知县都不用下跪，即使是有了罪过知县都不可随意用刑，遇有公益或不平之事可以直接禀见知县，等等。这些都是普通百姓，包括一般读书人所没有的特权。只是生员资格的秀才尚无俸禄，生活的担子实在太重，因此中了秀才的郑燮并没有感到丝毫的轻松。那些终生未能进仕而穷困潦倒受人戏谑歧视的"穷秀才"，又使他不愿想到自己的未来。他仍是感到前途渺茫，而此刻父亲的意思是想要他结婚生子。生计的艰辛使他不得不现实地谋划一番自己的未来。

郑燮考中秀才，父亲当然高兴。陆种园先生也来家中祝贺。

"中了秀才，这可是博取功名第一步呀。"陆先生品着茶说。

"可不能松懈。要一鼓作气。"父亲说。

"是要有后劲，才可登堂入室。"陆先生说。

"可不是，不然就会像我这样，半途而废。"父亲不无懊恼地说。

郑燮立在一旁，低头不言语，显得异常平静。他的心里其实十分矛盾，就像有两个人在吵架。一个说要一鼓作气，进士及第；另一个说，何必在一棵树上吊死，读了书，有了书画的技艺，可以开馆教书，也可卖字卖画，还怕没有一碗饭吃？

就这样，好容易迈出第一步后，他反倒开始有些犹豫不决。这与李鱓在宫廷遭嫉，被人使坏突然就逐出京城不无关系。但他只是不愿意当着父亲与恩师的面说破而已。他把此归结为民族的歧视与排斥。在他的心中，民族隔阂这道深不可测的裂缝是越发令他感到了困惑、压抑，甚至绝望。在满人当权者的心目中，汉人科举进仕，也许只是他们豢养的一条狗。这并非是说他这个读书人心中仍保有着前明遗民的心态与不事异族的气节，而是现实屡屡的不平刺激了他。由于李鱓事件的发生，早已平复的朱三太子案的震荡又掀起了他胸中的波澜，划开了愈合的创伤。他感到隐约作痛。加之戴名世《南山集》的文字大狱，震惊朝野，更增长了汉人避祸自保的缘由……读书有什么用，科考中甲又能怎么样？即使中了个状元，也不能说就会成为国家的栋梁之才……但是，现实的功利，又驱使着他，不可能完全放弃功名。好在，当朝还有汉族读书人的榜样李光地在朝为官走红。他的官帽上面的珊瑚顶子对于读书人而言，仍然是耀眼夺目的。李光地也是晚明遗民，是曾经处在断崖夹缝之中的一株孤竹。顺治十二年（1655），年仅十四岁的李光地，曾经避居山中逃乱遁世，这也可见当时社会环境与他的心态，这同眼下郑燮的处境本质上并无区别。当时明朝灭亡刚刚十余年，人们对于满人入主中原的情绪也是可想而知。但是，不久，他还是离开山岩回到家中，读书科考了。这种消极逃遁、犹豫与仿徨的过程以至最终还是归顺命运的结局显而易见。李光地一介汉人布衣，走出了精神与客观的困境，似乎成为了读书人成就梦想的一个先例。这位康熙九年（1670）的进士，翰林院的庶吉士，替当今皇上校阅书稿的内阁大学士，可谓是郑燮心中艳羡的先辈偶像。可以想见，像所有决心科考的生员一样，他曾经也梦想着，有朝一日能成为翰林院掌管学士，向皇帝讲经论史，甚至主持会试或是外放做官……明镜高悬、造福黎民百姓……他常常在被窝中想入非非，他想得完全忘记了现实处境，连自己都激动到浑身发颤。一夜之间飞黄腾达，成为人上之人，荣宗耀祖、尽享荣华富贵……这就是几乎所有读书人的梦想，永远也不会当众宣示而烂在肚子里的美梦。正是怀着这样的梦想，拥挤而又狭窄的漫漫科考路上，用青春与生命凝结成一部前赴后继、血泪斑斑的科举制度的图像与史志。似乎没有人能逃脱这个诱人怪圈的折磨，更很少有人具有迷途知返的自制力。

就这样，好不容易考中秀才的郑燮，在短暂的兴奋过后，他似乎朦朦胧胧地想到了要摆脱这命运的怪圈，但是他却很难挣脱现实，抵御世俗功利的诱惑。他只能在痛苦中犹豫徘徊，愈加感到了忐忑不安。当这一梦醒时，理智恢复，冷静下来，环顾周遭，他决计先做点儿务实的事情。此时，他的书法在严厉的父亲眼里，也已经是有模有样，只是尚未开始正式拜师学画。父亲总是说，书法是绘画的底气，只要有了书法功底，绘画就有了基础。郑燮对此话还是相信的，因为他没有经师而照着实物的随意涂抹，总有一种说不出的、与别人画得不一样的趣味，这使得绘画在他看来并不是一件神秘的事情。特别是他照着院中花圃的竹子画出的墨竹，很是富有灵性，连费妈看了都赞不绝口。父亲虽然没有夸他，但从那嘴角掩盖不住的笑意足以看出，他也是欣喜的。郑燮的天赋使得他在绘画上显露出某些无师自通的端倪。习作的画面之中很有些天资的显露。陆种园先生看了也坦然鼓励他说："你的绘画是有天助的。"郑燮并不满足于此，他很想结识画家李鱓，成为他的一个好朋友而朝夕切磋请教，也像他那样，成为名扬朝野的丹青名家。

十三

经历过青春期云翳变幻般的感情波澜，心潮平静下来，青年郑燮萌发了一个远游的计划。他想走出兴化到扬州去，到南京去，甚至想到京城里看看。"读万卷书，行万里路"，说来容易躬行难呀。而在此之前，他必须遵照父命办好一件事情——尽快完婚。这也是对世俗人生的一个关照与就范。然而，要你结婚，娶进门的却不是自己所爱的女子，不是那位倾心已久的娇美表妹，也不是青梅竹马相爱默契的王一姐，而是素不相识，甚至不曾见过一面的陌生异性。这对于生性浪漫不羁的郑燮，该是一件多么痛苦的事情。但就是再痛苦，他也不得不这样去做。用世俗的标准衡量，这是一个成年男子的责任和义务，是他脱离弱冠成为顶天立地男子汉的重要标志，是为人子者义不容辞的呀。

二十三岁，在周围人看来早已是一个不能再拖下去的婚龄。郑燮因此麻木地完婚了。完全旧式传统的婚礼，重复了他记忆中阿叔和许多人的婚礼。只是自己扮演的角色，是当初的阿叔和任何一位只是强颜欢笑的新郎。媳妇对于郑燮，用奶奶时常讲的，就像一个实实在在的拴马桩子，野马一样心思的男人，只有结婚娶妻，他狂野的心才能被拴住而安定下来。这就是现实，的的确确的现实。当洞房花烛之夜，面对羞涩胆怯而又陌生的新娘子，那自己将要相伴一生的妻，郑燮心中的滋味绝不会同"金榜题名"相提并论。那一刻，固执的青年，他望着刚刚掀开盖头的陌生少女徐氏，心中想着的还是表妹，还是王一姐，甚至还有那黑眼睛的西邻兰花……两人呆坐无语。久久的沉默中，新娘子哭了。他开始对她心生歉疚，于是才勉强来到她的身边，握住了那双冰凉的手……

果然，世俗的婚配并没有给青年郑燮带来真正的欢乐。他很快决定要实施自己的远游计划。

秋九月，江南依旧炎热，郑燮北上出游京师。这次赴京的初衷也许是受李鱓的影响。李鱓曾于宫廷作《石畔秋英图》，深得皇帝赏识。当初消息传到兴化，郑燮就更添了结识这位乡贤、亲眼一睹大作的念想。如今李鱓虽已离开京华，可那通都大邑，仍然魅力不减。然而到了京师，但见豪门深深，狗马相顾，遭白眼碰冷壁也是难免。他顿时感到失望与茫然。总之，很不适应那声色犬马的庸俗氛围，加之也未能如愿一睹《石畔秋英图》。想着京师毕竟是皇亲国戚们的天下，乃达官显宦与各类门客、掮夫接踵混迹穿梭往来之名利巨场呀。他厌恶那种明目张胆的势利与毫不掩饰的虚伪、冷酷，更难以忍受那乌烟瘴气的浮躁、嘈杂……这始料不及的一切，令涉世未深的郑燮心生沮丧与厌恶。当时正值北方秋高气爽，他的心中却是阴霾密布。就在实在透不过气时，他突然想到了京郊西山的古刹与红叶。于是逃遁一般，于此日早晨毅然离开闹市，慕名避住远离城郭二十里的玉泉瓷山的漱云轩。

此地遥望，红叶迷人，风景处处养眼，寺院风铃呼应，环境十分的幽雅。生来就不是热衷名利场上出入的角色，郑燮在此，虽又恢复了读书人的起居习惯，但白日漫步山中，观风望景，寻菊赏兰，心境却还是高兴不起来，总有那一团说不清道不明的阴云飘浮眼前。他想京郊的秋色虽艳，终是满目萧然。想到各位前辈的命运与各自的处境，忧愁更添。用他自己的话讲，即是：

感黄叶之半零，望孤云之不返；残阳水面，渺渺寒涛，古寺山腰，凄凄晚磬，栖鸦欲定而犹惊，凉月虽升而未倾……

是夜归来客舍，照例秉烛夜读，温《秋声赋》，深得共鸣。当时是，四野秋色正浓、夜来一片静寂。阵阵秋风吹来，但闻草木萧萧，天籁悠然而至，便进入了宋人欧阳修的创作意境，兴之所至，于是他研墨展纸，借着豆粒般的灯光，静气凝神、恭敬楷书：

欧阳子方夜读书，闻有声自西南来者，悚然而听之，曰"异哉"！……

以往倒背如流却终不得神会。欧阳夫子，貌似记秋声秋景，实乃托景写人心矣。

……其色惨淡，烟霏云敛；其容清明，天高日晶；其气栗冽，砭人肌骨；其意萧条，山川寂寥；故其为声也，凄凄切切，呼号奋发……

更深夜静，郑燮一面沉沉走笔，一面默默咏诵，渐渐觉得自己对那惊然缥缈的"异声"，有了更为真切的领悟。他边书边诵，陷入忘我之境。至极动情处，不禁潸然落泪。

是年，坊间的消息不少。郑燮记得真切，《聊斋志异》作者蒲松龄去世，年七十有六；同时意大利画家郎世宁来京传教，旋供奉内廷作画并输入西洋技法；英东印度公司与广东清吏签订通商合同；胡以梅笺注的素心堂刻本《唐诗贯珠》终于完成，浩瀚六十卷，可谓文苑壮举……这些个消息，不胫而走，弥漫京城。但无论是文星陨落、西风渐进，还是文典巨制问世，都似乎并未引起青年郑燮的特别反应，也没有在他的诗词书信中留下一鳞半爪的痕迹。可见，当时的郑燮，尽管到了京城，大约还只是生活在自己内心世界的乡野书生。人在京城，心犹散淡，依然保持了沉溺诗文、寄情山水的闲云野鹤般的文人心境。

十四

时间如砥，无声地消磨着一切。读书人的善良软弱与柴米油盐的现实窘迫，使得郑燮彻底接受了命运的安排。徐氏的良善亲和、对他的悉心照料与百依百顺，反倒使他时时感到愧疚。在流水般的日子里，青春年少的浪漫情怀逐渐被冲刷消失着。郑燮现实地体会出糟糠之妻的金贵内涵，开始认真地端详审视这个整日无声无息、任劳任怨的弱女子，终于对她产生出兄妹般深深的同情与怜悯。

在琐细的生活中，郑燮品咂着，发现情与婚，虽然似乎是两回事情，但也不是难以调和。爱情是情感进而性爱的需要，而婚姻，第一等的事情，就是要为家族传宗接代。于是，他同她一道，隐忍一切的不幸，齐心合力，抵御抗争克服着各种的风雨困顿。

郑燮教书、卖字画还要夜夜苦读准备科考。真是苦不堪言，累不堪言。徐夫人也很努力，她从早到晚，努力地迈着小脚操持家务，精打细算地把穷日子过得有模有样。婚后第一胎生下了一个女儿，第二胎又是一个女儿。徐夫人发现公公郑之本的脸拉得越来越长。好在郑燮倒是显得平淡宽容。她自己心中感到了一种不必言说的愧疚。直到结婚第六个年头，她才如愿以偿地为郑家生下了可以算得上传宗接代的宝贝儿子。

郑燮而立之年得子，儿女们带来了天伦之乐，但三个孩子要吃要喝，也加重了本来就很拮据的家庭负担。他除了夜夜寒窗苦读，还要教书、卖字、卖画。人显得更加瘦羸，过早地有了抬头纹。同父亲当年　样，郑燮拼命努力得来的收入，已经无法养活全家。他这才意识到，小小的兴化城里愿意掏钱买字画者，终究寥寥无几。他的眼睛更加急切地望着扬州，望着南京、北京，时常思谋着外出寻找一条挣钱养家的出路。

天刚蒙蒙亮，懂事的大女儿就醒来了，小孩子听到自己的肚子咕咕直叫，便想起饿来。父亲讲过的儿时每天早晨吃烧饼的故事，便又诱惑着她。她不由得扭头看了看熟睡中的母亲。

母亲本能地由睡梦中醒来，睁眼看见由于瘦而眼睛显得更大的女儿。大丫头长得最像她的爸爸，她想。

"乖乖妞，天还早，接着睡。爸爸读书作画熬了半夜，刚睡不大会儿。"

母亲压低嗓门说。大丫头不说话，懂事地闭上眼睛装睡了。过不了一会儿，再睁开眼睛，看到母亲还呆呆瞅着自己，赶忙又闭上了眼睛。

徐夫人看着孩子，心里顿时涌起一阵酸楚。她知道，孩子们一睁开眼睛，就会感到饥饿，昨晚喝的糊涂汤早已不知去向。他爸讲过的小时候每天早晨买烧饼吃的故事，成了孩子们的梦想和期盼。

"妈妈。"大丫头忍不住咽着口水同样压低嗓门说，"妈妈，我也要吃阿贵公公的烤炉烧饼。"

徐夫人忍不住眼泪，急忙用手遮住脸，说："乖孩子，等你爸卖了字画，就给你买烧饼吃。"

"爸爸的字画啥时才能卖掉？"

徐夫人不再说话。这也是她心里甚是担忧的事情，她对此几乎已经绝望。

说话间，二丫头也睁开了眼睛。二丫头长得秀气，眉毛弯弯的，很像徐夫人小时候。

"妈，等爸爸卖了字画，我也要吃烧饼。"不满两岁的二丫头不会压低嗓门，说话也不大清楚。徐夫人忙把她揽在了怀中。小儿子睡得正香，他吃饱了奶。徐夫人自己也觉得饿，肚子空得难受。

说话中，郑燮低微的鼾声突然停下来，他睁开眼睛看到天色尚早，就又闭上了眼睛。徐夫人看见，丈夫比先前又瘦了，颧骨高耸，翘起的下颏尖尖的，胡须就像一丛枯草。二丫头伸手就要去摸，被徐夫人拦住了。

郑燮闭目呆呆地躺着。夫人和孩子们的对话，他在浅睡中都听清了，心里委实难过。"等爸爸卖了字画给你们买烧饼吃"，这样的话，他不知听过多少回了，可是总不能兑现。他感到愧疚，感到没有面目再对他们母子说什么安慰的话了。

于是，他再也躺不住了，不顾徐夫人的劝阻匆匆地穿衣起来出门。字画卖不出去，他打算向好友借一点儿钱。他一路犹豫着来到一位画友的家中，却见他正吃饭，碗里竟是能照见人影儿的稀菜糊涂。他便再也不好开口，只得空着手，慢慢地走回家来。原本是要给妻儿一个惊喜，引来的却是更大的忧愁。

他哀叹一声，瘫坐在椅子上再也不想动了。徐夫人见状，默默地在她的陪嫁箱中翻检，最后拿出一件绸面羊皮坎肩，是娘家的陪嫁品，她每年冬天穿的。

"他爸，把这个当了吧，反正也用不着，给孩子们换烧饼吃吧，再买几斤米。"

郑燮仍然呆坐，无言以对。这样的情形，以前也发生过几次。徐夫人越是这样宽容大度，显得通情达理，他的心里也就越发感到难过。他不能再允许这样的事情发生，看来死守在家门口仅靠教书是无法养活一家人了，他得走出去谋生。这一回，他放弃了卖字画的梦想，决计先听从父亲的劝慰，子承父业，设馆授徒。不知是什么缘由，他没有在兴化设塾，而是离开家乡，到了真州仪征县的江村。这当然不是一个陌生的地方，但他仍然感到新鲜，同时也感到了孤独。这一回来到江村，生计的担子压着，绝不像当年随父亲读书时轻松浪漫。这里的风景，除了一条江水，似乎再没有给他留下更多的印象。授课之余，他倒是有了更多的暇余时间。他潜心作诗填词，习字绘画，还时常吹箫弹琴，结交了新的文友。经常一起唱和的有一位叫吕凉州。吕郎也是一位才子，他们时常一道吟诗作联。

山光扑面因新雨，江水回头为晚潮。

这是他在江边，与吕郎对出的一副联。生动工巧，可谓是上乘之对。但是总觉得缺少激情。

十五

那些日子，郑燮时常往返于江村与兴化之间，路途的劳顿与寂寞，也使他留下不少记录的诗文。这时候的郑燮，减了青年人的轻狂与浪漫，倒多了几分成年人对人生艰辛的感悟。

也就在这一时期，失宠的李鱓，于宫廷"乞归"。青年郑燮心中的榜样似乎垮了。这对于艰难生计中并未放弃科考理想的郑燮，无疑又是一个致命打击，也进一步加深了他对于异族统治者的成见裂痕。他一时陷入了深深的痛苦。后又听说李鱓到了山东藤县任知县，但不久，这位曾于一阁楼与万柳庄作画轰动京城，还曾经于热河行宫向康熙献画并被供奉内宫，在南书房行走，随宫廷大画师蒋廷锡习画、诗文更是名震公卿的传奇人物，终还是不能适应官场的习气，干脆辞官归来，到扬州卖画为生。这使得郑燮下了最后的决心，他决定辞去教书的营生，去扬州了。他希望能够结识李鱓，成为挚友。

"父亲，我得到扬州去卖字画，听说那边有钱的主儿多，字画走俏。"

临行那日，他才对父亲讲。"行吗？"父亲的精神已经大不如前，经常卧病，也无力管束成年的儿子。郑燮拿定了主意，他就行动，他没有同任何人商量，就辞去书馆教书的差事背起行囊出发了。徐夫人怀里抱着儿子，含着眼泪送丈夫出门，两个女儿围在她的身边，向爸爸挥手告别。费妈也在偷偷地抹眼泪。古人送亲人远行，总有一种生离死别的感觉。况且这还意味着郑燮一段人生的结束与开启。他自己的心中也是复杂，说不清是兴奋还是不安。

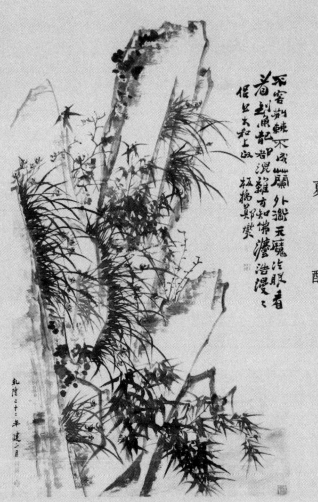

第三章

夏酝

一

　　郑燮终于踏在了扬州古老的石铺街面上，连他自己都感到有些冒险的惊异。他东张西望着，感到一切都是新鲜，一切都是好奇，一切又都似乎同自己想象中的大不一样。就像当初进了京城，他又体会到了山野之人进城的惊异感觉。

　　到了扬州，郑燮很快有些后悔。他首先意识到的是背井离乡、举目无亲的惆怅。扬州，是他从小向往的大城市。然而，当他空着肚子走在扬州的石铺街面上，面对那一大片屋宇楼阁、彩绘灯火、歌舞喧嚣，还有那映在粼粼波光中的樯帆灯影，总觉像梦幻一般的不真实。而路边的乞丐，还伸出手向他讨要。这使他感到羞愧无比。他感到自己这个及第秀才，也就几乎要沦为开口讨吃的乞丐了。他想起了太阳公公，老人家连同他苦中作乐的小曲儿早已经不知去向。难道自己果真要成为第二个太阳公公？

　　与四面水关的兴化老城相比，这里可真是通都大邑了。就像一座恣肆汪洋的浩渺大湖，一切的建筑都浮在水面上。面对这座名城，既繁华又使他深深感到茫然的城市，他不知该发怎样的感慨。好在卖画的时候，不用再顾忌街坊邻里的议论与熟人的白眼，也就有一种冲破羁绊的大胆与兴奋。他白日在小秦淮河畔摆摊卖字卖画，混迹在许多的穷困无奈的读书人与乞丐、闲人、流浪者中间，就像一只刚出世的小蝌蚪消失在热闹异常的池塘中间。既感到乱哄哄的安全，又觉得令人窒息的无奈。他的与众不同的儒雅字画，很快引起了人们的注意。但是看的人不少，摇头晃脑、品头论足者也有，而真正掏钱购买的人却寥寥无几。显然这个无人知晓而自称"板桥郑燮"的操着满嘴兴化乡音的年轻人的字画，并不受欢迎。他丝毫也不懂得，既然是市场，就有行情。可他是既不懂得行情，更谈不上迎合行情。他只是我行我素，率性挥洒。在同行们眼中，他的这些生涩狂放的笔墨很是出格。人们对待与众不同的东西，历来总是抵触，这使他感到烦闷不安。

"你们瞧，新来这小子，字画可是不入流呀。"旁边一位戴银丝眼镜的老学究摇头说。郑燮听得真切，但他只能当耳边风。

"嗯，看着是有些怪模怪样，瞧那字写得，就像他那人，脖子伸得老长，扭腰裂胯，看来又是颈后生着反筋的叛逆之徒。"另一位獐头鼠目摇着扇子的人附和道。郑燮瞟他一眼，心想，这一个"怪"字，倒也中听。爷就是要怪，入了你们些俗人之流，爷就不是兴化的板桥郑燮。

好不容易卖掉一张小画。夜间，他打一壶老酒，买一包茴香豆，在寄住的城北天宁寺客房中自斟自饮。灯光把他的影子斜映在墙上，显得越发瘦削，更像一株傲然的孤竹。也许是因为离开家乡的缘故，他开始在自己的作品上落下"板桥"字样。他怀念那老屋门前的木板古桥。"板桥郑燮"，他看到这个落款，就会想起那熟悉的一切，就感到格外亲切。不料想，日后这"板桥"竟然名世，而郑燮这个官名反倒少人称呼。

板桥郑燮来到扬州，并不标志他要放弃科举，而只是生活所迫。扬州是江南重镇，发达的航运与关乎国计民生的盐业与盐商的聚集，赋予了这座古城不同寻常的活力，也繁衍成了令人眼花缭乱的富足现实。而也就吸引了江南江北才子荟萃，不仅使艺术之花争艳，也兴起了另一种似乎有伤风化但又不可或缺的产业。"烟花三月下扬州"，成为才子佳人的口头禅。在这烟雨红尘之中，仿佛天下舞文弄墨的才子歌女，都向往着扬州，都希望能到扬州一试锋芒、一展风采、一亮红颜、一赏国色。于是，扬州艺术擂台与享乐的旋涡，也成了残酷竞争与销魂落魄的陷阱。与其说是优胜劣汰、崇尚才德，倒不如说是红尘滚滚、浮光掩玉。在表面的绚烂辉耀之中，充满了污秽和血泪，也潜伏着十面埋伏的诱惑，这就难以说清此地究竟是成就还是毁灭了几多志士才子。扬州这阅尽沧桑的老人，面对冒险到来的郑燮大约不无担心吧。你究竟是曲迎市场行情而终被淹没的俗虫，还是翻江倒海必有出头之日的潜龙？

郑燮发现，兴建于嘉靖年间的扬州新城，像蟹螯一般把旧城外东北角的天宁古寺钳成了两段。城内的部分称为法云寺，拱宸门外的部分则为天宁寺。天宁寺东有光明庵，北边是重宁寺。寺和寺之间，钟鼓相闻，殿影相望。这些古庙寺院环绕在郑燮的四周，仿佛是一片空灵之海，平添了渴望远离尘俗的佛理禅韵。

二

夜深了，郑燮躺在这城北天宁寺居士客寮中，肚子里照例装入的那两碗稀菜糊涂早已不知去向。想象中的老酒与茴香豆不安分地在眼前晃动。不禁就想到了郝姨妈和费妈，想到了诱人的沾满芝麻粒儿的烤炉烧饼，想到郝姨妈亲手做的"黄鼠狼钻棉花胎"那香酥可口的味道……情不自禁地就咽一口唾沫，眼前呈现出家中三个娃儿饥饿的眼睛。扬州的远郊近地，除了栽花，没有人家播种稻米稼穑。唉，连生了姑娘都不做女红而教唱小曲儿了……他不胜感慨。

突然，远远地传来艄公与船工夜渡摇橹的呐喊与歌唱，呈现在眼前的便是北市河与小秦淮河交汇处的运粮船往来繁忙的景象。那里是一段水面开阔的水道，过往的船只很多，疲惫的船工们彼此提醒，以免因打盹儿而造成撞击。画舫在其中穿梭寻觅。卖花卖唱的众子与船老大挑衅地搭讪，讨着他们的欢心……扬州，就像是南京与杭州的一个浓缩的影子。"商女不知亡国恨，隔江犹唱后庭花。"小秦淮，就是南京秦淮河的缩影，而瘦西湖当然是杭州西湖的小样了。只是它们较之秦淮河与西湖显得更为精致有趣。天下有名的色与景在这里聚会，就组合成了驰名天下的扬州。郑燮初来的时候，曾沿着小秦淮河一直朝下游走去。河水从新城西角的转角开始，流过旧城小东门和大东门外的两座吊桥；同时也流过千百家青楼与乐坊的河房下面。这就难免使得原本清澈的河水中加入了浓浓的胭脂色与脂粉的气息。

如此想下去，郑燮的心中不免一阵骚动不安。他仿佛又置身于那胭脂河畔，眼瞅着粉红色的小秦淮的河水沿着城墙一路北去，映红了大东门水关外的古老石桥，然后折转而西，消失在一片沉沉夜幕之中……一阵慵懒袭来，他昏昏沉沉地进入梦乡，水光、歌旋、游舫、月辉与窈窕歌妓们的舞姿情影在他不安分的梦中，汇聚成浓得无法化开的欲望与渴求，漫过了他的忧虑与困境，飘然欲仙。

画舫乘春破晓烟，满城丝管拂榆钱。千家养女先教曲，十里栽花算种田。雨过隋堤原不湿，风吹红袖欲登仙。词人久已伤头白，酒暖香温倍悄然。

郑燮借着酒兴，欣然吟下了初到扬州的第一首诗歌，不料很快就传唱开来。与其说是对扬州的第一印象，倒不如说是他自己初到扬州的心境写照。初识扬州，他却充满了无奈的悲情。他万万没有想到，那"千家养女先教曲，十里栽花算种田"两句，竟然成了扬州人多少年后代代自诩的名句。

每一个夜晚，他都是这样思前想后，方才迟迟入睡，又是精疲力竭地醒来。寺院大殿四角的铃铛在晨风中摇响，小和尚净觉已经开始打扫庭除。打坐诵经的老和尚木鱼叮当……郑燮发现这真实的一切，并不像梦中那样浪漫，而是秩序井然。自己却像一个局外人，被冷落遗忘在这城外的一角。他感到头有些涨疼，嗓子发干，浑身没有力气，大约是有些伤风。抬眼看看桌上的一碗一筷，他就感到有些发呕。那庙里的斋饭，实在是过于清淡、过于寡味，可不吃这，又能吃什么？

"郑先生，该用膳啦。"

小和尚净觉轻轻敲着窗户唤道。

"好，就来，这就来。"他望一眼窗上的光头人影，心中有一丝奇怪的冲动，就像从前见到眉目清秀的学友王竹楼。

他急忙答应着，快快地穿衣下床。他到这庙里寄住，还是托兴化观音阁时雨老法师的举荐，才得到特别的照顾，可以无偿吃住在庙里。如果不是如此善缘，他将在扬州无立足之地。

饭后，郑燮照例前往书画市场。他沿着河岸走去，但见绿柳垂拂，两岸无数的水榭廊道曲回延伸，只是一片古旧散漫的灰色，其中还夹杂着穷人的破屋烂厦，就像一件青色棉袍上的补丁。白日的小秦淮，也没有了夜晚的妖媚，像熬了一夜的半老徐娘，顿时失去了妖艳活力。在灿烂的天光里，她慵懒散漫，披头散发。好在朝阳的金辉里，弯弯曲曲的河水倒仍像少女腰间的粉带，于习习晨风里款款飘逸，令人联想到昨夜那花容月貌的风光。岸边奇形异状的太湖石与排列着的绿柳红桃倒映在水波之中，仍然残留一角的那梦幻世界，令人想入非非。郑燮因此又记起昨晚的梦境，他想接着完善这虚幻的好景，不由得放慢脚步，缓缓踱去。

不知不觉，就走到城墙西北角上的"仙鹤楼"一带，完全忘记了自己卖画的营生。他毕竟是一个多愁善感的浪漫读书人，对于人文景观的好奇与敏感，催促得他收不住脚步。他惊异地发现，小秦淮在这里突然与北来的西市河及花山的涧水汇合，变得宽阔深邃，像一位哲人，默然深沉地流过雄伟的虹桥，慷慨地投入了瘦西湖的宽阔襟怀。

此刻，一轮樱桃般鲜红欲滴的朝日跃出东方。郑燮呆立在晨辉里，默默地望着平静悠远的瘦西湖，就像望着一个自己久已心仪的恋人。那水色原本是碧蓝清澈的，眼下却浮着碎银般金光，就像单纯而活泼的姑娘的笑容，没有羞涩，也不放荡，俨然一位知书达理、见过世面的大家闺秀。如果说小秦淮是扬州享乐、堕落与世俗功利一面的象征，那从容静卧的绝色美人般的瘦西湖就是她天真、高贵与娇美的倩影，更似一朵秀色可餐的出水芙蓉。是的，她与小秦淮相连，虽然接纳了小秦淮的胭脂粉黛，却是出污泥而不染，非但未被污染，倒出脱得格外清雅高洁。郑燮希望自己在这扬州的大染缸里，也能够努力保持人格的高洁与艺术的独立。

每天早晨，当太阳重新升起，一切的虚幻都变得真实，也呈现出一览无余的直露。郑燮眺望着扬州，继续阅读着这异乎寻常的古城。水关桥上往来的行人，川流不息的船只，流动着也创造着财富的律动，这一切，却与那不远处几个乞丐与流浪汉的身影很不协调。这使他想到了自己的穷愁落魄与家族的困顿……不觉一阵惆怅涌上心头。

三

太阳升起老高。郑燮步履沉重地来到书画市场。摊位早已经被人占满，他几乎没有立锥之地。他正无奈四顾，却听有人亲切地呼唤自己：

"板桥郑燮先生。"

他扭头看时，却见一个矮胖敦实的汉子，正笑嘻嘻地朝自己点头打恭。

他诧异地走过去。那位不由分说就把自己的摊位拢拢，让出一片地盘，道："委屈贤弟了，就在这里将就一日吧。"

郑燮十分感激，正犹豫间，那一位早已把他的行囊接过，解了摆开字画，并且一件件地欣赏，就像当众做广告一样地故意高声议论：

"哎呀！板桥郑燮先生，真没想到你年纪轻轻笔墨竟如此老到！瞧这墨竹，可谓笔笔灵动，枝叶不凡呀。"

他的近乎吆喝的褒扬果真有效，顿时就有几位同行凑过来观赏。还有一位高声议论道："金农先生夸好，那可是不易，一定是真好啦！"

矮胖者又提高嗓门，喊着说话那位："哎，我说李鱓，你们兴化可是人才济济，前脚来你复堂李鱓，后脚又有板桥郑燮，这可让我们今后该怎么活呀！"大伙儿哈哈大笑。

"原本以为只我汪士慎和你金农是怪，看来，这又多出李鱓、郑燮两怪，真乃怪多不怪。"一位布衣麻履者说，还仔细地端详着郑燮的一幅《墨竹图》。

郑燮听得一震，李鱓？金农？还有汪士慎！难道说的就是自己佩服的那几位画坛名士？一位曾任宫廷画师，一位云游四方，还有这出身布衣的丹青高手！

"您就是金农？这两位便是汪士慎、李鱓仁兄？与诸位名家相逢，郑燮不胜荣幸。"

"名家岂敢，金农便是在下。"

"汪士慎在此拜会板桥郑燮。"

"兴化李鱓施礼。"

郑燮心中一阵欣喜，几位正异样地捧着自己的一幅墨竹，看得津津有味。

"嗯，用笔不凡，枝叶简略，风骨尽见。可谓是一扫俗媚之气，君子之象呀。"李鱓说着，连连点头。

"不同凡响之怪，提神醒目之怪。"汪士慎夸张地伸出大拇指说。

"那是，那是。"一旁的金农忘情地附和着。围观的人越聚越多，大有人

开过牡丹春可怜又开芍药春无边
贵家亭馆花成田红阑青幔小舣船蜡烟
如蒸沸管弦玉盘盂金罍围广陵自管争
相传五日十日莫轻剪一上街头不值钱
杭人金农画并赋

金农作品《牡丹》

伸出拇指啧啧称赞，也有唏嘘摇头，嘴巴咧得就像浑身痛苦一样。

遇到知音，郑燮才感到自己在扬州有了立足之地。当晚，在李鱓下榻之处，三位仁兄为板桥接风。出身富家的李鱓果然慷慨豪放，精心置办一桌丰盛酒菜特意为郑燮接风。金农贪吃好酒，盯着那酒菜直咽口水，一再宣称"知音相逢，要一醉方休"。李鱓郑重端起酒杯，道：

"我等四人，能在这扬州相遇，也是天意。这就如同刘关张桃园三结义共振蜀业，我等丹青为盟，艺术上必要有一番不俗建树。"

"这还用说，自从那一日，我第一眼看到郑燮老弟的字画，就感到了心灵的相通。果然一拍即合。岂非天意？"金农咽着口水附和。

"这要讲根本，还得从我师父南沙先生（蒋廷锡）那里追起。"李鱓也说，"先生未第之时，曾与马元驭、顾雪坡游，以逸笔写生，风神生动，意度堂皇，点缀坡石山水，无不超逸。先生的水墨折枝以及竹梅小品，也是极有韵致。就取法自然而言，我们是一脉相承，板桥老弟，你说是也不是？"

郑燮听得茅塞顿开，稍加思忖便说："三位仁兄的作品我都看到，共同的感觉，就是一个'真'字。真者，亲切也。要论书法，金先生足以为吾师，若论绘画，李鱓兄、士慎兄更是小弟望尘莫及。特别是士慎兄的篆刻，那可是扬州一绝。郑燮初出茅庐，今后还赖三位贤兄多多指教。"

汪士慎听得，由怀中款款掏出一个锦囊，解开来里面竟是一枚新刻的印章。

"说到篆刻，我昨晚替贤弟刻了一枚名印，不知是否喜欢？"

郑燮如获至宝，急忙接过来看。却见那一块深红寿山石，方形白文，刻的是"郑燮信印"四字。郑燮心中感激，一时无语。这是士慎兄的见面礼呀。他一直珍藏铭记。汪士慎的墨梅，就像他的傲骨，色淡而质硬、气清而神畅。他比郑燮年长七岁。同样客居扬州的寺庙卖字画为生。他为人敦厚刚强，人称"管领冷香，清妙独绝"，是真正的布衣知性画家，郑燮从此对他格外欣赏崇敬。

当下四人寒暄一番，随即欣然开席。李鱓慢条斯理，不断为郑燮夹菜添酒。金农则不停地卧筷仰脖，盏不离手，大显吃喝之威。而性格老成持重的汪士慎则是一直望着郑燮，嘴里细嚼慢咽，想着心事。酒至半酣，只听李鱓停箸问道："郑燮老弟，你来扬州这些日子，可有什么感想？"

郑燮想想说："感想谈不上，就是觉得卖画实在不易。"

三位老兄听得，都哈哈大笑起来。郑燮莫名其妙。

"老弟，你讲得不错，可你想过没有，卖画为啥如此之难？"

郑燮看看金农，又望着李鱓与汪士慎。

"这还不简单，"金农咽下一口酒菜抢先说，"没人买呀。"

说着又哈哈大笑一通。汪士慎只是眉头紧皱，一声不吭。显然，这个问题他们早先一定经过讨论。郑燮就问："诸兄有何高见？"

李鱓说："你注意没有，市场上何人居多？"

"显然卖字画者多。"

"对呀，那扬州城何人有钱？"

"当然是盐商富贾。"郑燮似乎懂得了李鱓之意。

"可到市场买字画者有几个盐商富贾？"

一直忙着饮酒的金农说："来市场买字画的人都是些二道贩子，他们从我们手中得了廉价的字画，又以几倍、几十倍的价格卖给盐商富贾，你说我们亏不亏呀。"

"对呀，我们为啥不能把字画直接卖给盐商富贾？"李鱓认真地说，又给郑燮与汪士慎斟满了酒。

"三位仁兄，可我们怎么才能接近盐商富贾？"郑燮茫然问道。汪士慎与金农望着李鱓。

"这就要看我们的本事了。"李鱓看看吃得红脖涨脸的金农说，"比如冬心兄，他就有这个本领。我们就借他的光吧。"

"哪里，哪里，我只是个云游四方的居士，自从三十岁那年患了那场疟疾，贫病交加、几乎饿死。唉，'寂寞抱冬心'，如今勉强写得几笔墨书换一碗饭吃而已。"

郑燮说："先生过谦，您的《景中集》弟是爱不释手，堪称绝句上品。厉鹗先生之序更是精当，加之鲍西冈雕版，可谓珠联璧合。要讲借光，我倒是要借三位名望，卖画糊口。"

金农大为感动，忙说："你老弟的字画，那是绝无仅有，特别是墨竹，真是面貌奇绝，盐商富贾们一定喜欢。"

"我看也是。"同样喝多了的李鱓绕开话题道，"看来，我们身处扬州，并不能说读懂了扬州。"他说着站起身，在地上来回踱着步。嘴里就像吟诗："扬州是一册大话本，一个大美人，流光溢彩的外表，使她迷人；金钱诱惑与势利趋炎又使她冷酷；弱肉强食的龌龊与残忍无情又使她的每一个毛孔之中都充满血泪。然而，她又是充满了诱惑与魅力，吸引着各种各样的人来到她的身边，做着各种各样的梦，干着各种各样的事，做着各种各样的人……人人都感到了压力，人人都能找到动力和快乐，可梦醒之后，究竟是一个什么样的结局，就很难说了……"

李鱓关于扬州的感慨使郑燮震惊，也使他从未有过的兴奋。那一晚，大家开怀畅饮，直到天明。然后，深睡不醒。

四

郑燮渐渐地习惯了街市上的混乱。盐商巨贾们经过，随着霸气的吆喝，市面上就会掀起混浊的声浪。随即便见朱漆黑呢的大轿，前呼后拥地被八条壮汉抬着，浩浩荡荡招摇过市。人们急忙躲闪，小声议论，投去惊恐的目光。又是哪位大人？

不用问人们也清楚，这乘着的并非是官家绿呢大轿的人物，也不是什么达官显贵，而是暴富的某位盐商。盐商在扬州地面儿比一般官员还要威风，他们可以呼风唤雨，可以暗中左右官员，甚至可以为所欲为。因为他们腰间垂着的不仅仅是他们自己钱柜的钥匙，还是整个扬州财富的权柄。大大小小的盐商，他们掌控着整个扬州的经济命脉。官员们在他们面前常常自矮半截，说话就少底气。扬州离开盐商，那就不是扬州。

在扬州，人们心中最值钱的倒不是真金白银，而是白花花的海盐。这神奇的"白金"，一船接着一船地由沿海流入扬州，等待着调往京城乃至全国。白花花的海盐，几乎就是皇家统治的关键，是天下苍生的性命，更是权力与富贵的象征。它不仅仅是人们生活的必需，更是发财暴富、飞黄腾达的催化与助推。许多人因为同盐商结交而青云直上、官运亨通。连皇帝老子对于盐商也都不敢小觑。只要你手中拥有大量的海盐，你就腰粗声洪，就能够在扬州乃至长江两岸踏得地皮山响。因此，官员与商人们的眼睛，都盯着海盐，耳朵也对一个"盐"字格外敏感。而盐官与盐商们也就成了人们慕妒的对象。他们的命运是天然地连在一起，所以便相互勾结利用、串通一气狼狈为奸也是必然。扬州的繁荣富庶与乌烟瘴气便由此形成。盐官与盐商，就像是扬州的太阳与月亮。

这就是扬州，郑燮冷静旁观着对扬州独有的概括：异样的繁荣，异样的发达与混乱。

"闪开，他娘的，快闪开，不要命了！"

郑燮正愣着，就见一个年迈的乞丐在乱棍中倒下。他急忙上前要扶起老者，却被随后赶来的黑衣保镖推到了一边。他立足不稳，摇晃着竟与那老者倒在了一起。这使他万分愤怒！可又有什么办法！周围是习以为常的冷漠。既盼望盐商能成为自己字画的买主，又怨恨他们的横行霸道、荒淫无度。扬州这一艘华丽的画舫，盐商、盐官们耀武扬威地驾驭着它。船工们饿着肚子拼命划船，才使画舫在迷人的白天与夜晚，载着他们发财升官、恃强行乐。他们锦衣玉食、搂着美女、抽着大烟，挥金如土，还不住地在苦命的船工背上挥舞着鞭子。歌女与艺人躬身屈膝像彩云一样缠绕在他们的周围，为他们寻欢作乐极尽能事……

盐商的轿子过后，街市又恢复了平静。这是在秋季，也就在这一刻，扶起老者的郑燮，就像扶起了遭受践踏的扬州的历史见证。于是他默默地望着秋阳，口占一词，记录下这扬州现实一日的命运与不幸：

江上澄鲜秋水新，邗沟几日雪迷津。千年战伐百余次，一岁变更何限人。尽把黄金通显要，惟余白眼到清贫。可怜道上饥寒子，昨日华堂卧锦茵。

"尽把黄金通显要，惟余白眼到清贫"，难道这就是轮回的报应？是谁也无法预料也无法回避的？不然怎么会是"可怜道上饥寒子，昨日华堂卧锦茵"呢？

对饮之时，郑燮忘情地吟诵解释着自己的新作。听者中，除了惯常的李鱓、金农和汪士慎三位老兄，又多了一个新朋友黄盛。

黄盛是个乐观随和之人。郑燮喜欢他画作的率性，更喜欢他书法的自由奔放。乐观的黄盛显然对于郑燮诗中宿命悲悯的情怀并不赞赏。于是当众人鼓掌称颂时，他却表现了沉默。郑燮注意到了这个细节。算上这一首，关于扬州的诗词，他已经作了四首。这"之四"，是发泄愤怒的过激之词，充满挥斥方遒的书生意气。可惜黄盛并不知晓，在路见不平的屈辱之下，吟出这一首诗的郑燮能够感到暂时的解脱。

"仰面四顾，形单影只，红尘滚滚，市声嘈杂，庸者云云。"

借着酒劲，郑燮继续发泄着自己的愤懑："吾诗吟罢无写处，只能嚼碎咽肚中。"他说着竟然是泪流满面。众人惊愕，同样已经是半醉的金农，却是一阵喝彩与掌声。可黄盛依然沉默。这一回，郑燮压不住火了，他仰头干一杯酒道："黄盛老兄，有何高见尽管讲嘛。"

"在下很理解你老弟的心情，但是未免过于悲伤。"

"此言差矣！"金农赤红着脸道，"路见不平，发而为悲伤之情，此文人高尚也，何为不妥？"

黄盛笑而不语。金农不悦，又说："在下倒是有个建议，不知当否？"

"老兄直言。"郑燮眼前一亮。

"如今这扬州画市，突然又冒出另一位黄盛，鱼目混珠，我看还是把你这个名字改一改为好。"

"见言极是，弟亦早有此意。诸位有何想法请讲。"

"你与士慎素好，我看就取汪士慎名中一字。"

"黄慎？"郑燮抢先道，"好，这个名字好呀，慎言之，谨行之，符合黄兄的秉性为人。"

"我看也是。"李鱓也说。

汪士慎哈哈大笑，黄盛慨然道：

"好，既然大伙儿都说好，我从此就改名为黄慎啦。"

说着，大家举杯，一饮而尽。书画史上的一件大事，就这样言定。扬州的画家中，从此，少了一个黄盛，而出了一个大名鼎鼎的黄慎。

郑燮也情知，在这金钱与权势主宰一切的世界上，字画与诗词歌赋一样无用，只能成为盐商与盐官们霸道作乐的伴奏与点缀而已。身为一介书生，为了生存，他只能忍气吞声，逆来顺受。可他又很不情愿、很不甘心呀！他在自己内心矛盾的夹缝中挣扎，就像在那社会民族矛盾的夹缝处境下一样。一方面要急于卖字卖画，养家糊口；另一方面又不愿成为盐官、盐商的附庸。在热闹异常的扬州，郑燮深感自己依然是一株可怜孤独的竹子，在红尘

黄慎作品《伯牙鼓琴图》

中摇曳、风雨中挣扎。

然而，郑燮毕竟是郑燮，他有傲骨在身，他有狂野的性情。他每每喝多了酒的时候，就会尽情发泄。而金农与汪士慎二位老兄，最赏识他的，正是这不管不顾的狂妄自大。

"我说李鱓老兄，你，你再不要讲什么盐商有，有钱，他，他们的钱，不干净呀，那，那是盐工的血汗，那是歌妓的眼泪，那是百姓的愤恨，那，那是扬州的耻辱……"

"板桥老弟，此话倒也没错。可在我这里讲讲，也就是罢了，可不要满世界胡乱嚷嚷。"同样喝多了酒的李鱓担心地警告他。

"不讲？不讲我憋得慌，屈得难受，就是当着皇上的面，老子也要讲！"

"对呀，皇上算老几，在我们读书人眼里，他不过也就是京城里的一个年轻人嘛。"金农故意说。

汪士慎也一拍大腿说："可不是，我等凭手艺吃饭，何必敬畏哪个？"

"哎，我说冬心、近人老兄，你们可不要火上浇油，还嫌他闹得不出格？"李鱓警告道。

"我不怕，就是不怕，皇帝有什么了不起！老子大不了不应科考，看你能把老子有何法子！盐官、盐商有什么了不起！有朝一日老子填饱了肚子，老子绝不会为你们画一张画、写一幅字，老子的字画送狗也不送他们这些附庸风雅的东西。"

"对，到时候，我也同你一样，在画室门外贴上一张告示，盐官、盐商休登门，画爷不追肥马尘！"

"对，对对！"

三人开怀大笑，举杯同饮。李鱓无奈，只得为他们斟酒夹菜。三人安定下来，他这才借着酒兴发表自己的高论：

"诸位且听，假若扬州是一头疯狂的狮子，而聚集于扬州的我们这些各类艺人，就自然成了依附其皮而存在的可怜的华丽毛发。"

"什么毛发，我们就是主人，艺术的主宰！"郑燮说。

"我岂不懂得这个道理，当然，各人占据位置不同罢了。"在友人面前，平日也是性情狂放的李鱓，此刻倒显得像个兄长一样有涵养，说话也很有分寸。

"世人眼目中，我们这些人就被分成了三六九等。当然最显赫者，要数那些'朝扣富儿门，暮随肥马尘'的趋炎附势之徒。他们没有原则，甚至没有灵魂与血性，经过一番不择手段的努力，就成为了扬州这狮子头上引人注目的鬃毛。"

三位瞪圆醉眼仔细地听着。比喻绝佳，他们明白李鱓仁兄所指。

"这些所谓的画坛领袖，他们的所谓艺术，只不过是用以叩开盐商与盐官沉沉朱门的工具而已。"

"讲得好！讲得实在好！"郑燮激动起来，金农拽拽他的衣袖，示意安静。李鱓提议干杯，四人一饮而尽。

郑燮与金农带头鼓起掌来。酒后异常冷静的李鱓，说出了大家共同的想法。郑燮再也不愿意控制自己，他激动异常地说道：

"问题是这些个附庸风雅的肉食者，并不能当即识破呀，盐商、盐宦与世俗的舆论反而对他们的所谓艺术大加赞赏，这种媚俗正成为一时风尚。而真正创新的艺术，反倒没有市场、得不到承认。"

"对呀，这可是现实的问题，我们该怎么办？"金农问道，郑燮无言以对，看看李鱓。李鱓沉默无语。

郑燮对此更是深恶痛绝。君子固穷，他暗暗立志绝不做这种可怜的依附于金钱与虚名的所谓艺术领袖，他要做真真正正的艺术家。可生计的问题摆在面前，不低头过不去呀。其他的几位仁兄何尝不是这样。

不料想，这一回，李鱓非但没笑，反而严肃认真地说：

"盐商与富豪之中，也有懂得艺术之人。只不过你还没有见识，明天我请你见识见识。"

"对，应当见识见识。"金农与汪士慎也说。

"明天，你拿一幅画，我让你当场体会一下富豪之中，也不统统是附庸风雅，更不个个都是草包蠢蛋。"

郑燮将信将疑。

五

第二天，大伙儿如约来到瘦西湖畔的茶园诗社参加梦星先生邀集的聚会。园子是他老人家投资所建，专供文人雅士聚会的场所。一生混迹官场告老归乡的程先生眼下终于实现了自己的夙愿；李鱓素与程公相好，金农亦言程公之善。郑燮与汪士慎、黄慎还是将信将疑，认为在灯红酒绿的仕宦名利场上归来之人，难免沾染俗气，能有什么高品卓见？如此地想着，郑燮还是应邀而至。

但见茶社朴素，并没什么高朋满座，只是一群文士雅集，有不少也就是摆地摊卖字画流浪谋生的穷读书人。郑燮与汪士慎似乎还从未经见过这样的场面。李鱓与金农同诸位倒是很熟，也颇受尊重。汪士慎和黄慎也碰到几个熟人，唯独郑燮无人知晓。二位老兄也不紧着引荐。郑燮只得一个人坐在角落里默默地吃茶，听大家之乎者也地高谈阔论。程梦星终于到了，竟是个谦和长髯的长者，举止儒雅，谈吐不俗，丝毫不像官场中人。郑燮感到有些异样。等到茶品三巡，李鱓突然郑重地起身拱手道：

"诸位学兄，今日程公设局雅集，李鱓等不胜荣幸。可是我们也不能白来，是送程公一幅我李鱓的画，还是金冬心、汪士慎的字画？想来想去，还是不够理想，这就想到了初来乍到的后生板桥郑燮，便讨得一幅他的墨竹，敬送程公，也请诸位当场鉴赏。"

李鱓说着挥挥手，示意郑燮把画取出，遂亲手展开来。大家看时，但见是一幅《石竹图》。程公欣然离座，兴冲冲走到画前仔细端详。众人围于其后。偌大茶园顿时鸦雀无声。郑燮的心跳得咚咚乱响。他有些意外，更有些不安，感觉像在梦中。只见那程公端详过好一阵，这才微微颔首，手捋长髯喜上眉梢。众人随之发出一片唏嘘之声。

"好，真好！新篁奇石，笔墨不俗，令人耳目一新呀！"

程公说着，亲手接过《石竹图》，双手高举过头，请大伙儿仔细观赏，嘴里还不停地念叨："诸位，你们看看，你们看看，这就是我时常讲的心中之竹，绝非园中之竹，胸中之石，亦非盆中之石呀！天趣为先，笔墨其后呀！绝佳，绝佳！"

众人热烈喝彩鼓掌。急性子的金农趁机吆喝一声："现在请兴化板桥郑燮亲手向程公赠送《石竹图》，以谢知遇之恩。"

众人掌声再起。郑燮感到很不自在。他没有料到，自己一幅竹子竟会得到一位为官多年的老学究心领神会，还评价如此之高。他老人家的点评有些连自己也不曾想到，实在不无启迪。当然，郑燮是个诚实之人，也不会虚头巴脑。面对如此场面，一时真不知如何应对。正犹豫不决，只听程公轻咳两声，慢慢走到他面前，郑重其事道：

"哎，金农老弟此言差矣，初次相识郑燮后贤，岂敢受此厚礼，能结识郑燮贤弟，就已经知足。不过这一幅墨竹，老夫着实喜爱，我就重金收藏了。"

说着由怀中掏出一张银票，众人一愣，李鱓赶忙上前拦住，郑燮这才回过神来，忙说："感谢程公抬爱，区区一幅墨竹，可谓一文不值，千金难易。"

程梦星一怔，众人全都愣着。

郑燮又道："所谓一文不值，是说我在市场上摆摊出售，却是无人问津。如今程公愿意重金收藏，我郑燮不胜荣幸。程公适才一席话，胜过千金，我送程公一张画，也是理所当然。"

郑燮说着，就上前亲自把画交与程梦星。众人又是一阵喝彩，程公欣然接过画稿，连连称赞："如此佳作，受之有愧呀！受之有愧呀！"

果如李鱓与金农所言，盐商富贾之中，真也不乏深谙风雅的有识之士。就说这位程梦星老先生，他对艺术不但有深刻的认识与鉴赏造诣，且经常举办文人雅集，主持修禊文事。老人家礼遇艺术家，也不遗余力地扶持艺术家，赢得了大家的尊重与拥戴，一时成为了扬州书画诗词的领袖与知音。他所营建的茶园，也成了文人荟萃之地。

六

"兴化出怪，扬州聚怪，画市如今又添出了几怪！"

"是吗，真有那么怪吗？我们可要见识见识。"

"怪人，怪性，笔下就出怪字怪画。比如这新来乍到的郑燮，号称板桥的便是，那一笔怪字和那一笔墨竹兰花，可是见所未见，说话也是尖酸刻薄，口无遮拦。"

"我听说程梦星老先生都赏识他的画作，曾经重金收藏过一幅……"

"我就不相信，一个初出茅庐的穷秀才，能画出什么好画？"

人们的街谈巷议，并不因为程梦星与李鱓、金农的赏识而众口一词。板桥郑燮照例难免被世俗的人们列入"狂怪"一派而刻意加以排斥。同样，扬州的画市，也不因为程梦星收藏了他的墨竹而画格飙升。他的字画，始终是卖不上价，或是有价无市。扬州卖画所得，只能勉强维持家用。不过这一时期，他又结识了几位重要的画友，大家时常雅集切磋，书画的技艺也是日臻成熟，达到了艺术创作的一个重要的阶段。在此期间，画界有两大盛事，康熙帝邀请西人绘制的著名《皇舆全览图》完成，并木刻设色印制。这堪称是中华大地的巨幅画像，可谓国之幸事。李鱓带来这个来自京城的好消息，大家为之把盏庆贺。还有一件大事，即冷枚等十四名宫廷师合绘的《万寿盛典图》二卷完稿。画工精细严谨，表现皇家威仪无以复加，必成传世佳作。然而，这两宗重要的画事，对于板桥郑燮而言，就如同划过天空的流星，也许只是令人艳羡夺目的灿烂一闪，随即也就成了过眼烟云，并没有在他的诗词书画中留下任何的痕迹。至于《桃花扇》的作者孔尚任古稀之年去世，那就

更是难以激起他心中的浪花。他依旧苦心钻研书画，同时被生计胁迫，疲以
挣扎。这样的日子过得艰难。经过几年苦拼，他终于在扬州站住了脚，成为
小有名气的书画家啦，列"扬州八怪"之中。然而他的书画，仍然还是难以
高价出售。因为他仍然是一个不入俗流的书画家，仍然是我行我素的艺术狂
人。虽然年近而立，终日置身喧闹嘈杂与车水马龙之中，非但不趋炎附势，
而且还轻视那些追风逐利之徒。这是艺术家的清高，更是读书人的毛病。板
桥郑燮与他的朋友，所谓的"扬州八怪"固执地恪守着这一份清高与本分。
天真与雅趣把他们紧紧地维系在一起。然而，在滚滚红尘之中，他们这些世
俗眼光中的书画之怪，毕竟是凤毛麟角。他们难免要承受来自世俗的种种压
力。而这有形与无形的压力，在他们每个人的心中，都产生了痛苦与彷徨、
叛逆与愤怒，致使他们不断地探索寻找着出路，艺术的出路与生活的出路。
以致在万般无奈之下，纷纷骚动不安地先后离开扬州。有的出游，有的干脆
暂时改行教书。这令重情重义的郑燮感到了失落。

首先离去的是黄慎。黄慎的出游，堪称是一次远游，据说去了建宁、赣
州、南昌、广东、南京等地。他一路交友、写生、创作、卖画。而李鱓则于
石城旅社作《杂花》卷，开始了他"丹青纵横三千里"的卖画生涯。高凤翰
游琅琊，也是人过留声。唯有腿脚不大方便的金农，还是坚守在扬州，并着
手整理《冬心斋石刻契帖》。当然他也结交了新的朋友。

这一时期，郑燮又回到真州江村任教一年，虽然也只是权宜之计，但却
留下不少宝贵的诗文，记录了真实的心境：

飘蓬几载困青毡，忽忽村居又一年。得句喜拈花叶写，看书倦当枕头眠。
萧骚易惹穷途恨，放荡深惭学俸钱。欲买扁舟从钓叟，一竿春雨一蓑烟。

显然，他的渴望逃避是溢于言表的，但他的反抗与反叛是压抑在内心深
处的。就像地心中的岩浆，只是压力未到爆发之时。困顿之中，他显然采取
了逃避，暂时得到了安逸，但是并没有从根本上解决生活的穷迫与精神的空
虚。在无奈之中，梦想成为漂泊江上的孤舟钓叟。可见，他当时的心境是多
么矛盾，又是多么不安于现状。他对生活与艺术创作的热爱，他渴望精神自
由的向往，他对于寄情山水的渴求……然而，他的个性与现实的冲突，开始
显出愈加激烈而不可调和。

高凤翰左手书法

就这样，忍无可忍的短暂离去，换来的却是更长久的忍耐力。他随后不得不再次返回扬州，继续过那自己厌恶至极的乞讨般的生活。那是痛苦的，清醒中的压抑与窒息，比懵懂的昏迷更令人难以忍受。直到许多年后，他写给乡友的信中，还充满了当时的愤慨：

学者当自树其帜。凡米盐船算之事，听气候于商人，未闻文章学问，亦听气候于商人者也。吾扬之士，奔走躞蹀于其门，以其一言之是非为欣戚，其损士品而丧士气，真不可复述矣……

诸友们如此来来去去，比较来比较去，似乎还是扬州的日子要好混一些。大家聚在一起，互相鼓励，相互帮衬，勉强维持度日，倒也少了些无助与孤独。郑燮的这次归来，与金农的留守与召唤有关。

七

　　此刻，当复归的郑燮想着幸福与痛苦的心事，他正站立在扬州小秦淮河边上，临波远眺。画依旧是卖不出去，只好继续听候于盐商富贾们的调遣。面前是一株松树的盆景，那被扭曲了的植物，原本也是有质性的，坚硬的木质，与岁月共沧桑的习性，迎风傲雪的品格，但如今却被制约扭曲，终于按照人的意志成为了盐商富贾们奢侈生活的点缀与摆设。望着松柏的盆景，他突然感到了同病相怜，怆然叹息，落下了伤心眼泪。自己的生活，不正同这可怜的盆景一般，在岁月的风雨中，任人摆布扭曲，任人宰割交易，可以弯腰屈背，可以断头掐尾，可以趋炎附势……不知过了多久，他的耳边传来李鱓与金农的呼唤，他才由那痛苦的思索中回归到现实，感到了一种春来花开般的温暖，一种来自友谊的力量。困顿中坚持理想的艺术家们，"相濡以沫"该是何等的珍贵而不可或缺呀。

　　原来，几位朋友又都不约而同地聚会到了扬州。这一回，大伙儿久别重逢，显得十分的亲热。金农的新友陈撰、厉鹗也应邀助兴。在黄慎新搬进的"绿天书屋"，大伙儿欢聚畅饮，互通消息，大谈出游与留守扬州的见闻轶事，虽然带来的不都是什么令人振奋的好消息。郑燮只是洗耳恭听。他感到一切都是那样的新鲜，似乎自己刚由世外桃源归来。

　　首先是黄慎的书屋与画作吸引了大家。他似乎很能惨淡经营。这趟远游，显然是成果不小，回来就买下了自己的书屋。虽然有些矮小简陋，但毕竟是自己的天地，是每位艺术家梦寐以求的结果。郑燮很羡慕黄慎的书屋。梦想自己也有一个，可以放置一张书桌、几把椅子，摆上文房四宝与茶具酒器，墙上悬挂上自己心爱的洞箫与古琴和自画的墨竹与孤石……

　　"这一幅扇面可是堪称佳品！"郑燮说。

那是一幅人物众多的小品。以唐人陈子昂为中心，题为《碎琴图》，画境很有创意。大家轮流欣赏，倒是令人爱不释手。

黄慎的新书屋显然激励了创作热情。他的新作《洛神》《陶令采菊饮酒》《琴趣》《西山招鹤》《东坡事迹》等，一幅赛过一幅的精彩，令人赏心悦目。郑燮和众人看了又看，连眼光极高的李鱓都是心悦诚服，大为赞赏。

书画家到了一起，欣赏、谈论画作，那是理所当然。可是有的时候，大伙儿似乎更喜欢谈论国事政治。这也是古今通病，更是文人雅兴，改不了的毛病。

"你们听说了吗？正月间，皇上下诏明确了功臣子弟世袭父位的恩典，这可是重要的消息呀！"李鱓认真地说。

"世袭、世袭，一方面是世袭，另一方面，那么多的生员考中进士却无缺可补，这是什么世道！"金农抱怨道。他其实是有所指的。他的新朋友厉鹗去年中举，至今仍浪迹江湖、前途渺茫，他是深知其内心之苦的。

郑燮无语。在他看来，这消息似乎与他们这些布衣书生并无多大关系，这甚至还比不上一部《康熙字典》就要编完印行的消息重要。

"听说官兵远征西藏，驱逐了策妄阿拉布坦，还扶持达赖六世在西藏登基，这可是一件大事，令人振奋呀，我们应当为此庆贺。"金农说着，带头举起了酒盅。

但是金农所讲的来自遥远边陲的消息，似乎毕竟不是大伙儿最关心的现实问题。大家更关心与书画行情及自身前程有关的事情。然而，这些大大小小的消息，从各位出游者口中得知，郑燮倒是感到新鲜，但也不觉得有什么能使自己更为兴奋。

"边关胜事，再加上厉鹗兄去年中举，郑燮老弟辞教归来，总该值得庆贺一番了吧。"热心肠的金农提议道。大家这才纷纷响应，向文采出众的文学家厉鹗与画杰板桥郑燮表示祝贺与欢迎。

郑燮向大伙儿深鞠一躬。厉鹗也是北游南归，显然是有备而来。他带来了自己的新著《南宋院画录》，刚刚刻印成书，散发着墨香。大家欣喜地翻阅，又是一阵啧啧赞赏。同时，他还带来了黄生选评的《唐诗选本》，是亦山房刻本，大家更是爱不释手。

这时，画家高翔拿出一幅自己的画作，说是要赠予厉鹗兄致贺，并请好友金农当场题字添彩。金农欣然应诺。黄慎取来笔墨，大家围观。金农提笔

高翔作品《暗香疏影》

在手，略加思索，很是认真地以他特有的真书题之，果然是增色不少。金农搁笔之后，径自端详良久，大有孤芳自赏之嫌。众人相视而笑，厉鹗便说："冬心兄素好高翔兄画作，我就索性借花献佛，将此画转送金农老兄。"

"此话当真？"金农转身问道，一脸的认真。

"君子无戏言。"厉鹗同样认真地说。

"那鄙人就笑纳啦！哈哈哈。"

"哎，我说冬心老兄，我可是有条件的，你的《冬心斋石刻契帖》印出，可别忘了给大伙儿每人签送一册。"厉鹗提议道。郑燮带头鼓掌。大伙儿起哄。

"那可不行，"金农故意说，"我才刚刚着手整理，刻印出书还不知猴年马月。我不能开空头银票呀。"

"舍不得了吧！"

大伙儿又起哄，甚至动于把腿脚不灵便的金农抬了起来，他努力挣扎，连连答应、讨饶。众人笑着，要他立个字据。金农当即立下字据，答应赠书，大家还是不依，执意要他请酒。

李鱓知冬心囊中羞涩，便上前解围说："请酒是我的专利，金农兄发个帖子，我来张罗。诸位意下如何？"

大伙儿鼓掌欢呼。冷清的书屋成了欢乐的一隅。书屋里正闹着，门外传来一阵爽朗笑声，童子言程梦星老先生到。大家急忙出门迎接。

"哎，我说黄慎老弟，听说你远游归来，还新置了书屋。果然不错呀！怎么不招呼一声，我也来给你暖暖屋子呀。"

老人家说着话，就走进屋来。大伙儿免不了又是一阵寒暄热闹。人群里见到郑燮，程梦星甚是喜欢，拱手道："哎呀，我们的板桥郑燮也在这里，听说你在真州江村开馆授课，很受欢迎呀，还写了不少的诗文。这回来，可别再走了，扬州没了你和诸位，诗词书画界可是冷落了许多。"

程公也不是外人，也没有什么老爷架子。大伙儿很快就又谈笑风生起来。眼瞅到了晚饭时分，黄慎提议要着人订饭打酒，李鱓坚持要亲自请大家。程梦星老人家挥手说："罢罢罢，今天谁也休争，酒菜我已经替大家备好，到时候自有人送来。我为大家接风洗尘。"

说话间，饭菜也就送到。程梦星邀大伙儿举杯，自己先一饮而尽。大家更是喝得痛快。酒过三巡，金农献上新作《麻姑仙坛记跋》助兴，他摇头晃脑诵读一遍，又是令众人惊叹不已。程公再次捧读一遍，众人击掌赞叹。旋即，程公心情沉重地举杯道："说起文章之事，不免就要想到戴名世兄。在这寒风呼啸的季节，让我们为《南山集》文案的诸位文士洒酒一祭。"

众人的情绪顿时严肃起来。这是近日大家心头的一块石头，也是一个难以愈合的伤口。平素似乎谁也不愿意提起。如今程公的话，仿佛是捅破了那一层窗户纸，大伙儿再也无法沉默，顿时议论起来。

八

《南山集》是翰林院编修戴名世的文集。戴名世者，安徽桐城人也，当朝研究经史的大家，学问有极高的成就，品学文章，举世敬重。他是康熙四十八年（1709）的进士，为翰林院编修。这些都是大家共知的。那时候的学者往往也就是官员，不像以后逐渐形成的，不学无术之人照样可以做官。文盲或半文盲不得入仕，这也许是严格的封建科举制度的一大好处与优越吧。

"自顺治五年（1648）下诏纂修明史，到如今已有数十年之久了吧，却是事倍功半。这是为什么呢？"李鱓很动情地说，"你们想一想，朝廷纂修明史，可是一件既冠冕堂皇又十分微妙的事情。主持编撰的诸位汉臣，当然是深知其中的难怅，但谁会料到还有如此的凶险？"

"是呀。"程梦星道，"一方面要凭良心秉笔直书，另一方面又得明哲保身，唯恐触犯到朝廷的忌讳，所以才会采用曲笔、屡次裁稿，一直没能修成。事情就这样拖着，直到捅出了这样大的娄子。"

"名世公可是一位有胆有识之大才，他身当重任，以修一部真实的明史为理想，认为历史乃是客观发生过的事实，不应为了政治和种族需要限制而影响到历史的真实与完整。这是他一贯的志史原则。"曾任过南书房行走的李鱓的议论，当然更会令人信服。

作为读书人，郑燮对这桩公案也是关注已久。戴名世在他的心中，早已是一位了不起的文人。此刻话已说到这个份儿上，他不由得就要插话，可他的话，总是唯恐不言其极，令人瞠目咋舌。

"这样一来，事情本来不就变得简单起来嘛：朝廷修明史，原本就应当是为了记录历史，洞明前车之鉴。所以名世公潜心以求，经常访问遗老前辈，遍览搜集明代的遗著，钩沉一切的史料，并认真加以甄别、考证，但有所得，即著为文章，作为修史的论据，这可是千古的奉献善举呀。他的许多文章，我是陆续读过了的，很注重证据，也很有独到见地。例如他写给门人金生的信中，就明确主张明朝虽灭，但绝不可以没有自己的正史。同时还讲，即使南明诸帝，也是占地数千里，顽强抵抗清军前后竟达十七八年之久，这样的史实，也不应该抹杀。正因为如此，他才充分肯定甚至赞美方孝标学士对南明事迹考据之确实。这些观点，没有错呀，名世公何罪之有！"

"问题就恰恰出在这里。"李鱓愤慨而痛苦地说，"他的门人尤云鹗倒是出于好心，以平日所藏名世公的文章百余篇，雕刻成书，起名为《南山集偶钞》，你讲的那封给金生先生们的信也就收在其中。这本来是一件大好事，却埋下了杀身的祸根。"李鱓讲到这里，沉默片刻，他显然想到了自己的不幸，"无意之间授人以柄，被奸人诬陷，这是朝中经常发生的事情。所谓的宫廷政治斗争，不过是奸臣害忠良，如此而已。"

程梦星抖动着胡子，鄙夷地说："一个民族与一群文人一样，总有骏骑，也有害群之马。康熙五十年（1711），左都御史赵申乔，别有用心地选摘《南山集》中一些文句，疏奏皇上，言戴名世'放荡狂诞，颠倒是非……'，这就造成了震动朝野的《南山集》文字狱。结果戴名世被杀，方孝标罪责难逃，受其牵连者不计其数……"

"这与其说是一桩文案，倒不如说是朝廷对我们汉族士子采取的一次蛮横的镇压行径。罪名说破了，也属莫须有呀！"

愤慨中郑燮拍案而起。大家面面相觑，没有人再敢往下接言。接下来的酒宴充满了悲伤。一次雅集欢聚，就因为这个沉重的话题不欢而散。

《南山集》文字狱的悲惨结局，在汉族读书人的心中，投下了无法抹去的阴影。扬州文坛只是一个缩影。这对郑燮此后几乎放弃仕途的努力不能不说是一个重要的起因。之后，有相当长的时间，他内心不对清廷抱有太大的希望与好感，在世人看来，大好的年华不思科考而沉溺于书画，便是读书人不务正业。其实正因此而歪打正着，反倒成就了一代书画大师。

九

　　生活的平静，总是暂时的。郑燮三十岁这年，父亲郑之本突然病逝。算来立庵先生年仅四十九岁，正是人生的盛年。噩耗传来，郑燮痛苦不堪。往日对父亲那一点点儿的不满与抱怨，统统化作了愧疚与思念的眼泪。他奔丧归来，完全变了一个人样儿。以往酒后的狂狷猕野，化作了沉默无语，名园、胜景与文人酒会茶聊的雅兴，连同扬州的一切娱乐之事，那彩虹与鸦片般悦目醉心的一切，都变得虚无缥缈、百无聊赖。他感到了人生的苦短与无常，领悟到了色即是空、空即是色的虚无的道理。他一连数日，把自己关在天宁寺庙中的僧舍里打坐，僧人闭关一般，水米不进，万念俱消。

　　那些日子，郑燮双目紧闭、意守丹田，远遁了外界的尘烟，心中渐渐有了一片净土风景。其中纵横的河流，再不是扬州不洁的血色的人世；美好的楼阁，也不再是扬州这一带纷繁的屋宇闹市，而是一个远离尘俗的生命的摇篮。那里有绿野也有仙踪。画舫与游艇，也不再是扬州的商贾文士与童子歌妓相拥调情寻欢作乐的场所，而是无瑕的天仙，轻轻飞翔滑动地往来。歌声、弦管音乐随风飘来，却不再是灯红酒绿的名利场上销魂失魄的靡靡之音，而是梦想中的天籁，与到处浮动着的花香呼应，酿成一种令人流连忘返的仙界……

　　在此期间，多亏李鱓与金农、汪士慎与黄慎还有程梦星的关照。诸位闻讯纷纷来看望拜访、劝慰，才使他表面上恢复了常态。但是无论如何，他都暂时无法从失去至亲的痛苦中解脱。扬州林立的酒家、茶社和青楼，从此似乎与他无缘。他一时失去了对扬州浮华的兴趣与敏感，也不再流连于名园与游艇中，更不买醉于酒肆、青楼。只是偶尔在茶计中沉默呆坐，与其说是寻求诗思与灵感，倒不如说是回避现实的孤独与烦恼。他此刻隐隐约约地想到过离开这个世界，到那佛祖所在的天国。他所居住的天宁古寺，幽静而肃穆，钟声悠扬，经歌渺渺，这与扬州的噪乱与浮华形成了天壤的反差。这就如同他的心境，再也无法融入那红尘之中。当他面对森然的古树和简朴清净的僧舍，面对院中的假山与园圃的翠竹，他似乎找到了另一个自我，更适合在清净的环境中感悟艺术真谛，打磨真正属于自己艺术个性的另一个郑燮。

这时候的郑燮，对他所寄居的天宁寺及周边的众多寺院，充满了感激之情。他常常在暮色苍茫的晚风中，站立在寺院内，由南到北地眺望小秦淮河岸的景色。在悠远的钟声里，夕阳的余晖洒在河面，又折射在古老的城墙上，但见由东向西的天宁门、天心墩、北门、虹桥以至瘦西湖……他想此刻，李鱓、金农，那些狂怪的好友们，也许正在其中的某一个酒肆条楼中携妓欢乐，耳边是闹哄哄一团，自己从前也是这样地麻醉着自己，打发着时光。可是如今，他更习惯清净、沉默，更喜欢一个人悄然地望着夕阳沉落，望着月影投射到窗户上的青光竹影。

父亲去了，留下些旧书残卷和沉重的债务。父亲，一个安分守己的读书人，科举无门，教馆为生。只能像陆先生一样，守着贫病交加借酒消愁，自暴自弃，麻醉自己，最后懊丧无奈地离去……郑燮怀念着父亲，却清晰地看到了自己的影子……而立之年，立志科考、学书法、舞剑、习画，崇拜草莽英雄与画圣文星……但是至今在他自己看来却是一事无成。三十多岁的一条汉子走南闯北，且有两女一儿，在别人看来，也许值得羡慕，可是他却感到歉疚。想到身体病羸的妻子，终年替自己承担着沉重的家务，衣衫破烂的小儿女们巴望的眼神因饥饿而无精打采……他时常会在睡梦中听到他们的哭闹，心中就针刺一般难过。原本想着眼不见心不烦，却不料逃离更是时时牵挂。奔丧回到家中的景象更是凄惨。一边是病妻的呻吟、儿女的哭闹，一边却是债主粗暴的催逼之声。父亲留下的遗物，还有什么能够变卖抵债？慌乱之中，他漫无目的地翻检着古旧的箱柜，希望会有所得。可无意间却发现了一卷前代家仆的卖身契约。他茫然地翻看着那发黄的券纸上陌生与熟悉的名字，家仆当中，数代以前的大约早已故去，也有些在多年来的饥荒与冻馁中离家出走了。仅留下费妈，还坚持在郑家。如同一种象征，依傍这穷困的家中，把郑燮抚养成人，把祖母与父亲服侍到老，眼下又帮助病羸的妻子，养育着三个儿女，支撑着这个穷家。想到这里，他的眼前又出现了记忆中的场景：

"喝一碗糊汤吧，趁热！几天都没正经吃饭啦。"

郑燮正发着呆，费妈端着碗进来了。

他赶忙放下手中的契卷，接过老人家手中的饭碗。心中万分感动，但却仍然是毫无食欲。只是望着眼前这位老人，已经是六十岁的人了，身子骨虽然还算硬朗，但背已经弯曲，个子似乎也矮了许多。

"费妈，父亲不在了，您也该回到俊和哥哥身边，享几年清福了。"

"怎么，连你也赶费妈走？"

费妈转身去了。郑燮把那些发黄的契约一张张地撕烂投进了炉火之中。在颤动的火焰中，他痛苦烦乱的心绪，突然变得清爽明朗。在那燃烧的烈焰中，他似乎看到爷爷和父亲微笑点头……

十

扬州的画友中，李鱓与郑燮交谊最深，可谓挚友、诤友。郑燮此刻孤独地想着他们就感到一阵亲切的心悸。郑燮最欣赏李鱓的，除了他的功力深厚的画艺，便是他骨子里的那一股狂傲之气。还有那把一切都看得很开、很淡的大丈夫的宽博做派。论起绘画，他也并非严格科班出身，可谁又想到了他的艰难与不易。郑燮想象着，八月即已飞霜的塞北，秋令九月的冷风、寒树、枯草、沙尘，还有那瑟瑟的仪仗，抖抖的皇旗，回荡在长空里的雁叫，呜咽般凄凉的胡笳、长箫……年轻的李鱓就是在这样的氛围之中，跪地举画，忐忑不安地向皇上献上自己的得意画作与一片忠心，同时也渴望着就在那一刻，决定自己一生的命运与前程……

那一刻，也许在颇有远见的康熙帝的眼中，这位原本无足轻重的二十多岁的学子，正好能够成就他不拘一格起用人才与安抚汉人士子的小小善举。此时，无论李鱓的诗和画以及他的言谈举止，哪怕是平庸无奇，但在一时高兴的康熙皇帝的眼中也会是奇松、仙柳般充满灵性，带来喜运……如此顺利地通过御试，成为皇上钦定的宫廷画家，但是谁又会想到，也就在这轰轰烈烈的开台锣鼓声中，他的人生已经埋下灾祸与失败的伏笔……

"如此好时光，不到画舫游玩，独自闷在这里呆想什么？"

郑燮一惊，说话的人竟是李鱓仁兄。真是想曹操，曹操就到。他转过身来，见李鱓依旧是满面红光、兴致勃勃，心中就钦佩。就像当年的李白，宫廷失宠，只是"仰天大笑出门去"，而自己的身上倒有些杜工部的影子。

"听说近日新到的童子，其中可有你所喜欢的人物？今日我定了船，咱们荡舟湖上，听那小童子抚琴唱曲儿，你看如何？"

眼前这位风流倜傥的绝世才子，难道就是由官场退回到扬州后的李鱓？无论拒绝谁的邀请，他也不能拒绝李鱓的一番好意。

"来，我们一同敬郑爷一杯，愿他笑口常开，欢乐常在。"

在船上李鱓对月举杯提议。两个小童子停止了弹琴歌唱，顺从地相应。几杯浊酒下肚，郑燮脸红了。两个可爱的小童子，圆脸温顺的一个叫田顺郎，另一个长脸机灵的叫陈蛮子。喝了酒的郑燮一直牵着田顺郎的小手，舍不得松开。李鱓不解地笑他傻怪，他也顾不得害羞。心想，这方面只有金农老兄才能理解自己的心思。见李鱓并不热心陈蛮子，他就寻思，这个机灵的尤物，只有金农老兄才能识得。这么想着，不由得脸上就越发地发烫。

"酒可真正是好东西呀，"他心中念叨，"足以助兴、足以消愁、足以助兴……"

"如此良宵，我们恭请郑老爷吹箫，我唱一曲《阳关三叠》助兴。"

李鱓兴致勃勃地提议，两个童子拍手称赞。郑燮无奈只得操起长长的洞箫，突然又想起了去世的父亲。这是父亲留给自己的念想。老人家虽然没有挑明，但是他理解，那是要他出门在外，不要忘家，而在想家的时候，就吹一段解闷儿。于是他欢乐的时候，总是抚琴歌唱，而孤独感伤之时，才会吹箫。那呜咽之音，悠远而凄婉，最是容易唤起乡愁，引发思念亲人的情思。何况是那悲伤的《阳关三叠》。果然，起式一声，就打动了两个童子。随着郑燮如泣如诉的吹奏和李鱓投入的吟唱，那箫尾的丝穗也在音乐旋律的波动里微微抖颤。冷月、清波、孤舟、人影……一曲终了，两个童子哭了，两行清泪也不知何时已经挂在了郑燮清瘦的脸颊上。

"别再发呆了，我的大才子，"李鱓亲手端一杯热茶递到他的手中。田顺郎为他披上斗篷。夜色是有些凉意，郑燮却感到了温暖。

扬州书画怪杰，他们友谊的基础，除了艺术个性突出外，性格秉性与生活方式上却是各有其嗜，甚至多有怪癖，可谓是五花八门。这样的一群人，自然地聚合在一起，必然会碰撞出个性的火花，形成强烈的影响。这就是以后在中国绘画史上被称为"扬州八怪"的重要绘画流派。严格的历史证明了他们存在的意义与价值。所谓"八怪"，其实并非是确切的八位画家，也许是十位、二十位。这里的八，显然只是一个不很确定的极言其画风丰富多彩的风格定性。板桥被公认是其中核心的一员，甚至是领军的一位，看来真是名副其实。在当时与后世，无论是艺术才华还是人格秉性，他都是不可多得的一代怪杰，是中国绘画史上有清一代开先河的一位了不起的人物。

十一

"板桥老弟，我回来啦。你怎么不出门迎接？怎么，几日不见，又有新作了？！"

郑燮捧着新抄就的诗稿高声地吟诵：

郑生三十无一营，学书学剑皆不成。市楼饮酒拉年少，终日击鼓吹竽笙。今年父殁遗书卖，剩卷残编看不快。曑下荒凉告绝薪，门前剥琢来催债。呜呼一歌兮歌逼侧，皇遽读书读不得！

一歌终了，闻者悲恻。金农情不自禁地感叹曰："肺腑之号唡、血泪之咏叹！"于是他也诵道：

我生三岁我母无，叮咛难割襁中孤。登床索乳抱母卧，不知母殁还相呼！……

酷爱搜集古董的金农，他的博学、热情与对于童子的痴情倒像专以搜购珠宝陶瓷为业的"色目胡商"。他那像是真正"色目人"的眼睛，一见到古董或是谈论起自己的收藏就会蓝光闪烁，像是燃起了火焰。可是眼下，几首记录自己生活往事的小诗，竟然令他如此动情，郑燮十分感动。

几年落拓向江海，谋事十年九事殆。长啸一声沽酒楼，背人独自何真宰。枯蓬吹断久无根，乡心未尽思田园。千里还家到反怯，入门怞怃妻无言……

金冬心含泪咏诵着朋友的诗歌，就像是在讲述自己的故事，"好一个'枯蓬吹断久无根，乡心未尽思田园'，我说板桥老弟，这哪里是你一个人的故事，这是咱们扬州兄弟的共同遭际与心愿。好诗，是从心底哭出来的呀。"

"快拿笔来。"金农叫道。随即挥笔即兴写就古风一首：

《七歌》读罢泪啪嗒，种园汝师堪祭答。想起吾师何义门，一样悲戚动天涯。天子欢举千叟宴，岂知野老多凄惨。但愿皇恩能浩荡，欢娱智翁到九天。

"好啊！"郑燮击掌称赞道。金农更加得意。提笔为诗、出口成章，这是金农的拿手绝技，也是郑燮的擅长。

"板桥老弟，看我给你带来了什么？"

金农说着像变戏法一样，由怀中摸出一件玉佩炫耀地在自己眼前晃动。郑燮定睛一瞅，是一个圆柱形的娇美的玉坠，中指般粗细，温润剔透，水头很好。

"又是一件假古董吧？"

"哎，可别乱讲，这可是地道的和田羊脂玉。我好容易淘了来，又请人刻了诗句，瞅瞅，上面的镌刻，同你的字画有着异曲同工之妙哩。"

郑燮接过玉佩，对着窗户的光亮仔细端详，果然就见那圆柱体上，镌刻着一枝竹子，还题写有一副对联：

"清寒直入人肌骨，一点尘埃住得无。"

行草结合，甚是流畅。

"对联怎么样？既是在夸我这玉佩质地，也是在颂你郑燮人品艺格。你同你的字画在我金农的心中，就是如此上乘。"

郑燮听得感动，慌乱中竟说：

"我可没有那么高洁！不过是生于崖缝中的一棵斑竹，歪歪扭扭，有心向上，又不屑攀附。'清寒'倒也罢了，'无尘'实在不敢。"

金农听得，哈哈大笑。他不由分说，把玉坠向着郑燮的脖子上一戴，拉拉正说："老弟，再别贫嘴啦，还有这个翡翠平安扣，也交与你了，好送那心爱的童子留念。"

郑燮听得脸先一热。心想，这个家伙，想得可真周到。郑燮与金农，两人平日的投缘，说白了与这难以启齿的共同嗜好不无关系。在众人眼里，两个贪杯之人，除了舞文弄墨，就是喜好于欢乐场中，周旋于歌妓与童子之间。因此在郑燮的心中，也会觉得自己总是那样的不洁，甚至是龌龊。

"我说板桥贤弟，你不要因为这'好色'而有丝毫的自责。"金农接过郑燮沏好的茶，喝一口，打趣地说，"好色乃人之常情，从古到今，从皇上到百姓，概莫例外。只要他是个男人，他就会爱女人，不爱女人，也会喜欢童子，你说是也不是？更何况在你，对于风月场中的逢场做戏与纯情的爱慕是截然分开的。不然，你的诗词韵致，就不会那样的高妙，其中那么多痴情的女子，包括对于继母、妻子的思念与歉疚，还有对于侍童的深切怀恋……"

郑燮听得，不由又是感动，更加觉得金农老兄读懂了自己。在感情这件事上，他历来是严肃认真，就像对待艺术的追求。这出自内心的痴情，浸润了他的诗词文章，也蕴含在书画之中。相比之下，欢乐场中的痴情狂放，就像老酒，喝了使他沉醉，但并不烂醉。在沉醉中排解苦闷也填补了空虚，更激发了他的创作激情与生活勇气。

"我就是一个无忧无虑的流浪人，足迹遍及九州四方，我喜欢在舟船中起居，终岁在深山古庙中生活，或是在简陋的旅店中度日，我可以远离妻、妾，但是对龟、鹤、猫、狗却十分欢喜，更喜好携伴心仪的童子。我把他们养在身边，让他们伴我度过漫漫长夜与寂寞旅途。"

这是金农酒后时常讲的一段老话，郑燮不知听过多少遍了。可今天听起来，却依然感到新奇有趣。这就看得出他们二人性格的不同来。一个自信、乐观又豪爽，一个自负、多愁且善感。冬心对自己的言行从来是满意的，而郑燮却总是觉得自己不行，他对自己的生活和事业似乎更加挑剔又不无悲观。

"今晚去狮子楼吃狗肉吧，我来做东。"醉中的金农郑重发出了慷慨诚挚的邀请。

郑燮还有什么话说？只有从命了。金农早已约好了田顺郎、陈蛮子两位，当然也少不了弹琴助兴的漂亮歌妓。谁都知道金冬心足迹所到，永远都有一群男童服侍左右，他们称他为先生，其实既是他的学生童仆，更是他的情感上的恋人。他们跟随着他，终日围绕着他。他们的性格各有不同，也各有自己的技艺、专长。因此，他们拥簇在他的四周，路途上是一个旅行的团体，居住下来就是一个生产和演艺的班子。这在感情上，给他莫大的慰藉，在经济上也成为不可缺少的支持。大家齐心协力，自食其力。郑燮对金农的言行做派心领神会，甚至不无艳羡，可谓是情投意合、视为知己。

这一晚，郑燮却是怎么也乐不起来。他喝着酒，平日喜好吃的狗肉却一口也咽不下去。只是含着眼泪，反复地吟着自己的《七歌》，如泣如诉地喝了一肚子的闷酒，早早就醉得不省人事。直到被人送回寺院，还是呕吐不止。害得金农与田顺郎陪了他整整一夜。他在痛苦的昏睡中，感到自己又回到了老家兴化，又去看望陆先生。还同往常一样，他故意借口请陆先生写字，他老人家的行草可谓笔走龙蛇，遒劲洒脱，远近闻名，是郑燮很喜欢的。先生照例是为难地摇摇头欲言又止，照例是那一副尴尬的样子。但是最终还是说出了原委。早有预料的郑燮便到就近的那家小酒馆中赎回了先生的毛笔和砚台，可是当他再回到那四壁空空的茗芋堂中，先生却躺在椅子上，就像睡着了一样……再也唤他不醒！

十二

"陆先生！陆先生！"

郑燮急切地呼唤，可是先生终是没有回应……郑燮伏在先生的脚下，哭得满脸是泪……等他苏醒过来，方知是场噩梦，却见金农老兄正伏在自己面前，为自己拭泪。

陆震，字种园，兴化人，康熙间诸生。郑燮很小的时候就听父亲讲，陆先生一生清贫，一生耿介。人称少年负才气，傲睨狂放，不为龌龊小谨，年轻时原本有机会步入仕途，只是因为淡泊名利、讨厌制艺，才毅然放弃机会而一心钻研古文辞及行草书法。

郑燮最为欣赏的，是陆先生那真正的名士风范：远离浮华、甘于寂寞清贫。对现实的卑微与困顿，永远都是抱着幽默风趣的态度，真正是淡泊名利、笑谈人生。而对于他的饮酒嗜好，郑燮也最能理解。一个贫穷与孤独的读书人，"何以解忧？唯有杜康。"陆先生的嗜好与曹操的理念，对于郑燮一生的好酒，也不能说没有影响。只不过在他看来陆先生心头这一个"忧"字，是放大了超脱了的名士之忧、人文情怀。

陆老师诗词双绝，行书和草书也是非同寻常。在郑燮看来，大有怀素加王铎的风采，法度谨严而狂放不羁。先生每每酒后，才可操笔挥洒。点画之间，听风沐雨，甚是潇洒。痴情所至，笔墨生辉，疾徐抑扬，令人目瞪口呆。先生书法虽妙，但从不招摇出售，于是君子固贫也。只是迫于好饮盛情，特别是遇见挚友，早忘了囊中羞涩，忘情之际，牵着人家走进酒肆，一顿豪饮畅谈，臧否古今人物，叹息前朝今世，怀念过往英雄……等到尽兴要结账了，摸摸口袋才知分文无有。这可怎么办呢？只得脱下长衫，抱歉地一笑，交与酒家抵押酒钱，下次没了长衫干脆就将心爱的文房四宝抵押。郑燮因此没少替先生开账赎物。当然陆先生自己对于这样的处境，多是麻木处之，偶有不平之鸣，也只是见诸诗词而已。比如："吾辈无端寒至此，富儿何物肥如许！"岂只是自我的排遣，充满穷困阶层与被统治民族的激愤。在郑燮看来，陆先生同父亲一样，表面上看，他们对于饥寒困顿的生活只有轻叹与无可奈何的苦笑，似乎很少抱怨，但是他们的内心，却是聚集着深深的愤懑。他们的行为，消极顺应中暗含着积极的反叛。他们同普天之下的汉族读书人一样，同是生长在前朝后世夹缝中的一辈。一个令人失望的朝代在战火烽烟中，在兵荒马乱中逝去，而新的朝代，新的统治者，却不是人们所希望的。如此这般，就是没有入关者的铁蹄践踏与屠杀警示，没有那些牵连众多的文字狱，人们在心理上，似乎也是无法真正接受这野蛮对文明的统治。于是，夹缝之中的读书人，就像黑屋子中的觉醒者，当别人都在昏昏沉睡，他们少数的人却睁大了眼睛恪守着自己的文化根脉，同时也就伴随着更大的痛苦。这些默默忍受的觉醒者表现出的并非文天祥式的凛然气节，但这无声的忍受，世代相传的宗法精神，就像未曾蔓延的火种，那充满希冀的坚韧与顽强，正是统治者寝食不安之根源。郑燮思忖着，再次感受到了自己命运同父辈的雷同。同样地处在这社会的夹缝中，同样地忍受着穷困，而同样感到了那巨大而永不松懈的吸引与压力。

孤冢狐穿罅，对西风招魂剪纸，浇羹列鲊。野老为言当日事，战火连天相射，夜未半层城欲下。十万横磨刀似雪，尽孤臣一死他何怕，气堪作，长虹挂。难禁恨泪如铅泻，人道是衣冠葬所，音容难画。敧仄路傍松与柏，日月行人系马，且一任樵苏尽打。只有残碑留汉字，细摩挲不识谁题者，一半是，荒苔藉。

这是陆先生的词《贺新郎·吊史阁部墓》。可谓一阕凄婉苍凉，写尽了英雄末路、人间悲情。如今词人已去，风啸猿啼般的惨烈凄厉犹萦在耳。如此痴情忘我的怀古之作，往来古今，又有几人作得？呜呼，念天地之悠悠，独怆然而涕下。郑燮在心中一遍又一遍默诵着陆先生那雄浑苍凉的词句，感到了一股英雄豪气在心底萌发出来。这哪里像是出自一位风烛残年的老人肺腑。如今诗人是油尽灯灭，可那凌厉寒风中松柏般挺立的身影，仍然孤傲挺拔。老人面对着荒野中这一抔黄土，一座传说中埋葬着民族英雄史可法将军衣冠的荒冢和那无法辨认的镌文残碑，点燃祭奠的香火纸钱。于是，那纸灰飞旋，云烟缭绕，思绪绵绵，悲泪涟涟……郑燮想象着那感人的一幕，不知不觉，连自己也陷入了痴迷悲伤之中。不觉间泪水早已是挂在脸上。他才意识到，陆老夫子周身战栗、须发飘抖，这哪里是在怀念和祭奠古人，而是面对荒冢孤忠之灵，悼念着祖先的业绩、逝去的故国，也惜别着即将离别的人世。这或许就是他人生的谢幕之作。就内心世界而言，他老人家，真可谓活得有志，死得壮烈！至此，郑燮心中的豪气，早已是充盈全身，重新点燃起了生命的热情与希望的灯盏。

适才醉梦之中的悲情依旧挥之不去。郑燮就寻思着，要为过世的陆先生做一点儿事情，比如，在他的坟前立一块墓碑，再动员师兄弟们，编辑刻印一本他老人家的诗集，以流传后人。

十三

　　一年之后，又是同样的扬州，又是同样的灯火通明的酒楼包间，穿着入时的田顺郎、陈蛮子显得更加俊气、聪慧。在歌声缭绕、醉意蒙眬中，郑燮酒后的风趣、幽默与憨痴狂放，照例就成为那些歌妓、男童们青睐围绕的重点。只是晚宴开始不久，他们还显得有些拘谨。因为他们情知，还不到冬心和板桥心中喜乐膨胀的时候。更不能取出笺纸或纨扇，求板桥先生画兰石或风竹，求冬心先生题字作跋。他们虽然年纪轻轻，但不少人已经在这江湖风尘中滚打了不少的时日，懂得如何应付和取悦于这些精灵灵又傻乎乎的读书人、艺术家。他们知道这些儒雅痴情的人不像那些无情的盐商富贾，兜里虽然没有多少银钱，但他们的财富是那一颗聪明的脑袋与那一双灵巧的手。只要他们高兴起来一挥动，写几个字，画一幅小品，那就是银钱，就是有些个盐商富贾们掏钱却也得不到的宝贝。就像古董古玩一样，都是一些值得珍藏的宝物。于是他们中的贪财者眼睛总是一刻不停地盯着他们的脸和手。

　　好久没有这样放纵热闹了。郑燮终于暂时忘记了一切的痛苦和困顿的生计。他笑着、饮着、弹着、唱着，又恢复了以往的狂狷。

　　一旁的金冬心看着，心里别提有多高兴。他同样地开怀畅饮、掀髯大乐。看到郑燮忘情的样子，他更是得意起来。整整一年了，这位痴情的老弟，终于恢复了常情。于是便随着郑燮的琴律用他浓重的仁和腔，唱升了他那除了自己谁也听不懂的幽默小曲儿来，逗得年轻人大笑不止。他自己却表演得很认真。宴乐至此，达到了高潮。

　　郑燮醉了，但并非是酩酊大醉，而是飘飘欲仙的陶醉。他站起身，高声地喊着：

　　"佳人才子们，快……拿文房四宝，我……我板桥郑燮要写诗、作画给……给你们……"

　　他左手端着酒杯，不停地喝着，右手操起毛笔，在歌妓童子们事前早已备好的丝帕绢扇与名贵宣纸上潇洒自如地飞动。他满脸透着兴奋的红光，嘴里还之乎者也念念有词。胸中更是心花怒放，感到自己的才华就像是日月经天、江河行地一般不可阻挡。心想只有与金农老兄一同喝酒，才能够喝到这个份儿上。

　　此时的金农，也喝得满脸紫红。他挽着陈蛮子的手，安静地坐在一旁，笑眯眯地看着郑燮，就像在欣赏杂技表演，又像是观摩江湖绝技。那种发自心底的真诚的欣喜，透着对朋友的器重与赏识。他的姿态与表情，显然是对郑燮的极大怂恿，使他更加地肆意狂放，更加地有恃无恐、酣畅淋漓。

　　郑燮喝着，写着，画着。那一边，陈蛮子伺候着金农为郑燮的新作题字盖印。这伶俐敏捷的陈蛮子，显然是经过了严格的培训，二人配合得天衣无缝。田顺郎也在一旁伺候着。郑燮是一幅接一幅地画，金农老兄则一幅接一幅地题写。二人是毫不吝惜，毫无保留。歌妓童子们纷纷地包围着他们。事先预备好的纸张丝巾用完了，就临时买来宣纸要他们画，要他们题。他们是来者不拒，个个满足。郑燮心里明白，这也是金农老兄有意对童子们的一片心意，自己得给朋友带足了面子。

　　渐渐地，他感到了双脚不稳，像要飘浮的感觉。笔也是有些不听使唤，画面更开始随着变形模糊。他的脑子里，开始闪现出那些相继去世的亲人，生母、继母、爷爷、父亲、陆先生……那一张张熟悉亲切的面孔，呈现在历史的创伤、烟云之上，与种种的人物重叠幻化，演绎出人事更替的流动画面……他感到了自己在梦中。他嘴里嗫嚅着："扬州，自古你就是一场梦呀。多少年了，才子佳人们向往着扬州，留恋着扬州……然而再好的宴席，终免不了曲终人散，曲终人散呀！"接下来，便是凄厉地号陶大哭。郑燮终于醉倒在狮子楼上。他含糊凄厉的呼喊中，唯有金农听得出，他是在吟诵自己的《七歌》。有人说，《七歌》是郑板桥青年时代的结束，是他逃避现实，时常醉倒声色场中日子的终结。其实，这一组传记式的哀歌，却又是他未来人生的一个不祥的前奏，预示着更加复杂而艰难的生命之旅，正在等待着他的前去。

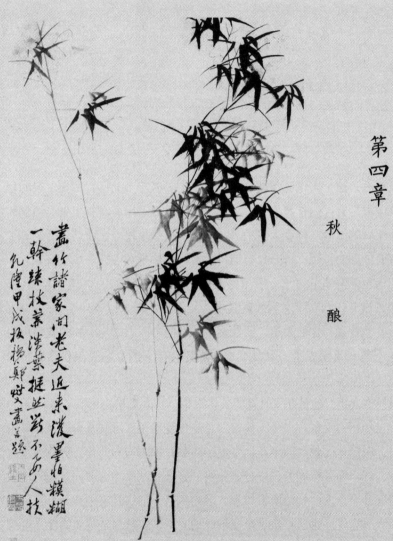

第四章

秋　　酿

盖竹諸家間老夫近来淡墨恰糊塗
一幹辣枝業淡葉挺些岁不及人技
乾隆甲戌振摇郑燮畫並題

一

　　寒风凛冽，整个兴化城都被严寒笼罩。十二月二十七日，郑燮父亲的忌日。印象中很少有过这样严酷的冬季。空空荡荡的老屋里没有生火。郑燮的心情也像屋里的温度一样令人瑟缩。一大早，他呆呆地坐在窗前，透过破了的窗纸望着外面的竹圃。竹叶瑟瑟地抖索着，仿佛是有人在寒风中抖颤。不知何故，他很想写点儿什么。手里的书卷，是父亲留下的一本《小学》，宋人范质的《诫儿侄八百字》就收在其中。可谓是洋洋八百言，字字掏心语。父亲从小要他背诵，要他抄写，要他躬行。那些个严厉的与温和的教诲历历在目。如今他老人家去了，只留下了那温和又严厉的音容笑貌和这发黄的书卷……

　　范质何许人也？他是北宋时期的著名宰相。宋太祖乾德元年（963）封为鲁国公，二年正月又加拜太子太傅，可见是备受器重。可惜九月即卒，年仅五十四岁，应了他"灼灼园中花，早发还先萎"那明理的诗句。史载这个人性子很急，好当面评析同僚，且是非分明、言辞激烈而不留情面。同时他又是一个清廉耿介之人，相传所得俸禄，多给孤遗，临终时家中竟无余资，可见是一个大清官了。这显然也是郑燮敬佩他的原因。特别是范质的侄子范杲身为六品官，曾写信给范质请求为他升迁说话走门子，范质非但不答应，反而作诗教训，成为世人传颂克己奉公的一代楷模。这个范质，可谓郑燮为人处世的一个楷模。

　　戒尔学立身，莫若先孝悌。怡怡奉亲长，不敢生骄易。战战复兢兢，造次必于是。戒尔学干禄，莫若勤道艺。尝闻诸格言，学而优则仕。不患人不知，惟患学不至。戒尔远耻辱，恭则近乎礼。自卑而尊人，先彼而后己……

父亲从小要求他读的已读厌烦了的诗篇，此刻却感到格外亲切。

戒尔勿放旷，放旷非端士。周孔垂明教，齐梁尚清议。南朝称八达，千载秽青史。戒尔勿嗜酒，狂药非佳味。能移谨厚性，化为凶险类。古今倾败者，历历皆可记。戒尔勿多言，多言众所忌。苟不慎枢机，灾厄从此始。

郑燮读着，感到其中的每一句都像是针对自己所言。不禁脸上感到了有些发烫。

是非毁誉间，适足为身累。举世重交游，拟结金兰契。忿怨容易生，风波当时起。所以君子心，汪汪淡如水。举世好承奉，昂昂增意气。不知奉承者，以尔为玩戏。所以古人疾，蘧蒢与戚施。举世重游侠，俗呼为气义。为人赴急难，往往陷刑死。所以马援书，殷勤戒诸子。举世贱清素，奉身好华侈。肥马衣轻裘，扬扬过闾里。虽得市童怜，还为识者鄙。我乃羁旅臣，遭逢尧舜理。位重才不充，戚戚怀忧惧。深渊与薄冰，蹈之惟恐坠。尔曹当悯我，勿使增罪戾。闭门敛踪迹，缩首避名势。势位难久居，毕竟何足恃。物盛则必衰，有隆还有替。速成不坚牢，亟走多颠踬。灼灼园中花，早发还先萎。迟迟涧畔松，郁郁含晚翠。赋命有疾徐，青云难力致。寄吾谢诸郎，躁进徒为耳。

郑燮读至此处，心情难以平静。他想，范老先生讲的这些个道理，并非是深不可测，记忆中似乎爷爷与父亲还有陆先生也都讲到过的。可是从前并没有触动心灵。如今再读就觉得字字珠玑。于是他铺纸研墨，提笔书写。他原本是擅长行草，可不知为啥，却写成了工整严谨的小楷，体现出对于先贤的敬畏。他写了整整一夜，每写一字，都仿佛讨得了父亲一分欢心。当他专心致志地书写完这《诫儿侄八百字》，就远远地听到了乡间垛田农家传来的鸡叫声。又是通宵未眠，郑燮松了一口气，像完成了一件大事，但觉意犹未尽，便题跋曰：

范鲁公质为宰相，从子杲尝求奏迁秩，质作诗晓之。康熙六十一年，岁在壬寅，嘉平月廿有七日，读《小学》至此，不觉慨然叹息，想见质之人，至于君臣大义，忠贞亮节，姑置勿论矣。睢园郑燮书。

夜深人静的郑家老屋，郑燮完成了这幅难得的小楷立轴。妻儿还在梦中，他独自一人在父亲生前住的房间秉灯熬夜。显然，书写这一幅作品，对于郑燮的人生，是一个重要的转折标志。真正表明他的思想，已经由仿徨不安、飘忽不定开始变得稳定成熟。暗含着他又要重整旗鼓，开始悉心读书，继续求取功名，重振衰落的家族，真正顶起郑家的门庭。

二

一七二二年，即康熙六十一年，时年六十九岁的康熙皇帝突然驾崩。皇四子胤禛经过一番争斗，艰难地继承帝位。统治大清国六十一年的老皇上去了，新皇帝继任，年号雍正。这似乎在郑燮的心中并没有引起多大震动。这也折射出，大清统治者在普通汉族读书人心目中的地位与影响力。反倒是此前，有一件事情使郑燮感到了高兴，那就是自己的儿子犉儿的降生。

命运也许就是这样公平：有不幸与悲伤，也就有宽慰与喜乐。可惜人们往往记住悲伤而很容易就忘记了喜乐。犉儿，郑燮给自己的儿子取这个名字，是希望郑家的后代能够改换门庭，做一点儿实在的事情振兴家业。阿叔当初给儿子取名墨儿，显然是希望他继承书香门第的香火吧。这与郑燮的想法显然是不尽相同的。总之，郑燮与阿叔，都把复兴这个日趋衰微的家族的希望寄托于后代。这是孤独无奈者的心理，但又是不屈服于命运的挣扎。墨儿的出生为郑家增添了一条根脉，连郑燮也感到不再像从前那样孤单。他每次回到家中，凡给儿女们带的好吃的东西，首先都要送给墨儿一份。墨儿见了他这个堂哥，也是格外亲热。只可惜婶娘奶水不济，这孩子从小营养不良。眼瞅着已经五六岁的人了，还是那样瘦弱。他瞅着总是那么沉默寡语、弱不禁风，实在令人担忧。但是郑燮反过来又想，这也许是老天的关照，不希望这孩子过于聪明伶俐，像自己这样，要读那么多的书，操那么多的心，吃那么多的苦头，招那么多的是是非非。在郑燮看来，墨儿的沉默仁顺，也许是一种消灾免难的福分。

堂弟墨儿是体格单薄，自己的儿子犉儿也是同样的体格单薄。两个孩子年龄差不多，时常在一起玩耍，竟像双胞胎兄弟，加之一样的胆怯木讷、沉默弱羸，看着实在令人担忧。显然，犉儿的性格并不像父亲那样倔强刚烈，而是像他的母亲。郑燮在家中看到这一切，心中的不快就越发地加重。家务的操劳与儿女的拖累，使得妻子的身体也是越发瘦羸。郑燮对于这个家的未来便充满了担忧甚至还有些恐慌。

当初料理完父亲的丧事，家中除了那些藏书，就没有什么值钱的东西。如今那些几代人积攒下的古书，也卖得所剩无几。郑燮面对父亲书房中空空呆立的书架，就感到说不出的愧疚难受。今后的日子该如何度过？

对郑燮而言，教书毕竟是又一件痛苦的事情。常言道，家有半斗粮，不当孩子王。寄人篱下的感觉自不在话下，单是自己这天生喜好自由的性格就受不了那许多的约束。一天到晚的乡邻、家长、学生，随处都是监督的耳目，令他时时如芒在背，浑身不适。对于郑燮而言，不得饮酒，不得狂放，不得出游，不得任性闲适，那就无异于捆绑了手脚，窒息了呼吸，这样的日子与囚犯还有什么区别？

半饥半饱清闲客，无锁无枷自在囚。

这是他自己对教书生涯的概括。

一日饭后，大家坐在屋里喝茶聊天，又讲到了未来的打算。阿叔劝郑燮踏踏实实回兴化来教书。郑燮半晌无话。阿叔似乎看透了他的心思，便劝他说："回来教书也有好处呀，就是可以守着妻儿，不至于使他们孤独。"

老人家说着，很疼爱地望了一眼自己怀中的墨儿，儿子也亲热地看着父亲。一边立着的犉儿则很羡慕地望着自己的玩伴，目光里闪着泪花。郑燮心中一怔，可不是，孩子与自己毕竟是生疏了。于是他也赶紧把儿子揽在了怀中。事实是他不召唤，孩子就不会主动到他身边来，更不用说那样亲昵地依偎在怀中。这令他心中很是伤感，毕竟是亲骨肉呀。可是他还是不能甘心再过那已经烦腻了的教书匠的日子。

"回来吧，一边教书，一边还可以卖画、读书备考。"

阿叔说得也是，可是真要回来教书，字画也就很可能从此荒废。因为艺术创作是需要闲适狂放的，艺术家需要扮演的是另外一种角色。最终，郑燮还是听从了阿叔的奉劝，屈从了现实压力，回到兴化教书。从此委曲求全，过着缩手缩脚的日子，他于难言的痛苦中沉吟《自遣》：

啬彼丰兹信不移，我于困顿已无辞。束狂入世犹嫌放，学拙论文尚厌奇。看月不妨人去尽，对花只恨酒来迟。笑他缣素求书辈，又要先生烂醉时。

可以想见，一个天性狂放、才华出众、文思敏捷的诗人画家，为了生计却要"束狂"、"学拙"，甚至连"看月"、"对花"也要回避世俗，可见郑燮当时的苦闷委屈到了何等的地步。这期间为了排解胸中不爽，郑燮于来年初春，由水路乘船到就近的海陵游玩。本想着面对碧水蓝天，还有两岸桃红柳绿会使自己心情好转，不料想当他迎风站立船头，却感到挥之不去的清冷孤独。眼见这春秋时期古老吴地许多的文物古迹，竟然没有引发他的兴趣。他站在海陵城外高高的山丘上，望着远处浩渺的大海，竟然感受不到一点儿诗意的冲动。苦闷的心情破坏了诗人游山玩水的兴致。由于盘资不济，夜晚，他只能借住在城中弥陀庵中。好在与住持梅鉴上人一见如故，彻夜长谈，从此交为挚友。这也是他此次海陵游历的最大收获，唯一值得记忆的一件事情。

三

郑燮回到兴化教书，与发小好友顾万峰有了更多的交往，也是很大的安慰。这一时期的顾万峰，也已经不是当年的才子少年。孤独困顿的生活，酿成了他的孤僻。他不屑攻读举子，整天把自己埋在故纸堆中，嗜古成癖。好在诗才犹佳，且文思敏捷。时人评其诗乃"绵邈滂沛，清峭凄厉"，可谓鬼才。书法同样也是出入魏晋，碑帖兼容，法无定规，自成气象。常居兴化的顾万峰，傲然目中无朋，唯同李鱓、郑燮过往尚密。特别是桀骜不驯的郑燮，更与他同病相怜。二人时常对饮畅叙，甚是投缘。万峰锥处囊中，锋芒自现，偶然出游，所遇公卿名士，莫不折服。就是这样一位好友，他却要远行山东，充当门客幕僚，这使得郑燮艳羡不已。他既替朋友高兴，又为自己难过，心情复杂，倍感空落。在送别顾万峰的宴会上，郑燮喝多了。恰巧顾兄索字，他长叹一声，即兴挥毫，留下一首思绪驰骋又不无自责的《贺新郎》：

掷帽悲歌起，叹当年父母生我，悬弧射矢。半世销沉儿女态，羁绊难逾乡里。健羡尔萧然揽辔，首路春风冰冻释，泊马头浩渺黄河水，望不尽，汹汹势。到看泰岱从天坠，矗空青千岩万嶂，云柔月洗。封禅碑铭今在否？鸟迹虫鱼怪异，为我吊秦皇汉帝。夜半更须陵日观，紫金球涌出沧溟底，尽海内，奇观矣。

《送顾万峰之山东常使君幕》，一阕才了，顾兄竟仰天大笑。众人看时，泪水已挂在腮边。他仰头一杯而尽，道："好个'萧然揽辔''春风冰冻释'，傻板桥，实乃无可奈何之举，寄人篱下之行，前途何有奇观耳，何慕之有？"

诗情陶醉中的郑燮不予理睬，如同长坡滚珠、壶泻琼液，洋洋洒洒，只是挥笔疾书。

独有难忘者，宁不见慈亲黑发，于今雪洒。检点装囊针线密，老泪潺湲而泻，知多少梦魂牵惹。不为深情酬国士，肯孤踪独骑天边跨？游子叹，关山夜。频闻东道兼骚雅，最羡是峰峦十万，青排脚下……

一阕送词写完，早已惊呆了四座。大家情不自禁，竟鼓起掌来。酒至微醺的顾万峰，一时激动，拱手拜道："板桥兄大才书法，天下谁个堪比，这一幅佳品倘若流传后世，定是无价之宝。我顾万峰当如李白笔下那个桃花潭边的汪伦辈，亦要随之万古流芳矣。"

大家哄然大笑。郑燮收笔，却呆若木鸡。痴情忘我的样子，显然还沉浸在自己替朋友设想的冰壶共把、仁风遍野的理想境界之中。

学友顾万峰的出走，如同在郑燮表面平静的心湖之中，投入了一块石头，再度激起了压抑已久的男子汉不安分的血性。在诗人的胸中，久已向往的黄河的浩渺，泰岳的雄伟，秦皇汉帝封禅的古迹，日出日落的雄浑，还有……这一切的奇幻都重新唤起了他对于人生的遐想与出游的渴望。他开始理解学友的改变与选择，再也无法安心过这隐忍压抑的教馆中的日子，以及与那些庸俗吝啬的买主无聊的周旋。

告别的欢宴散去，顾万峰就要离开。十里长亭送别，郑燮依依不舍的心，早已随着顾兄远去的身影而去，只留下他身体孤独地立在那里……

送走了学友，郑燮一连数日，无法平静。常于深夜醒来，再也不能入睡。满脑子都是往事，满肚子都是纠结。难道自己的人生，就是这样的一个圈子：扬州、真州、兴化；兴化、真州、扬州？反复来去，来去反复。不足两百里的一段绳子，把他的人生死死地拴着。教书、卖画、借贷，借贷、教书、卖画，周而复始，周而复始。无可奈何地挣扎，支撑着衰落的门户。他多么渴望改变，摆脱眼前这一切，按照自己的意愿生活……但是看到幼小的儿女与病羸的妻，他还能再说什么，只能咬牙忍受。任凭心中的烦恼积郁成痛苦的诗句，也寄托于他的字与画中勉强度日。身体瘦弱的儿子，似乎成了他最后的希望和人生的精神支柱。

四

可是，偏偏也就在此时，儿子病了！老天似乎并没有放弃对于他这个天才的嫉妒，更没有忘记对他这个人杰的锻打。就在他尽力克制忍耐，新的打击却又来临：犉儿不幸夭折！这晴天霹雳，一下把郑燮击倒了。他卧床不起，欲哭无泪。妻把茶饭端到面前，他也难以张口，更难以下咽。老天何以如此无情，命运何以如此多劫，人生何以如此不幸，日子何以如此艰难……他反复地默问自己，反复地叩问神明。如此地痴想，他彻夜难眠。某一时，突然看到了惇儿，他在不远的地方，正朝自己招手。嘴里还似呼唤着爸爸。那幼稚而怯懦的眼神，像是面前的灯焰闪烁。

"惇儿！惇儿！"他急忙坐起身，想要把儿子揽到怀中，可是却扑了空，定睛看，眼前却只剩了那闪烁的如豆灯焰。

"他爸，你怎么啦？"同样没有入睡的妻，惊恐地问道。

他无言。只是愣愣地望着憔悴的妻。

"他爸，你，你可要想得开……"妻说这话，自己倒忍不住哽咽起来。那样子实在令人痛心。

一个母亲，失去了亲生儿子，却还拼命地把痛苦咬碎咽进肚里，还要照顾丈夫的情绪……该是多么悲惨……想到此，郑燮的心中突然涌起一股热气，直逼头顶。他突然感到了深深的愧疚，禁不住上前搂住痛苦难耐的妻，自己也忍不住泪流满面。

这一夜，失眠中思念惇儿的郑燮和妻子抱头痛哭。妻的身体是那样单薄冰冷，令他吃惊。多日欲哭无泪的郑燮，终于哭出了眼泪。那泪水似乎把心中积郁已久的苦水统统都带了出来，郑燮逐渐感到了一阵释然的轻松。天渐渐地透明，晨风中摇曳的竹影，透过窗纸吸引着他的视线。他想到了野外惇儿那小小的新坟。孤零零地在风中寂寞呈现的样子。沉默，沉默，生时就不爱说话，总是瞪着一双怯懦天真眸子的惇儿，就像小牛犊一样的乖、一样的善，可老天偏偏不放过这样一个可怜的小生命。

这时，随着远处的一阵鸡叫，天已大亮。周围静悄悄的，感觉妻已经不再流泪，甚或悄然地睡去。但他却不敢把视线投向她，怕看到她红肿的眼睛。他突然感到一种巨大的恐惧，担忧人生的苦难会没有尽头，担心悲剧的推进会高潮迭起。想到此，他再也顾不了那么许多，又一次回过身去，把苦命的妻紧紧地搂在怀中。就像是每次搂着惇儿一样，心中顿时涌起一阵疼爱、一阵用诗歌向儿子道歉的冲动：

天荒食粥竟为长，惭对吾儿泪数行。今日一匙浇汝饭，可能呼起更重尝！

郑板桥作品

　　妻似乎感受到了他的忏悔式的吟诵。突然在怀中，抬起眼睛，痴痴地望着他。郑燮仍处在自己的哭忆中：

　　歪角鬟儿好戴花，也随诸姊要盘鸦。于今宝镜无颜色，一任朝光满碧纱。

　　"他爸，你在念叨什么？说出来，让奴家也听听呀。"
　　郑燮看看妻，痴痴地说："我在哭我们的犉儿。"诗人完全沉溺于吟诵之中：

　　坟草青青白水寒，孤魂小胆怯风湍。荒途野鬼诛求惯，为诉家贫楮镪难。

　　妻子的哽咽与哭泣，并没有制止郑燮的吟哭，反而使他感到了伴奏似的效果，悲情冲动的诗人于是"哭"得更加起劲。

可有森严十地开，儿魂一去几时回？啼号莫依娇怜态，逻刹非而父母来。

妻听至此，再也按捺不住心中压抑多日的悲痛，于是在他怀中号啕大哭。郑燮哪里还顾得劝慰，自己早也是泣不成声，但还是吟道：

蜡烛烧残尚有灰，纸钱飘去作尘埃。浮图似有三生说，未了前因好再来。

痛苦无奈中，假托浮屠说而寄希望于来世。这是诗人自我安慰，更是对妻的慰藉。诗人的胸襟，毕竟是超脱而宽广的，是拿得起、放得下的。此《五哭犉儿》如同早先的《七歌》，就是诗人在万分悲痛中自我排解的方式，也是他寄托情感的载体。只是他自己并没有想到，这特定时刻的真情流露，却不仅成了诗人诗歌创作中的佳作，更是他生活与情感历程的重要记录，成为他生命波澜中动人的波峰浪花。可见苦难带给人生的也许并非仅仅是不幸，对于生活真正的强者，很可能就成了一种精彩。

五

生命对于每个人只有一次。死亡也就是最大的苦难，该是多么的可怕呀。年少时期，郑燮时常在入睡前想，如果一个人死去，那就永远永远地离开了亲人，离开了这山川河流、明月星辉、花红叶绿的世界，再也无法回还，便感到难以忍受的悲伤恐惧，时常不觉泪流满面。那是爷爷去世以后不久。可如今，当父亲与陆先生还有儿子相继离世，他开始变得冷静也有些冷酷。死亡虽怕，但对于苟活而言也就无所畏惧了。读着陆先生悼念史可法的词，他就想，一个人的生与死，都是瞬息之间的事情，本没有什么可怕。只是死得迟早，死法不同而已。常常听到人们讲一个人，当他出生之日，已经确定了死亡的大限与方式。这就是命运。就像焞儿，一株树苗刚刚萌芽，转眼就枯萎了……郑燮所担心的是自己的命运，在命运面前，一个人究竟有多大的反抗力？人为努力到底在多大程度上能够改变命运的安排？

外族入侵，危机四伏。命运在人们面前摆明两条路：一条是屈膝而生，一条是抗争而亡。史可法毅然选择了死，用一腔碧血捍卫着民族的尊严，也捍卫着一个生命的尊严，为梅花岭下平添了不可磨灭的浩然正气，也成为了扬州的荣耀。无论如何，究竟还是没有改变悲剧命运的摆布。作为明末著名政治家、军事家，一代华夏英烈，他官至兵部尚书，可谓一代名帅。史可法在郑燮的心中，无疑是一个了不起的读书人、一个民族英雄。他的衣冠冢就在扬州梅花岭上矗立。扬州卖画十载的郑燮，可谓是朝夕瞻仰，时时念及致敬。史可法的生平与事迹，对于他的人格与书画风骨的形成不无影响。加之一六三七年至一六三九年，史可法曾任南明右佥都御史，巡抚安庆、庐州、太平、池州四府及河南、湖广、江西邻近诸州、县，驻节六安州，政声在大江南北可谓人所共知。清兵入关后，史可法曾主张与之议和，共讨李自成的农民军。后被马士英等人排挤，于是督师淮扬，竭力协调江北四镇将领，以抵御清兵。弘光元年（1645），清豫亲王多铎兵围扬州，史可法拒绝投降，固守城池，后被攻破，壮烈牺牲。多铎因为攻城的清军遭到很大伤亡，遂下令屠杀扬州百姓。大屠杀延续了十天，史称"扬州十日"。史可法壮烈殉国后，其遗体不知下落，史姓后裔将其生前穿过的袍子、帽、靴，用过的笏板，埋葬在此，并在史氏宗祠东宅建立"忠烈祠"以祭拜。

这是一个风雨交加的夜晚，郑燮躺在自家老屋散发着一股朽气的床上，脑子里翻江倒海，浮想联翩。史可法的精神，在江南江北读书人的心中，一直是激起民族情绪的一根导火索。只要一星儿明火，就会冒烟起焰。在郑燮心中，还有那被有些人认为不识时务的戴名世的冤魂，总是萦绕不断。身为清朝命官，却不思如何讨主子欢心，而是硬着头皮坚持着"明朝虽亡，但明朝却不可以无史"的治史信念。他完全忽略了命运的存在，结果落得个身首异处的悲惨结局。

而这一切，在选择命运的罗盘上，都阻隔着一条民族的界限，或称之为民族气节。读书人的苦难即在此加重。在这功利充斥的尘世上，一介普通书生，寻乞生存原已多艰，却又要背负整个民族的历史屈辱与仇恨……想到此，郑燮感到了压抑难释，连呼吸都有些困难起来。

他披衣起床，刚刚打开窗户，就听一声炸雷，劈头盖脑地由南天上滚来，紧接着就是一道闪电划破了天似的，大雨顿时滂沱落下。随着一股寒气袭来，他剧烈地咳嗽，仿佛整个人都被卷入那暴风雨中。他突然意识到，这自然界的风雨也就像时代的风雨，是任何人也无法回避与摆脱的氛围与局限。已故的人们如是，就是同时代的人们也是无可奈何。金农、李鱓、顾万峰，还有自己等等，一个个地桀骜不驯，一个个地恃才自傲，起初也都在命运面前憧憬、叫板、挣扎、扭打、纠结，在宦海边与内，梦想、观望、搏击、沉浮，尝遍人间百味……可是到如今，前途仍是渺茫一片。如此地想着，他突然一时冲动，回转身，关窗点灯、研墨铺纸，挥笔画下一幅风雨中的顽石孤竹，落款时尚感觉意犹未尽，便署名为"懊道人"三字，记下此刻的心灵闪电与暴雨中抗争命运的激烈意象。

六

电闪雷鸣、风雨交加、江潮涨落、水患连连中，孤竹傍着顽石，犹在劲节向上。这是自然的现象，也是郑燮的处境，更是他的心思，他的理想和心中对自己个性的定位。

好友、人称狂士的顾万峰毅然出走做了幕僚，还有扬州一起的几位也都不大安分：金农往山东蓬莱，黄慎去广东韶州，只有汪士慎还苦撑在扬州小玲珑馆的七峰草堂中卖画度日。他倒是还做了一件好事，就是应邀为厉鹗等七人所著《南宋杂事诗》作了序。这些个日子，新继位的雍正皇帝，更是手忙脚乱没有闲着。仅仅三月份一个月，他就向直省总督以下各地方官颁发谕旨十一道，道道鸣金击鼓，神州好不热闹。七月，皇帝又下诏命令在全国推行新政"摊丁入亩"，穷人似乎高兴，地主富豪却设法抵制，官家硬性执行，闹得鸡飞狗跳，很不安宁。八月，又传来帝诏实行"秘密立储法"，加上清廷内部的斗争，同样是纷纷扬扬，朝野不宁。看起来均是关乎国计民生与江山社稷稳定的大事情，读书人怎能无动于衷。至于确立大学士管理部务体制，精减各部院堂中汉族大臣等，就更是关乎自身命运，当然会倍加关注。

但是这一切，对于郑燮而言，似乎都离得遥远。他只是梦想闲云野鹤的日子，觉得自己该离开沉闷狭小的兴化老屋，到外面走走看看。既然诸友都在外徜徉，自己的灵魂也需要放牧一番。时值雍正二年（1724）秋天，郑燮三十二岁。可谓读过了万卷之书，似乎到了该行万里路的时候了吧。这是他对阿叔和妻子还有左邻右舍的一个冠冕堂皇的借口，其实他只是想出去走走看看而已，并没有任何功利的追求。

"他爸，刚刚失去了儿子，你何以又要出门？"妻子茫然地问道。听过他的解释，显然还是不能接受。

郑燮无言以对。仍然在收拾着简单的行李。也许连他自己也说不清此去的真正目的。

"燮儿，能不能不走，家里需要一个年轻的男人。"日渐苍老的阿叔也说。他的怀中，依偎着瘦弱的墨儿，孩子那一双惊恐的大眼睛同样充满了疑问。

郑燮停下手中的忙乱，看看阿叔与堂弟，再看看妻子和两个可怜的女儿，心中突然涌起一阵酸楚。但是这并没有动摇他的决心。他的狂野的心早已飞向了远方。

"祖父与父亲都讲过，读书人，应该是一生要读万卷书、行万里路的……"

这一次，他是下了最大的决心。失去了儿子，就失去了人生最大的希望。他再也没有理由说服自己守在这个家中，再说远游又可以观光交友，丰富艺术创作的灵感……这一次，郑燮不是南下，而是途经湖南北上江西。他似乎厌倦了南国的翠绿与阴柔秀美，希望看到大湖的浩渺、高山的苍凉。首先想看看范仲淹笔下的八百里洞庭湖和朱熹老夫子隐居授课的庐山五老峰。

此日，郑燮搭乘一艘乌篷船，沿着长江，由含都口进入洞庭湖区。不巧天色已晚，湖面起了大风。黑色的云团在天空迅速地聚集，转眼就变成了漆黑的雨雾。值此风雨之夜，旅人孤舟，雾中潜形，可谓"浊浪拍寒惊魂处，雨打乌篷烦心时"。想到远在兴化的亲人与自己未卜的前程，郑燮的心情顿时愈加地沉重起来。愁苦的心境，再也无法排解，一声深深的叹息，即化作绵绵诗意。此时，他记起了北宋僧人惠洪的《潇湘八景》词，顿时在渔人的鼾声中，捋髯苦吟唱和：

风雨夜江寒，蓬背声喧，渔人稳卧客人叹。明日不知晴也未？红蓼花残。

如是一夜熬煎至天明，和衣打盹数度惊醒。好容易挨至入梦，刚刚迷糊一会儿，天也就亮了，雨也停了。诗人伸展着困倦的四肢，来到船头，只见风也消了，天空洗过一般的清新。浩渺的湖面之外，便是清晰可辨的沙滩，远远的庐山五老峰隐约呈现着飞瀑，一切都不同于昨日黄昏时的景象，而只有遥望之中的君山依旧……于是，他便又吟道：

晨起望沙滩，一片波澜，乱流飞瀑洞庭宽。何处雨晴还是旧？只有君山。

这一首《浪淘沙·潇湘夜雨》，读来并非是才气横溢，但却是真实准确的感情流露。内心的回响与思绪，景观的角度与层次，心绪的烦乱与渺茫，皆在其中缥缈。

显然，郑燮此次出游兴致很高，像这样的即景抒情之作，他随着足迹推移与景观变幻一连写了八首，把一个敏感、脆弱而又多情的诗人的足迹与心迹，真实而真切地记录了下来。

大约在洞庭湖中停泊一夜之后，郑燮别舟来到了向往已久的庐山。于是他的诗中，留下了细腻而又主观的《山市晴岚》的记忆（朝景尚拖烟，日午澄鲜，小桥山店倍增妍）、远望《渔村夕照》的想象与艳羡（烂醉作生涯，醉梦清佳，船头鸡犬自成家）和《烟寺晚钟》的体察与领悟（梵王钟好不多传，除却晨昏三两击，悄悄无言）。

显然这一次，他又是借住在庙里——庐山寺，结识了无方上人。无方是一位深谙禅理佛法和擅长书画篆刻的沙门，且十分看重交谊，是顾万峰的老友，此次他与郑燮一见如故，书画、人生很能谈得来。两人庐山相识，通宵畅谈，相互酬唱，交为终生好友。

在庐山寺居住的日子，郑燮每日耳边听着报时的钟声，眼望着山景渔村、远浦归帆、平沙落雁，还有那澄澈悠远的洞庭秋月……处在诗意画境之中，处在远离尘俗的美妙天堂中，暂时忘记了人间的烦恼，忘记了困顿窘迫。就这样，在无方上人的真心挽留下，他一直在庐山待到冬天来临，直到那江天暮雪景色的呈现：

雪意满潇湘，天淡云黄，梅花冻折老松僵，惟有酒家偏得意，帘旆飘扬。

不待揭帘香，引动渔郎，蓑衣燎湿暖锅傍……

这一晚，交谈者除了无方大师，还有一位在当地衙署中掌管满汉章奏文书翻译的小吏保禄。保禄是旗人，年岁似乎已经不轻，但是清瘦娇小，显得还很年轻。他虽是一介地方文吏，但很有学问，谈吐不凡，且精通诗词画事，因此三人交谈甚为默契。大家在静静的禅房中一边品茗，一边慢慢地看着郑燮新写的几首诗。深秋初冬之交，庐山上的气温已经降得很低。勤快的小和尚把炉子烧得很旺。炉口上坐着铜壶，水汽咝咝地叫着，更是显出夜的宁静。郑燮在这一刻，感到了出家人的妙来。

"板桥兄，末了这'悄悄无言'四字，最是叫绝。道尽了这庐山寺中佛界气氛。您说是也不是？"

保禄说着，很得意地望了一眼大师。

静坐无语的无方上人，会意地点点头。他当时已是年过半百，但是修炼得面无尘烟，身无俗骨，心无旁骛，甚是淡定。他眼下也正在仔细地品读着郑燮的《和洪觉范潇湘八景》。但是，好一阵子他都是很少开言品评，只是悉心地体味着其中的诗境禅意。当然作为出家之人，也是格外地留意《烟寺晚钟》这一首。禁不住就诵出声来：

"'日落万山巅，一片云烟，望中楼阁有无边。惟有钟声拦不住，飞满江天。'这一阕显然是在写实，有些个闹闹吵吵的红尘气象，料不到原来就是为了衬托那后面的'除却晨昏三两击，悄悄无言'之境。妙，实在是妙。"

郑燮听得认真。在他看来，圣洁寺庙中两三挚友探讨艺术，这是人生极高的享受。更何况无方上人，本身又是高僧大法师，他十分看重这位沙门高人的艺术见地。可保禄却是按捺不住自己，手捧诗稿，大发感慨："八首之中，我最喜欢者，还有这一首《远浦归帆》，读来更适合我的心境。"保禄说着，也径自吟诵起来："听听，'远水静无波……'却是以静开头，'名利竟如何？岁月蹉跎，几番风浪几晴和，愁水愁风愁不尽，总是南柯'……"

郑燮听得，看看无方和尚，知他心中所想，便淡笑着道：

"这一首讲的，未必就是心中想的。我想在无方大师看来，像你我这样的俗世中人，写出这样的词句，也就是言不由衷或是发发牢骚而已，给别个看看，自己未必就能照此去做。"

保禄听得先是一愣，随即哈哈地大笑起来："看来我也是少年不知愁滋味啦！"

无方上人也随之宽厚地笑了起来，笑得郑燮反倒有些不好意思。无方上人认真地说：

"说真的，你的《潇湘八景》诗，不禁使人想到南宋高僧牧溪法师的《近江八景图》。那可是影响深远，连东瀛之人都崇拜临摹不已。那位因不满朝廷腐败而愤然出家的牧溪先生同你板桥贤弟一样，在艺术上也属于不落俗套、敢于创新之人。说来也巧，同样是嗜酒善画，同样是愤世嫉俗。一个以书法入山水，一个以书法入竹石，可谓异曲同工之妙。先生之竹，随灯入影，墨色写就，最是洗练逼真。而牧溪笔下山水，常以甘蔗渣来点染，韵味自然，层次丰富，一洗刻意雕琢习气，风格纵逸，天然巧成。眼下，板桥贤弟这《浪淘沙·潇湘八景》诗卷，恰如是专为牧溪先生的《近江八景图》题写一般的贴切。你们真是五百年的缘分，潇湘耦合呀。"

保禄听得，独自击掌而和，说："好，无方大师评得甚妙，是牧溪先生的意境，更是板桥先生的心迹。这真是'五百年牵手一和，八百里洞庭作证呀'。"

禅房中的气氛顿时更加热烈。小和尚的茶道也是渐入佳境。三人谈古话今，论诗品茗，直到东方透亮，日照含鄱五老。

七

 无方上人，一位名副其实的苦行僧。他的喜好正像他的法号一般，行无定向、止无定所。出家原本只是为了遁世避政，把功名丢在一边，心胸自然开阔，对任何的世俗利益都无所牵挂。这是郑燮最最羡慕的，但他却做不到。眼看着无方上人每日除了打坐念经，就是上山采药、在药圃中忙碌，研究医药，为穷人和居士看病，他就感到羡慕。他居住的僧舍门前，总是晾晒着各种各样的草药，还有除草的药锄，捣药、装药的药钵、药囊和采药、制药、种植药材的各种工具。当无方上人如数家珍地介绍着这些，郑燮心中也充满了欢乐。除此之外，无方大师的爱好就是云游四方。他这种心胸与个性，正是郑燮久已向往的。两个人一见如故，真是相见恨晚。而此刻这一切的见闻，对沉溺于丧乱与穷困的郑燮，本身就是一剂良药，使他很快便恢复了自由奔放的个性，重新看到了生活的乐趣与希望。就这样在庐山寺中，郑燮与无方上人结下了终生不渝的友谊。

 "陆游说'汝果欲学诗，工夫在诗外'，我最大的愿望，就是在乡村买几亩地，归隐种庄稼去。像当年的陶渊明那样，每日'采菊东篱下，悠然见南山'。"

 无方上人时常这样讲。

 "我也常有此心。小时候，看到农夫唱着小曲儿在垛田中扶犁耕耘，就甚是羡慕，心想自己有朝一日也能够扶犁小唱，该多好啊。"郑燮动情地说。

 看来两个人都有相偕耕隐的意思。他们甚至还构想过隐耕的生活场景与无限的乐趣。但隐耕也是一种缘分，缘分未到，并非就能够心想事成。因为人的心灵，总是被许多无形的枷锁羁绊束缚，而很难找到开启的钥匙。人一生其实最难以战胜的，也就是自己的种种欲望。真正美好的想法，都被欲望淹没消解。好在无方上人的出现，使得郑燮有了挣脱世俗杂念的信心。

其实这一次出游，他途经岳州湘阴还留下了一幅重要画作，即为黄陵庙女道士画的《竹子图》。黄陵庙，那可是一座唐代就有记载的古庙。唐代韩退之曾经书有《黄陵庙碑》，至今立于庙院，云："湘旁有庙曰黄陵，自前古以祠之二女，舜之二妃者。"

那日郑燮在庙院中仿古拜谒，那庙中的女道士热心相陪，晌午还以茶饭款待，郑燮十分感动。只见那道姑长得眉清目秀，儒雅端庄，举止甚是可人。想原本也是大家闺秀吧，邂逅相遇，郑燮甚是喜欢。虽然只是一面之交，但却生出了无限的感慨与恻隐之心。在他看来每个出家之人，都有一段不愿告人的酸楚故事。何况还是这样一位美貌女子……他想着，欣然为之作画，从女道士的苦笑之中，他似乎读出了一切。于是结合那历史的人物与典故，一个悲恻的故事就在心中萌生，随即又涌上了笔端化作悲恻的诗句：

湘娥夜抱湘云哭，杜宇鹧鸪泪相逐。

一个悲苦不堪的起首，足见他的情绪是非常的苦楚复杂。上古的舜妃娥皇、女英哭君的悲泪与周朝蜀人怀念让位归隐的蜀帝杜宇的思念之泪，二者相追逐，可谓是无以复加之悲戚！陌生一遇，竟然凄凄楚楚地动了真情。这也是郑燮作为一个文人的弱点与个性吧。在俗人眼中，触景生情，遇颜动

郑板桥作品

心，也许并非高尚之举，但诗人艺术家性情中的赤子情怀不能不令人感动。瞧，他依然在挥笔疾书，使那一株风竹、一株雨竹更加显得凄凄惨惨、珠泪斑斑。

……洞庭湖渴莽尘沙，惟有竹枝干不死。竹梢露滴苍梧君，竹根竹节盘秋坟。巫娥乱入襄王梦，不值一钱为贱云。

信笔写来，真是情之所至，浮想联翩。女道士面对纵情挥洒的扬州才子，那一份喜出望外的感动也是可想而知。只有在这样的时刻，郑燮才感觉自己是最得意的、最幸福的。才华得到了自由的施展，他也得到了佳人的欣赏。这样即兴而来恣肆汪洋的画作、激情荡漾的诗句，绝非是冷静时刻反复推敲能够比的。古黄陵庙在岳州湘阴县北五十七里，供奉着舜帝的二妃之神。女神庙中，郑燮当年足迹所至，遇到女道士一见动心的故事，至今留有轶闻。

八

庐山归来，神清气爽。郑燮回家看望了妻女与叔婶堂弟，再返回扬州已是隆冬。此时，金农也从山东归来并由扬州天宁寺移自净业精舍。黄慎早已完成了他的《金带围图》。

冬季到来了，其他来来往往的友人也都像疲惫的候鸟一样，开始聚集到了温暖的扬州。扬州毕竟有那么多的好友，有十年的好时光与人脉留在那里。郑燮的心中也按捺不住对扬州的怀念。这一回经岳州出游洞庭、庐山，观山游水，还结识僧人无方上人，相互谈禅论艺，对于他的艺术创作注入了新的能量，他决计要重返扬州，开始新的艺术的追求。碰巧，这时李鱓也由广州归来，同时带来了更旺的人气。扬州重新成为了江南江北才子荟萃之地。大家少不了又是一阵应酬唱和，把盏狂饮。这是名士的风度，更是艺术家的嗜好。

此日，金农显得十分高兴，他听说郑燮出游归来，就迫不及待来访。未曾进门，就快人快语地喊道："我说板桥老弟，今晚，你就别再安排别的事情，二马兄弟要做东，尹大人也要出席，还有咱们各位书画友人，都嚷嚷着要为你和李鱓二位方家接风洗尘。"

自从金农移居净业精舍后，这偌大的天宁寺显得安静了许多。郑燮这一回来，寺院里就又开始热闹起来。如今因为有金农、李鱓二位的抬爱，郑燮的名气倒是越来越大，走到哪里身边都会围着人。眼下，他照例又在饮酒作画，身边正围着几位索要字画的朋友和拜师学画的童子。大家都是久别重逢，感到格外亲热。童子田顺郎也闻讯来到了先生的身边，要正式拜他为师，成为朝夕伴随着他的入室书童。

大家兴致正高，你一言，我一语，拉谈得热闹，连门外来人都未曾知晓。直到金农进门，竟然无人发现。

冬日的阳光透过窗户，把门外花圃中的竹影投射在窗户上，形成了理想的写竹氛围。郑燮喝得微醺，显得格外兴奋。他近来似乎更害怕孤独，喜欢被许多的知己和忘年交围着。自从犉儿夭折，这些年轻的童子在他眼里，就不仅仅是感情依赖的对象，而是晚辈一样的更加可爱。有时候，他干脆把他们视为自己的儿子一样亲近。

此刻，郑燮写就了一幅竹子，大家一阵喝彩，金农也随之喝彩，郑燮转身发现了老友，急忙丢下手中的笔，两人就拥抱在了一起。互相端详着对方。

"别来无恙？"

"别来无恙！"郑燮应和说，"昨日回来就听说你搬了家，刚说要登门拜访，老兄倒来了。正好，我先敬你一杯。"

郑燮说着，端起了田顺郎递过的酒杯送到金农面前。金农急忙接过，仰头一饮而尽。然后痛快地说："听清了没有，今晚马家兄弟设宴，尹大人还要亲自作陪为你和李鱓老兄接风洗尘。"

郑燮有些纳闷。他知道马家兄弟是指那盐商中的好友马曰琯与马曰璐兄弟。可那尹大人又是谁呢？

金农看他愣着，便说："尹大人便是如今扬州知府大人尹会一。他与你年纪相当，早已喜欢你的字画，今天听说你来，就要出面一会。也是缘分到了。"

二人正说着话，外面便传来马曰琯的笑声。

"郑燮贤弟，我们兄弟一同请您赴宴来啦。"

僧舍中的热闹又增加了几分。金农更是高兴，立即张罗着倒酒，举杯。马曰琯更是喜欢如是，竟把个僧舍搅得开了锅一般。这形影不离的兄弟俩可是古道热肠。他们原籍安徽祁门，寓居扬州多年，经营盐业致富。可又是天生的不务正业，对于书画艺术的偏爱与执着，使得他们成了许多艺术家的挚友。他们兄弟二人，不光是出手阔绰，而且慧眼识艺，又勤敏好学、善于作诗填词评论书画，号称扬州二马。马曰琯著有《沙河遗老小稿》，马曰璐也有《南斋集》行世。二人还有一大喜好，就是藏书、抄书、印书，遂在扬州东关大街马家园林内建造"街南书屋"，后又辟"小玲珑山馆"荟萃优秀书画家而闻名于世。私家"丛书楼"藏书百橱，计十万余卷，其中颇多秘籍与善本。因为他们兄弟平日不仅在经济上与物质上给予书画家们以极大支持，而且还在精神上给予抚慰，故在扬州艺术家中很有号召力。

"金农兄显然又比从前发福了，可你郑燮怎么更加消瘦，就像你笔下的竹子。倒是越瘦越经看。"

性情风趣的马曰琯接过金农递来的酒一饮而尽，遂口无遮拦地说，望着郑燮新写的竹子，双眼都有些发直。

"这一幅又是给谁写的呀？没主我要了，一幅千金如何？"

"一幅千金那是我的漆书，板桥郑燮的墨竹，那可是千金难易呀。至少得这个数！"

金农故意瞪大眼睛说着，夸张地伸出右手五个指头。

马曰琯听得，二话不说，就把那新完成的《风竹图》揽了过来，随手便从怀中掏出一张银票，递到郑燮面前。

郑燮伸手把银票推开道："对不住了，秋玉老兄，我的这幅竹子早已许给了田顺郎，可谓是一文不值，千金难买。"

"不，师父，既然是马大爷喜欢，我就不要了，只要换来盘资，咱们师徒二人好游一趟北京城去。"

"好，游北京城的盘资，我包啦，啥时候要走，言语一声就是了。"

郑燮一时感动，不知该说什么。

金农指着他们师徒二人："你们这，这可是串通好了让我下不来台嘛！"

大伙儿都哈哈笑了起来。得了一幅墨竹的马曰琯笑得最是爽朗。他的兄弟马曰璐却是只笑不说话。他对于郑燮十分钦佩，也不敢轻视金农先生，便特意把自己的《南斋集》拿出一本，恭恭敬敬地递到金农的手中，腼腆地说："金先生，这一本拙作，原本是要请板桥先生指教的，就先求您方家指教啦。"

金农高兴地说："这还差不多，我就是喜欢曰璐兄弟的仁义，学问也好。"

郑燮、金农，同马家兄弟关系就是这样密切。盐商中的另类与艺术家中的另类不谋而合，结为好友。并且还有知府尹会一这样的官人加盟，一时成了扬州书画繁荣的推动力。因为有二马的竭力举荐，又有尹知府的真心支持，许多所谓另类艺术家，当然也包括郑燮，得到了空前的推崇。郑燮师徒二人出游北京的计划，也很快得以实施。不光是马家兄弟资助，知府大人尹会一亲自为他们送行时也慷慨解囊。遇到了这样的官人朋友，很难说不是以后他步入仕途的一种感召。

九

日头高高地悬在头顶，毛驴行走在早春的原野上。农夫三三两两在地里忙碌。旱地的小麦开始吐穗，苞米苗子也长出了五六片叶子。昨晚恰巧落了好雨，风显得格外清爽。这些都是北方特有的田野村景，看着甚是新鲜。此刻，青袍撩起一角的郑燮戴着一顶草帽骑在驴背上，望着牵驴走在前面的田顺郎的背影。那童子正走得来劲，嘴里还不停地同毛驴子唠叨着什么。他笑着摇摇头，又望望越来越温暖却也刺眼的日头。最后目光就很舒服地落在了路边的庄稼地里。从前很少有机会在阳光下如此细心地观察大自然的秘密。瞧那年幼的苞米叶子，嫩绿嫩绿的沾着露水，就像是玉石翡翠。田顺郎走着，嘴里竟高兴地哼开了小曲儿。也许是童子的歌声吸引了路旁柳树上的喜鹊。瞧那两只喜鹊，就在他们头上叫着来回翻飞。郑燮的心情，从未有过的轻松愉快。想到这一回离开扬州时，他还顺道回了一趟兴化，给家中留足了用资。这是顶重要的一件事情。妻和两个女儿，还有叔婶和墨儿，一直送他到了码头上船。如今终于行走在旱路上了。他的心中踏实了许多，也惬意了许多。听着田顺郎的歌声，心中就浮想联翩。

"老者，这一带该是到了古邺城的地面吧？"迎面走来了一位雪髯老人，郑燮拱手问道。

"是呀，那远处就是漳河。所谓北临漳水即是邺城嘛。"

路人说话间客气地擦肩而过，郑燮却陷入了沉思。

河北省这一带的地面，正是古都邺城。这令郑燮顿时兴奋起来。他喜欢曹孟德的诗，雄奇豪放，霸气十足又不乏哲思人情。因此对他的人生经历当然也就格外关注。建安十八年（213），曹操为魏公，雄心勃勃，定都于此，距今已是一千五百多年。当年的都城早已是灰飞烟灭，可他的诗词还被人们挂在嘴上。可见这文化的力量有多顽强、多深远。他如此想着，手搭凉棚望去，远处的云翳之下，大约就是著名的漳水，那城外自北而南列峙排立的冰井、铜雀、金虎三台，残土墩围似乎还隐约可辨。他正想着，却见那一座墩台的遗址豁口，正有牧人赶着牛羊走出，想必其中已经成了牛羊圈舍吧。他顿时感到了一阵凄凉。想到当年曹操分香寄托后事的典故，他的心中顿时涌起一股凄婉的冲动，诗句就在胸中酝酿出来：

划破寒云漳水流，残星画角动谯楼。孤城旭日牛羊出，万里新霜草木秋。铜雀荒凉遗瓦在，西陵风雨石人愁。分香一夕雄心尽，碑版仍题汉彻侯。

这一首《邺城》，吟自北上的途中，诗人有些滑稽地骑在驴背上。那驴子也许会纳闷儿，寒云、残星、孤城、霜草、遗瓦、西陵……原本在春天的时光，却写出了秋天的萧瑟悲凉。可这畜生哪里懂得，眼前之景与胸中之境，完全融错交颠，那是人的专利。摇摇晃晃的节奏，颠颠簸簸的韵律，亦真亦幻，英雄末路，故事遗迹，物是人非，甚是悲切，正是驴背上人的心情，连牵着驴子的童子，也悟不透的。

吟完了这一首怀古之诗，郑燮的心中，就更加不能平静。他突然想到了另一位英雄豪杰，原本更是雄心勃勃，也曾经在这一带逐鹿征战，做着建功立业、称帝为王的美梦……然而阴差阳错，同样没能逃脱命运戏弄与失败的结局。

乌江水冷秋风急，寂寞野花开战场。

如是两句祭奠项羽的诗到心头，顿时一股寒气冲顶。项羽与曹操，历史上两个家喻户晓的人物，英雄也罢，奸雄也罢，在郑燮的心目中，就是值得敬仰的男人与诗人。做一个真正顶天立地的男子汉，也做一个有情有义的好诗人，是他的理想，也是心中偶像的标准。而不必总以成败来论英雄。因此在他看来，成功的刘邦仍是蝇营狗苟、一介市井流氓，而项羽还是驰骋疆场，敢爱敢恨敢于担当的顶天立地的英雄。感谢读书人的前辈司马迁的正直与不俗。《史记》中的巨鹿之战、鸿门宴及垓下之围等篇章，写出了一个有血有肉、敢爱敢恨、有担当也有血性的真正的男子汉，一个失败但不失人性与气节的英雄豪杰。掌声、鲜花与勋章，眼泪、悲戚与叹息，可以表明一个男人的成功与失败，但并不意味着一个生命的价值与光彩。一定意义上看，违背功利标准的失败也许是更大的成功。在郑燮眼中，那个"老骥伏枥，志在千里"的威武雄壮的大诗人曹操，貌似一个政治家，其实是为艺术与爱情而生。

对酒当歌，人生几何？譬如朝露，去日苦多。慨当以慷，忧思难忘。何以解忧，惟有杜康。青青子衿，悠悠我心。但为君故，沉吟至今。呦呦鹿鸣，食野之苹。我有嘉宾，鼓瑟吹笙。明明如月，何时可掇。忧从中来，不可断绝。越陌度阡，枉用相存。契阔谈宴，心念旧恩。月明星稀，乌鹊南飞。绕树三匝，何枝可依？山不厌高，海不厌深。周公吐哺，天下归心。

郑燮一口气，竟然把长长的《短歌行》背诵一遍，惊得田顺郎扭头直看师父。这时候的郑燮，在童子的眼里，就是一个疯疯癫癫的醉老夫子。他摇头晃脑，忘乎所以，迷迷瞪瞪，不食人间烟火。不是酒醉，而是诗醉。

"你看什么，小子，我告诉你，曹操可是个有情之人，并非忘恩负义之徒。老爷子临死，把一捆子名贵香料分给他的姬妾，嘱咐她们多做女红、丝鞋以求自给自足。嘱咐她们继续住在铜雀台上，继续为自己供膳供果。还叮嘱自己的儿子们也要常常登台，遥望自己的陵寝，安慰孤魂的寂寞……"

田顺郎听得有些不解："他这不是太自私了呀，自己死了，还要女人守着，不得改嫁，不得做事，不得有新的生活……"

"说什么哩！小子，住嘴，住嘴，当心我掌你！"

郑燮故意瞪起眼睛，吓唬着田顺郎。那一个只是嘟囔，心中并不服气。

"什么是私心？你小子懂得什么！只有此时的曹操，才流露出属于人性的一面，才具有普通人的感情和诗人的浪漫。"

"他倒是浪漫了，可那些妃妾可就惨了，要守死寡了。我看这一点，他还不如人家项羽项大将军。"

"项羽临白杀时赐死虞姬，那有什么好？！自己兵败无脸见江东父老而自裁，应该，可为何还要拉一个垫背之人？"

"死了总比活守寡好！"

"你还顶嘴！我看你就是不忠之人！"

"项羽要是做了皇上，一定会对虞姬好！"

"这话倒也不错！"郑燮沉吟不语。随即又是诗兴大发。

……项王何必为天子，只此快战千古无。千奸万黠藏凶戾，曹操朱温尽称帝。何似英雄骏马与美人，乌江过者皆流涕！

这一首《巨鹿之战》，算是郑燮对项羽与曹操的总评判。可见他本质上是同意田顺郎的恋爱观点的。但是论起诗歌，郑燮还是对曹操有一种深深的偏爱，喜爱那苍凉、浑朴、英气勃勃，反映了那个时代的呼吸与脉搏。

就这样，师徒二人一路说话吟诗，就来到了当年的铜雀台前。辉煌后的悲凉，这是政治，更是一代英雄或奸雄的结局。郑燮如今面对，感到了一阵迷茫空落。他翻身下驴，就近靠在一株古松下的石人边上。眼前一片寂静、一片荒凉，远处是牛羊牧野的西陵残照，还有悠然远去的漳水……于是他吟道：

铜雀台，十丈起，挂秋星，压寒水。漳河之流去不已，曹氏风流亦可喜。西陵松柏是新栽，松下美人皆旧妓。当年供奉本无情，死后安能强哭声。缚帏八尺催歌舞，懒慢盘鸦鬓不成。若教卖履分香后，尽放民间作佳偶。他日都梁自捡烧，回首君恩泪沾袖。

看来他并不完全反对童子的观点呀，那童子听得心中暗暗高兴。但是却故意埋怨道：

"哎呀先生，大晌午的，日头如此毒，在这前不着村后不着店的地方大发诗兴，我可饿得受不了啦！"

田顺郎在一旁噘嘴嘟嚷。郑燮依然沉浸在自己的世界中。那当年的角逐与烽烟，悲壮的正剧与悲惨的闹剧还有滑稽的喜剧……交替着浮现眼前。那是战国故事，那是大汉轶闻，活在司马迁的讲述与班家父子的唠叨中。然而一切都烟消云散，眼前只留下这条河，这清澈见底的"泜水"，清波悠悠，融入远处的地平线。山与石倒映在水中，崖壁兀然耸立，郑燮突然觉得胸中一阵难以名状的激动，那风起云涌的历史故事，就在这漾漾水面上呈现出来，而自己也仿佛投身其中，成为一个弄潮遏浪的人了：

……我来恣游泳，浩歌怀往古。……背水造其谋，赤帜立赵土。韩信购左车，张耳陋肺腑。何不赦陈余，与之归汉主？

他诗中那些个历史故事，田顺郎一概不知，但也不想知道。他只觉得肚子饿得咕咕乱叫，至于《易水》之中，子房、渐离，还有壮士荆轲，他都一概不感兴趣，只记得末尾两句：

酒酣市上情，一往不可复。

这是郑燮的凄叹，旷野之上并无知音的回应。他感到了格外的寂寞。

十

终于又到了北京。比起京城的庄严与宏伟，郑燮记忆中的扬州就变得非常小巧玲珑了。

"先生，这京城的大街上为何这么多牌楼，这么多车马还有驼队。都是为谁而立，又是忙碌什么？"田顺郎惊异地问。郑燮笑而不答。他想起了自己十年前初来京城时的心情，很能理解年轻人的想法。也许是有些可笑，但是却问得天真有趣，不无理由。

"别只看牌楼车马骆驼，你看看这里的人物。瞧见了吗，那些穿着各种各样衣服的，蓝色长裙包头巾的那是蒙古族人，穿长袍马褂的是旗人，还有我们汉人，戴白帽的是回族人，藏人皮袍子露着一条胳膊，黄头发蓝眼睛的是传教的西洋人。"

田顺郎经师父这么一提醒，早看得傻了眼，连口水都忘了咽。他原先只知道扬州大，可没想到还有比扬州大的地方。

扬州城中四通八达的水道，那水道两岸狭窄的石板街与茶肆青楼还有众多的寺院，都仿佛成为了远去的虚幻梦境。而眼前的北京却是现实的，就像是一座无边际的大庄园。一个拥有天底下所有臣民和土地的大地主庄园。灰色的城墙与高大无比的城门楼子，还有那么多的道观庙宇，红墙与黄、绿色的琉璃瓦，再加上熙熙攘攘异彩纷呈的人流，汇聚成了名利交织的世界。而在这个神话般繁华又浮躁的世界里，每一个人都感到了自己的渺小，感到了望洋兴叹、力不从心。然而，这毕竟又是一个宽容而具有某种亲和力的环境，没有像其他地方城市那样的狭隘甚至排外、认生、小气。这使得每一个人都会在这里感到一种包容的轻松愉快与宽博的放肆。人人都会感到彼此似曾相识的惬意。特别是对于来过一次的郑燮，更是感觉到了一种故地重游和朋友重逢的亲切。

看到田顺郎高兴的样子，郑燮更是感到兴奋。这一次，北京可是伸开双臂接纳了郑燮。他居住在城南有名的慈仁寺中，由于好友李鱓的推介和他的书画名气的影响，再加之他张扬的个性和出众的才艺，使得他很快就在北京站住了脚。同他交往的圈子，除了诗人和书画界的朋友之外，还有庙里的高僧，甚至还有御林军中的禁卫人员，有显贵子弟及随从皇帝游猎的期门仆射。每日出入于豪门酒肆，田顺郎也跟着大开眼界。

"咱这可是朝扣富儿门，暮随肥马尘呀。"郑燮自嘲地说，心中却感到了一种自由的惬意。饮宴、游乐，无所顾忌地评论着达官名人。

没事的时候，郑燮喜欢在住地的院子里走走看看。那些古老的建筑、模糊的碑文、廊柱上的彩绘以及屋脊上的兽禽图案都是他喜欢仔细端详研究的。院子里的一通御碑，记载着这座古庙昔日的辉煌。

"傻小子，你可知道这慈仁寺的来历？"

"我哪里知道，怕是先生也不晓得。"

"我告诉你，这大报国慈仁寺，始建于辽代；明代塌毁，成化二年（1466）又重修，改名慈仁寺。"

"那怎么又称为报国寺？"

"因为是皇家寺庙。你看这规模形制，哪里是普通的寺院可比。七进院落，七层殿堂，后边还有毗卢阁，是这南城一带最大的庙宇。"

"那我们这回可是住进了大店，难怪这僧舍如此的讲究。"

"是呀。你知道我们居住的'忆花轩'是什么地方？"

"什么地方？"

"大学者顾炎武当年住过的地方。"

田顺郎听得，眼睛顿时瞪起老大。

"你瞧这《顾亭林先生祠记》和《重建顾亭林先生祠记》，这两块碑文，记载着当年旧事。"

这一次来京，由于川资充裕，日子过得较为从容。没事的时候，师徒二人就在忆花轩中读书、写字画画。有时则与好友勘宗上人同游西山，在竹屋中暗淡的灯影下品茗吟联。

北京的环境，即所谓的燕市，对于田顺郎而言也许未必有扬州有趣，但是北京比扬州更能激起郑燮那读书人的雄心。在扬州，他只是希望成名卖

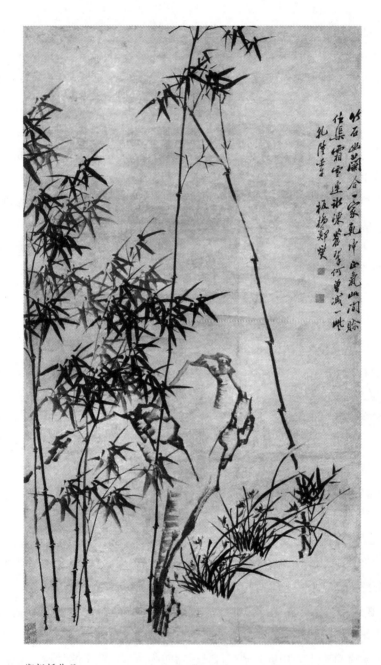

郑板桥作品

画，希望能换得全家温饱。可是到了北京，他就有了出世的野心，希望能有一个建功立业的机会。就像李鱓或顾万峰那样，出仕或入幕。随着时日的推移，他心中这个野心也似乎在日日地膨胀，开始有些坐卧不安。

多民族的融合居住，反倒使得种族的隔阂与界限变得模糊起来，京城里的民族裂痕似乎并不存在。这也使得郑燮感到自己这株孤竹幽兰大有归林入圃的感觉。他所交往的朋友中，有不少就是旗人。他发现他们的言谈举止与风度才华甚至要超过汉人。当然，京城也是世故的，充满了政治的雾气烟云。装模作样、招摇过市者不少，官气十足的势利小人也随处可见。在政治气氛浓厚的氛围中，艺术似乎与友情早已退居其次。互相攀附与种族上的优越与自卑习以为常。可是在文人雅士的私下交往中，交谊却是远远超过了利益的。面子在这群人里，显然比银子要值钱得多。特别是那些世代官宦人家的子弟，他们虽然手提鸟笼，吸着鼻烟，逗着蛐蛐，清谈品茗，无所事事，但是却往往有很高的文化修养。尤其在诗词书画领域，表现出极高的鉴赏水平。在这样的氛围中，郑燮的艺术很快得到了赏识与追捧。他如鱼得水，枯木逢春，自由萌发得酣畅淋漓。整整一个美丽的金秋，还有漫漫的冬季，郑燮都客居京华。这里实在是太有魅力。郑燮太喜欢这座城市，从正阳门到地安门，他围着皇宫，走遍了九门，看遍了每一条胡同。不光是城市的建筑吸引他，还有深厚的文化底蕴和精湛的艺术。而真正使他舍不得离开的原因，还在于梦境与现实的反差与感情的归宿。

十一

北京是包容的，这淡化了郑燮内心深处与满人的隔阂。他结交了不少的王公贵族，甚至应邀到皇子允禧府上做客。允禧何许人？康熙帝的二十一子、当今皇上雍正爷的弟弟，他竟然礼贤下士，喜欢郑燮的字画为人，情愿结为艺友。这使得郑燮寒心回暖，如临春风，如沐甘霖。

果然名不虚传，这位热情好客的"紫琼道人"，与乾隆同庚，却显得老成持重，仁厚谦和。他一见郑燮，急忙拱手相迎，恭为上宾。开言谈艺，甚为投缘。

"久闻板桥郑燮大名，今日得见，吾兄果然貌骨不凡，有古贤之风。""诚谢王爷抬爱，燮本一介书生，痴迷书画而已，万不敢称贤。"

允禧也不客气，吩咐上茶，随即出示自己的诗词画作，要郑燮评点。郑燮看时，眼前顿然一亮，心想，此人才艺难得。其诗宗唐人，品近河间、东平，优雅清秀，读来若赏供案春兰、殿前幽篁，端庄沉静、音韵严合，颇有富贵君子风度。而其画则肃穆古朴，颇得元人笔意，可谓远希董源、近接文徵明，源头清晰，颇有流韵。郑燮欣赏一过，不禁肃然起敬，原以为皇亲国戚舞文弄墨，多无真功夫，附庸风雅而已。不料允禧却是在诗词绘画上下过苦功夫的，心中不胜欣喜，连连称妙。

允禧闻得，甚为高兴。吩咐铺纸研墨，欣然为郑燮作画。郑燮也回之以谢。两人书画酬作，相见恨晚。许多年后，二人一直保持书信往来关系。郑燮在潍县任上，曾鸿雁传书已贵为郡王的允禧，而允禧亦有诗作《喜得板桥书自潍县寄到》云："二十年前晤郑公，谈谐亲见古人风……"二人友谊之敦厚可见一斑。

此次客居京华，郑燮还结识了一位官场奇人，即时任大中丞的孙勷。此人才高八斗，政声甚好，但却因为人耿介，忠君怜民，在官场可谓一朵带刺的奇葩。他以大理寺少卿致仕，终未至巡抚，平素对于官场陋习十分反感。炙手可热的宰相隆科多曾以巡抚官衔拉拢他，却被他果断拒绝。郑燮同他相识交往当在雍正三年（1725），此时他已告知郑燮，说自己打算辞官云云。这对于郑燮的从政理想，无疑又是一次动摇。郑燮对先生的钦佩，也油然而生。他在为孙勷所作《兰花图》上题诗曰："宿草栽培数十年，根深叶老倍鲜妍。而今归到山中去，满眼名葩是后贤。"字里行间充满了崇敬与认同。来年，即雍正四年，孙勷辞官归故，成为朝野上下关注的事件，也折射出当时官场的龌龊与乱象。

此间，他还拜见了兴化同乡兵部职方司主事孙兆奎。此翁知识渊博，专于论文。郑燮慕名拜访，得到热情的款待。提及家乡特有的鲈脍蕨薇及共同熟识的白发老者，二人心中甚是喜欢。还有鹤儿湾的藕花与龙舌津的粳稻，更是亲切之至。谈到盛兴，郑燮欣然吟诗云：

> 鹤儿湾畔藕花香，龙舌津边粳稻黄。小艇雾中看日出，青钱柳下买鱼尝。村墟古庙红墙立，天末孤云白带长。借取渔家新箬笠，一竿烟雨入沧浪。

孙翁听得，连连称绝，认为郑燮此唱，置于唐人诗中亦毫不逊色。老主事高兴起来，设家宴招待才子乡党。席间他们继续回忆着家乡的美景与生活，议论着江山文章的永远与荣华富贵的短暂。这一时期，郑燮作诗兴致颇高，往往出口成韵，才惊四座。他本人也最是得意。故诗名大振，索要者日众。他则是有求必应，佳作连连。诗作书画之中充满进取锐气与生活欢快。文人才情得以充分的展示，这为他带来了名利也难免招来嫉妒与非议。

此时，郑燮谈诗论文，也是才华横溢，妙趣横生。加之京华文物古迹遍地，书画精品繁多，他就如同进入了艺术的海洋，得以欣赏许多艺术的精品绝章，更是一大快事。四月六日这天，他有幸见到宋拓唐虞世南《破邪论》序册，兴之所至，题曰：

> 书法与人品相表里。方炀帝征辽时，世南草檄，袁宝儿顾盼殿上，帝伴优之，命赋一诗而罢，终身不复见用。及太宗皇帝定天下，乃起从之。卓为学者宗师，可不谓神龙出没隐现，各得其时哉！士固有遇有不遇，藉使开皇之末，仍然五季，天下土崩，无复圣天子出，虽终其身蓬室枢户可也，岂区区于仕进乎！夫区区仕进，必不完于炀帝时矣。今观其所书《庙堂碑》及《破邪论序》，介而和，温而栗，峭劲不迫，风雅有度，即其人品，于此见矣。昔有评右军书云："位重才高，调清词雅，声华未泯，翰牍仍存。"吾于世南亦云。
>
> 时乙巳清明后一日。板桥郑燮。

"书法与人品相表里"，"峭劲不迫，风雅有度"，郑燮评价古人书品与人品，其实也正是他自己的人生追求。"士固有遇有不遇，……虽终其身蓬室枢户可也，岂区区于仕进乎！"也可见在仕途与艺术之间，他的态度。能够相得益彰则已，否则宁愿取文艺而舍仕途也。

十二

　　春天到来的时候，当皇家北海的团城与红墙里探出的宫柳泛绿伸姿，南归的燕子忙着在宫瓦下构筑新巢的时候，诗人心中的梦想与欲望并没有丝毫实现的迹象，他陷入了青春期般的骚动不安。就如同那玉兰花的蓓蕾，聚集了太多再也按捺不住的悸动与欲望。仅仅同田顺郎一道唠嗑厮混，同诗友画家们一同切磋艺术，同官宦子弟达官贵人们杯觥交错已经无法排解，于是郑燮想到了女人，萌发了纳妾的念头。这是当时无可厚非的风尚，也是男权社会中男人们自封的特权。于是在朋友们的精心安排下，娇艳动人的饶氏来到了郑燮的身边。这也许是久久的一个梦想，终于在京城里他的野心全面膨胀之时变为了现实。他也许根本就没有征求家中妻子与长辈阿叔的意见。他的狂放不羁与情绪化的处事风格，决定了他完全是自作主张。这时候的他，其实健康已经有了问题，或许由于饮酒过多和长期无规律的生活及精神的紧张与焦虑，使得他得了渴疾（糖尿病）。这在当时也许并不算什么大病，但是却很难治愈。郑燮在病痛寂寥之时，多么需要一个知冷知热的人来照顾。饶氏的到来，显然使他深深地体会到了异性的温存与情感上的满足。于是在诗中欣慰甜蜜地写道：

　　碧纱窗外绿芭蕉，书破繁阴坐寂寥。小妇最怜消渴疾，玉盘红颗进冰桃。

　　这是他的《燕京杂诗》之一。这一时期，郑燮的艺术天地中，破天荒地出现了"小妇人"的形象。过去在他的诗歌中，妻，似乎多与贫病愁苦的日子联系，而如今可爱的"小妇人"，却是酥手托着漂亮的玉盘，送来能够消除渴疾的鲜红的冰镇樱桃。纳娶新欢的日子，显然使得京城的客居充满了浪漫情调，充满了欢乐与慰藉。这样的日子，对于一个浪漫的读书人，那就是天堂。于是忙里偷闲，诗人偏安一隅，闭门疏客，吟诗作画，品菜肴尝鱼，开始了一段安逸舒适的生活。

然而郑燮毕竟不是一个纨绔，更不是玩物丧志的混混，他是有抱负的艺术家，是一个诗人。他的骨子里，充满了难以抗拒的德行良知。这样的日子他似乎过得并不心安理得，心中时时会想到兴化的家，想到妻女和叔姊堂弟，甚至渴望着，有朝一日能够在家乡过上类似的闲居日子：

懒慢从来应接疏，闭门扫地足闲居。荆妻拭砚磨新墨，弱女持笺索楷书。柿叶微霜千点赤，纱厨斜日半窗虚。江南大好秋蔬菜，紫笋红姜煮鲫鱼。

一首《闲居》，乍一看，倒像是描写现实生活的诗，但仔细揣摩，却又是一种梦想，对于未来的想象，并非实际生活的描写。那种恬淡安逸、琐细充实的感觉，是郑燮以往诗中很难见到的。这都是因了饶氏的出现，不乏现实存在的启发。既像是在京华，又像是在兴化老家。亦真亦幻，亦实亦虚。比如诗中"妻"，那个"拭砚磨墨"的人，也许是一个双重的角色，既有饶氏的形象，又有妻的影子。显然是想象中的情形与场景。以这样一种平静而悠闲的姿态写诗，可见此时的郑燮，精神上又处在了"穷则独善其身"的矛盾境地。江山与美人，永远都是一个自强男人心中的梦想。在这二者的天平之上，他那一颗不安分的心永远都是难以平衡到静止状态。像郑燮这样一个前程未卜但也不可限量，却又暂时报国无门的读书人，此二者波动的幅度与频率往往会更加剧烈。当他的笔下美人频频出现，而且津津乐道时，他的眼前往往是渺茫暗淡的。好在郑燮心中的"美人"，除了美女童子，还有诗词书画艺术。此一时刻，在京城里，他的书法与画艺都在高手之间的评论与切磋中得到了很大的长进。然而，他笔下的美人，那欢乐与青春的象征，也是充满了迷人的个性。

此刻，郑燮正在伏案作画。年轻美貌的饶氏，就立在他的身旁。他嗅得到她的身体散发出的阵阵幽香。那是年轻的女性身上特有的青春气息，是能够让一个艺术家激发起欲望与创作灵感的那种独有魅力。郑燮不是神仙，他也是一个生理正常的普通男人，是一个富有激情的天才艺术家。他对于异性甚或是年轻男童的喜欢与迷恋，是喜形于色，甚至情不自禁、溢于言表的。

"先生，您喝茶。"

完成了一幅作品，当郑燮感到有些倦意，饶氏便用轻柔的嗓音说道。她及时地将一杯热茶递到他的手中，郑燮放松地坐在椅子上休息品茶。他伸出手臂，妾便像一只小猫乖乖地依偎在他的怀中，或是很调皮地为他揉腰捶背。嘴里还说着他喜欢听的甜言蜜语。等他哈哈大笑的时候，饶氏自己却会摇着他的胳膊撒娇。他顿时忘记了作画的疲劳，甚至忘记了所有的烦恼，感到生活的美满。他抬头看看这个眉清目秀的可爱女子，就像头一次见到她时一样的新奇。那时她显得稚嫩矜持。眼下，她却是从容活泼，更像一只忠实的小猫一样恬静柔顺。她显然是一个出身卑微的识字不多的女子，但她聪明可人，艺术感觉是出奇灵敏的，这令郑燮十分的惊讶而欣喜。她似乎天生就懂得颜色的好坏，知道构图如何，能够在艺术天地中与她依赖的男人呼应唱和。这一切，再加上她的天真与善解人意的秉性，就很能令郑燮着迷，并触发他创作的灵感与冲动。于是他放下手中的茶杯，起身要重新作画了。

"先生，我们不画了，累了，歇一会儿吧。"

郑燮却是不听，他嘴里答应着，却站起来，走到画案前，重新拿起了笔。

"我为你画一幅梅花吧，我是很少画梅花的，但是看着你的脸，我就想画梅花了。你说是为什么？"

"是因为我穿着鲜红的裙子吧。"

郑燮扭头瞅她认真的样子，哧哧地笑而不答。

年方二八的饶姑娘，她是喜欢穿大红裙子。当她穿着一领长裙面似梅花地在篱边树下飘然来去，随即招来了欢乐的喜鹊、翩翩的蝴蝶。郑燮就想到了枝头盛开的梅花。而当她像个小姑娘那样撒娇地坐在洒满阳光的青青草地上，眼睛里充满迷人的憧憬，又像是一片可怜的落英。转眼间，她又变成了一只可爱的蝴蝶，在那园子的树林中上下翻飞。珍花怜柳、攀花恋木的样子，又像是天真的小孩子或一只善良纯洁的梅花鹿。遇到陌生的人，则又是一副怯生腼腆的模样，敏捷羞涩的样子实在朴质可爱。每每此时，一旁看着的郑燮，就完全地陶醉了。他突然又记起了那个少年时的王一姐，心中什么怀乡的情绪与渴疾的烦恼，还有对前程的忧虑，统统都化作了一抹知足的笑容，浮现在那清瘦的脸上。作为一个男人，在这一刻，他感到知足。

十三

好日子总是过得飞快。冬春之季，就在这样的气氛中迅速地过去。郑燮身心与才艺都在甜蜜中得到了陶冶与长进，但他自己却是浑然不觉。在满院的馥郁花香、长夏的蝉鸣与阵雨声中，他常常拥妾而眠，携妾而行，伴妾而乐，品妾之魅，可就是没有想到要她为自己传宗接代。那时候，并没有什么特殊有效的避孕措施，但是半年过去了，饶氏并没有身孕。这当是郑燮所希望的。儿子犉儿的死，使他心有余悸。或许是因为她还过于年轻，在生理上和心理上，都还没有做好生育的准备。二人便在生机勃勃的夏季，如此亲密而平静地度过每一天。甜蜜的日子，并不使人厌倦，反而使感情更加深厚。这是郑燮感情生活中刻骨铭心的一段。

秋去冬来，北京的颜色褪尽，严寒与风沙开始在碧空肆虐弥漫。客居燕京的小小四合院内各种菊花败了，酥梨、柿子、枣子，金黄、橘红与深红陆续呈现之后，眼前一切的色彩突然消失，仿佛只剩下黑白的原色。他那书房，也就成了名副其实的"忆花轩"。饶氏的性格也变得有些忧郁，穿着青蓝的褂子，笑声少了许多。满目萧然的郑燮常常面壁发呆、感到心神不安。在弥漫的黄沙中，他的眼前不时地浮动出绿肥红瘦的故乡。那些农人忙碌其中的垛田，那些在春季里开出满世界金黄的油菜花海，还有烟雨中飘动的翠绿柳枝。这分明是兴化，碧水悠悠，船影绰绰。他突然想起了费妈，想起她老人家最拿手的莼菜羹与清蒸鲈鱼的味道。

十月十九日这天，天气仍是阴冷。昨晚多梦，郑燮心中不爽，原本是要为《花品》作跋，却借题发挥，抒发着心中的愁闷：

仆江南遗客，塞北羁人。满目风尘，何知花月；连宵梦寐，似越关河。

金樽檀板，入疏篱密竹之间；画舸银筝，在绿荇红蕖之外。痴迷特甚，惆怅绝多。偶得乌丝，遂抄《花品》。行间字里，一片乡情；墨际毫端，几多愁思……

此刻，在这万物收敛的季节，他原先的那股出世的勇气，那种渴望寻求入仕机会的雄心与热情，都仿佛在日趋寒冷的日子里，在漫天风沙与忠良遭陷的传言之中，渐次地减退凝固了。

"先生，怎么又发呆？该不是又想您的兴化老家？那就带我回去嘛。"

郑燮听得，抬眼看看娇妾。轻叹一声，掩不住一脸的愁容。

单纯的饶氏当然猜不透他的内心。她挑一颗托盘中的果干，放进他的口中。这是北京的特产，其中的山楂果与莲藕子，最是疗治渴疾。

郑燮嘴里嚼着，却不觉其味之甘。他思念故里，思念亲人，思念儿时的伙伴，思念同阿叔在古庙中拜佛访僧的情形，和在蜿蜒溢影的扬州水道中乘着画舫游春的日子。

"你们兴化的新鲜果子，一定好吃吧？"

"嗯。"郑燮答应着。心中却依旧萦绕着游艇从瘦西湖中划过长春桥下，进入小迎恩河宽阔水面时所见的那一片诱人的荷花……又是扬州的记忆，此刻却占据了他的心胸。嘴里嚼着的果干莲子，哪里比得小迎恩河中的鲜藕甜香。

郑燮如此想着，手中并不闲着，他正在雕刻一方印章，"思故"二字，正是他此刻的心境。刻完吹去石粉，他仔细端详，自觉还算满意。

便题刻边款云：乙巳秋日，板桥道人燮。

谁也不再说话。屋子里的空气，实在过于沉闷。郑燮与饶氏携手来到院子里。灰色的天空中从前时常飞来飞去的白鸽也不知去向。偶有几只麻雀落在树梢，叽叽喳喳地叫，随即就飞得不知去向。天空中不知何时聚集起昏黄的云层，随即就飘飘洒洒地落下了雪花。

落雪日子，风沙即停。北京城中四合院灰色的瓦屋与石铺街道在朦胧中开始变得一片雪白。这茫茫的雪白衬着那红墙与琉璃瓦的皇宫，很有一种令人不安的气氛。京城里的传言也就像这纷纷扬扬的雪片，传达出更多令人不安的消息。先是说抚远大将军年羹尧被免职下狱，接着就传已经被杀，后又说是降为杭州府将军云云。总之是叫人感到了皇上的冷酷与反复无常。

"自己亲手栽培提携的贴心奴才，轻易就变成了十恶不赦的妖孽罪臣？"在八旗贵族品茗清谈的茶馆中，有人故意挑话说。显然是八爷的心腹之人，人们都讶异地相互瞅瞅。前不久，这位提笼架鸟的八旗老爷子还是咬牙切齿地叫嚣要弹劾汉臣年羹尧死罪的。如今却又把矛头指向了皇上。

这也就是雍正皇帝的悲哀。他自从即位就没有安生过一日。连闲云野鹤的郑燮也看得明白，人家采取的是清君侧，把树根一条条地斩断，看你还能兴旺几时！这都是皇亲国戚内部的争斗，并非是民族的矛盾，但最终受害的往往是汉人。

"真是不可思议，连皇舅隆科多也免除了'太保'职衔爵位遭到放逐……"

这个更加令人震惊的消息，似乎是为了慰藉汉人，封住清醒而又尖刻的士子们的嘴巴，其实个中秘密谁也说不很清。相传，这位颇有心计的隆科多大人，当初只是个管理京城监狱的狱头，依靠出卖太子而得宠，最终竟然成为在弥留之际唯一留在康熙爷面前接受遗命之人。那一幕，在民间传得神乎其神：说是病入膏肓的康熙，面如土灰，颤抖着双手，挣扎着在隆科多手掌中写出"传位十四皇子"，便悄然而逝。而有人说，是宣示了事前拟好的圣谕。写的究竟是什么，谁也不曾亲眼见过。但无论如何，隆科多的荣宠与厄运，便从此开启。人多势众的八爷党一口咬定是他篡改皇谕假传圣旨，把"十"字改成"于"字，才使四皇子登了皇位，自己才成了雍正皇帝的大功臣，也成了雍正皇帝背上日夜难安的一根芒刺，从而埋下了厄运的祸根。

在这种情况下，客居京城的郑燮充分体会到了一个艺术家的自由与潇洒。他在《燕京杂诗》中貌似惬意而又是言不由衷地写道：

不烧铅汞不逃禅，不爱乌纱不要钱。但愿清秋长夏日，江湖常放米家船。

然而，政治的传闻，如同石块落水，毕竟要掀起声响与浪花。对于像郑燮这样无论嘴上如何讲，内心深处永远都不可能淡泊政治的读书人，就像是鸦片烟一样的诱惑提神。人们关注着这场远没有结束的宫廷内部斗争。康熙皇帝在位太久，后妃成群，生下的儿子太多，皇权又是那样的令人垂涎艳羡，于是先是争当太子，后又争夺皇位，兄弟之间，骨肉相残，积怨结恨，遥遥无期。最终，立有赫赫战功、传说中是要继承大统的十四皇子允禵，竟遭到了终身为父皇守陵的"美差"。如此残暴不公，而八爷党则在密谋策划宫廷政变未遂之后，全军覆灭。斗争自上而下，盘根错节，随之株连落地的顶戴花翎的人头不计其数。这对于天下士子，可是不小的打击。郑燮的心中，同样充满了悲哀。他再也无心寻找入仕的机会，只是想着尽快回到家乡，回到扬州，回到挚友们中间，重操卖字画养家糊口的本分旧业。这一时期，他对于书画的喜爱，远远超过了别的一切。

十四

扬州的卖画生涯毕竟是艰苦而寂寞单调的。虽是又回到了画友们中间，又是那"有客夜来茶当酒"的淡漠与欢趣。但在男欢女笑中，郑燮仍然高兴不起来。京城的失意以致造成的精神茫然，仍然难以平复。志同道合的朋友们来来往往，品茗对饮、谈天论地、臧否人物、切磋艺术。这往日足以令他忘记忧郁与不快的一切，眼下似乎却难以奏效了。

当欢聚散去独处之时，他就又回到了郁郁寡欢之中。心中总是愁云密布，困惑不已。似有块垒在胸，不吐不快。于是，他想到了茶肆酒楼之中，歌女们所唱的《道情》，委婉凄楚，颇能代表自己此刻的心境。想到自家先世元和公当年流落民间教歌度曲的情形，心中的愤懑顿时化作幽怨癫狂的歌唱：

老渔翁，一钓竿，靠山崖，傍水湾；扁舟来往无牵绊。沙鸥点点轻波远，荻港萧萧白昼寒，高歌一曲斜阳晚。一霎时波摇金影，蓦抬头月上东山。

他的《道情》很快就在酒肆画舫歌伎童子们中流传开来，成为时尚。《道情》十首，是郑燮思想冷静的经典之作。最能见出他的历史观、价值观与世界观转变、波动的轨迹。

枫叶芦花并客舟，烟波江上使人愁，劝君更尽一杯酒，昨日少年今白头……

消除烦恼、觉人觉世。他把自己塑造成了一个漂泊江湖垂钓夕阳中的老渔翁。唱着自编的歌谣，评古论今，一派遁世名士风范。他羡慕樵夫、道人、终生不第的老书生，甚至云游四方的乞丐，大有破罐子破摔的劲头。视帝王将相若过眼烟云，看江山社稷如粪土一般，其中有看破红尘的一面，也不无思想的消沉与怨恨。这就是京城客居归来的郑燮。其实并非超脱，而是更深的痛苦、更大的怨愤牢骚。

邈唐虞，远夏殷，卷宗周，入暴秦。争雄七国相兼并，文章两汉空陈迹，金粉南朝总废尘，李唐赵宋慌忙尽，最可叹龙盘虎踞，尽消磨《燕子》《春灯》。

穷乐活，富忧愁，穷书生不唱怕干毬！但是这样的心境，毕竟是暂时的。当《道情》十首被扬州的歌伎们广泛传唱之时，他的心情又恢复了往日的平静。天宁寺的僧舍、画室与小秦淮的画舫，又渐渐成了他和画友们肆意开怀的天地乐园。

牢骚发完，京城客居归来的郑燮，又融入了扬州这熟悉的环境中。一切似乎都没有改变。当时正值冬季，扬州仍是一片葱绿。一场小雪过后，天宁寺东边梅花岭上的梅花，照例开得十分迷人。大自然并不在意宫廷里的斗争与人世间的冷暖。

市井的风景依旧。拱宸门内的天宁街口，每日还是聚集着四乡的花贩、菜贩，丐帮与行人、买主混合，挤得满满当当。街西的酒肆茶馆，依然是郑燮和书画朋友们雅集闲聊之所。特别是有一个六安山僧茶叶馆，郑燮最是喜欢。僧人在山里种有茶田，到了秋冬，便把制好的茶叶运来城中出售。馆内赫然高悬板桥郑燮书写的一副对联：

从来名士能评水，自古高僧爱斗茶。

可见他的个性与茶馆主人的神交。雪霁梅开时节，正是一个小阳春的冬日。茶馆中热闹非凡。郑燮站在一张铺着毡子的书桌前，挥笔作画。周围被围得满满当当。方才还是喧嚣一片的酒肆间，此刻突然变得鸦雀无声。浓浓酒意引发了创作灵感。板桥一幅新作，引来了一片喝彩，连同门外乞丐也随之而起哄。郑燮此刻的得意，是完全地释放了出来。他哈哈地大笑着，挥动手中的画笔，对自己的画艺充满自信。门口打莲花落的、擂小鼓唱竹枝词的乞丐们，也加入了艺术欣赏的行列。在一片喝彩声中，郑燮把一大碗酒分给大家享用。大家的欢乐融为了一堂。诗人、画家，还有艺痴、僧人、乞丐，这是扬州的一个杂糅的群体，在世俗者眼中，艺术家是不务正业，不入正流，可是在艺妓童子还有青春勃发的大家闺秀们眼中，却是奇才神仙，潇洒、狂傲、优雅、亦真亦幻、如醉似醒的，处于红尘而不染，超脱俗世而不离，有些自怜不觉，君子固穷，却是架子不倒，冷眼旁观人世，心中自有一处世外桃源。

这其中，郑燮便是最典型的一位。他从京城归来，自嘲曰"落拓而归"，似乎是寻求功名利禄的又一次失败。但是他的心中，却增加了对自己艺术与才华的自信。此时，好友高凤翰刚刚出任安徽歙县县丞。官虽不大，但在画友们的心中，激起了不小的涟漪。好在李鱓、黄慎与他同时寓居在天宁寺内。他们的小圈子，又开始恢复了往日的热闹。此时的李鱓，在郑燮和许多扬州艺术家的心中，仍然是备受尊重的一个核心人物。

眼下，天宁寺的环境是肃穆宁静的，空气中飘散着淡淡的香烟，隐约传来和尚诵经的声音。这一下子就把人带离了凡尘。郑燮独坐窗前，呆呆地望着窗户上映入的竹影，枝叶轻轻抖动，仿佛人在窃窃私语。他想到了饶氏……可那红袖夜读的幸福与令人酸楚不安的失败与离别，包含着几多人事的虚幻、凶险与悲哀。每每想到此，他的眼前，就会出现一条色彩艳丽但十分凶险、时常好与人斗法的蛇的影子，于是他吟出一首《比蛇》，记录这怪异的情思与际遇：

好向人间较短长，截冈要路出林塘。纵然身死犹遗直，不是偷从背后量。

他吟罢书录之后，又觉得过于晦涩，便作序释曰："粤中有蛇，好与人比较长短，胜则啮人，不胜则自死，然必面令人见，不暗比也。山行见者，以伞具上冲，蛇不胜而死。"

诗中那"蛇"是通人性的动物，奇异怪枭，凶残可怕，但却"虽死犹直，必面令人见，不暗比也"。可见凶狠之中尚有诚实磊落，远比满嘴仁义礼智信的某些虚伪人类可靠、可信。从此诗看出郑燮对于官场上某些人的品格，开始产生怀疑。可见，他在北京客居期间，发生了许多令他不堪回首的事情。那些大大小小的事情，大致是深深伤害了他，那伤痛甚至远比被异蛇袭咬还要可怕。因为大约是来自背后的进攻与伤害，是一个善良真诚的读书人防不胜防的。这回忆似乎又冲淡了对高凤翰的艳羡。女人与功名，都像是过眼的烟云，此刻都已经远去。耳边只有窃窃的竹语与僧人诵经的音乐梦幻般萦绕。

十五

郑燮心中忐忑不安，理智与感情的冲突，迷恋书画与难舍科考的纠结，却被一阵脚步声惊醒。他蓦然睁开眼睛，只见进来的竟是李鱓仁兄。郑燮突然如同落水之人得救，他紧紧抓住李鱓的双手，急切问道："仁兄您讲，我今后该如何是好？"

李鱓愕然。还以为郑燮在艺术的追求上遇到了新的烦恼，便说：

"在书法、诗词和绘画上，你一向是不落俗套，竭力走着自己的路子，刻意表现自己的面貌。相比起来，你的野心比我和金农都大，力求每一幅画作，都要有不同，你就在这难与苦中挣扎。如此，我看黄慎倒是同你走着一样的路。"

郑燮听得，知道他误解了自己。但是提到黄慎，他还是眼前一亮。他的确特别喜欢画友黄慎。好在艺术上，郑燮毕竟与黄慎又有不同。以书法而论，郑燮可谓真正是遍临古帖、博采众长而自成一体，看不出别人的影子。而黄慎则是独钟一家，痴迷其中，难以自拔。郑燮的书法，自称六分半体，显然是诸体融合的结果。而黄慎的草书，几乎就是从怀素的草书中脱化而出。那飞动的笔势，连绵的线条与儒雅的气质，处处都有怀素的笔痕韵致。看到黄慎的字，不由你不想到怀素的存在。在艺术上郑燮与黄慎都尊崇传统，但郑燮的尊崇是注重精神本质，黄慎则是一种全境的痴迷。比如他崇拜怀素，那就一切都是怀素。在他的心目中，街市涌动的人流，风中飘摆的枝条，水里争食的鱼群……凡是飞动的线条，处处都是怀素草书的幻化。无论他走在路上，躺在床上，怀素真迹中的笔致与墨色，总是在胸臆中像云雾一般地翻腾、浮动。黄慎的出神入化，就体现在一个专心致志上。

"吾得之矣！吾得之矣！"

李鱓与郑燮突然听得熟悉的呼喊。外面的来人果然正是黄慎。这是他的口头禅，是神会怀素的一句痴言。每当书艺有了新得，他就得意忘形，大呼不止。郑燮听到呼喊，便能想象到黄慎那天真与惊喜的神情。他的痴情表明，他是为艺术而生，在艺海之中，他永远是忘我痴迷的神仙醉汉。

郑燮如此想着，黄慎一推门站在面前，满脸兴奋得通红，嘴里还高喊着："吾得之矣！吾得之矣！田顺郎，快给我们温酒切肉。"

黄慎的怀中果然抱着一坛老酒，手中捧着一包酱熟的狗肉。眼睛却是眯缝着，正如梦游者一般。

郑燮大笑着迎上前，接过他带来的酒肉，交与田顺郎去操办。

"仁兄来得正好，快坐，快坐。先喝一杯我的雨前毛尖，润润嗓子。"

李鱓也笑着说："黄大师，又得了什么法宝？如此的高兴？"

黄慎却不言语，只是急不可待地起身操起桌上的毛笔，借着郑燮铺好的宣纸，忘情地挥洒起来。郑燮与李鱓看着，顿时被他笔下的画面吸引。果然与他从前的笔墨大为不同。他所写出的，完全是他心中豁然领悟的意象。那笔墨线条如同风起云涌，山崩地裂，电闪雷鸣，所有的力量都化作激情，在宣纸上飞动、飘逸、流淌，形成自然的运行轨迹，而这一切，都被画家心中的意念牵引着、掌控着。这时候的黄慎，完全是得意忘形。郑燮欣喜地看看李鱓，两人会意地点头微笑。果然是"吾得之矣"！

聪明的黄慎，他终于从怀素的草书中悟得了写意画的精髓妙理，找到了书画同根的源头。郑李二人也才顿悟，黄慎的这句惊喜的口头禅，正是当年怀素和尚顿悟书道画理的惊喜之言。

此刻，黄慎满头大汗地画完一幅《钟馗嫁妹图》，这才如梦方醒，放下手中的笔，仰天大笑不止。这笑声就像笔墨的渲染浸润，郑燮与李鱓也随之大笑起来。这时候的他们，不需要任何的语言，只是心领神会，心有灵犀。唯有一旁端着酒肉盘子的田顺郎，有些莫名其妙。

黄慎笑罢，一拱手对郑燮拜道："还求老兄为拙作题诗。"

郑燮也不推辞，提笔略加思索，便欣然写道：

五月终南进士家，深怀巨盎醉生涯。笑他未嫁婵娟妹，已解宜男是好花。

"快，好童子，还愣着干啥？快去请金农大师过来喝酒庆贺。"激动不已的黄慎，大声吩咐田顺郎。

"对呀，快！钟馗嫁妹我们可得助兴呀！"郑燮也一拍大腿说。

那一天，他们四人，郑燮、李鱓、金农、黄慎，又是一醉方休。酒醉中的郑燮，心中那纠结的天平，也早已不知去向。由于画友的欢聚，往往会使他对书画的热爱，成为真正的倚重。郑燮的心中，又一次充满了对于书画的迷恋。科考的念头暂时又被丢到了脑后。

十六

在书法绘画上，郑燮是自由奔放的。就像江河中游泳，他是深知水性而无拘无束。但是在诗文上，他又是十分地讲究规矩，很善于戴着镣铐跳舞。这在扬州诸怪之中是稀少的。诗词歌赋不论，就连他作的小唱，也是十分的规矩地道。还有那形式极为刻薄严格的应试八股文章，他都做得极佳。这也是郑燮被世人称之为高才的一个缘由。

"听说先生的八股文做得极佳，何不考个功名，我也跟着沾光。"

这天，贴身的童子田顺郎故意如此说，说罢就瞅着郑燮看他如何回答。正好李鱓也在，他正在用心欣赏郑燮的一幅画作。

"光会做八股，也不一定就能做得好官。我得先考考你，什么是八股文章？"

"这还用问，读书人谁不晓得。"

"我是问你，没问读书人。"

田顺郎的脸一下子红到了耳根儿。

"说说看，什么是八股文？"

"八股文嘛谁不晓得，士子科考的专门文体，也称制艺，这总没错吧。"

"其体源自何方？你知道那来龙去脉吗？"

"这我哪里晓得，我放牛娃出身，又不是读书之人。"

"做我郑老爷的书童，这你也得懂呀。"

"那先生说说明白，我不就记下了。"

"告诉你吧小子，它从宋、元之经义而来，顾炎武先生《日知录·试文格式》中说它定型于明成化年间。记住了，这就是八股文的来历。"

"那你就干脆教我如何作文吧，赶明儿，我也考个功名，为师父争气。"

郑燮听得倒是更加认真起来。想想，便说：

"文章就四书五经取题。开始先揭示题旨，即所谓'破题'。接着承上文而加以阐发，这叫'承题'，懂吗？然后开始议论，称为'起讲'。再后称'入手'，就是起讲后的入手之处。以下再分'起股''中股''后股'和'束股'四个段落，每个段落中，都有两股排比对偶的文字，合为八股，故称八股文……"

"先生，好啦、好啦，听得人头都大了，我可不要什么科举八股，只是做好先生的书童便是。"

郑燮正讲到兴头上，话匣子打开一时还关不住，便狠狠瞪童子一眼，说："八股怎么啦？所述都是'代圣人立说'。文格虽繁，却是衡量读书人学问情采的尺度，其主要的功力在于国学的底子与引申经文的现实意蕴……"

一旁的李鱓听得，倒是来了精神。他当然也是八股行家高手。显然又是一个古文卫士，并不主张文有定法。他同郑燮一样的诗文情采若行云流水，充满了对古文自由精神的热爱和精深彻悟，但对八股文，也有着积极的理解。听得郑燮对于八股文如此地认同，话中必有用意，便故意刺探说：

"贤弟，如此说来，你倒是不应该放弃功名呀。"

郑燮听得眼前一亮，说："以兄之意，我该怎么办？"

"我看你的行囊之中，虽有徐文长杂剧《四声猿》，还有方百川《制艺文》一册。方百川可是有清以来成就最高的八股文大家。你讲得不错，关键正在于引申经义的意蕴。很明显，只要思想宽博丰饶，八股文的框架限制不了你的思想与才气，更不会约束你表现性灵、描写自然，且能深入浅出地来论辩事理，剖析人情和物性。"

"对呀，在我看来古文或八股文，文体上的差异并不全在形式，而是文章的格调与内容。沉着痛快、切合实际、有真情妙义，就是好文章。古文形式虽然活泼，但若一味卖弄文采、空谈性理、故弄玄虚也还不如精彩充实的八股文耐读。"

"言之有理。接着说。"李鱓显出浓厚的兴趣。

"从一定意义讲，八股的限制，如同诗词格律，反而能够矫正某些人空谈性理与浮夸散漫的习气。"

李鱓听得竟然鼓起掌来，又说："眼下八股文的名声是有些欠佳，新的习气也就未必可取。比如许多所谓古文大家，一味强调'矫枉过正'，但新近形成的相互模仿和刻意拼凑的俗风，鄙人也是不敢苟同。"

郑燮点头称是，但他并没有再说什么。他还不愿意承认自己早已下定决心要准备科考。只是在习字画画的同时，他夜夜寒窗苦读四书五经，苦练制作八股却并不感到枯燥难熬，反而尝得了其中的乐趣。好在许多的古典经义需要熟读背诵。他时常买回方格纸默写，称之为"手读"。把习字与诵经结合了起来，郑燮的书法因此大有精进。以原本深厚的楷书基础，掺杂着行、草、古隶与八分书的架构和笔致，逐渐形成了他别具一格的书法形式。这就是他所谓的"六分半书"。它有别于东汉蔡邕所创的"八分书"，很自然地融合了古隶的气势、行草的酣畅、八分书的雅健和楷书的肃穆，形成了郑燮自己书法的面貌。如此，在绘画卖画之余，他坚持诵读着古书经典，思索、体验着书法与绘画的规律妙趣。循序有得，达到了双赢。不但熟读经史子集，也于不知不觉间，使自己的书画艺术达到了一个全新的境地。

书法的精进，是学养提升的标志。如同春蚕吐丝、蜜蜂酿蜜，均是能量积淀的结晶。最终，情趣秉性、学养境界、书法功力与笔墨技法熔为一炉，就成就了一个不同凡响的板桥郑燮。这在他的兰竹与石头的面貌中体现得尤为明显。画兰写竹难，可谓是绘画之最。简单之中，最见学养与书法的功力。简单的几笔竿影叶锋，就要充分反映画家的神情气韵，谈何容易。当一株兰草、一竿竹子落在宣纸上，就不再是自然的兰与自然的竹，画家的精神气质正是通过笔墨完成。以书法的功力写兰画竹，以书法的意趣来捕捉兰之清雅与竹之高洁，形象一切画理之魂，才是中国画之正途，也是板桥郑燮与"扬州八怪"成功的秘诀。

十七

　　花亦无知，月亦无聊，酒亦无灵。把夭桃斫断，煞他风景，鹦哥煮熟，佐我杯羹，焚砚烧书，椎琴裂画，毁尽文章抹尽名。……

　　一阕《沁园春·恨》道出了郑燮二次"京华落拓"归来的愁闷心境。乍一看，大有气急败坏、心灰意冷之势。

　　可话虽如此讲来，事实上并不见得那么消极。这就是文人的做派，有时只是文字的宣泄而已，说一套、行一套罢了。连自己也说不清其中的真假缘由，后人只好秉实记录了。

　　人生其实没有那么多严密的逻辑。所谓朝三暮四、朝秦暮楚的事情往往倒是情绪的真实轨迹。瞧我们的传主郑燮，一面喊着要"焚砚烧书，椎琴裂画，毁尽文章抹尽名"，一面却对功名求之孜孜，借着春光同友人在这扬州天宁寺僧舍中纵论八股、埋头诵读圣贤之书，只为考取功名而夜夜苦读不懈。郑燮的技艺超群，可他自己却认为是用功所致而并非天资过人。他每次同学友们比赛背诵古文，都是名列第一。众人万般无奈，就想考他一考，也难他一难。

　　"郑燮兄，你既然如此记忆超群，我等倒要看看，这《论语》《孟子》

《大学》《中庸》四书，你可否能够默写？"

说话者乃同乡学友陆白义。

"那得写多长时间？！"郑燮笑着问。

"我看给你三个月时间吧，每日在此默写，我来监督。如若完成无误，我等甘拜下风。以后唯兄言是行。"

"好，如若默写完成，你等得请我饱餐一顿狗肉老酒如何？"

"那还用说，十顿都行。"一旁的徐宗于很认真地说。砚友个个起哄，纷纷附和同意。

郑燮说："好吧。我来试试。"

当下铺纸研墨，开笔默写。谁知一句戏言，竟一发不可收。那些日子，他黎明即起，正襟危坐。他写得认真，每日坚持默写三五张，真隶相参，颇见韵致。有时深夜捉笔，鸡叫方歇。见他如此较真，累得形容枯槁，陆、徐二人反悔劝阻不得，只能辛苦陪伴，叫苦不迭。田顺郎端茶递水做饭煎药，笔墨小心伺候。如此近两月时间，郑燮默写《四书》之浩繁工程终于完成。且书字体多变，章法布局也是格外自然严谨。经陆、徐二人严格核对原文，竟无一字之误。后即合装为《四书手读》，成为传世孤本。对于此举，郑燮甚为得意，自题跋语曰：

戊申之春，读书天宁寺……戏同陆、徐诸砚友赛经文默熟……虽字有真草讹减之不齐，而语句之间，实无毫厘错谬。固诵读之勤，亦刻苦之验也。……徒矜奇异，创为真隶相参之法，而杂以行草，……书法之优劣，万不必计。

貌似苦中作乐，无奈之举，其实另有所图，乐在其中。可见此时郑燮科考入仕决心已定。此后，虽作《满江红·田家四时苦乐歌》草书卷，那也是真情流露，兴之所至。并非是要消极遁世。一个读书人要改变自己的命运，同时也要改变周围下层人的命运，这也是儒家经典中的应有之义。知民间疾苦者，方可成为好官。这也是一种科考信仰的铺垫。郑燮在诗词中谈古论今，正从另一个方面体现了他的政治抱负。他对于国家大事开始格外的敏感起来。

好在此时，雍正皇帝颁布了朝野关注的《大义觉迷录》，为自己辩护。

天下怪事，奇文共赏。堂堂当今皇帝，通过犯上作乱的"原告"之口为自己文过饰非，是高是低、孰真孰假？究竟在郑燮的心中起到了怎样的作用？很难料定。不过皇帝貌似真诚的宽宏雅量，对于曾静及其弟子的宽大处理，对于天下汉人学子多多少少还是起到了一定的安抚作用吧。

此时，李鱓第二次被召入宫，继续充任宫廷画师，而好友李方膺则出任山东乐安知县。这对于郑燮参加科考都是极大的刺激和鼓舞。看来他的面前，除了仕途，已是无路可走。

是年十月，当朝重臣张廷玉、蒋廷锡，被朝廷授一等轻车都尉世职，成为了汉族文人获得世爵的起始。这无疑在郑燮的心中再度激起了进取的涟漪。

雍正九年（1731），三十九岁，即将步入人生不惑之年的郑燮，经历了格外的劳顿与艰辛。紧张迎接即将到来的南京考试自不必叙，还得忙于郑府为祖先安葬事宜。紧接着就是妻子徐夫人病故，丢下两个未成年的女儿。安葬了妻子，他在家中埋头临写怀素《自叙帖》解忧。无论何时，只要一进入他所挚爱的艺术，郑燮的心灵就可以平静下来。面对唐人怀素的草书，他忘记了不幸，竟然忘情地研究起书法历史来：

夫草稿之作，起于汉代。杜度、崔瑗，始以妙闻，迨乎伯英，尤擅其美。羲、献兹降，虞、陆相承。口诀手授，以至于吴郡张旭长史，虽资性颠逸，超绝古今，而模楷精详，特为真正。真卿早岁常接游居，屡蒙激昂，教以笔法。……雍正九年春日，板桥郑燮。

他在落款处，很认真地盖上白文"郑燮之印"、朱文"克柔"，各自又默默地端详玩味半晌。这是他习字的心得，也是对书法史的研读结果。短短的一段话，评论了有汉以来至唐的重要书家，简明准确，可谓真知灼见。

看来唯有书画与出游能够解脱他的痛苦，故此时作品较多。七月十四日，作小楷《金陵怀古》小令十二首并跋。此后书写了杜甫七古《丹青引》。"丹青不知老将至，富贵于我如浮云……途穷反遭俗眼白，世上未有如公贫……"他手中挥舞着笔，就像是在叙写描摹着自己的心迹。

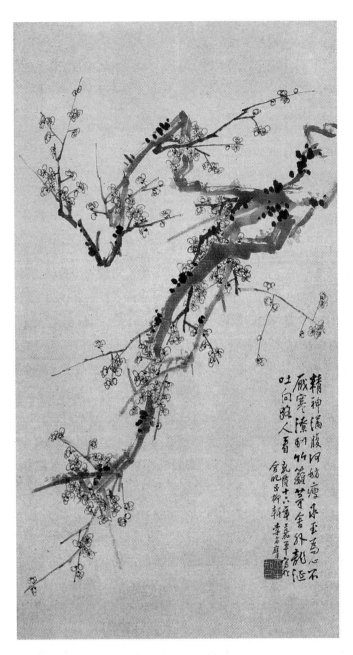

李方膺作品《瘦骨冰心》

十八

转眼，到了秋天。郑燮此次秋游，并非远游，而是欣赏家乡美景。由兴化乘舟往高邮，一望无际的荷塘，其中千百的农户养着成群的鱼鸭，连舟子撑船都要小心翼翼。渔家姑娘穿着鲜艳的衣裙，面色更是粉红迷人。一阵秋风吹来了蒙蒙细雨，但见"烟蓑雨笠水云天，鞋样船儿蜗样庐"，岸边渔民们把新打的鱼儿摆在荷叶上出售，多么鲜嫩的鱼儿，"买得鲈鱼四片腮，莼羹点豉一樽开"，用清澈的湖水煮了，就着调了豆豉的莼羹来吃，再掏几枚青钱打一壶老酒喝着，该是多么惬意悠闲的一件事情。随着天色渐晚，景色变得深沉而凝重了许多。远远望去，柳坞瓜乡呈现一片墨绿，一阵凉风吹来，水面起了细细的波浪。望着眼前这蒲与莲交替闪现，还有岸上满稻田的茭与菱，诗人情不自禁地感叹："最是江南秋八月，鸡头米赛蚌珠圆"。晚霞中，眼前秋荷只剩得小小的一点殷红呈现着。随即，暮云散去，夕阳火红……

这一夜，郑燮在船上度过。舟窗外面一片秋虫的鸣叫，令人感到时光流逝与节令的迟暮。夜深人静，冷风吹拂中，他拥着无情的绣被，手中空举团扇，默默地想象遥远的北方霜打柿树，使叶片变红的情形……唉，在黑暗中，诗人的情绪又一次变得消极而苦闷起来。

对于天才而言，岁月改变的往往是他的生理，而心境与念想则是永远的守常年轻。虽然经历过无数的变故与挫折以及岁月沧桑，郑燮的内心仍然像少年时一样充满了纯真与世故的矛盾。眼看年关到来，他的心境也是很不平静。他像一只不安分的鹰，终日好高骛远，却又不得不为生计奔忙。志存高远的困惑与贫困的日子令他感到艰难。

琐事家贫日万端，破裘虽补不禁寒。瓶中白水供先祀，窗外梅花当早餐。

结网纵勤河又洰，卖书无主岁偏阑。明年又值抡才会，愿向秋风借羽翰。

《除夕前一日上中尊汪夫子》又是一种道白。"待我富贵来，鬓发短且稀。莫以新花枝，诮此蘼芜非。"这首《贫士》，道出了贫困中的绝望。

对于穷读书人而言，富贵该是多么遥远的梦境。他又怀念起去世的妻子。自从儿子夭折，妻的生命也就如同一条小溪开始干涸，她的双眼，因为泪水的浸泡而失去了亮光。她终日沉默不语，日渐憔悴，但是还在为他往南京赴试做着准备。这也许是最后一点支撑着她生命的期盼。然而，她的生命实在是太虚弱了，还没等到他出行那天，她就悄然闭上了双眼。少年丧母、中年丧子丧妻，人生的不幸与痛苦，似乎有意要同他过意不去。眼泪没有了，甚至连叹息都没有，他只是终日在房中书写，只有挥洒书写，才能使他的心中平静。

花亦无知，月亦无聊，酒亦无灵……

夜深人静时，他痛苦地书写完这绝望的词句，把笔一下摔在了地上。仰头灌下半碗老酒，便沉沉睡去。

轉過青山又一山 幽蘭藏躲路迴環 眾香國裏
誰能到 寄我書齋屋半間 板橋鄭燮

第五章

科　考

一

雍正十年（1732），郑燮心事重重赴南京乡试。清初开科取士，仍袭明制，分童试、乡试、会试三种。乾隆二十六年（1761）以后才有殿试。乡试三年一科，定于子、午、卯、酉之年。江南行省（辖今之江苏、安徽两省）乡试于抚台衙门所在之地金陵举行。因江南省旧称南直隶，乡试也就俗称南闱了。郑燮记得确切，本届乡试于八月初九举行第一场，考时文，即八股文。十二日举行第二场，考论、诏、诰、表。八月十五日举行第三场，考经、史、时务策。然而，他的心态似乎仍然未能从丧妻的苦痛中解脱，一路之上，仍是茫然若失。

这一次，郑燮糊里糊涂，考得并不理想，但也没留多大遗憾。虽然是刚刚失去妻子，心绪烦乱，似乎很难完全进入角色，但是凭着扎实的基本功，他还是完成了各科。然而三场考下来，早已是身心疲惫。人显得更加的消瘦羸弱，青布长衫穿着，走在南京的街上，显得里面空空荡荡，活像一架骷髅。路人指指点点地议论，令他顾影自渐，更加烦忧自卑。

关于此次乡试，郑燮似乎并没抱多大希望，诗词中也没留下只言片语。但是趁着来到金陵之便，在这大明故都尽兴一游，倒是快事。从小喜好读史的郑燮，对于文物古迹情有独钟。城西的楚汉石头城、三国的周瑜宅、东晋的桃叶渡、三国的劳劳亭、南齐时的莫愁湖，还有那胭脂井、高座寺、明孝陵等，几乎每到一处都有词作，描述胜迹，思古叹幽，感慨万端，佳句连连。"千里金城回不尽，万里洪涛喷薄。……而今春去秋来，一江烟雨，万点征鸿惊。叫尽六朝兴废事，叫断孝陵殿阁……"（《石头城》）。更有《白门杨柳花》《长干女儿》和《长干里》等写男欢女爱与市井里巷劳作生活的纪实性的诗歌。"缫丝织绣家家事,金凤银龙贡天子。……机上男儿百巧民,单衫布褐不遮身",大有"朱门酒肉臭,路有冻死骨"的杜甫风骨。其中一首《满江红·金陵怀古》更是写尽今古多少陈迹,化作凄凉烟雨悟醒世人:

淮水东头,问夜月何时是了。空照彻,飘零宫殿,凄凉华表。才子总缘杯酒误,英雄只向棋盘闹。问几家输局几家赢,都秋草。流不断,长江淼。拔不倒,钟山峭。剩古碑荒冢,淡鸦残照。碧叶伤心亡国柳,红墙堕泪南朝庙。问孝陵松柏几多存?年年少。

文人的情怀总有超乎常人的底线。经过乡试的郑燮游了南京还不过瘾,索性又前往杭州一游。他此时的游兴与诗情正旺,似乎考试的结果早丢到了脑后。而且每有所见几乎都有诗作,可见散淡诗人的勤奋与激情。他首先观看了闻名天下的钱塘大潮。"银龙翻江截江入,万水争飞一江急。云雷风霆为先驱,潮头耸并青山立……"(《观潮行》),在诗中,他歌颂弄潮者,联想到苦难的人生,不禁感慨系之,也是针对自己的处境,发出自我慰藉之言:"世人历险应如此,忍耐平夷在后头。"言语之间,充满了乐观的辩证。他的诗句,总有自己独到的语言与襟怀,时而雷霆万钧,时而阴柔缠绵,于狂放不羁中,写尽了男儿情怀。

夜晚,借着月光在西子湖荡舟,是他梦寐以求的。但见得"飞镜悬空,万叠秋山,一片晴湖。望远林灯火,乍明还灭;近堤人影,似有如无。马上提壶,沙边奏曲,芳草迷人卧莫扶……"他由此想到了青春年少时在扬州瘦西湖上月夜荡舟的情景。于是发出无限感叹:"十年梦破江都,奈梦里繁花费扫除……"

此次到杭州,郑燮仍客居庙中。韬光庵,有名的古庙,在灵隐山西北的巢枸坞内。相传乃唐长庆年间,四川著名诗僧韬光在此结庵,因而得名。郑燮摇着纸扇,从云林寺左首的罗汉城一路走来,轻快地攀登着曲曲折折的石磴,如同步步远离了尘世。周围遮天蔽日的全是竹子。置身在竹海里,他感到仿佛是在真州毛家桥,在那江边的小镇……光阴荏苒,转眼已经过去了二十年……这期间,发生了那么多的事情,无论是欢乐、缠绵还是困顿、落魄,至少,自己还兴致不减当年地攀登在人生的路途,寻觅着生活的酸甜苦涩。如今的他，乡试之后的一介老秀才，刚刚失去了妻儿的苦命之人，前途何在，生活的乐趣究竟在哪里？他在幽静之中，突然感到了寂寞惆怅。

"十年不肯由科甲……"他也想做个安贫乐道的散淡之人，像父亲与陆老夫子那样终老乡里。但一家老少，要吃要穿，终是熬不过贫困，眼下不得不重新走上科甲之路，这也是万般无奈，这也是逼上梁山呀！他想着，站下来喘口气，抬手抹去脸上的汗珠，嘴角浮出无奈的苦笑。

然而，出世又能怎样？如今的世道……想当年，为反抗明成祖而满门遭到戕害的方孝孺与御史大夫景清，还有那被李自成下令下了油锅的胖福王……而李闯王的下场又是怎样？生生死死，成成败败，你争我夺，唉，人生竟是这样的艰难龌龊！他的情绪，依然没有从那亡国之都的悲惨故事中跳出。"国事兴亡，人家成败，运数谁逃得！"他玩味着自己词中的句子。南明终于没有逃过覆亡的命运！自己这一生，是不是也注定了要在这运道中打转？

二

如今走在通往韬光庵的崎岖山道上，阳光不知何时暗淡下来。多愁善感的诗人怎能不联想到自己的未来……科举、仕途，必然比山径更崎岖……你不得不硬着头皮，朝前走去。他感到双腿有些疲乏无力。

韬光庵，这座徒有其名，实则早已被人遗忘了的偏远破败的古庙，终于到了。庙宇依着山势，建筑在悬崖的上面。

"施主从何而来？"

"余本兴化人，自南京而来。"

"潮来潮去，世事无常，汝将何往？"

"潮起潮落，人生多艰。来向师父求教。"

"潮起如山，潮落无踪，四大皆空，多艰又有何妨。"

"师父所言极是，无妨无妨，阿弥陀佛。"

才进山门，同白髯老僧几句对话，就使郑燮感到了超然宽慰。老方丈那洪钟般的话语，如同来自虚空，一下把他引入了超然物外的佛境。

在高高的庙门台阶上，老方丈双手合十，双目紧闭，仿佛是一尊弥勒佛像。秋光之下，他身上的袈裟黑乎乎像铁又似铜，点点滴滴的油渍如同岁月的锈斑，但是面容却是红润光泽，这令郑燮十分惊异。

庙里并无旁人，庙宇也无旁屋，大殿即是僧舍。郑燮被引入，坐在了禅垫之上。深秋山中已凉，地上生着炉火，烧煮着一壶山泉。老方丈亲自沏茶，二人相向坐饮。一杯清茶下咽，顿觉神清气爽。郑燮目光扫视庙堂，除去泥塑的神像之外，几乎空空如也。但见香案上摆着古瓶、古书，还供着一捧盛开的野花，为布满尘灰的庙堂增添了一抹生机。

花气伴着香雾在庙堂中缭绕。一只蜜蜂循香而来，在老方丈头上盘旋。见他若无其事，那蜜蜂更加大胆，竟然落在了那光光的头顶。老方丈依然无动于衷。郑燮看得出神，老人家显然在闭关修行，不食人间烟火。宾主入定，他老人家即闭目不语。外面不时传来一两声归鸟鸣唱，夹杂山风抖擞着树叶的声响，庙院更加显得清净安宁。

"师父高寿，何时在此修行？"

不知过了多久，郑燮问道。他只是想打破这难以忍受的空寂。"阿弥陀佛，我已经十年不出山门，外面的世事一无所知。"

老和尚显然是不愿意回答他的俗问。

郑燮感觉尴尬。不在一境，沟通不易。他想着自己游过的名山，江西的庐山，燕京的西山，无方上人、勘宗上人……都是那样随和，并不像这位老僧，仿佛在另一世界。郑燮努力感悟这另一种生活、另一种乐趣。他开始羡慕老方丈的追求，甚至梦想着过着同一种生活。静虚之中，诗人默然吟诵：

老头陀，古庙中，自烧香，自打钟；兔葵燕麦闲斋供。山门破落无关锁，斜日苍黄有乱松，秋星闪烁颓垣缝；黑漆漆蒲团打坐，夜烧茶炉火通红……

这种超脱与简单的境界，难道不是求之不得？

夜深。一阵山风吹来，庙门外的帘子，呼啦啦抖着。原先昏暗的灯火，此刻倒明亮许多。灯影之下，老方丈诵经之音清晰可辨。这样的氛围之中，郑燮感到惬意。心中那些烦乱的记忆，梦魇似的都开始消散……仿佛自己也成了出家的和尚。什么北京、南京、杭州，什么酒肆、茶楼、伎馆，醉生梦死的日子，妻儿老小的期盼、歌伎与童子的包围，砑笺、纨扇、题诗、作画、饮酒、应酬……他的脑子里，早已一片空白。

"……待我富贵来，鬓发短且稀。莫以新花枝，诮此蘼芜非。"这是从前的诗句。凡俗的生活中，谁不期盼富贵，妻子是怀着富贵的希望而去的，她希望丈夫在科举的路上走出结果……可最终还是没有看到令人绽开笑容的结果。

庙堂外的山风，渐渐地猛烈起来，庙檐四角的铃子摇响得刺耳。隐隐地传来钱塘江隆隆的潮声，老方丈的心绪似乎有些烦乱。这些凡俗之音，扰乱了他的禅境。他回到了凡间，开始招待郑燮品茶，吃着庙点——一种黑乎乎的野菜团子。

也许是一天没有进食，郑燮嚼着菜团，感到格外香甜。于是他突发奇想：既然妻子已去，家还有什么意义？何不就势遁入佛境，终日养鱼、种花、耕地……诗曰：

……饮我食我复导我，茅屋数间山侧左，分屋而居分地耕，夜灯共此琉璃火；我已无家不愿归，请来了此前生果……

如此痴心妄想，即陪那老方丈打坐而眠。来日清晨，老方丈起身极早。郑燮随之攀上石楼，遥望旭日冉冉升起。茫茫雾中，红润润金乌浮于其上，发出万丈光芒。等到霞光辉煌、云雾飘散，市景、湖光、江水，渐次呈现一幅水墨丹青。老方丈依然双手合十，眯眼凝视远方。钱塘江与西湖，仿佛就像他腰间的一个线穿的葫芦。山寺肃穆与人寰熙攘，站在石楼上的两人心绪截然不同。"庐山烟雨浙江潮"，郑燮心中感叹，入了秋季，观潮的人，就像潮水一样涌来，人们究竟要从那汹涌的潮水中感受什么、寻觅什么？

三

钱塘江潮，传说是春秋时代冤死的吴、越名将伍子胥与文种的英灵为宣泄悲愤，驱使海鲸、海蟒兴风作浪，冲刷江岸，祸及百姓。郑燮从小就听父亲和陆先生讲述这个凄婉悲壮的故事。眼下突然面对，那雷霆万钧的阵势使他灵魂震颤。在艺术家眼中，那就更不仅仅是自然景观，而是人事的写照。想到自己将要在这江潮般的宦海之中沉浮，郑燮不胜惆怅。

观景的人们拥挤不堪。那么多的饮食男女，除了寻求感官刺激，谁又能够看到，千百年来的汹涌澎湃，造成沿岸民众多大的惊恐与灾难。郑燮抚摸着那冰冷坚硬的石塘，想到八百年前吴越王为了抗拒江潮而引领军民修筑石塘的悲壮场景……江涛怒号，江风助虐，修筑石塘的工程无法奠基。吴越王钱镠急中生智，命令锻造三千铁箭，遂令水军架起强弩凭楼射潮，致使神灵震动，江潮骤退，欢声动地，塘基得以奠定。壮怀激烈的传说，寄托了人们对于一代明君与一个朝代的怀念。

眼下的郑燮，书生的瘦羸之躯，站立在这古老石塘堤坝上，遥望江潮，心中也是狂潮涌动。他感到了宣泄的兴奋。当年，须发飞白的伍子胥，烈马般的刚强性格决定了他的忠诚可鉴。一心要助吴伐楚，终得一胜。不料狭隘平庸的吴王夫差，竟被胜利冲昏头脑。伍子胥奋力净谏，提醒要防勾践死灰复燃，竟被夫差赐剑自刎。结果转瞬之间，勾践隐忍崛起，吴国灭了，夫差惨死之际，放声悲鸣曰："狡兔死，走狗烹；敌国灭，谋臣亡。"

人之将死，其言也善。这是夫差败亡前的悔恨与自省，更是醒世之鸣。可悲的夫差，千悔万悔，悔当初没听信伍子胥的逆耳忠谏。临危之时，他当然更不敢奢望范蠡、文种会接纳自己的忠告。但他还是要呼喊："狡兔死，走狗烹；敌国灭，谋臣亡。"无意之间竟道出了胜王的通病、千古的定律。这是多么富于哲理的历史典故，就附着在眼前这狂潮之上，时时地提醒着人们。

也许是吸取了历史的铁血之训，功臣范蠡后来消失于江湖，至今不知下落。功成之时积极遁世，淡出名利纷争，成为世间一谜。在人们的脑海中，范蠡，这个难得清醒的智者谋士，永远都是那么沉稳、理智。他功成身退，乘着一叶扁舟，智慧地遨游在俗眼看不到的山湖迷雾之中。断然不像城府不深的伍子胥，冤死之后，还要借着江潮发出震怒喧嚣，结果是骚扰得百姓世代不得安宁。而另一位历史人物，功高盖世的将军文种，虽然也有警觉，称病不朝。勾践到底狐疑，前往探视，得知其言有诈，便暗示他自杀，并故意遗剑于座。文将军会意，遂仰天长叹刎颈自戕。印证了那千古的定律、难逾的铁训。

郑燮想着，便觉夫差罹难前的哀鸣，仍伴着涛声缭绕于自己耳际，如哭如号，若万箭穿心。历史的无情，源自政治的无耻。政治的无耻，出自人心的贪婪。在皇权与功利面前，什么仁义礼智、忠信节义统统苍白无力。同样是剑，原本忠君报国的武器，到了伍子胥与文将军手中，便成了招魂的无常。一代两君主，佩的都是这属镂之剑，一代两忠臣，一吴，一越，却同死在这属镂剑上。历史繁衍着，却又如车轮一般，旋转在同一个轨道中。郑燮想到了当朝的年羹尧，想到了许多有功于朝廷，却因一语不慎而身败名裂的汉族读书人的悲惨命运……

江潮仍在涌动，潮声夹杂着世俗的喧嚣，淹没了历史的本真，也掩盖了真理的光耀。郑燮喟叹着。历史的悲剧，可以一再地重演，历史不是谁都能驾驭的车子，而是江潮中的浪涛，弄潮的人被卷走了多少，谁也说不清的。但却永远有人盲目地迎浪而上。在那大潮之上，郑燮似乎看到了英武的年羹尧，身着铠甲的抚远大将军，他站立潮头，正力挽狂澜，威风凛凛……令康熙、雍正两代皇帝寝食难安的大清国的西疆战事，终于结束。抚远大将军一等公年羹尧自西陲还京之日，雍正皇帝亲自出城迎接。年将军骑着高头大马，两侧百官叩迎。他不得不傲视群臣，勒动御赐的黄缰紫辔，与雍正皇帝并肩步入京城……谁又想到，此时悲剧已经开始酿造，命运的轮回已经开始转向悲哀。荣宠、猜疑，在权力、利益纷争的夹缝中，一个奴才出身的汉人武将，众目睽睽，好事连连，功劳越大危机越深。果然，不久后，这位不可一世的汉族抚远大将军，被一降再降。郑燮想象着年大将军的失落与痛苦。落架的凤凰，去山的猛虎，那种在鸡与犬的戏弄与讥笑包围之中的感觉，是别人很难想象出的。这就是仕途，就是宦海，就是一帆风顺的结果……江潮汹涌，海鸥悲鸣，郑燮的掌心沁出了冷汗。他再度意识到，自己也正在步上这同样的坎坷与艰辛的不归之路……

门前仆从雄如虎，陌上旌旗去似龙，一朝势落成春梦。倒不如蓬门僻巷，教几个小小蒙童。

事实是，势落成梦者固然可悲，而真正像陆老夫子和父亲那样的教书匠，却一生穷愁潦倒，日子过得也并不开心。可见，嘴里说着超脱世故大话的诗人，心中依然充满了矛盾的诱惑。他于是想起了自己所佩服的唐代文人罗隐。那也是一位杭州名人，十举进士不第的屡败屡战者。最终还是失去了耐心，遂改名为隐，成了一代寄情山水的隐士。郑燮想到此处，低头看看自己的尊容，一副穷酸书生模样，他仿佛由自己的身上，读出了罗隐的影子。屡试不第的罗隐，为了生计，最终还是不得不走上幕僚的生路。一个信誓旦旦的读书人，说是要隐居山中，到底也还摆脱不了世俗的召唤与吸引。于是在人世间，就又多出了一位相貌丑陋甚至有些下作的落魄可悲的文人……虽也是满腹经纶，诗文之中同样也不乏豪气才思，但终归也掩饰不了落第士子的隐痛与悲伤……不过，读书人是有道德底线的，罗隐的才情与骨气，毕竟令郑燮佩服，当那些个臣子更衣事梁之时，罗隐却表现出忠诚品格。此时的郑燮，恨不能同这位千古知己一道痛饮，吟诗填词、嬉笑怒骂，痛快淋漓地互诉衷肠……"天寒而麋鹿常游，日暮而牛羊不下。"罗隐在镇海节度使钱镠上给皇帝的谢表中，聪明地加入这两句描述，道出烽火过后浙西的贫穷与荒凉，以断绝唐昭宗那些贪婪的朝臣索贿的念想……看来，历朝历代的腐败与贪婪是同样的，只是五十步与百步的不同而已……到头来，百姓的命运倒是一样的悲哀。

罗隐终身不负唐，君王原自爱文章。诸臣琐琐忧辗轹，改面更衣却事梁。吴越山川艳寂寥，秀才心事有乌莶。如何万弩横江上，不射朱温却射潮？

他默默吟诵着，望望周遭，古老的塘边，松栋掩映之中，可是传说中射潮的叠雪楼吗？郑燮反复地吟哦着他新成的诗句，不知是感念和他同病相怜的罗隐的义烈，还是感叹着历事明清两朝的新贵"不射朱温却射潮"的悲愤？

观潮的人群，发出一片惊呼；船群近了，在波涛山立中，几个弄潮少年，撑着篙，摇着桨，把船冲进如山盖顶的巨浪之中。刹那间，郑燮注视到舵楼中掌舵的少年，虽然面如死灰，但却凝立不动。注目着，撑持着，然后整个船身隐没在波涛翻滚之中。自己难道就是那位勇敢而又胆战心惊的弄潮少年？

四

正当郑燮游历杭州，暂时地淡忘了家境的贫困，思想矛盾纠结空前加剧之时，却意外地传来了自己中举的消息。时在雍正十年（1732）。

年逾不惑，这可真是一份迟到的报子。他的心中很难说是高兴还是伤感。但无论如何也是一次人生的成功，他心情的喜悦与感慨是可想而知的。

于是在那万籁俱寂的韬光庵中，他先喜后悲，心潮涌动中彻夜难眠。想到逝去的亲人，却再也无法分享这世俗的欢乐，他的心中该是多么难过。于是，他吟出了以下矛盾的诗句：

忽漫泥金入破篱，举家欢乐又增悲。一枝桂影功名小，十载征途发达迟。何处宁亲惟哭墓，无人对镜懒窥帷。他年纵有毛公檄，捧入华堂却慰谁？

这就是郑燮中举后所作的《得南闱捷音》，丝毫也没有人家范进的那种按捺不住的狂喜以致疯癫。祖父走了，父亲去了，母亲和儿子还有妻子全都没了，还未来得及当面报喜，深爱着自己的叔父省庵公也突然之间撒手人寰！一个个亲人阴阳相隔，生命就像燃烧的烛光，风雨飘摇中连连熄灭。而唯一能够同自己分享喜悦的看来就只有年仅十八岁的墨儿。那身体与性情一样懦弱的堂弟就像一条绳索的细部，此刻更令他格外地担忧。他突然十分地思念起堂弟来。这是他唯一的亲人。想到父亲和叔父两支的男丁，就只剩了自己与墨儿两根独苗，心中就不胜悲戚。他感到了从未有过的孤独，于是想到传宗接代的问题。为了郑家接续香火，他想象着要迎娶一位年轻健壮的女子进门，可一个像自己女儿一样年龄的女子，面上带着纯真的稚气，似乎还没有发育完全……这就是当时纳妾的世俗概念，未免令人惆怅。善良的郑燮几乎不敢再往下想，只是想着要把比自己小二十三岁的堂弟，视为儿子一样地养育……

那一夜，他心中翻江倒海。到了窗户泛亮，他起身就着香案，铺纸研墨，在昏暗的灯光下信手作了一幅《竹石图》，画面上寒风凛冽，一竹一石，孤苦伶仃，相依相靠，甚是可怜。画罢搁笔，心中凄凉仍然无法排解，便走到院子里。

时近黎明，山中寒气逼人。眼前一株苍干虬枝的老松树，一枝努力伸向苍穹，另一枝却斜着探往墙外。郑燮闷闷不乐地呆立树下，望着那树枝就想到了自己和堂弟墨儿。东方既白，枝叶中有鸟雀啁啾，如同病者呻吟。眼下兄弟各自东西，如同这相互难以护持的枝干，他心中顿生恐慌。堂弟郑墨，平庸、柔弱又从小多病，如同树之旁枝，貌似难以成才。可他又想，平庸懦弱也有其福分！堂弟的平庸懦弱，也许正好弥补了自己不安分甚至狂傲不驯的缺陷。如果自己能凭着天赋之才创出一番事业，就不愁墨儿不能好好地保守家业，小心地呵护经营家务了。这也许正是命中注定的相辅相成。郑燮想到此，深深地叹一口气，感到了些许的释然。于是他又想到，在为祖父安葬的时候，风水先生曾于墓穴之中掘出一只金黄的虾蟆，据说是富贵兴家的征兆。看来郑家的香火，竟不会在自己这一辈熄灭，甚至还会兴旺发达哩。他的眼前顿时一亮。阴沉的天空，正升起一轮朝日，照得庭院与老松树明朗动人，充满了温暖与希望。

离开家，不觉已经两月之久，在这客舍的月光与鸟语中，寂寞孤独的郑燮恨不得立刻回到堂弟墨儿和女儿们身边。随即挥笔写下怀念堂弟的一首古风：

我无亲弟兄，同堂仅二人。上推父与叔，岂不同一身！一身若连枝，叶叶相依因。树大枝叶富，树小枝叶贫。况我两弱干，荒河蔓草滨。走马折为鞭，樵斧摧为薪。寒凄度霜雪……

深情的诗人，把自己在客途中的心情与思想用形象生动的诗句表达得淋漓尽致。此次，郑燮回到家中，兄弟相逢，其手足深情可以想见。再就是办了一件大事，续娶门当户对的郭氏为妾。

罗帏空复绣鸳鸯，月淡灯寒夜正长。被底孤雏惟解睡，梦中双雁不成行。廿年婚嫁今才毕，百尺松筠老更强。惨淡自临楼上镜，不堪青鬓总苍苍……

他在《恭颂徐母蔡二姑母》诗中，无意间道出了自己的心境。此次纳妾，真是喜忧参半，只能摇头苦笑。看来中年丧妻的心境，仍是无法排解。

五

十月秋高气爽。郑燮正在扬州舍中作画，李鱓来访，他一进门即兴奋地展现一幅新作《蕉竹月季图》，这是李鱓的创造。舒张的芭蕉叶，纤细有力的劲竹与婉约的月季在嶙峋孤石的衬托下，组合成丰富饱满的构图。刻意组合，淡化了南北风情与节令变化，暗示着美好事物的和谐与长久。郑燮一边欣赏，一边应邀于右上空白处题道：

君家蕉竹浙江东，此画还添柱石功。最羡先生清贵客，宫袍南院四时红。板桥居士弟郑燮顿首，为复堂先生题画。

郑燮埋头赏画，很是爱不释手。李鱓从他的痴情与爱意之中，体会出了真挚的友情与心灵的通畅。这样的神情，对于两位书画家，那是比任何的言语都要珍贵的，也是比任何的颂扬之辞都要难得的。

"复堂兄呀，余虽不画松，但对您的这一幅《松石图》倒是格外偏爱。还有这题诗，也是极佳妙的，可谓有声有色，卓尔不俗，很是能够勾起人的一番联想。"

李鱓听得，急忙把那册页凑近灯光，二人如童子玩蟋蟀一般，仔细捧着那画册观赏。郑燮情不自禁地赞颂：

碧山夜来雨，孤松霭苍质。岭上留白云，松间拂瑶瑟……

"好一个夜雨苍质，孤松瑶瑟，正是一个好画家好诗人的金石品格。你我当以斯为镜，晨昏面对，仔细检点呀。"

李鱓点头称是，会心而笑。如此这般，不觉天色微明。未留神小妾郭氏，早已伏几入梦，听到鸡叫，却不住呼叫："翠羽时来窥巢儿，夫君揽奴入怀来。"

李鱓惊异，郑燮笑曰："郭氏聪慧，听我读你题画诗，梦中絮语入境矣。"

二人遂大笑不止。郭氏惊醒，张目对视，不知夫君与李郎笑自何故。二人复大笑，郭氏亦随之莞尔掩而笑之，羞面若桃花嫣然。遂烧火沏茶，殷勤不怠如初。其性情温顺随和可鉴。郑燮心中甚怜，李鱓亦羡慕不已。

"嗯，先生原本由山水入花鸟，已经气象不凡。瞧此笔下，规矩方圆，尺度颜色，深浅离合，丝毫不乱。规矩深藏其中，而外貌挥洒脱落，才是真法度，是自然法度而非刻意为之……"

李鱓点头诚服。心想郑燮对于画艺，那才是情理兼达。"老去翻思踏软尘，一官聊以庇其身"，他去官之后对于政治还是念念不忘。然而，他的出世理想终究无法实现。一次怒气冲天，面对画了一半的《双松图》竟然撕纸甩笔，大发雷霆。郑燮对此很能理解。说他是："途穷卖画画益贱，庸儿贾竖论是非。昨画双松半未成，醉来怒裂澄心纸。"

扬州对于金农，是一个停泊的港湾。每次云游归来，他都累得半死。这次也不例外。不同的是，他竟然留起了胡子。郑燮印象中，长髯的冬心开始画画。这一年，仁兄年届半百。

"冬心兄，您可回来了，一人离去，满城皆空。没有您的扬州，可不能称为扬州。"

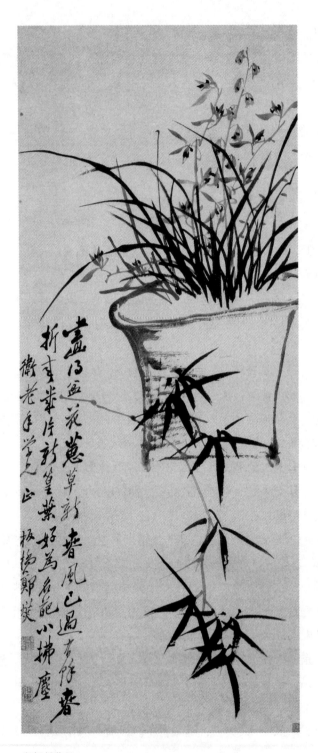

郑板桥作品

郑燮搀扶着金农故意夸张说。

"听说贤弟你因病耽搁了院试，我倒没耽搁，却也名落孙山。看来是殊途同归呀。"金农说着抬手一捋长髯，哈哈大笑起来。

郑燮也哈哈大笑。说：

"很羡慕仁兄云游四方的气魄。齐鲁燕赵，秦晋楚粤，足迹所至，胜景尽览。胜似读万卷书。"

"唉，休提游历，纯属无奈。原本安于布衣，浪迹江湖，收藏鉴古，卖字交友，寄情山水，不亦快哉。孰料俗念难了，朋友也是好心多事，又适逢新政初颁，肇开博学鸿词特科，受友鲁青抬荐，入京应选，结果还是名落孙山。实在无颜见江东父老，这才流落他乡，若丧家之犬一般，人生大悲矣。"

金农仰天长叹，一连狂饮三杯。随即满脸涨红，猛扎铺纸泼墨，纵情挥洒。郑燮定睛看时，纸上图形，已得大概。一匹瘦羸老马，行走于苍穹大地间。马首自顾，黯然伤神。郑燮首次看到冬心作画，竟然出手不凡，心中大喜，击节而连声叫好。冬心无动于衷，遂题款曰："今予画马，苍苍凉凉，有顾影酸嘶自怜之态，其悲跋涉之劳乎？世无伯乐，即遇其人，亦云暮矣！吾不欲求知于风尘漠野之间也。"

郑燮正沉吟陶醉，却听门外人声大作。随即黄慎同着高翔、汪士慎、李方膺等叩门而入。恰逢金农画马，遂围而观之，皆大为震惊。

黄慎指同来者曰："此官人高凤翰也。"

"区区小吏，何为官人！"

凤翰号西园，胶东秀才，举荐为海陵督濒长。工诗画，尤善印篆。右臂病废后，用左臂书写，书画从此更奇。郑燮对于凤翰早有所闻，曾赞曰："西园左臂寿门书，海内朋交索向余。短札长笺都去尽，老夫赝作亦无余。"诗题扇上，佳话坊间流传。

儒雅淡定的李方膺，他出身官宦，两代得受皇恩。只因人品正直，仍然仕途多艰，屡屡遭难，早已无心做官而于绘画却是十分在心。他新近又改为兰山知县，听说扬州梅花书院落成，竟然脱去官服，专程赶来庆贺。他带来了自己编修的《乐安县志并序》。郑燮对此十分地艳羡关注，几乎爱不释手。想着自己有朝一日也有幸做个县令，也能编修一部县志，那该多好。

"鄂尔泰擢升保和殿大学士兼兵部尚书，鄂大人回京的晋升，看得出朝廷还是要起用人才啦。"有人带来好消息。

鄂大人虽是满人，但似乎代表着正义的势力。

"听说了吗？陕西总督岳钟琪以'误国负恩'之罪被革职拘禁，不知皇上又要有什么大举动啦？"

读书人无论何时，对于军国大事总还是关注。岳大将军会不会又是第二个年羹尧？听说朝廷要改军机房为军机处了，究竟玄机何在？无论如何，郑燮还是不能放弃仕途。这一回，他遇到了贵人，一位喜好书画诗词的朋友，愿意资助他到清净的焦山苦读迎考。

六

焦山，又名樵山。传说是汉代隐士焦先隐居之地。长江中的一座岛山，与兴化也就一水之隔。正值初夏，郑燮入住别峰庵。绿树掩隐的小庙，位于双峰之阴的翠竹环抱中。幽静的小院，僧友无方师关照甚周。他带来了许多的书，日夜埋头苦读。仿佛在历史典籍的海洋中徜徉，聆听着古代先贤高见，感悟他们的智慧，神交了许多挚友。同他们朝夕相处，几乎无话不谈。

静夜有人敲门。房门开处，一股凉森森的江风吹入。才知是好友袁梅派家人来慰问。仁兄送来两盆秋兰，嘱他每日赏兰闻香，以排遣山居的寂寞。随后又数度送吃送喝，真是感动之至。遂口占一韵，书以赠之：

画角凄凉铁笛哀，一江秋色冷莓苔。多情只有袁梅府，十日扁舟五去来。

郑燮真乃性情中人。信中这里正骂着俗僧，又不由自主地夸开了高僧。可谓嬉笑怒骂，皆成文章。如此正发泄间，就听有人叩门，原是起林和尚到访。赶忙沏茶让座，知心朋友竟日交谈无妨，胜似读圣贤之书矣。

"寺中独学无友，何竟流连而忘返？"眼看兄去已经三月有余，墨儿便回信催兄回家。郑燮收信，竟复曰：

……忆自名列胶庠，交友日广，其间意气相投，道义相合，堪资以切磋琢磨者，几如凤毛麟角，而标榜声华，营私结党，几为一般俗士之通病。与其滥交招损，宁使孤陋寡闻。焦山读书，即为避友计。兼之家道寒素，愚兄既不能执御执射，又不能务农务商，则救贫之策，只有读书。但须简练揣摩方有成效。……

并谈及读书心得，曰：

且焉学问之道，与其求助于今友，不如私淑于古人。凡经史子集中，王侯将相治国平天下之要道，才人名士之文章经济，包罗万象，无体不备。只须破功夫悉心研究，则登贤书、入词苑，亦易事耳……再化一二年面壁之功，以待下届入场鏖战。倘侥幸夺得锦标，乃祖宗之积德，仍不幸而名落孙山，乃愚兄之薄福，当舍弃文艺，专攻绘事，亦可名利兼收也。焦山之行止，亦于那时告结束。哥哥字。

山中进入季节。满山瀑布急湍、洪潮暴涨。越半月，梅雨初霁，天开云消。郑燮有心江边观潮，无方上人陪伴。上人道："金陵圣庙宫墙倒了。"郑燮惊异。

"千年风雨无恙，何独不耐今日风雨？"无方上人叹曰。

郑燮沉吟，说："盖因金陵城中龌龊秀才过多。现任教谕亦属胸无点墨。孔子岂容伪列门墙，故借雨毁墙驱之。"

无方上人哈哈大笑。会心无语。

郑燮急问："贫生所见，是否有理？"

"有理，有理，甚为有道理。"

郑燮亦仰天大笑。二人心照不宣，何其痛快。

偶尔，也会有好友邀他下山看看。眼下，他正盘腿坐于江村水阁茶社，闻香饮茶。恰有吹箫者，自谱落梅花曲子，婉转动人。此时江雨方霁，放眼望去，晚霞归舟，烟波浩渺，远山近水，碧绿如洗，如入仙境，一时烦恼俱消。茶肆主人趁机索字。郑燮欣然题写一联："山光扑面因朝雨，江水回头为晚潮。"不料，这副对联竟引出一段友情。此后不久，江西蓼洲人程羽宸过真州见联，甚为喜欢。即问板桥郑燮何人，茶肆主人曰：但至扬州便知。程羽宸至扬州，闻得板桥盛名便请求一见，说正于京城赶考，又听到此处有定情之人，于是奉送五百两黄金作为订婚聘资交与饶氏。来年郑燮归来，程羽宸又赠五百金作为结婚之用。此乃后话。

四十三岁，苦读之余，他时常感到生命力并非是从前想象得那么旺盛。过了三更，就会头晕眼花。应当选一块坟地，那是兴化城郊柳家庄的一块土地。经风水先生看过的，面山傍水，风水极佳。父亲立庵公在世时也曾去看过，老人家想买下来作为郑家墓园，但田土中有座无主孤坟令人不安。

"岂有掘人之冢以自立其冢者乎！"

这是父亲犹豫未决的道理。父亲过世，转眼十三年了。如今不知那块土地是否已经出售？

……若未售，则封去十二金，买以葬吾夫妇。即留此孤坟，以为牛眠一伴。刻石示子孙，永永不废，岂非先君忠厚之义而又深之乎！夫堪舆家言，亦何足信。吾辈存心，须刻刻去浇存厚，虽有恶风水，必变为善地，此理断可信也。后世子孙，清明上冢，亦祭此墓，卮酒、只鸡、盂饭，纸钱百陌，著为例。

郑燮书写至此，不觉大悲，手抖心颤，泪溢满面。信已寄出，不知有何结果，但他那颗起伏着的心似乎平静下来，感觉自己的人生还不至于收敛。

雍正乙卯（1735）八月，郑燮受聘赴杭州任浙江乡试外帘一职，名曰"提调监试"，大约也就是临时监考吧。可见他应举的卷子所透出的严谨与才华已经引起足够重视。事后，饱游西陵，过友人林处士家，受到热情接待。十月的天气，花儿已经是"略略数枝"。返回扬州同李鱓谈及此事，李鱓说：

"吾为君作红梅夺桃李之色有余矣。子盍题诗以纪其事乎。"

郑燮甚为感动，遂书二十八字曰：

浙江桃李属他人，只有梅花是我春。写取一枝清又贵，夕阳红影出松筠。

此二人合作《三清图》是也，遂传为佳话。

七

一七三五年八月二十日，雍正皇帝驾崩。在皇宫一片哭泣悲伤与窃窃私语、蠢蠢欲动中，皇四子弘历即位，年号乾隆。江山易主，这可是惊天动地的大事件。九州震惊，举世瞩目。人去政息，盖棺论定。雍正爷在位一十三载，说长不长，说短不短。可谓是勤政尽职，做了不少自以为利国利民之事。无非巩固边关，推行新政，整顿吏治、旗务等等，至于排除异己、清除朋党，鞠躬尽瘁、死而后已等等，却是颇有微词。苍天无眼，百姓有知，功兮过兮，自有历史评说。

是年冬季，郑燮冒着严寒，骑驴赶路，赴京赶考。此次参加来年的丙辰科考，可谓是有备而来。他早早来到京城，也可谓雄心勃勃，势在必得。京城两出三进，已是丝毫也不觉陌生。只是由于新帝即位，紫禁城内外似乎出现许多令读书人感觉异样的气象。先是皇帝下诏，悉数收回雍正年所颁之《大义觉迷录》。显然因为此书似有"此地无银三百两"之嫌，有失皇家体面。不久，关押在京城狱中的迂腐作者曾静与张熙师徒即被凌迟处死。父仇子报，首开杀戒，体现了孝道亦展示了快刀斩乱麻的独立执政风格。看来年轻的乾隆爷同父亲雍正相比，绝无谨小慎微与瞻前顾后之虞，而是根稳胆正，怀有雄才大略，少年敢作敢为。又仿佛是首先有意要给天下不知天高地厚的读书人一个不大不小的下马威。

果然，警钟一鸣，顿时引起朝野震惊。郑燮初到京城，正是文字戒严、万马齐喑之时。大家战战兢兢，不是议论纷纷，而是避而不谈。特别是汉族读书人，心灵受到了很大的威慑。一时免开尊口，莫谈国是。茶楼酒肆中，无人再敢高谈阔论，妄议朝政。郑燮以往好发议论的狂狷性格，也随之收敛许多。好在礼部会试还在来年二月，他有充分的时间拜访故旧结识新交。他此番新结识的一位朋友是续名桥大哥。此时，他才得知，自己创作的《道情》十首，早已在京城酒肆茶馆甚至青楼之中广为流传。"郑板桥"这个名字正为人口传。京城里，人们不知有郑燮而只知板桥。从此"板桥"，这原本他的书画落款中的家乡地名，反倒比他的真名还要为世人熟知。

许多并不相识的人，因喜好板桥书画诗词，也都慕名而来，称他为"板桥先生"，仿佛是早就熟悉的老友。名门之后续名桥，也就是这样一位被郑燮称作大哥的追星一族。

那日于茶馆中，郑燮与朋友们正在品茗谈艺，突然进来一位举止端庄之人，并非是提笼架鸟，也并非周身挂着什锦饰件、手中玩着扳指核桃者，而是衣着考究，神情端庄，举止颇有贵族气的儒雅读书人。他进得门来，径直走到郑燮身边，拱手问候，如同老熟人一般应邀落座。随即自报家门，言自己同家父雁峰公对于板桥的书画诗词甚为喜好，愿意结为知己好友。郑燮也与他一见如故。二人谈起诗词书画很是投缘。显然这个续名桥，也并非是这清谈之所的常客。但他一进得门，几乎所有的茶客都站起来拱手相迎续爷，可见续家在京城中声望与人缘非同寻常。

大家坐定，名桥大哥道："板桥先生，您的《道情》十首，可是名满京城，可否一听为快？"

郑燮正纳闷，就见一窈窕歌伎抱琵琶入门，落座之后即开始弹唱："枫叶芦花并客舟，烟波江上使人愁。劝君更尽一杯酒，昨日少年今白头……"

一曲未了，四座沉默，亦有悲切涕零者。郑燮自己早已是心弦震颤、心旌摇曳，不能自已。正愣间，却听那女子用兴化乡音道白："自家板桥道人是也，我先世元和公公，流落人间，教歌度曲，我如今也谱得《道情》十首，无非唤醒痴聋，消除烦恼……每到山青水绿之处，聊以自遣自歌。若遇争名夺利之场，正好觉人觉世……"

女子话音未了，掌声早已大作。续名桥大哥起身一鞠躬，指着郑燮当众介绍道：

"各位父兄贤弟，今日我等有幸在此与兴化郑板桥先生相遇相识，真是三生有幸，今世有缘。"

大家这才得知，《道情》十首的作者已经在场。郑燮站立向众人拱手施礼。大伙也纷纷起立，不禁又是一阵掌声与问候。那歌女见状，起初一愣，遂赶忙起身掩面跪拜施礼。板桥赶忙起身搀扶。众人见得，都十分感动。真是贤能君子，慈善文人，为人举止如此不同凡俗。

续名桥大哥趁机道："自从板桥先生的《道情》十首风传京城，许多人都能唱和，可谓京城绝唱。先生即来，请问此醒世杰作的写作背景如何？"

郑燮拱手道："各位见笑，拙作《道情》十首，原本闲暇习作。雍正七年（1729），余于扬州卖画读书，闲余之时，有感而发。其后十四年间，改削不计其数，待到自觉满意，这才谱曲付梓。今日再看，还是孤陋妄言，偏颇浅显在所难免。今得诸位抬爱，实属所料不及，感激之余，惴惴不安矣。"

"板桥先生过谦，《道情》十首，可真是难得的杰作，植根诗经楚辞，堪比宋词，超越元曲，非饱学练达之士不得为之矣。"

名桥大哥言毕，众人又是一阵掌声。那女子更是情绪饱满，琵琶委婉，朗声唱道；"老渔翁，一钓竿，靠山崖，傍水湾。扁舟来往无牵绊，沙鸥点点清波远。荻港萧萧白昼寒，高歌一曲斜阳晚……"

豪放中不无凄婉的歌声，为浓浓的茶香增添了无限意境情调，也使得郑燮在人们心中化作了充满诗意的传奇。一时间，他名满京城，得意在胸。对于自己的前程，充满了信心。在世俗的簇拥、恭维与掌声中，他感到了人生的幸运，也体验了文化的魅力。他这其貌不扬、衣衫朴素的待考举子，在人们心目中，仿佛是已经考取了状元郎一般的光鲜荣耀。在宴饮与酬答之中，日子似乎过得更快。郑燮胖了，体重增加了足足十斤。但他却感到身轻如燕，行走快捷，往来应酬，总也不觉疲惫。他出口成章，提笔成诗，笔墨的功力也是日日见长。真是水涨船高，人抬才进，他的人生似乎达到了一个得心应手的高潮。

"板桥先生，可否将您的《道情》手书以收藏？"

在续名桥丰盛的家宴上，等到酒酣话热，名桥老哥借着酒劲儿涨红着脸说。他的父亲雁峰老伯听得，也用极其渴望的目光望着满脸赤红的郑板桥。

郑燮是性情中人，他怎么能拒绝朋友的恳求，别说是一幅字了，就是他那一幅十金的《竹石图》，只要朋友开口，他也不会拒绝。于是回到客栈，郑燮连夜精心以小楷书写《道情》十首两幅，挑其中一幅更工整精彩的，题名送与雁峰老伯，另一幅送续名桥大哥收藏。父子二人喜出望外，装裱之后，特制红木锦盒藏之，视为传家之宝。

八

　　一七三六年，即乾隆元年丙辰二月，四十四岁的郑燮，在京城贡院参加礼部会试。这在他人生历程上，是一个重要转折。

　　清晨，他早早地起来，着衣净面，最后一次检点入试的行囊，毫无紧张不安。他曾经在给墨弟的信中讲到，如果考中，算作祖上阴德，如果不就，也是自己命薄，如此而已。可见随着年龄的增长，宿命的意识，已经在他的心中根深蒂固，说得消极一点儿，却是锐气大减。

　　贡院，是皇家考取贡士的场所，在京城内的东南方。郑燮用过早点，特意雇一乘二人抬的轿子，早早地颠簸在石板的街道上。轿帘高挂着，他一路上同面前的轿夫说着话，显出轻松愉快，哪里像是应考，倒似游山玩水。到了贡院广场，他走下轿子，仰头看见大门正中悬挂着金字匾额，是雍正亲题"贡院"二字。虽属楷书，功力却远不及康熙爷的字遒劲有力。郑燮心中暗暗嘀咕，就随着陆续到来的士子们进去。大门之内，有龙门，再进为"至公堂"。龙门与至公堂之间，有明远楼。"明远楼"三字，就是康熙皇帝手书。字迹遒劲有力，骨力崚嶒，很见功夫。郑燮对于康熙的书法，历来认可。书画要他推崇，也是很难。他眼头很高，看少能入眼。

　　"请——您呢。"

　　"请——您呢。"

　　一路上不断有人导引。贡院两旁的舍号，就是专供考生居住答卷的斗室。一排溜展开，其形若胡同。郑燮走在其间，顿觉头顶天空若一条细线，他感到了压抑心慌。每巷以《千字文》编号。郑燮被引进一巷，即有人于身后关闭号栅。他四顾斗室，感到被囚禁的味道。据说直到交卷，方可开门。他抬头瞅瞅，那天窗外高墙果然铺以荆棘，难怪称之荆闱。他坐等试卷开封。卷子终于发到手中，他扫阅试题，并不感到疑难，遂开始答卷。他心中恢复平静，就像平日给堂弟写信，只不过这一"信"，是写给主考大人罢了。主考大人在朝野读书人中间都是德高望重的饱学之士。但他并未感到压力，只是加倍用心。

结果，郑燮中了贡士。相当于过了初试一关。考取贡士，两三个月后才是殿试。三四百贡士聚集京城，其中不乏丹青高手，笔墨往来，诗词应酬，新交朋友自是不少。终于等到殿试的日子，应考士子们入座之后，年轻的乾隆皇帝，春风得意、气宇轩昂，被官员们簇拥着快步进入殿廷。皇上的目光，就像是刀光剑影，扫视到哪里，人头就低下一片。郑燮却瞪眼瞅着容光焕发的乾隆皇帝。他发现皇上的身材，要比想象中矮小，但却并不像想象中那么威严，眉宇间透着英气。他一时无法把那个下令处死曾静师徒的乾隆爷同面前这个人联系起来。看来在乾隆身上，更多的还是透着康熙爷的风采。至少不像雍正那么多愁善感又狐疑满腹。

皇上开始策问，也就是出题。声音洪亮清润。人们更加紧张。皇上并非照本宣科，这也是康熙爷的风采，虽出身异族小邦，却有九州四海的胸襟、大汉中华的气魄。开口不凡，对我大汉中华的历史，竟也如此的恭敬熟悉。

"朕赞承祖宗丕基，受世宗宪皇帝付托之重，践祚之初，孜孜求治，虽当重熙累洽之余，而措施无一日可懈，风俗非旦夕可淳，士习何以端，民生何以厚，不能无望于贤才之助。兹际元年首科，联特临轩策问，冀尔多士，启予不逮。"

好啊！皇上显然是有备而来。那种从容不迫、谦和恳切，令大家十分感动。这哪里是在考试贡士，完全是抱着问政求策的态度，可谓礼贤下士、不耻下问。郑燮心中先前对于乾隆的那一丝坏印象，顿时冰释。他甚至一时冲动，感觉自己有许多的话要对皇上讲了，恨不得马上提笔策对，发表自己的政治见解。可是皇上的策问并没有结束。

"夫用中敷治，列圣相传，然中无定体，随时而用，因事而施。宜用仁，则仁即中，仁非宽也；宜用义，则义即中，义非严也。或用仁而失于宽，用义而失于严，则非中矣。何道而使之适协于中耶？《诗》称不竞不绿，《书》称无偏无党，果何道之从耶？政治行于上，风俗成于下，若桴鼓之相应，表影之相从，然夏尚忠，商尚质，周尚文，其后各有流弊，惟唐虞淳厚，五服五行之命讨，亦与有助耶？朕欲令四海民俗，咸归淳厚，其何道而可？"

郑燮听得，心中甚为诚服，感到知遇之幸。乾隆皇帝讲到此处，和气地望着每个人，似乎是要看看大伙儿对于自己策问之反应。随即又说：

"国家三年一大比士，宜乎得人，然所取者，明于章句，未必心解而神悟也；习于辞华，未必坐言而起行也。朕欲令士敦实学，明体达用以励相我国家，何以教之于平素，何以识拔于临时，科举之外，有更宜讲求者欤？"

厅堂上一阵沉默。这又是关于人才的标准及其培养与提拔的问题。郑燮的兴趣，还是在于国家的治理，民风的改善。这是入仕者的本分责任。

"……朕欲爱养足民，以为教化之本，使士皆可用，呼皆可封，以臻于唐虞之盛治，务使执中之传，不为空言，用中之道，见于实事。多士学有所得，则扬对先资，实在今日，其直言之，勿泛勿隐，朕将亲采择焉。"

乾隆皇帝策题完了，大家都深吸一口气。郑燮提笔策对，甚是顺畅。平日所用之功，均在笔底呈现。真是提笔千言，左右逢源，若行云流水，文采飞扬，时有警句蹦出，可谓得心应手。可惜他永远也不会知道，乾隆皇帝看了自己的文章，是击掌称赞，还是默然点头？反正他是中了，殿试得中，成为乾隆皇帝登基之后，最早钦点的进士，国家栋梁之才。

金榜名曰：郑燮，江苏扬州府兴化县人，赐同进士出身第三甲二百五十一名。

郑燮悲喜交集，遂赋诗吟诵曰：

牡丹富贵号花王，芍药调和宰相祥。我亦终葵称进士，相随丹桂状元郎。

又挥笔作一幅《秋葵石笋图》。秋葵非园中之物，当然离民间更近。自比秋葵，这暗含着他的亲民本色与自信傲骨，当他用遒劲有力的六分半书题诗于画，喜悦中到底难免几分难隐的酸楚。

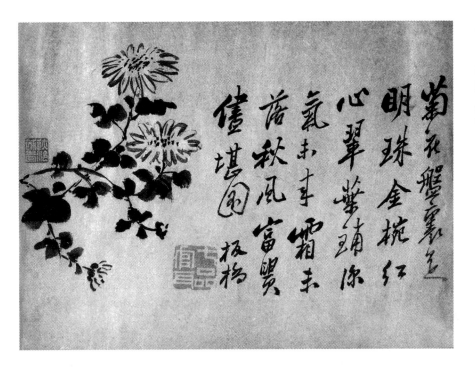

郑板桥作品

九

　　不料短暂的欢乐自豪之后，紧接着的竟是不断加重的焦虑与不安。同期的进士，有人很快就被任职。冠冕堂皇、峨冠博带地走马上任，而郑燮只能伸长脖子，在客栈里住着苦苦等待。眼瞅一月月地过去，就是没有好消息。口袋里的银钱越来越少，书画诗词也是懒得关照。一天到晚，只是跷腿躺在炕上发呆。堂堂康熙秀才、雍正举人、乾隆进士，跨越三代皇帝，身受恩泽也算是不浅，可二十多年的岁月，历经多少困顿坎坷，何以竟得如此冷遇？

　　看来这"进士"并非"入仕"。有了做官的资格，并不等于就是官了。康熙朝规定，全国除八旗武职外，文武官员编制仅一万五千六百。其中京官两千五百四十六人。这丙辰之年，录取新科进士三百四十四名，必有候补待选者。再说立即授官者并非按照考绩排名，而得由朝中大员出面保举。人情与金钱便趁机作祟。

你要入仕，开启这无形壁垒之钥匙，要么是钱，要么有人。可是此二者，板桥郑燮似乎全无。无钱总得有人呀。他抓耳挠腮，苦苦搜寻。终于在自己视野中锁定一位重人——宰相大人。可这当朝炙手可热的人物，郑燮并不认识。这可怎么办呢？只好投桃报李，变着法地毛遂自荐。他想到了表现自己的才华与政见。经过慎重考虑，他作了一首含蓄婉约的小诗，算是投石问路，题为《呈长者》：

御沟杨柳万千丝，雨过烟浓嫩日迟。拟折一枝犹未折，骂人春燕太娇痴。
桃花嫩汁捣来鲜，染得幽闺小样笺。欲寄情人羞自嫁，把诗烧入博上烟。

不料诗作寄出，竟然石沉大海。身边还不断有人领旨上任，他的焦虑达到了忍无可忍，只得继续盲目表白，甚至不无牢骚意味。

常怪昌黎命世雄，功名之际太匆匆。也应不肯他途进，惟有修书谒相公。

这一回，他不避露骨，明显希望提携。用了唐代韩愈当初三次上书宰相求官之典。诗函寄上，仍是泥牛入海。然而，他仍不死心，照旧把希望寄托于攀高结贵。于是画了画，托人送给当政者，还写赞美的诗，希望得到举荐。如此结交一些京中要员。他与这些人称兄道弟，书画诗文互答，也的确热闹了一阵。甚至在酒桌之上，口出狂言、狂狷不羁。如此当然还是无济于事。但他已是不能自拔。

眼下在茶楼中，人们照例把板桥围在书案前，看他即兴创作。这一次，是写给侯嘉璠老弟的诗。这位国子监学正，才高八斗的文官，权虽不大但文名斐然。袁枚称其"诗文迅疾，始于笔染，终于纸尽，挥霍睥睨，瞬息百变"。这恰巧同郑燮大有一比。二人即兴酬答，正使郑燮当众展示才华，每每令四座皆惊。此刻的郑燮，可谓人生得意。新科进士提笔在手，胸有成竹、器宇轩昂。人们敛气屏声。但见郑燮挥笔即诵一首古风：

读书数万卷，胸中无适主。便如暴富儿，颇为用钱苦。大哉侯生诗，直达其肺腑。不为古所累，气与意相辅。洒洒如贯珠，斩斩入规矩。当今文士场，如公那可睹！家住浙东头，山凹水之浒。雁峰天上排，台根海底柱。树密龙气深，云霾石情怒。安得从君游，啸歌入天姥！龙湫万丈悬，对坐濯灵府。我诗无部曲，弥漫列碎伍。转斗屡蹶伤，犹思暴猛虎。家非山水乡，半生食盐卤。顽石乱木根，凭君使巨斧。

一路势如破竹，更同行云流水。侯嘉璠惊喜不已，竟带头鼓起掌来。郑燮的诗句，总是平中见奇，词典渊博，均于平实中显出机巧。可谓深入浅出、雅俗共赏。《赠国子学正侯嘉璠弟》，郑燮从容落款盖印，这才仰头看看老弟，又看看大伙儿。人们唏嘘赞叹，郑燮听得，心中何其舒坦。

然而风光狂狷过后，并无实际收获。好山好水，宫廷屋宇，文物古迹，奇闻逸事，名伎童子，京味名吃等等，只是当时痛快。如此这般地忙活大半年，仍是两手空空。就这样双肩扛着脑壳回家，有何面目见江东父老？事与愿违的原因究竟何在？他开始自省，悔恨自己狂傲无忌，甚至是丑陋而不受欢迎！悔恨自己锋芒外露，招人嫉妒……那么多平庸之辈都早已扬帆上任，可自己却停滞在这岸边野草丛中。没有伯乐提携，难以飞入中流。他想起了宋人苏东坡，也是才华横溢，也是诗词书画出类拔萃，虽被宫中王姓小人诬陷，连连遭贬，可到底还是入了仕途。蹊跷的是，何以文采词章，竟然成了历朝历代的杰出文官晋升的障碍？这便是读书人的悲哀，所谓大儒大悲是也。

唐代韩愈，开始也是乡贡进士。三十岁左右，终因日子艰辛与苦读折磨而未老先衰。郑燮自己已四十多岁，稀疏灰白的头发与浑浊的眼神都已经呈现老气横秋的迹象。惺惺相惜，恨不能同窗结友。眼下窘困京城，郑燮自觉与韩愈命运的相似又多了一重。同样的苦闷与窘况，同样的孤苦伶仃寒微卑贱……比较的结果，他突然有了信心。在人生的低谷困境中，不气馁，不绝望，千方百计让自己充实振作，这就是韩退之的精神。如是再读《韩愈文集》，一卷在手就仿佛见到了昌黎先生本人，穿越岁月，促膝交谈。书中的每一句话，都在叩响心灵之门："故士之行道者，不得于朝，则山林而已矣。山林者，士之所独善自养，而不忧天下者之所能安也；如有忧天下之心，则不能矣。"智者的开导，令他茅塞顿开。

"山林"与"朝廷"，"江湖"与"庙堂"，历朝历代读书人，都徘徊于此二者之间。郑燮作为新科进士，只能自强不息。

昏庸、贪婪、奸权无能之辈当道，这也是历代通病。然而仕途之上，又不乏德才兼备之士。不必泄气，不必叹息，更不可绝望……郑燮每晚睡不着觉，就给自己打气，即便做梦，也是入仕为官的梦。他不再焦急，下决心持久等待，就像一个农夫，春播之后，并不就急着收获。

十

此日，郑燮雇一头毛驴，顶着夏日骄阳，一路观看着风景就去了瓮山拜访无方上人。每次同高僧叙谈，总是如沐春风。读书人的敏感神经，需要禅意的滋润。

不巧走到半道，天空中突然飘来一片乌云，随即就下起了大雨。好在脚夫事先备了雨伞，那头黑毛驴却被淋得头尾稀湿，不停地打着喷嚏。中午时分，雨停了，瓮山也就到了。无方上人住持的寺庙即在眼前。郑燮手搭凉棚瞭望，就见一道彩虹下面有个和尚在菜圃中劳作。走近一看，果然是无方上人。麻履裹腿破袈裟，面容晒得黧黑。抬头看见郑燮，自是欣喜万分，双手合十，抿嘴淡淡一笑，说：

"哎呀，新科进士驾到，有失远迎。"

郑燮远道而来，口渴难耐。他喝一杯凉茶，打发了脚夫，操起锄头就干起活来。动作有些生硬。无方上人赶忙夺下锄头说：

"等你再锄，剩下就只有杂草！"

郑燮摇头苦笑，随即入了山门。但见佛堂香烟缭绕，佛祖笑口常开。莲花宝座上菩萨庄严，香案上供果飘香，顿时神清气定。

无方上人还是亲自沏茶。慈眉善目之间，充满由衷的喜悦。

"还是把你等来了，离开十年了吧？"

"可不是，红尘阻隔，还愿高僧海涵。"

时已近午，无方上人吩咐厨房造饭。禅房窗户洞开，外面青山绿树，清风徐来，令人心旷神怡。田野菜圃中，有农夫劳作。小马驹斗胆偷食白菜，农夫赶马之声，若蚊蝇吟嗡，更觉旷远寂静。

"怎么又瘦了？听说中了进士？难道京城的官宴，还伺候不了你的好胃口？"无方上人端着点心进来，如是亲切发问。

郑燮摸摸脸颊，自嘲道："晚生贫贱之腹，难服富贵之食。"

无方上人听得，忍不住地笑。郑燮亦大笑。随即咬一口上人亲手做的素点心，说：

"僧居京郊，何贫至此？补衣带绽的？"

上人道："出家之人，自食其力，虽贫犹富耳。"

说罢自己倒先笑了起来。笑罢，起身取来纸笔，毫不客气说：

"板桥先生，我的点心可不得白吃，吃了，就得留下墨宝。"

如此清净之地，郑燮正有冲动，便说："好啊，正有小诗献给法师。"上人甚喜，亲自铺纸研墨。郑燮提笔写道：

山裹都城北，僧居御苑西。雨晴千嶂碧，云起万松低。天乐飘还细，宫莎剪欲齐。菜人驱豆马，历历俯长堤。

诗中有画，对仗极工。郑燮写到此处，心中瓮山"四条屏"已成，抬头看看无方上人，遂又续写道：

一见空尘俗，相思已十年。补衣仍带绽，闲话亦深禅。烟雨江南梦，荒寒蓟北田。闲来浇菜圃，日日引山泉。

上人大为感动。"一见空尘俗，相思已十年。"一个读书人，一个出家人，十载萦怀。何为知己，孰是知音？没有金钱利益，只是相互欣赏。文人、诗人、性情中人，彼此默默关注，心中都是感动。

此时，斋饭端上。白菜萝卜南瓜，全是寺院自种；豆腐凉粉皆为上人亲自制作。米饭汤面窝头，样样清淡可口。这一餐素食斋饭，远胜山珍海味。

郑燮嚼着饭菜就想起勘宗上人。那位胡须满面的青崖和尚，更是渊博健谈，敦厚有趣。另外还有一位，虽不是出家之人，但也是志同道合的知己，即是在西山筑庐守墓的满族画家图牧山。至于那些名门之后，所谓政治上的新秀，如大学士张廷玉的儿子张若霭、宰相鄂尔泰的儿子鄂容安等，都和他交游、唱和，也有着亲密的接触，但那毕竟不是莫逆之谊，终究也还是难以平等地世俗应酬。只有在同这几位学养深厚的高僧交往之天地里，他才感到自我本真的存在，感到自己依然是个读书人，是个书画家诗人；才感觉自己没有企图，不察言观色，没有拘束，没有忌讳，能够纵情挥洒，放言高论。

这回在瓮山，郑燮经不住无方上人诚心挽留，索性便住了不少日子。每日纳凉避暑，读书念经，参禅问道，作诗绘画，最是开心舒坦。大约直至秋凉，依然恋恋不舍。

松梢雁影度清秋，云淡山空古寺幽。蟋蟀乱鸣黄叶径，瓜棚半倒夕阳楼。客来招饮欣同出，僧去烹茶又小留。寄语长安车马道，观鱼濠上是天游。（《瓮山示无方上人》）

此后，他还应邀前去拜访了西郊万安山的法海寺诗僧仁公兄。后又同起林上人一同切磋学问。这位浙江奉化出家在外的仁公和尚，同样是布衣麻鞋。郑燮评价他是："湛深经典，谈吐隽妙，悲天悯人，德行均好。"

也是多年不见，仁公方丈还是康健如初。法海寺的悄静依然，已是初秋时节，山中气候开始见凉。"参差殿宇密遮山，鸦雀无声树影闲。门外秋风敲落叶，错疑人扣紫金环……"他所作《法海寺访仁公》真实记录了当时的心境与感受。

十一

深秋，郑燮赴香山卧佛寺拜会高僧青崖。青崖和尚，江苏盐城人，俗姓丁。他可是传奇的人物。七岁即有出世之念。父母奇之，乃遍访虎丘、天台、灵隐诸山，参询尊宿，终修成正果。他这个人，赤颜雪髯，声若洪钟，最喜交友，更得皇家重待。雍正十二年（1734），世宗召见，青崖应对尘旨，皇帝大悦，遂赐紫衣四袭，住持卧佛名寺。

郑燮进得山门，但见青崖和尚身披红袈裟双手合十立在莎罗树下恭候。殿前这两株老树，乃唐代建寺时所栽，据说是来自西域的。眼下三围多粗，仍然根深叶茂。青崖和尚是大学者，同无方上人相比，这一个终日手不释卷，那一位总在菜圃中忙碌。同是参禅高僧，形式不同而已。此时骤雨初霁，崖下挂起瀑布，后殿金色铜铸卧佛与挂满枝头的樱桃更是赏心悦目，郑燮即兴吟诗一首，作为见面之礼赠予青崖和尚：

山中卧佛何时起，寺里樱桃此日红。骤雨忽添崖下水，泉声都作晚来风。紫衣郑重君恩在，御墨淋漓象教宗。透脱儒书千万轴，遂令禅事得真空。

"好诗，好诗。可否书录留下墨宝？"

郑燮挥笔才写，就听身后有声。回头一看，竟是晴岚与虚亭两位好友。郑燮喜出望外。晴岚，即张若霭，大名鼎鼎的三朝相国张廷玉之子。而虚亭者，即鄂容安，是大学士鄂尔泰的长子。这位雍正十一年（1733）的进士，当是郑燮学兄。三才子在卧佛寺不期而遇，皆是惊喜不已。

"没想到吧？此乃神仙天意，乃我卧佛寺盛事！"

三人听得，更觉稀奇。正高兴，却见小僧引入一人，竟然是李鱓。郑燮更是喜出望外。听说仁兄六月已经进京，但一直未能相见，不料他竟躲在这里潜心作画。

"板桥先生，接着写，接着写。"青崖和尚说。

郑燮写完落款，李鱓帮着盖上图章。那两位饱学之士便仔细地欣赏起郑燮这一幅新创作的诗词墨宝来。

"青崖大师，您瞧瞧起首句，'山中卧佛何时起'，似问非问，似动非动，妙，甚妙，看来这千年的卧佛一朝遇到了知音。"

张若霭用折扇轻轻拍打掌心，嘴里啧啧有声。

"诗作是妙，可评得更妙！"

青崖和尚赤红的面容，笑成了一朵盛开的莲花。李鱓更是感到得意。郑燮倒显得有些不好意思。

虚亭说："看来郑燮老弟也是遇到了知音。"

青崖和尚展开新近所作《杂花册》十二页，请大家观赏。说话之间，素食已经备好。大家入座。三位仁兄，非要郑燮坐在青崖高僧身边主宾席上。郑燮推脱不过，只好从命。见到桌上一盘新摘的樱桃，如同水红的玛瑙，虚亭伸开手指捡起一颗，说："'寺里樱桃此日红'，这末了一个'红'字，着实令人垂涎欲滴。"

"板桥今日此诗与李鱓之画，诗中有画，画中有诗。坐在此处，凭窗瞭望，才可见得'骤雨忽添崖下水，泉声都作晚来风'之妙哩。"

三位听着青崖和尚的话，都急忙起身来到他身后观看。便见敞轩之外，果然一幅清润宜人的图画，那阵阵凉意伴着悦耳水声，赏心养目，令人神清气爽。

"嗯，果真是'透脱儒书千万轴，遂令禅事得真空'！板桥老弟，你说是吗？"

也就在此时，雄心勃勃的乾隆皇帝却是无心游山赏景，更无心谈文赏艺，他坐在紫禁城中的金銮宝殿上苦思冥想，要做一个对得起列祖列宗的有大作为的好皇上。他想到了父亲雍正苦心推行新政的成败得失，想到他老人家苦心孤诣同天下读书人的冲突与误解，以致那至今无法消除的怨恨……这是皇家与天下士子心头的一个死结。看来收复人心，可谓至上，而得天下士子之心，更是至上之上。父亲得罪的是官员中的清流，正是读书人中的佼佼者与代言人。英姿勃发的乾隆皇帝决定，秉承父亲雍正皇帝的遗意，在例行科考殿试之外，于保和殿亲试博学鸿词。他要破格选用汉族读书人中的饱学有识之士。这是对汉人的一种礼遇，也是对清流官员的一种安抚。努力赢得汉族读书人的心，远比取悦于平民百姓重要。特别是要消除人们心中的反抗情绪，读书人之归顺乃当务之急。

皇上旨意诏布天下。于是秋高气爽的北京城中，一时到处都可看到趾高气扬的莘莘学子。他们是由各省总督、巡抚和各部大臣保举的名士才子。于是酒肆茶楼、街谈巷议，到处都传说着这些应举者的传奇故事。

十二

  金冬心与杭世骏即在其中。他们二位的到来，给郑燮的客居生活增加了无限的欢乐与色彩。

  三位老友异地重逢，自然少不了宴饮雅集。书画的创作与磋商砥砺自然又是一个小小的高潮。文人的生活情趣，自然又得到了友情的滋养。是年九月，廷试博学鸿词科，取十五人。杭世骏榜上有名，金冬心名落孙山。

  此刻，落选的金冬心却在专心作画。他笔下的花卉与人物，甚是有趣。兰花的欢艳繁荣自不必说，那正是他内心的热烈外泄。而那独处山野的孤傲人物，更是淡定闲适，禅意盎然。在郑燮看来，那无论是苦行僧还是打坐参禅的老和尚，都是冬心自家遁世理想的化身。年过半百的金冬心伏案作画时，那一大把络腮胡子显得更旺、更密，本身就像一幅参禅的妙画。而秃顶的下方，那脑后细而短的滑稽发辫，把他的头颅衬托得弥勒佛一般浑然厚重。当他行走的时候，从宽阔佝偻的后背望去，那袍衫与从不离身的曲折藤杖般配，则使他那原本矮墩墩的身材，显得更加臃肿而老态龙钟。从他作画的聚精会神，看不出他是来应考求取功名而败将下来之人，倒像是云游的和尚一样漫无目的、散漫得意。

  这次举荐金农进京应试的是浙中学使帅兰皋，而最先赏识冬心诗与字的则是归安县令裘思芹。当郑燮寄寓焦山苦读时，金冬心则应聘为裘县令家中教习。他的才华与见地在友人面前得到了充分展示。人世沧桑中早已心灰意冷的金冬心本已无意应试，习惯于漫游四方的他，已经不像年轻时那样入仕心切。自从大病一场，他不再想着步入宦海的牢笼了，命中注定的归宿不可违抗。他感到自己这匹未曾遇到伯乐的老马，由于腿疾而早已化作了一只老鹰，只能在天空中自由翱翔，而很难在朝堂上卑躬屈膝。但是，他终究还

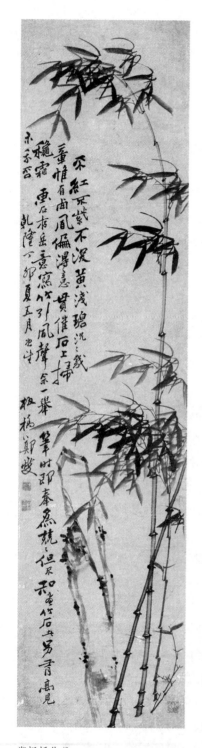

郑板桥作品

是来了。一来是想看看老友郑燮，二来是拜访京中的旧友，赏玩他们收藏的古董、字画。

他的进京如同出游，照例不是一人，而是一个亲热的集体。他好像是一只游船的舵手，身边总是围绕着一群船工水手。他们分工明确，各执其事，维持着游船的航行。等到达目的地后，在旅舍或临时的寓所里安顿下来，他的团队就又似乎成了一个手工作坊，立即开始了各种艺术品的生产和经营。善于裱褙的裱褙，善于制砚的制砚，善于理琴的、唱曲儿的，善于制作灯笼的……大家各展其能，自食其力，其乐陶陶。

郑燮发现，在这诸多侍从中，自然少不了他所溺爱的彭郎。这个俊美的兰陵少年，本名叫作"陈彭"，冬心爱称他为"幼铿"，常常寸步不离地陪伴他的身边。因此，这也常常成为冬心朋友们羡慕和谈论的对象，更使郑燮艳羡不已。眼下，郑燮来到了他们的临时住所。一进门，在忙碌的人群里，他一眼就看见彭郎正为冬心捶背。他便击掌吟诵道：

"画船三度见同来，岂止萧郎解爱才。身似花枝心似铁，天生小史伴于怀。"

冬心闻讯，忙招手欢迎。那彭郎却是羞得满脸通红，连连埋怨板桥先生不该取笑人家。

郑燮故意说："彭郎差矣，此乃张铁珊诗呀，并非板桥吾言。"

彭郎脸上顿时绯红若桃花。冬心则丝

毫不显尴尬，而是起身掀髯，呵呵大笑道："彭郎如此不弃不离，也是冬心前世造化。诸君如何慕妒，我也没有办法呀。"

彭郎轻推他的胳膊，撒着娇地跑去沏茶了。

郑燮很羡慕冬心的潇洒散淡心境。在京华，他像到任何地方那样，安顿了自己的"家"，就悠然自得地享受起属于他自己的诸多喜好。

卖字、卖砚、卖精巧的宫灯。仔仔细细地鉴别着各种由没落府邸流落出来的珍贵器物。讨价还价，争辩真伪，叙述一件件古物的渊源……从早到晚，兴致勃勃、痴不思醒、其乐融融。这些日子，郑燮整天同金农泡在一起，耳濡目染，对古玩字画，也是略微知晓。他发现金冬心的眼睛，发着幽暗的蓝光。这是不同于汉人的色目后裔的明显标志。尽管冬心并不承认自己是什么色目人种，但是他的豪放不羁的个性、出奇聪明的头脑和对于经商与鉴古的特别喜好，都似乎在证明着他的神秘身世的不同凡响。

郑燮面对冬心发呆遐想之时，门里却走进一位手捧古董的顾客。他拿的似乎是一件精致的元青花瓷器。金冬心抬头见得，眼睛骤然一亮，闪烁出火苗一样的蓝色光彩。此刻，呈现在板桥面前的，就完全不是一个疯狂诗人、一个矜持的书法家、一个接受当今皇上考试而刚刚落选之人，而完全就是一个专营古董的精明胡商。郑燮努力地想象，何以像他这样有真知灼见、有操守志趣的学者，独独对那些象征着门第与财富，却也极容易招致纷争的身外之物如此痴迷和固执。然而，无论如何，这个充满内心矛盾的人，依然是郑燮敬重而要好的朋友。

也就在这时，方才金榜题名的杭世骏到了。原来，那元青花是他为朋友特意招来的古董宝物，作为一种安慰，甚或是某种愧疚的弥补。他故意随后出现，向郑燮拱手致意，又狡黠地望着痴情的冬心兄。杭世骏是典型的风流才子，但并非是世家出身。在贫穷的环境中长大的他，并没有丝毫门第的自卑。他性情爽直，言谈尖刻，时常与人争论，甚至当面指责对方的过错，但对于朋友却总是诚挚而满腔热情。郑燮佩服他的苦学与善辩和几乎过目不忘的超人记忆。在这方面，他们二人可谓是英雄所见，难分高下，于是相互都很赏识，也很敬重，但也不无某种难以言说的掩饰与客套。

特别是作诗填词，杭世骏有着比郑燮似乎更强的自负。所不同的是，他的这种自负，有时几乎表现为情不自禁的直白与傲慢，因此招致的妒忌与非议也要更多。

"吾遇杜韩当北面；若苏则兄事之。"这是杭世骏的狂言。郑燮倒是没有如此的傲慢。但他能够理解甚至欣赏他的自信，其实郑燮自己骨子里又何尝不是一个才高而自负之人。作诗填词，的确是没有权威，唯有自我的自由奔放。

令郑燮更钦佩的是，这位仁兄在经学与史学方面，也有着特别的积累与见地。当郑燮得知他获取了博学鸿词科殿试的第一等成绩，并被任命为翰林院编修，心里就有说不出的羡慕。他甚至深信以这个杭州人的学识与魄力，会像春雷一般扫除学术界的沉闷守旧积习，足以扭转空洞、雕琢而陈腐的文风。然而，在金冬心的眼里，此刻那只精美的元青花的瓷瓶，似乎比皇帝的殿试更为重要。由于杭世骏的面子，他以最低的价格买得瓷瓶。他此刻正心花怒放地围着几案把玩着它，用衣袖仔细小心地擦拭，借着日光，欣赏那精美的图案，仿佛他的生命，就是因那宝贝古董而存在似的，满脸绽开了孩童似的笑纹。

此日，三位好友相聚，很快就忘记了不同的处境与命运，友谊的热浪湮没了一切。他们畅叙对饮，谈诗鉴古，一醉方休。

十三

乾隆丙辰会闱，同乡陈晋与郑燮同时得到督学崔纪的赏识，只因三荐不成，便邀入文幕，校士直隶，极礼遇之。然而文幕的营生终究是清闲而微不足道。说白了，其实也就是被人当作清客养了起来，温饱之余俸禄低微，而且还失去了广交朋友的欢乐与四处云游的自由。由于朝廷任职遥遥无期，郑燮又开始郁郁寡欢，感到自己的梦想，比登天还难。眼看囊中羞涩，继续同那些衣食无忧的官吏与殷实人家的后代混迹实在陪衬不起。而在学政门下做一名小小文幕，终觉是寄人篱下，所得薪金何以能够养家糊口？无奈之下，郑燮只好决计告辞，重回扬州卖画度日。

回到故乡，他这才发现，有了科名的郑燮，虽未曾上任，但文名却已大振。扬州的市场上"板桥字画"的声望与价格今非昔比。不光是妻儿受益，连他的乳母费妈都感到了欣喜。邻里街坊对郑家的看法与态度，显然也不同于从前。这就是世俗的法则，是最灵验且无情的法则。人抬人高，人灭人低。进士虽未选任，但随时都可能被朝廷起用。这就是盼头，周围的笑脸与奉承，令郑燮感到既舒心又不舒服。

"费妈，你尝尝，这是扬州点心。"

郑燮一回兴化，便专程看望费妈。长一辈的亲人都已不在人世，费妈就是他唯一能表达孝心的亲人。

"给我孙女留着，姨妈老牙老口，吃的甚么点心。"

郑燮不依，就像小时候一样，硬是将一块点心递到费妈嘴边。她老人家不得不张嘴咬一口。点心很酥、味道香甜，眼瞅老人家嚼在缺了牙齿的嘴里嚼着，郑燮的心中感到了欣慰。想起了小时候费妈望着自己吃烧饼的情形。

在费妈的眼中，郑燮永远都是一个孩子。如今这个孩子终于长大，还中了进士，成了全兴化受人敬重的一个人物。这是老人家最感到欣慰的。老人家想到这里，眼里顿时聚满了泪水。苦尽甜来的味道往往伴随着酸楚。

"吾抚幼主成名，儿子做八品官，复何恨！"老人家想着，竟然就嘟哝着说出了口。

"是呀，"郑燮听得心中一震，说："侬老人家也是功成名就呀。"费妈朗然一笑。那笑声令他振作乐观、忘忧踏实。

眼下心满意足的费妈，她似乎真的无所牵挂了。儿子争气，郑燮也算是有了大出息，这是对她一生辛苦最大的回报。作为一个女人，她还有什么奢望。这一晚，也就是郑燮来看过她的那一天晚上，她老人家实在是过于兴奋。那点心的香甜滋味，总在口中回味。她睡下又起来，折腾大半宿这才勉强入睡，就梦见了郑燮的祖母，站在远处向自己招手。她仔细一瞧，老太太的周围全是郑家的人。有郑燮的祖父、父亲和阿叔，还有麻丫头的生身母亲与继母，甚至还有他那天折的儿子犉儿……听到老主子的呼唤，她想回应，却发不出声音。只觉得心中憋闷难熬……七十六岁了，一辈子没有停止劳作，从来不懂得什么叫疲劳，可是眼下却感到疲惫不堪。她想喊燮儿，可又喊不出声，急得手在胸前乱抓。

"费妈！费妈！"

她似乎听到有人呼唤，分明是燮儿在叫自己。她想答应，却发不出声音……

费妈终于去了。消息像一阵冷风吹寒了郑燮的心。在别人眼里，她老人家几乎是无疾而终。可在郑燮心中，乳母却是伤痕累累，经受了多种病魔的长期折磨，只不过不曾花钱就医。她超常的坚韧与贤德掩盖了病痛忧伤。如今溘然辞世，郑燮的眼里顿时泪水涟涟。那痛苦的冲动，无法排解，终于化作了哀婉悼念的诗句：

平生所负恩，不独一乳母。长恨富贵迟，遂令惭恧久。黄泉路迂阔，白发人老丑。食禄千万钟，不如饼在手。

这首《乳母诗》，以歌当哭，回肠荡气，以后在抄录时于序语中特别追忆了乳母生平、义行，以及她在郑家所投下的慈爱。诗中的抑郁与歉疚，和那永远无法弥补的哀伤情真意切。费妈离去，仿佛是她老人家最后的奉献。阴阳的浑割，断开了厄运，在刮着冷风下着冷雨的同时，也洒下了一片阳光……

十四

瞧眼下的扬州，迎接板桥先生的似乎全是阳光与笑脸。每个人都在谈论着名震京华归来的板桥。他的书法，他的绘画，他的进士及第，当然也包括他的等待与失望，他那无礼的谩骂，他对读书人的莫名憎厌，他在京城那种目无卿相的狂傲轶闻，更少不了他的种种风流韵事……添盐加醋、如此这般，演绎得越来越离谱。关于郑燮的一切，都完全不同于二十年前。一层传奇的光环罩在他的头上，平添了无限神秘。于是，不少盐商富贾开始争购他的字画。尤其是他的书法，完全同李鱓的绘画齐名。

然而，这梦寐以求的发迹，却令郑燮深深不安。白日的喧哗沉寂下来，他独自回到寓所，周围的宁静令他惧怕。他的眼前，时常浮现出逝去亲人的身容。谁来同自己分享快乐？他反倒焦躁不安、忧郁寡欢。失眠的痛苦中，他反复咀嚼着人生苦果。他反思人生，感到了新的悲哀，感到自己就像一只不断被顽童掀翻的甲虫，无论如何拼命挣扎，也摆脱不了被戏谑的命运。是祖上阴德不济还是自身福分不够？

买字画与索要者越来越多，他几乎应接不暇。看到那些势利小人满脸堆笑进门他就来气。自己依旧还是一介书生，可是何以这些人的态度竟然如此的不同？

"二十年前旧板桥"，于是，他为自己刻一方印章盖在书画上。二十年前的板桥郑燮一年四季，风尘仆仆地往来于兴化与扬州道上。一个散淡狂放的穷秀才，嘴里整天呼着酒气，骂骂咧咧，把满腹的怨气化作诗词小唱，又将那一幅幅的书画，那些混迹着荆棘的风兰雨竹，胡乱地涂抹在酒家、古庙的粉墙上，甚至是歌伎的衣襟、纱扇上，结果是不但无人欣赏，而且招来嗤笑与呵斥……

"二十年前旧板桥"，同时也是一个尊严的象征与提醒。作为总是被人忽略和嫌厌的微不足道的角色，不得不混迹于那些同样唉声叹气、谩骂不止的老秀才老贡生中间。虽然他的真挚热情与横溢的才华早已为同仁朋友深知，但扬州盐官与盐商们，这些势利而附庸风雅者的态度，决定着一个文人画家的命运和价值。在他们眼里，初出茅庐、名不见经传的板桥郑燮的作品并不值得鉴赏，更不具有收藏的价值。这是令郑燮最感痛心的。那时候，他就像暗夜里的一只萤火虫，自身的光芒并不能引起别人的重视。

但是飞行中的萤火虫，却无意间把自己的光耀带向了四方。二十多年来，从扬州起步的郑燮，他的声望与事业的光耀虽未能穿透扬州的沉沉暗夜，却在他游历所至的杭州、南京、北京……留下了光辉与影响，更有新近赢得的功名，把一切都放大激活了。等到这光耀与反响由京华返回到扬州，便像一道霹雳闪电，一下子就击穿了扬州权贵和财富拥有者的心理屏障。盐商富贾们为之一惊，仿佛大梦初醒，从此对郑燮刮目相看。他的书画仿佛第一次映入那些势利而附庸风雅人士的瞳孔，他们开始贪婪地收藏。这就是世情，郑燮了解也理解这世情，但这一切都来得太迟，对他，对郑家，对更多的他深为同情的挣扎在扬州的穷画家们……

眼下，他新作一幅画：老竹新篁，疾风顽石，印着那枚鲜红的方章："二十年前旧板桥"。那乖巧的图章，像一抹冷笑，更像一团挥之不去的嘲弄。但无论如何，二十年后的郑燮，他又回来了，他回到兴化、扬州、真州，这条一百九十里长的磨道一样的轨迹上。二十年后，他的艺术与人生又开始了那种充满痛苦也不无欢欣的砥砺与运行。

这次归来扬州，他再也不用去寺庙中安身，而是应邀寓居勺园之中。这也是李鱓的盛意。勺园的主人，如今还在天宁寺西园下院的枝上村卖茶。他是郑燮的知己，也是李鱓的朋友。所以园门上嵌有石刻的李鱓题额，更有郑燮所写的，充满人文情趣的对联：

移花得蝶，买石饶云。

这"勺园"，又称"李氏小园"，凭窗可见曲折长廊与天光莹莹的碧水。廊边的空地上种着十多畦芍药。廊后几间瓦屋，古色古香地躲在翠竹丛中，显得格外偏远而幽静。屋前房后，各种各样的盆景，高高低低地簇拥着。正值秋冬之际，晚菊未谢，梅花倒已急切吐艳。微风里，飘来一阵阵的冷香。到了晚上，郑燮写字或是读书倦了，便抬头发呆。纸窗外面月亮上来，映得满窗竹枝和花影，他呆呆地看着，回味着二十年前的处境，一份流浪者的乡愁油然而生。连他自己也说不清，这是忧伤还是幸福。

为了排解寂寥，他接来了饶氏。有了小夫人的陪伴，寓所有了生气。她年轻天真、心地纯洁又好动的性格，使郑燮枯冷的心中浮现出幸福与满足。连着几天的阴雨，屋里安静多了。他同夫人和梁上的燕子一样，唧唧啾啾依偎在被窝中，重新感到了家的温暖。

竹荫树影，纸窗上渗出一种绿绿的凉意。他们拥在被中，依着床几，喝着小酒吃着点心看书。每每端起酒盅，那一股绵绵浓香，令他陶醉，顿时诗情涌起：

小妇便为客，红袖对金尊……

此时，郑燮的烦忧在酒色的浸泡中化解开来，变得并不那么可怕。

和君胸次有幽蘭 竹影相扶秀可餐
世上那無荊棘刺 大人容納百千端

繪言老寅長兄教畫

板橋弟鄭燮

郑板桥作品

十五

天气终于放晴。一大早，园中的竹丛上空就飞来两只喜鹊，喳喳地叫个不休。到了晌午，郑燮的心情也像那天空一样，透出了阳光。生性活泼的饶氏一边领着侍童准备午餐，嘴里一边还哼着《道情》小唱。她特别喜欢"老书生，白屋中，说黄虞，道古风"那一段。心想，大君虽是如此地劝说别人，可他自己却是深陷烦恼不能自拔，便时时唱着提醒他。"许多后辈高科中……一朝势落成春梦，倒不如蓬门僻巷，教几个小小蒙童。"

每逢唱到此处，她便扭头看看夫君。一旁听着的郑燮总免不了苦苦一笑，抑或开怀大笑。此刻，他的笑，却是由衷的释然。饶氏见状，唱得更加起劲。

夫妻二人正高兴间，却听门外传来脚步声。敲门，进来一个人，郑燮一时竟没有认出。只见那人穿着破旧的官服，瘦小、憔悴，满脸的晦气，就像天空的阴霾，在初现的阳光里并未褪尽。

"板桥仁兄，还认识我吗？"

那一口鼻音很重的山东腔，郑燮听得倒是耳熟。难道……但他不敢相信，这个枯瘦干巴的老者，竟会是那个乐天倜傥的才子官人高凤翰。

"俺是高凤翰呀，不认识俺啦！"

郑燮眨巴着眼睛，终于认出了这位落难的老友。

原来，一场官场的纷争，或者说是专制政治下的冤案结束了。难道随着转运使卢见曾官复原职重返扬州，受他举荐而株连的高凤翰也就时来运转？

郑燮欣喜地暗自思忖。卢转运使的冤屈，曾引起人们的愤然不平，也使扬州的艺坛为之冷清萧瑟。三年谪居塞外的岁月，似乎并没有使盐运使本人改变。在扬州人的眼里，他依旧精神矍铄，而且依然那么豁朗达观，那么亲切和蔼。在郑燮看来，他是官员中罕见的清官、才官，也是最能理解读书人与艺术家的一任文官。这位山东德州贵人，恰巧又是郑燮好友高凤翰的乡党，更是郑燮所钦佩的一位长者诗人。转运使的回归，意味着真理的胜利，在扬州引起了极大的震动。郑燮同样是兴奋不已。他的感慨，化为了诗情。四首七律，成为他献给卢兄重返扬州的赠礼。但是，对凤翰的遭遇，那种祸及无辜的冤情，郑燮此刻更有着抑制不住的愤慨。

当初，郑燮和他的艺友们在最艰难的日子，是盐运使卢见曾给了大伙儿鼓励与帮助。他老人家时常举办文士酒会，与书画家、诗人酬答唱和。逢年过节，还举办盛大的游宴和虹桥修禊，千方百计对寓居扬州的艺术人才提携礼遇。也正是由于转运使的赏识与推荐，才使高凤翰这样的文人小吏由安徽县丞，调任为泰州分司。但是，也正因了这份知遇之恩，竟使他无辜地卷进了那场捏造的贪污案和派系倾轧的旋涡中。在狱中，高凤翰受风湿症折磨，右臂痹瘫，但他仍在同命运抗衡，仍在写，仍在画。他顽强地用左臂挥洒，自称"尚左生"。当时正值丁巳，也就是乾隆二年（1737），郑燮滞留京华等候选任之时，高凤翰则受着厄运的摧残，故又自称"丁巳残人"。

如今，这位坚强不屈的残人，就站在自己面前。郑燮一时激动，不知该说什么才好。当两人相拥而泣，郑燮轻抚着他那僵硬的残臂，不知不觉两行清泪淌在了脸颊。他此刻的心情真是复杂，连自己也说不清是悲是喜还是愧疚。相比起朋友的遭遇，自己简直就是幸运，可依旧感到焦虑不安，甚至痛苦绝望……他从友人的身上，获得了自信与勇气。

"你的字画可是大有长进呀，板桥老弟。"

显然，高凤翰依然痴迷于水墨丹青。他见到郑燮刚刚作的一幅画，便忘情地俯首赏读。好像早就知道友人要来，郑燮拿出两方上好的章料，当即为他治印："尚左生"与"丁巳残人"。高凤翰感激不已，当即铺纸要为郑燮即兴作画。只见他伸出左手，捻笔蘸墨，酝酿片刻，潇洒挥笔，写就一幅江南秋景。郑燮惊异地发现，冤狱平反之后，高凤翰人变了，画也变了！他的画，由清丽、秀润转向荒犷苍凉，却又增添了深刻的感悟。瞧那画面上，寒鸦、枯树、荆棘，还有耸立的嶙峋山石，那野冷悠远的意趣与境界，充满了晚秋的凉意与人生的沧桑……

高凤翰出狱，却再也无心做官。这与郑燮更是同病相怜。正如郑燮离京之后把全部心思倾注于笔端，凤翰兄却是嗜石、嗜砚。他收藏了成千的砚台。郑燮的思绪就像他的笔意，总是仪态万方，令人感佩。而高凤翰的性格则像石砚一样厚重，像他自个儿刀下遒劲婉转的砚铭一般耐人寻味。苦难与不幸，对于一个天才艺术家，无异于上帝的关照。郑燮每每望着凤翰，听着那浓浓的山东口音，就想象着他应讯时面对鞭杖，抗辞不屈的刚烈气概，正如那厚重的砚台，不枝不蔓、敦厚笃实和坚定不移的品格。

高凤翰在郑燮的心中，永远是一尊名贵的端砚，一尊满天星的上乘古砚。无价之宝，有情有义的挚友。

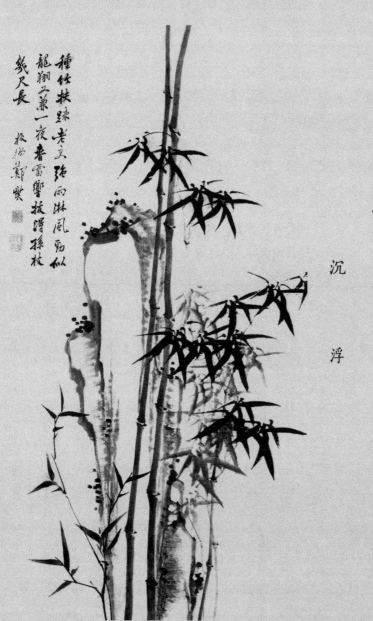

種竹挾蹊老夫真
隨雨淋風恐似
龍翔又兼一夜
春雷響拔得孫枝
幾尺長

板橋鄭燮

第六章

沉

浮

一

乾隆六年，即一七四一年的深秋，郑燮再度走进北京。他对外宣称完全是为了游玩，其实真正的目的连他自己也说不很清。

北京，这座古老而名胜遍地、人才济济的都城，毕竟对于读书人充满了多种的诱惑。在出发之前，他欣然写信给僧友勖宗上人，信内附诗曰：

昔到京师必到山，山之西麓有禅关。为言九月吾来往，检点白云房半间。

可见吸引他的，首先还是北京众多而独具风采的名胜与风景。此时的郑燮，四十九岁，可谓年近半百，两鬓斑白，瘦骨嶙峋，一副老态，唯有心思还是那么年轻。对于艺术，对于童子与歌伎依然是充满了浓浓的兴趣。只是对苦苦求之不得的功名官位，已经是心灰意冷。正如他诗中所描绘的：

万里功名何处是，犹将青镜看髭须。

可见，说是游玩，毕竟还是俗心不死。特别是到得京城，便切身感到了一股难以摆脱的官宦氛围。一个言不由衷要脱俗超然的文人，总还是树欲静而风不止。到了北京，官心就荡漾起来。但是欲火再旺，除了焦虑自扰，又能有什么结果？

九月的北方，已经黄叶飘落，寒霜肃杀。那么多的官邸，自己没有一座，那么多的官帽，自己没有一顶……命运的不公，再度令他灰心哀叹。连访友作画的心思也都淡了。他突然有些后悔，想到了回家，想到了兴化、扬州。想到故乡故土，就感到了一种少有的亲切，一种莫名的眷恋。还有那些亲朋好友，那浓重的乡音、可口的茶果饭食……此外还有，无论在船上或旅店中，每当童仆取出笔砚供他写字画画，或是通报访客姓名的时候，看到他那陌生甚至是迟缓笨拙的样子，他便禁不住黯然神伤，思念起聪慧斯文的王凤来。

唉，再也看不到那个可爱的小童子了！俊秀、温柔又善解人意的少年，你如今又在何处？他望着飘浮一朵孤云的天空心中自问。

"先生，请用茶……先生，该服药了……先生请用膳吧，汤都凉了。"

王凤说起话来，总是那样的文雅而得体。做起事情也总是那样的机智灵敏。这么些年，无论伺候自己衣食起居还是接待宾客，主仆总是配合默契。此外，更妙的是他那天生的笔墨才情与书卷之气，更是出类拔萃，百里难得挑一。

"唉，王凤呀王凤，你这孩子就像你的名字一样吸引人。"

郑燮呆呆地想。眼前便浮现出一个美少年的面容与身影。你似乎容纳了两性的美德，阴柔与刚强并存。他与郑燮在彼此间说不清道不明的暧昧感情的依恋上，比起冬心与他的彭郎，也是有过之而无不及呀。然而，老天嫉妒美事，那么快地就把你夺走了，如今阴阳相隔，把老夫独抛在这茫然大地上……不知不觉，郑燮的脸上，印上了两行泪痕。

船在运河里行走，没有一丝的风，更没有一点儿的波澜。单调而漫长的旅途，使得他回顾来路，检点人生，把自己性格上的长处短处，悉数盘点。

在旁人眼里，你郑燮只是一个极重感情的人。这与政治似乎毫不相干。还喜好急人所难，又难免感情用事。一句中听的话，一个理解的眼神，你也会冲动放大，顺势想象出对方的长处来酿成好感的酒。这是孩童的稚气，毫无政治家的城府可言。这更是天生的艺术家的傻气，而不是合格的市侩官僚。由于重情，所以常受感情迷惑，或为感情所困。由于重情，虽半生贫穷，则往往随手抛金。由于重情，也常常替别人着想，非但不吝于称道，更由衷地为别人的成就心花怒放。这就是郑燮，一个艺术家与游侠的郑燮。总想着齐古代豪侠，做当今义士。而这些无不得益于经史的陶冶，乳母的慈爱，和陆先生、祖父、父亲那种安贫乐道、慷慨洒脱的风范。然而更多的，还来自家乡淳朴的民风，来自农夫、盐工与挑夫船工的质性。有时候，他也会自豪地认为是来自郑家高贵血统的遗传。当然，这也包括他的急躁、好冲动、好谩骂和疾恶如仇等，给人以偏颇、极端与愤世嫉俗的不良印象。真是成亦萧何，败亦萧何！他每每想到此，自己也苦笑着摇头。

是的，郑燮也骂人，尤其好骂不争气的读书人。可这绝非是文人相轻，而是恨铁不成钢呀。读书明理，旨在承继先祖文化，修身治家平定天下，为的是有一番现实作为。但是不少的秀才，满嘴满身的酸腐之气，不但看不出半点儿读书人应有的气度与志趣，反而鸡鸣狗盗、小肚鸡肠、摇头晃脑，之乎者也地令人作呕。还有的仅仅把读书当作一种特殊的权力和特别的身份，且以此为本，蝇营狗苟、欺世盗名、升官发财。有的鼠目寸光、谋图小利，抛却大义，坏了读书人的名声！凡此种种，所以你骂秀才。表面看起来是骂别人，有时也就是在骂自家呀。可不是，你有时也觉得秀才们的毛病，也不外乎人之常情。冷静下来仔细想想，事实上包括你郑燮自己。古圣先贤之道，又有多少人能真正明白，能想得开、看得远、做得到呢？因此你又感到愧疚，感到脸红心跳，觉得做一个读书人，也未免不够格次。儒，原本就被人家排为士农工商之尾，也许本该如此……

郑燮时常会为此发呆，反省自己的缺陷与偏激。于是他在给堂弟的信中检讨道："年老身孤，当慎口过。爱人是好处，骂人是不好处。东坡以此受病，况板桥乎！老弟亦当时时劝我。"

转眼之间，墨弟已经是二十五岁的青年。兄弟之间，由于无法朝夕相处，便只好常常书信往来。在家书中，他不仅消磨旅途的寂寞，也成了教育他那宗脉所系的弟弟的主要方式，更是记录思想观点、交流心得的一种书写形式。

二

北京在变。牌楼，宫门，市井与名胜……变得更加华丽，更加繁荣。年轻的乾隆皇帝毕竟是雄心勃勃，为祖父与父亲所经营的艰难的王朝，带来了一片生机与活力。

清晨，郑燮走在北京的东西长安街上，感受着东贵西富的堂皇与豪华。白日，他又坐着轿子穿行于京城独有的胡同中，细细品味那融合了蒙满汉藏的博彩民俗与建筑文化。黄昏，他站在什刹海上新落成的银锭桥上凭栏遥眺，在西山黛影衬托下的紫禁城晚霞的辉煌里，融进诗人几多秋荷般的飘逸安详。他突然意识到一种自然超脱意境的美好，他深深地呼吸着雨后的清新空气，感觉这时的北京，既没有雍正初年那种政治的紧张与恐慌，那种谈政色变的无形压力，也没有了来参加进士殿试时那种方才改弦易辙无所适从的不安与惶惑。仿佛一切都秩序井然，步入了新的运行轨道。

但是，就像这什刹海一般，平静的湖面仍然潜在着波澜。水下的鱼群，大大小小，围绕着两丸食饵，急急火火地分作两团。这也如同人间的政治纷争，外界并不清楚，在平静的表面下，由于利益的关系，紫禁城中的权力，在皇权的周围，却正逐渐形成了两个子中心。

军机大臣鄂尔泰，当然是朝廷的朝臣和官员们趋附的对象，是仅次于皇权的一棵根深叶茂的大树。而汉族的官员们，则多半奔走于三朝元老张廷玉的门下。他是清流的代表，又是汉官的大树。于是围绕着两棵大树，在皇帝的眼皮子底下形成了两大阵营。相互猜忌、攻讦倾轧，甚至设计陷害，是统治集团内讧的常态伎俩，也是古往今来宫廷难免的政治风波。但是在北京，在清王朝的统治下，就蒙上了另一种色彩——民族斗争的阴云，这是更加可怕的隐患。

从表面上看，康熙帝六十多年对待汉官与汉文化宽容的基本态度与对待汉人高压与怀柔并用的统治手法已经奏效。而雍正皇帝十三年间对吏治旗务的严肃整顿和逐项有利于汉人平民百姓的新政推行，再加上时间的冲刷与弥合，缓和了民族的冲突。加之在文化和生活习俗等诸多方面，满人也逐渐汉化了，甚至连饮食习惯，都不知不觉随了汉人。导致在民族的意识上，不少的汉人已经麻痹，淡忘了祖宗的冤仇。有人则在文字狱的牵连诛杀中，把民族仇恨的种子深深埋藏起来。更多人以参与代替反抗来争取满汉的平等，争取军事、政治和经济的实际领导权。这就是郑燮出仕之前民族纷争的形势。

远在兴化、扬州，郑燮可以将一切的精力时间灌注笔端，可是到了京城，他就不得不关注政治了。街谈巷议，官意民心，无不涉及政治派系立场。连轿夫贩妇，也都乐于议论朝政。褒贬颂骂之间，民族恩怨与个人利害掺杂一起，于是，在他看来，那原本阵营清晰可辨的壁垒，就又变得纷扰混乱起来。青红之间就像是一团乱麻，也理不出头绪，看得他眼花缭乱，搞得他头昏脑涨。

说是来游玩的，可你毕竟是一科进士，你在等候官缺，尽管脖子伸得已经不那么长了。你无心参与政争，也无力无权参与政争……夜里睡不着觉，郑燮就如此地同自己对话，没完没了地唠叨。他只想像李鱓那样，做自己能做的事，超越恩怨，超越纷争。如此，他便十分地怀念起李鱓仁兄来。郑燮从他的人生轨迹，似乎看到了自己的影子与归宿。

"空斋淫雨得淹留，检点奚囊旧唱酬。画尽燕支为吏去，不携颜色到青州。"

这是李鱓的《题牡丹》诗，更是他离开京城时的心境写照。

此时，青年才子的政治理想与抱负，变得反而实际了许多。一个被人设陷而不得不离开宫廷的人，唱着自己的歌谣离去，这令郑燮看到了唐代诗仙李白的风采。但那豪情却又是远远不及李白。人家是甩袖辞官而别，还唱着"仰天大笑出门去，我辈岂是蓬蒿人"。可李鱓做不到，他郑燮更做不到。同"官"念彻底地决裂，对于封建专制下的士子而言，那是万不得已的事情，李白当初又何尝是心甘情愿。

为生计而做官，为能做点儿有益社会的事情、为呵护黎民百姓而做官，这就是浊浪滔天中，多数清流们的政治理想与抱负。既简单实际，又淡泊高尚。潜底中的郑燮，他理解李鱓的处境，更欣赏他的务实。他不知道李鱓在山东滕县当县令的详情。但是他又仿佛离他很近，他太了解李鱓了，他闭上眼睛便看得清他面对百姓的态度，看得见他铺纸研墨、挥洒着画笔，和举杯狂饮的神情。

"他自做他家事，我自做我家事；世道盛则一德遵王，风俗偷则不同为恶。"

多少次，李鱓当着友人重复着自己的处世原则，仿佛是害怕忘记的自我告诫。多少次，郑燮为之鼓掌，表示赞赏的态度。

得志泽加于民，不得志修身见于世。

郑燮忍不住重复他的箴言，视为自己的心语一般。

三

毕竟，京城对于读书人而言，机会还是较多。郑燮在北京候补官缺期间，曾受到了慎郡王允禧的特殊礼遇，就是明证。这次意外的知遇，深深地影响到了他的人生。

"板桥仁兄，久仰久仰。"

那日，应邀在郡王府初次见面，慎郡王不单是迎出门外，竟然还拱手称他为"仁兄"！这令原本桀骜不驯的郑燮一时惶恐不知所措。

"岂敢，岂敢……"

他急忙上前还礼，举止显出慌乱。这也是读书人的本真与弱点。受人之敬，当十倍于敬人。要不是慎郡王上前挽扶，他几乎要跪地施礼。

慎郡王允禧，京城中非同寻常的角色：康熙皇帝二十一子，乾隆皇帝的叔父。就凭这两大名分，便足以踏响京城的地皮。加之他与乾隆皇帝还同庚等岁，荣华富贵来日方长。三十一岁，如日中天的皇族郡王爷，本可以目空一切、蔑视一切，可他面对郑燮却显得仁和德道，言辞恳切，眉目间流露着亲切与平等。

见面之前，还有序曲：擅长作文的慎郡王，精心作了一篇五百字骈体文，亲自誊清，请人送到板桥寓所，以表示他对这位扬州诗人和书画大家的仰慕。文辞同样也是质朴俊秀，仁厚可鉴。郑燮拜读大作，自然兴奋不已，当即列为神交。

眼下得见，果然不出所料。二人一见如故，慎郡王吩咐上茶，论诗谈艺，谈锋迅速撞击出火花。彼此忘了身份，更忘了宾主的角色。一个滔滔不绝，一个朗然大笑，彼此相见恨晚，转眼到了午饭时，郑燮被邀至厨间。慎

郑板桥书法《难得糊涂》

郑板桥书法《吃亏是福》

郡王挽起衣袖，亲自操刀切菜，递到板桥的面前说：

"昔太白御手调羹，今板桥亲王切菜：后先之际，何能多让然！"

允禧说罢，独自开怀大笑。此举又是出乎意料。郑燮一时反倒不知所措。他只是默默坐着，含笑不语，看着郡王在那里忙活。心中细细品读着眼前这个奇人，这一部奇书。以往关于允禧的传闻看来均是实情。一个历来很少参加贵戚之间的交往，更无心政治纷扰的贤王，又称"闲王"，他似乎更希望过一种安逸平淡的普通人生活。平日把自己置于幽深宁静的深宅大院中，像一个出家人一样读书作文、参禅悟道、欣赏艺术作品……从他那平实的谈吐中，郑燮突然意识到，这位脱俗的郡王爷，他所摒弃的岂止是世俗的喧嚣，还有那无知与肤浅的人生态度。

简单的晚餐备好：菜全是素菜，四冷四热，饭是一碗稀粥，几个芝麻烧饼。没有鸡鸭鱼肉，更没有山珍海味。一壶烫热的二锅头，一碟五香花生米和酱菜丝就是全部的下酒菜了。席间先是以吃饭为主，大家都饿了，吃得津津有味。饭后喝起酒来，慎郡王的慷慨海量同郑燮的毫无节制可是旗鼓相当。杯筷之间，话锋更是投机。但是不知不觉，竟然谈到了仕途。奇怪的是，今日慎郡王竟然很热心这个话题，显然他对于郑燮的处境已经略知一二。便又详细询问，若有所思，若有所谋。

"可问前明之中，哪位皇帝最得民心？"

"那当然要数建文皇帝了。"

"为什么不是开国的洪武皇帝，而是短命的建文帝？"

"洪武皇帝虽功高盖世，但杀人过多，文治不显，民多有怨。"

"何以见得？"

郑燮显得有些犹豫。但借了酒劲儿，他还是壮着胆子说：

"比如说洪武年间，南京城墙上贴出一张漫画，画的是一僧一道，那和尚光头戴着一顶帽子，道士蓬头则戴着十顶帽子，军民分立于一断桥头。官府揭了漫画上奏朝廷。朱元璋看后，百思不解，命教坊司研究此画含义。教坊司如实上奏说：僧顶冠，意在有官无法；道士十冠，意在官多发乱。军民立于桥头，欲过不得也。朱皇帝看后，惊得目瞪口呆。"

慎郡王听罢哈哈大笑。郑燮亦大笑不止。

随后允禧又问："那建文皇帝又有什么政绩？"郑燮说："建文帝以文治国，同洪武帝对民严刑峻法而放纵皇亲国戚形成鲜明对比。建文践祚之初，亲贤好学，政策怀柔，且除军卫单丁，减民役、松重赋，这些都是惠民的大事情，故民心所向。直到弘治年间，江南父老尚言，建文在位四年之中，治化几乎等于三代。一时士大夫崇尚礼仪，百姓重法乐利，家给人足，路不拾遗……"

郑燮说到此处，突然意识到赞扬前朝皇帝的话慎郡王是否爱听？他仰头看看允禧，发现人家居然听得十分认真，这才放下心来。

坊间朋友都说，郑燮读书，得力于"善诵"。这慎郡王允禧则是得力于"善问"。一问不得，再问，问一人不明，不妨问多人，务必透彻了然为止。可此番的发问，显然是明知故问。这令郑燮有些费解。他哪里晓得，慎郡王的此番发问，是在考查他这位艺术天才的政治见解。因为凡要举荐一人为官，首先就要了解他的政见。显然郑燮无意间的率真回答，令允禧十分满意。"闲王"要破例了，郑燮却一无所知，众人更是所料不及。慎郡王的高贵德行，令他只能是助人而不宣。因此时至今日，郑燮何以在等候七年之后突然被朝廷任用？仍是一个千古的谜团。

四

乾隆七年，即一七四二年春天，完全没有精神准备的郑燮突然被选派为山东范县县令。虽说只是个七品芝麻官，但是也令郑燮欣喜若狂。他这时已经是年过半百，五十岁出仕，由民到官，开始步入一个全新的人生阶段。然而今天看来，就郑燮这样一个艺术天才的个体生命而言，我们无法判断这是命运的关照，还是上帝的戏弄。但无论如何，出仕为官毕竟是他梦寐以求的人生理想，是他自己精心编织的人生之梦。

在封建社会，地方官老爷"走马上任"可是一件隆重的大事情。有一套特定的礼仪，足以令官员得意洋洋、显出威风。像知县这一级，按规定是应该坐着四抬大轿，并有打旗护卫，鸣锣开道。仪仗队中，护卫肩扛写有"回避"、"肃静"的招牌，浩浩荡荡，威风凛凛。一路之上，黎民百姓望而生畏。若要"从简"，至少也应披红挂花，骑着高头大马。郑板桥却对"喝道排衙招摇过市"这一套十分反感。所以，他一不坐轿，二不骑马，更不前呼后拥、鸣锣开道，而是一头毛驴一介书童，外加一捆行李一箱子书和那一张他喜爱有加的古琴……晓行夜宿，一路北上，直奔山东黄河岸边的偏僻范县而来。

他"走驴上任"的"笑话"以后不胫而走。许久之后还是一些人议论纷纷的故事。可见封建时代，官员要转变作风该是何等的不易。

瞧眼下，郑燮表情严肃又不无滑稽地骑在一头矮小的毛驴背上。这是那种山东有名的德州黑驴，毛色油光锃亮，据说此种驴皮是熬制阿胶的上好原料。他双手紧紧地抓着驴缰，显然有些紧张地摇晃着身子前行。童仆笨拙地在前面牵着驴缰。那驴子性情温顺，不紧不慢地迈步前行。渐渐地，驴背上的人习惯了这摇摇晃晃的移动，开始把注意力分散到了周围的环境。

北方的早春，田野依然是灰黄一片。没有绿树鲜花，更没有那么多的碧水白帆。没有船，只得由旱路赴任。如今骑上驴背，他的脸上显不出丝毫的喜悦。更无奈的是，殿试之后，单是候补已耗去整整七年。好容易挨至上任，已经垂垂老矣，连他自己都怀疑自己还会有什么大的作为！好在毕竟是春季，田野上一片一片的杏树，正盛开着粉白的花。花香不见，倒是一阵阵的旱风扬起路上的尘灰，令他睁不开眼睛。此去的前途就又呈现出一片迷茫。郑燮心中，再起惆怅与失落。他便记起了慎郡王允禧的临别赠诗：

万丈才华绣不如，铜章新拜五云书。朝廷今得鸣琴牧，江汉应闲问字居。四廓桃花春雨后，一缸竹叶夜凉初。屋梁落月吟琼树，驿递诗筒莫遣疏。

这就是紫琼崖主人慎郡王允禧送板桥郑燮赴范县上任时的一往深情。依恋、期许与信赖之中也不无离别的茫然与惆怅。郑燮与允禧，两个身份不同但却是相见恨晚的友人，刚刚相识不久，就又要天各一方。庙堂与江湖，可望而不可即，只能够梦里相会，诗中互诉衷肠。对知音的感念，对朝廷任用的感激，加之年纪与识达融合的世故，郑燮的应答诗，竟然一反孤傲与反叛精神，而变成了一首完全对友人与朝廷的客套与赞美：

红杏花开应教频，东风吹动马头尘。阑干苜蓿尝来少，琬琰诗篇捧去新。莫以梁园留赋客，须教《七月》课豳民。我朝开国于今烈，文武成康四圣人。

这便是郑燮的《蒋之范县拜辞紫琼崖主人》。一唱一和，互投所好。然而却是言由心生，坦然流露。耿介的诗人郑燮，他一生也似乎很少写出这样欢快甚至有些肉麻的诗歌。显然，他对于自己何以被朝廷突然任用的原委也是猜得出几分的，只不过不愿意也不能说透而已，对慎郡王的感恩戴德也就自然而然地化作了对朝廷的感恩戴德。因此才有这样一首一反常态的几乎也是由衷的时髦赞美诗面世。

如今骑在驴背上，闭目想着这些，郑燮心中的滋味却变得不再那么欢快。那种“久盼不得心焦虑，一朝梦想成真乐”的喜悦早已是烟消云散。剩下的只有眼前旷野之中一片片杏花的惨白与破败陌生村落的凄凉与茫然。这遥远北方黄河边上贫困小县的一任县令，究竟如何来做？郑燮心中无数。他沿途骑驴而行，故意避免轿夫差人的鸣锣吆喝，一来是想观风望景，图个自由清静；二来也是想沿途看看民情，听听民意。这也许是他同别的官人不同所在。他生性不喜欢排场，如今到了官场上，一时很不适应。看到沿途行路的百姓，他就驻足下驴，同人家闲聊一气。眼看日头不早，还是前不着村后不着店。小童子明显是肚子饿了，郑燮却是不急。眼瞅到了正午，日头升始晒得人冒汗，小童子扭头顾盼老爷，见他却捻着胡须骑在驴背上发呆，小嘴就不由得噘了起来。他故意咳嗽一声，见老爷还是发呆，就扬起手中缰绳，照那驴屁股上猛抽一下，那驴子一惊，就势一尥蹄子，几乎把老爷抖落下来。他惊呼一声，那童子不由得笑了起来。郑燮便埋怨道：

“好凭无辜，你打的什么驴？”

那童子哧哧地笑而不答。郑燮也就不再追究。心想，童子打驴，自有他的道理。好在驴子的脚步显然加快了许多。主仆二人正说话间，就走进一座村庄。村口有一家卖面条的小铺子，二人拴驴进去，每人吃了一碗打卤面，喝了半碗面汤便又继续赶路。

就这样，一路晓行夜宿，由京城出发到省城济南，一连走了好多日子，还不见范县县城的影子。好容易到了范县地面，夜里歇店时，同贩夫车夫睡在一盘大土炕上，就听到他们唉声叹气，大骂官府差人凶悍，苛捐杂税繁重，说原来的县令也是个贪官，又听说新来的却是大书呆子，终日只懂得读书，更是不明事理，云云。说这样的官吏，真是当官不为民做主，不如回家卖红薯。这句话用鼻音很重的山东方言讲出，郑燮听得不由得嘿嘿直笑。那童子也忍不住跟着笑出声来。说话的人莫名其妙，看看这一老一少，老的瘦骨嶙峋，少的衣衫不整，就像逃荒者一般，也就瞪他们一眼，没好气地说：

"笑什么笑，老子都饿成这样了，你们还有什么心思笑。"

二人忍不住笑得更加厉害。那人也被逗乐了，跟着一笑，全屋子的人也都跟着笑了起来。

"唉，我说你这位先生，你看你瘦成这样，肩不能扛，手不能提，是个教书匠吧，怎么连个单铺都住不起？"

郑燮伸手摸摸枕边的书，笑而不答。

那人更是满脸狐疑，仔细打量他，随即摇头苦笑。

童子正要开言，却被郑燮用目光拦住了。

"通铺热闹，又便宜呀。"郑燮说着，看了童子一眼，"请问你说你们新来的县令是个大书呆子，你见到过吗？"

"当……当然见到过！"

"他什么样子？"

"就……就像您老人家这样儿吧……睡觉枕边还放着一堆书。"

众人听得哈哈大笑起来。

郑燮故意显出不高兴地说："枕边有书睡觉有什么不好？"

"书读多了，人难免要发呆。"

众人又是一阵哗笑。郑燮无奈地摇了摇头，心想，难道说这就是无用的读书人和官僚在百姓中的形象？实在是一种悲哀。他并没有真正生气，而是有些担忧焦虑。心中思谋着如何才能同百姓打成一片，让他们愿意同你说心里话，也愿意识文断字，将自己睁眼瞎子的现实视为不幸，而不是感到荣耀。看来传播文化，也是县官的一大责任呀，他想。愚昧总是同贫穷连接在一起，有时比贫穷尤为可怕。

五

范县，属于山东曹州府所辖，地近邹鲁，实乃一个僻静的农耕小县。范县老城，原先本是一座很不错的古城。城墙完整，钟鼓楼齐备，还有孔庙、书院、八坊市井，繁华虽然抵不上郑燮的家乡兴化，但也人丁兴旺、街面熙攘，热热闹闹很像个样了。可是到了明洪武十三年，即公元一三八〇年，范县老城，因黄河泛滥被淹，县衙只得迁到这紧靠黄河岸边的古城镇上。这"古城镇"原本也是春秋古镇，可年久失修，早已破落不堪，一切都得重新来建。等到郑燮担任县令之时，新县城还很不像样子。城内只有五十多户人家。房屋稀稀拉拉，勉强凑合成一条歪歪扭扭的街道。破破烂烂、坑坑洼洼，雨天积水，晴天扬尘。加之偏远穷困，官员提起去范县就摇头，连商客路人也都绕道而过。正如郑燮诗中所言："范城小邑无人到，忽漫架装慕叩门""过客荒无馆，供官薄有田"。不过县城虽然穷而小，县衙却修得排场。衙门阔大，围墙坚固，高高在上地蹲在镇街中心，看着若鹤立鸡群一般"富丽堂皇"。

话说郑燮此日傍晚进了县城，未入衙门倒先好奇地围着衙墙转悠了一圈儿。他一边走，一边仰头瞅着那夕阳照耀下的高墙大院，再回头看看百姓的土屋草棚，不由得叹气摇头。只见黑漆衙门上垂着龇牙咧嘴的虎头大铜环，金黄刺眼，更显出特别的森严可怖……如此领着书童不声不响地来到衙门口，守门衙役厉声喝道：

"今日迎接新任县老爷，百姓不许靠近，快闪开！"

郑板桥听得又好气又好笑，捋着胡子苦笑着道："哎，看清楚了，小子，鄙人就是新任知县郑燮老爷！"

衙役听得一惊，急忙向里传话。县衙里等候已久的各位差官闻讯急忙迎出门来。众人都感到新任县老爷很"怪"，但又不敢丝毫怠慢，就这样支支吾吾地把新老爷迎了进去。

郑燮就这样正式上任了。衙宅歇息，一夜无话。

第二天一大早，郑燮就起来在院子里转悠。发现虽是晴天丽日，但衙门院内，仍是阴森森的。因为围墙过高，大白天也照不到多少阳光。等到升堂之时，大堂上也是黑乎乎的看不清人脸。大堂两侧站着两行衙役，个个面目狰狞滑稽，更像是庙里的十八罗汉塑像，显得阴森可怖。郑燮心中很不舒服，心想这是什么衙门，里面的人看不见外面，外面的人也瞅不见里面，一道围墙隔出了两个世界。他来到县衙大堂上，见仅有的八名官吏统统到了：典史吏、儒学教谕吏、训导吏、阴阳学训术吏、医学训科吏、僧会吏、道会吏和师爷，各司及当班的衙役们早早都照例静候在那里。他挨个地听了师爷的人员情况介绍，接下来大家都想听听新知县的训示。他却问师爷：

"衙墙何以如此的高险？"

"因为县城尚无城墙护卫，固高墙自安耳。"

郑燮摇头，不以为然。

新县官嫌县衙里高墙森严、阴暗潮湿、毫无生气。可官吏们却看骑驴上任的县令毫无官架子，很不顺眼。怨声也随之而起，矛盾便即刻发生。

"你们看见了吗，新来的郑老爷可是个怪人。"

"可不，瞧他那一副穷酸相，还看咱们范县什么都不顺眼。"

"依我看他不像县官，一点儿官气也没有，倒像个穷酸教书先生。"

郑燮听着，装作没有听到。心想，郑老爷我是不像县官，但你们诸位可要像个官吏的样子！不然的话，你们就等着瞧吧。

此日升堂，衙役们照例嘻嘻哈哈，交头接耳。郑燮一拍惊堂木，厉声喝道："你们一个个都给我听着，赶紧给老爷我在衙墙上挖些窟窿，让外面新鲜的空气和阳光透进来！不然老爷我都快憋出病来了！"

大堂上顿时鸦雀无声。老爷这是怎么了？该不是真病了？

人们惊愕的目光都集中到了郑燮的脸上。

"听清了没有，在衙门围墙上给我掏洞！"

"为啥呀？"骨瘦如柴的师爷不解地问。

"掏了你就明白。"

"俗话说'官修衙门客修店'，范县历任县老爷上任，那都是唯恐衙墙不高不严实呀。再说咱这县城连个城墙都没有……郑老爷您却要挖墙透气!"

大家都不理解,六司相商就故意"拖着"不办。

"怎么,挖墙的事咋还没有动静?"过了几天,郑燮大堂之上又追问道。

那些人都装作没有听见。

情急之下,郑燮直接上街雇来了工匠,亲自监督把县衙临街的墙壁挖出许多比人头还大的窟窿,院外的人看得见里面,阴森的院内也透入了一道道阳光。

"这究竟是为了什么?"

众人摇头不解。一位围观的老者大着胆子问道:

"敢问大老爷,把好端端的衙墙挖那么多窟窿,有何用处?"

郑板桥笑道:"县衙与外面隔着几尺厚的高墙,阳光和百姓呼吸的鲜活空气吹不进来,衙门里头的官僚腐朽死气也透不出去,这还不把老爷我憋煞?"

人们听得都笑了起来。有人又问:

"老爷,以前的县老爷为啥不嫌憋闷,唯有老爷您嫌憋闷?"

郑板桥仰天大笑道:"以前的县老爷怕是偏爱污浊空气吧!"

围观的百姓又是哄堂大笑,都点头称是。

原来郑燮上任后了解到前任县令同财主富豪、地痞流氓沆瀣一气,整日花天酒地不理政事,却挖空心思敲百姓的竹杠、刮四乡的地皮,弄得怨声载道,民不聊生,更带坏了一方"官风"。他如今在县衙挖洞的真实用意正在于要彻底改换衙门风气。但师爷、六司头目和衙役们并不以为然,更加觉得新来的县老爷太怪!郑燮却是看着他们很不顺眼。

六

是夜,郑燮躺在衙宅床上,耳边听着风吹竹丛的萧萧之声,就好像是听到了民间的疾苦之叹。他的心情就格外的沉重,越发感到了肩负责任的重大，于是也就更加感到整顿官风刻不容缓。可这老虎吃天将从何处下手？俗话说，上梁不正下梁歪，中梁不正倒下来。他决定先从县衙内的官吏开刀。首先得清除县衙的腐败之气。而要清除县衙腐败风气，先要对所有吏员进行一次严格的考察，然后才能做到是非分明、赏罚严明。发现作风恶劣的、民愤大的，打一顿板子，撵出衙门；作风较好的、老实办事的，就奖励表彰重用提拔，如此这般……

郑燮想得是很简单，他做事喜欢复杂问题简单处理，且能想到做到。很快，县衙内一时鸡飞狗跳，很不安宁，几乎有些人人自危。但是效果却很明显，在是非分明、严刑峻法之下，恶风邪气开始下降，正气逐渐上升。以往惯以敷衍塞责甚至胡作为非的六司开始积极作为，衙门内出现了一股新的气象。

"为彻底改变我们做官的人在老百姓心目中的形象，这整官风还要从为老百姓办实事做起。"

此日升堂，郑燮上来就提出了一个新举措。师爷和六司头目面面相觑，他的许多话，都令他们感到闻所未闻。

"咱们范县城里，最缺的是什么？"

大家还是面面相觑。

"我看最缺的是生气。看着这眼前的一切，死气沉沉，毫无生机。"

"那该怎么办呢？"师爷问。

"咱们得动手栽树，有了树，就有了生气。"

人们这才恍然醒悟。

正值阳春三月，郑县令亲自带领县衙的官吏到城内外荒地上种植了大片的榆树和杏树。有一位懒官当场捣乱，郑燮就下令一位农夫就地执杖，打得那厮连连求饶。百姓围观，无不拍手叫好。从来都是官打民，如今却见民打官。

"郑县令可是咱们自己的官呀！"

人们议论纷纷。消息不胫而走。

城郊大量栽植榆树、杏树，不仅花开宜人，在郑燮看来，这两种树更是救灾的优良乡土树种。灾荒之年，榆钱、杏干就是绝好的充饥之物。在官吏的示范下，城中百姓房前屋后遍植榆、杏，春天的范县小城，遍地花开飘香，一片勃勃生机。

郑燮上任不久，胆小怕事的师爷就提醒他说：

"郑老爷，咱们范县是'城池小妖风大'呀。老爷您光顾了整顿吏治官风，可还没有拜那些土地山神哩。"

郑县令听了不以为然。他心想自己身正不怕影斜！相反，如果同这些欺压百姓的家伙沆瀣一气，那还怎么为民做主呢？所以他上任后，下决心不买这些土豪恶棍、地痞流氓的账。果然，就有人威胁他是兔子的尾巴，久长不了。他一介文弱夫子，却是毫不示弱。为了刹一刹那些土豪劣绅的威风，他主动出击，挥毫写了一副对联公然贴在衙门外：

两袖清风敢碰硬，一身正气能压邪。

横批是："七品正堂"。那些个坏人见了，一时竟然拿他无法。

好在这看着并不富裕的边地小县，百姓却是十分的可爱，民风格外敦厚淳朴，人们性情直爽，说话还带着些许幽默风趣。这令郑燮十分的喜欢。他很快就同当地百姓建立了深厚的感情。他待在衙门里的时候不多，经常在乡村巡视。

这天，郑燮照例微服出访。他脱去官服，穿起长衫草鞋行走在乡间土路上。眼前到处是庄稼树木，到处是梨花、杏花、桃花。四野是一片沉静，大白天也听得到鸡鸣狗吠。郑燮下来了解民情，从不带那些手持棍棒的差丁。他只是带着童子一人、衙役一名，背着行囊沿着村道走去，像是外乡的行路人。他一边走，一边还回顾着上任这大半年的作为与政绩……

村子里茅屋土墙，农夫村妇的穿着也是极朴素的，日子自然多是清贫。他走进一个村子，一群孩童老老实实跟在身后看热闹。走进一户人家，好客的农妇立马要他上炕歇着，随即就端上事先烙好的煎饼和大葱要他蘸酱享用。那种憨厚诚挚的态度，使他十分的感动，甚至有种回家的感觉。周围恬静安宁，他甚至感到这与世隔绝的地方就是理想的世外桃源。

"大娘，您老人家高寿？"他问身边坐着的白发老人。老人家耳背，听不懂他的问话。儿媳便说，老人家八十有六。

"全家几口人，几亩地，几头毛驴子？"

女主人一一回答。

"你的丈夫下地干活去了吗？"

女主人突然低头不语，随后哭了起来。这家的男人原来是因为交不起重税，被关进了县大牢。女主人最后咬牙切齿地说："那些差人实在可恨！"

郑燮听得，默默记在了心中。

又到了一家。只见院子里养了许多鸡鸭，郑燮就问："这些鸡鸭是自家吃的，还是养来卖钱的？"

一位白发老者摇着头说："是孝敬那些县衙老爷的。"

"为什么孝敬他们？"

"你不孝敬，人家让你日子没法过。"

老人家无可奈何地说。原来当地有一种风气，就是衙役下乡，随便向老百姓索要东西。如果不给，就会遭难。轻则拳打脚踢，重则借故抓去坐牢。郑燮还是不动声色，默默记在心中。

他这一路上，走村串户，了解到不少平素无法了解的情况。眉头也是越结越大。看来这整顿官风要深入，还得让老百姓参与才行，他想。

七

范县衙门前青砖照壁上的浮雕，照例刻的是形似麒麟而名"贪"的怪兽。这神话传说中的贪婪之兽，据说能吞下大量金银财宝。难怪画面上它的脚下四周尽是财宝，结果却落了个下地狱的可悲下场。照壁所绘之"贪"，据说是明太祖朱元璋首创，主要是警示官员。看来也是形同虚设，官吏们早已是熟视无睹。照壁对面有座牌坊，名曰"宣化坊"，是知县每月初一、十五宣讲圣谕、教化百姓的地方。再往里就是高大威风的大衙门。面阔三大间，明间为过道，东梢间的前半间置一面大鼓，名曰"喊冤鼓"，百姓可以击鼓鸣冤；西梢间的前半间立有两通石碑，上面刻有"诬告加三等，越诉笞五十"的字样，是对百姓约法，更增加了县衙的威严。老百姓心目中，县衙大堂既是官府的门面，又是阎罗殿一样的森严之地。

郑燮上任之后，还发现一个奇怪现象：范县衙门虽修得高墙大院十分排场，可大堂之上却是冷冷清清。真是"无事不升堂，升堂亦无事"。知县的公案上也是空空如也，无一积卷。他起初三五日还以为是无案可审，于是随兴吟诗作画，邀友饮酒。恰逢名士程振凡到访。这位著名的篆刻家同时精通天文、勾股、篆籀之学，可谓饱学之士，郑燮甚为敬重。二人本江苏老乡，他乡相见，深感亲切。宴饮交谈，甚是投机。

恰逢桌上兰花盛开。振凡喜之，一再赞誉。郑燮心领神会，便即席作《竹兰图》赠之，并题诗曰：

知君本是素心人，画得幽兰为写真。他日江南投老去，竹篱茅舍是芳邻。

程振凡感激不已，即席依韵称谢曰：

"仆本江干落拓人，金陵投契信天真。何当九畹传湘管，丽句清辞许结邻。"程老先生视郑燮所赠丹青为珍宝。此后每每示友，皆赞为珍品。先后有允禧、朱文震、顾元揆、陆恢等人题识，成为传世精品。

郑燮上任，整肃官吏，衙役们表面上都不敢怠慢，过了半年，大有政通人和的太平迹象。又适逢风调雨顺，郑老爷的心里十分乐观。遂忙里偷闲，读书会友，寄情书画，吟诗填词，其乐融融。但是他毕竟是一个灵动之人，在其位得谋其政。特别对于衙门内外发生的事情格外敏感。他渐渐觉得气氛有些不大对劲儿，便暗中留心观察、仔细打探，这才发现问题很是严重。县衙的衙墙上虽然掏了不少窟窿，投进了几缕阳光，但衙墙之内依旧还是呆滞如一潭死水。外面真实的民情仍然无法透入。关在衙内的各司人等虽然不像从前那样公然打牌聊天、喝酒逗乐，而衙门之外、城乡之内，老百姓的生计与死活，大小官吏们既不知情，也漠不关心。于是他再也没心思写字作画了，一日早朝升堂，他突然惊堂木一拍，当堂发问：

"你们知道老百姓春荒时节锅里都煮些什么，碗里都盛些什么？"

大伙儿惊得面面相觑。谁也答不上来。他又问：

"你们知道这范县城里有多少泼皮流氓，乡下有多少豪强恶霸？"

大伙儿更是面面相觑。

"你们都听清了，上至师爷下至六司主事和衙役，你们谁说得清，这老百姓是真无案子，还是已经无心报案？”

大家面面相觑。他抬高了嗓门又问。

“这可真是，‘县门一尺情犹隔，况是君门隔紫宸’呀，你们一个个拿着朝廷的俸禄，吃着百姓的鸡鸭米面，却整天在这衙门中闲待着，难道不感到羞愧？”

大伙儿个个缩头不语。郑燮气脑无奈，一时又没良方，只好宣布散堂。

此日，郑燮脱了官服穿起青衫，徒步来到街市上转悠，发现叫花子不少，打架生事看热闹者不少。还听到几位老者在街角拉话：

“你到衙门里告状，击鼓鸣冤有什么用，无非自找苦头。”

“你说有冤？有冤嚼碎了往肚子里咽。”

“唉，衙门口朝南开，有理无钱别进来！”

这话从前郑燮也听过，可今日听来就像百姓打在自己的老脸上。回到衙宅他思来想去，决定立即升堂。人到齐了，郑老爷却一言不发，随即当堂挥笔疾书一副对联，上联是：黑漆衙门八字开；下联是：有钱无理莫进来。横批是：勤政爱民。

这是什么意思？堂下一阵唏嘘。

“衙役，把这副对子，给老爷我贴到衙门外面去。”

“这……”师爷显出为难，正要发话。

“贴出去！”

这一回郑老爷显得有些动气。衙役只好遵命。

接下来新任老爷又挥笔写出一张告示：

“本官日夜受理状子，件件定秉公处理！”云云。

遂也着人张贴到衙墙外面。除了对联和告示，郑老爷的本次训示就只一句话：

“各位都听清了，从此后，要大开衙门迎候百姓！”

他的“出格”言行，使众人很不理解。

“这不是自找麻烦吗！”可老百姓却高兴了，都说新上任的郑老爷“只讲公道，不要银子”。

“冷衙门”热闹开来。范县城乡的老百姓，不禁奔走相告，拍手称快。当然也有人将信将疑。连师爷都认为新来的郑老爷是想标新立异、说大话。

“哼，范县刁民历来好诉讼，全县官司积案那么多，你郑老爷就是有三头六臂，能处理完吗？"

老百姓可不这么认为。那些过去白花了银子的、受冤蒙屈的、官司久拖不判的、黑白颠倒错判的，等等，都纷纷来到衙门上诉。一时间来递状子、击鼓喊冤叫屈的、跪求催办积案的络绎不绝。从前冷清的衙门里一下子热闹起来。无所事事的官吏们也都真正忙活起来。郑老爷更是忙得连吃饭睡觉的工夫也没有了。他自己成了"工作狂"，师爷、各司头目和衙役们也都跟着忙得团团转。

八

眼看汛期将至，这可是范县最难熬的日子，弄得不好，泛滥的黄河水又要淹城。郑燮开始动员修筑河堤。上面申请来的资金远远不够，他就说服有钱人捐款。给予人家的奖品，就是他自己的书法和画作。因此募来不少资金，终于把河堤修了起来。

入夏，田野里落了几场透雨。此日，雨过天晴，空气与泥土都是潮乎乎的。几只布谷鸟在飞翔中有节奏地鸣叫。郑燮穿着布衫、麻鞋，脑后拖着细长的辫子到乡间去巡视。眼下，他还牵着一头毛驴子，背着褡裢像个赶集的老者。身边木讷的童子，倒好像是他的儿子。

随着整顿官风深入，郑老爷更加意识到深入田间村舍了解民情、探访农桑之事紧要。"要知朝中事，且问乡里人嘛。"随从小吏打个写有"板桥"二字的灯笼前导，见了百姓在院中乘凉，他就停下来拉家常、话桑麻。他在此后写的《范县诗》中，对当地的各项生产活动与民情风俗都做了详细描述，甚至还充满好奇地开列出当地生产的各种土特产品，就是得益于此。

眼下，他一边行路，一边还摇头晃脑地吟诗哩：

借问民苦疾，老人不识官，扶杖拜且泣，官差分所应，吏扰竟何极……

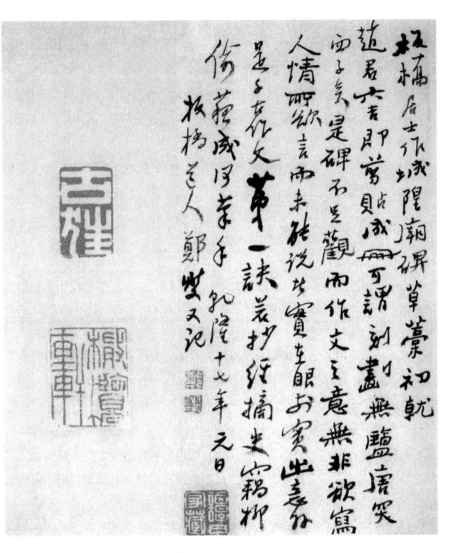

郑板桥书法《重修城隍庙碑记》（局部）

如果没有亲身的体验，这样的诗句怎么想得出来？如此不久，郑板桥就把范县四乡十八村转了个遍，对民间的大情小事也知之八九不离十了，查出许多从官吏们口中无法听来的"官风"问题。

"各位老爷，你们都听着，我有个话题，想考考各位。"

此日在大堂之上，郑燮突然讲道。各位又是面面相觑。心想这位下了几日乡的县老爷，不知又发现了什么问题。

"假设县衙里一些官吏和衙役每逢年节，都要依权到老百姓那里索要酒肉食物，甚至动手抢夺。你们说该怎么办？"

大家一听自然明白，当然又是缩头不语。

"你们知道老百姓是怎么数落这些官吏的？"

大伙惊愕地仰起头。

"你们如此贪婪无道，想过没有，你们一带头，乡村那些保甲头目，敲诈勒索、鱼肉百姓就更是肆无忌惮。你们知道不知道？"

六司头目和衙役们个个吓得心惊肉跳。心中都琢磨着，老爷是不是在说自己。

"还有一项恶习，百姓向县衙交纳租税，每斗粮食必须多交一升，理由是为了补足'损耗'。你们可曾知晓，这些胡作非为的'土法子'，给本来就赋税沉重的百姓徒增多少负担？"

大伙儿无言以对，都感到奇怪，这样的事情，郑老爷竟然了解得一清二楚。因此人人心里都在打鼓。想着自己那些个见不得人的事情，担心郑老爷已经知晓。

"从今往后这些统统废除。另外，所有吏员买老百姓东西，都要按市价付钱，不准强索强取。"

郑燮根据自己了解到的情况，让师爷逐条逐项拟了一张告示，作为县衙官吏改进作风的规定。

安民告示一经贴出，百姓个个欢欣鼓舞。

微服私访中，郑板桥还特意写了首诗谈自己查访民情的感慨：

喝道排衙懒不禁，芒鞋问俗入林深。一杯白水荒途进，惭愧村愚百姓心。

经过深入查访，郑县令先后制定了一系列戡乱除弊的新规新政，经过努力实行，范县开始出现了由"乱"到"治"的局面。

由于经常下去微服察访，有时就住在乡下，连上面官员下来视察也找不到郑燮。比如一次曹州太守姚大人下来巡视，郑县令就不在县衙。好在姚太守也是一个务实之人，因此并不怪罪，见到他后询问起来，郑燮只字不谈自己的政绩，却不无抱怨地呈诗一首，云：

落落漠漠何所营，萧萧淡淡自为情。十年不肯由科甲，老去无聊挂姓名。布袜青鞋为长吏，白榆青杏种春城。几回大府来相问，陇上闲眠看耦耕。

太守读后大笑不止，说：

"好啊，看来，你郑燮政绩不小呀，难怪满城乡的百姓都伸大拇指夸你。你也别给我发牢骚，好一个'白榆青杏种春城''陇上闲眠看耦耕'。您老先生对百姓农耕真够重视呀。"

的确，郑板桥十分同情劳动人民，他在《范县署中寄舍弟墨弟书》中说：

我想天地间第一等人，只有农夫……农夫上者种地百亩，其次七八十亩、其次五六十亩，皆苦其身，勤其力，耕种收获，以养天下之人，使天下无农夫，举世皆饿死矣。

尤其是在灾荒年，他更是"不遑居居"，把百姓的疾苦挂在心间。由于他勤政爱民，偏僻的范县出现了太平繁荣的景象，百姓也得到了休养生息的机会。每至春夏，黄河水暴涨，郑县令常带人日夜巡堤，有时甚至和百姓共住茅庵，固堤防患。土堤上，田埂间，或是一望无际的果林、庄稼地里，纯朴的农民们，遇到这位亲切随和的知县，往往敬上白水一杯，大伙儿一面喝着水，一面无拘无束地交谈着。

有时走累了，郑老爷就在垄边树下憩息下来，静静地望着那辽阔的田野，远远近近的农舍。在耕种着的土地上，闪着黑白翅膀欢叫着的花喜鹊，喜悦地在犁地的耕牛前后起落飞旋，在松软的泥土中啄食害虫。

九

日出而作，日落而息，郑燮面对那一张张憨厚纯朴的面容，就像面对精湛的艺术品。那是上苍的创造，更是生活的杰作。他仔细地端详，悉心地品味着那嬉笑与忧伤中的酸甜苦辣，也感受着那隐约透出的五味杂陈。在那一刻，他的心灵与情感同那些周身散发着汗腥与土气的人们完全融为一体。由于没有了功利的困扰，没有了劳心与劳力的隔阂，他便深深感到了精神的充实与宽慰。心灵的平静，孕育出诗意的冲动。他会吟诵出最纯粹的诗句，同情和赞美这些可爱的百姓。

那些诗句，就像他的心湖，是那样的恬适而从容淡定，又是那样的单纯、宁静，孩童般的美好。祖先的遗迹，广袤的大地，辛勤的劳作与往往并不丰厚的收获所激起的心的波澜……正是这种无拘无束的田野交谈、深入的探访，使得郑燮比以往历届的县太爷都了解到了更真实的民情民意，更多的乡村生活的方方面面，来自农民生存的各种情形，了解到百姓与官府之间的维系与隔阂，看出了好的政令与实际执行上的千差万别。

每一次的田头或炕头的深谈，对于他都是一堂课，一种教育与启迪。于是，郑燮把百姓的泣诉和心声，用诗来加以传达，用诗来加以梳理和记录：

县官编丁著图甲，悍吏入村捉鹅鸭。县官养老赐帛肉，悍吏沿村括稻谷。豺狼到处无虚过，不断人喉抉人目。长官好善民已愁，况以不善司民牧。山田苦旱生草菅，水田浪阔声潺潺。圣主深仁发天庚，悍吏贪勒为刁奸。索道汹汹虎而翼，叫呼楚挞无宁刻。村中杀鸡忙作食，前村后村已屏息。呜呼长吏定不知，知而故纵非人为。

　　当然，农村中也有恬静祥和的一面，瓜田豆棚、小河流水，那种单纯朴实的情形令他深深的羡慕。于是也发而为歌，例如《田家四时苦乐歌》，倒是苦乐参半。其中有些苦，不外乎五更起早，冒雨耕作的辛苦。这对于农民，其实也是一种快乐。就像他郑燮秉烛夜读，或挥笔作画，那是欢乐的陶醉，全不同于纳税完粮、应付酷吏差役一类的苦。他对于百姓的感情，也是越来越深，体会到了"当官要为民做主"这句话的含义与分量。

　　最使他不能容忍的是人与人为了利益，而相互倾轧的残酷无情，那是对人性尊严的任意摧残践踏。他毕竟不是一个单纯的官僚，而是一个本质意义上的书画家诗人，残酷的现实，使他更进一步体会到杜甫所遭逢的时代和心灵感受。这使得诗人变得空前的悲怆而深沉起来。于是《兵车行》《石壕吏》《无家行》……在郑燮的头脑中，不仅是萦绕着的凄美的诗句，更体会出前辈诗人那国破家亡、流离失所、饥寒交迫的心境，同时眼前也呈现出令人惨不忍睹的现实景象……于是，诗人暗下决心，要像杜甫一样谱写出时代的哀歌：不是单纯的愤怒、简单的发泄，而是思想的启迪与灵魂的唤醒，如同《诗经》那样，成为对当政者的一种讽谏……

　　眼下在县衙之中，他的面前仍然是悍吏与农夫的对峙，耳旁听着萧萧的竹丛在夜风中喧嚣，他要写一首《私刑恶》留给世人。诗序，在脑子里迅速酝酿，想风云际会，风生水起，他突然一下子就想到了晚明的大太监魏忠贤，这个深受天启皇帝信任和重用的大奸贼，虽然早已被钉在了历史的耻辱柱上，但如今他的余毒还是遗传甚广呀！魏忠贤，这个不学无术甚至目不识丁的乡间无赖，赌输了钱便休妻自阉甘做太监的恶棍，为了满足一己私欲，不顾国家民众兴衰死活，排除异己、陷害忠良，干尽了令人难以想象的坏事……郑燮想着，提笔的手都有些发颤。于是他写道：

　　自魏忠贤拷掠群贤，淫刑百出，其遗毒犹在人间。胥吏以惨掠取钱，官长或不知也。仁人君子，有至痛焉……

　　长夜漫漫，衙宅寂寂，诗人义愤填膺，胸中诗情如潮，滔滔不绝，流淌笔端……痛哉，痛哉，天下百姓！清官清官，望眼欲穿！望眼欲穿呀！他暗暗告诫自己，郑燮呀郑燮，你可要用心做个清明之官呀！

十

　　官风得变，范县即治。郑燮的心中又开始变得喜悦异常。他这才真正体会到了儒家"入世"哲学的奥妙所在。其实奉献社会、实现理想更是读书人追求的一种幸福。公务之余郑老爷又能以诗书画抒发情感、寄托志向了，更是传播文化，驱赶愚昧，何乐而不为。

　　每日晨昏，他口中不住地哼着小唱，眼瞅阳光把院中翠竹的影子投在窗户上，便不由得想要动笔来画。又见盆中的兰花枝叶青翠，开得正欢，也不由得要提笔描摹一番。其实，丹青之中，墨竹与素兰，是最难脱俗又最难画精的。俗话说，一世兰花半世竹，他却铤而走险，偏偏选择了最难的物象来画。好在，凭借着深厚的书法功力与精博的学养意趣，再加之超然物外、桀骜不驯的个性，郑燮笔下描画出的竹、兰，总是苍劲萧爽，疏密有致，清俊儒雅，与众不同。点画之间，颇见得笔墨功力，逐渐成为人们争相欣赏和索要的名作佳品。

　　眼下，正值炎夏。郑燮像当地百姓那样穿着粗布短褂，手中摇着折扇，兴致勃勃地提笔挥洒。他又是在写一幅墨竹。寥寥数笔，随风而动，劲节向上，潇潇洒洒，颇见精神。

　　师爷在一旁瞅着，不住地将着下颏上的几根山羊胡须，摇头晃脑地称赞道："哎呀，静观老爷您画的竹子，仿佛院中之竹应邀而至，随风颤动。嗯，真是佳妙绝伦，佳妙绝伦呀！"

　　郑燮抬眼看看他，心中一阵好笑。想着这个胆小怕事、既有些自私又不无迂腐的科场失意之人，在官场浪迹多年，沾染了不少的官僚习气，又是正在给自己戴高帽子哩，但不知何故，他并不过于反感听他唠叨。这也许就是人性的弱点，无论是谁，也是难以逃脱好戴高帽子的误区呀，何况师爷所夸，与自己所追求的并不矛盾。

|
第六章　沉浮

"郑老爷呀，您听说了吗，相传咱们范县，自从您上任以来，不光是政通人和、百废俱兴，而且您画的《百雀图》，也成了县宝图啦。"

郑燮听得感到奇怪："什么《百雀图》，我怎么不知道？"

"此图原名《墨竹图》，是您为咱古城的开明乡绅朱先生所画，老先生得到墨宝高兴呀，就把图画挂在门外墙上当众炫耀。时值傍晚，一群麻雀误以为是真竹子，纷纷冲着《墨竹图》飞来，结果个个触墙而亡。画面上便有麻雀留下的斑斑血迹，故后人称之《百雀图》。"

郑燮听得一惊，"啊，还有此等事情？那我郑燮不是成了杀生之人了？"

"哪里，哪里，这正说明老爷您画的竹子栩栩如生，连麻雀都分辨不出真假啦。"

郑燮这才得知是师爷故意夸张演绎，便再也忍耐不住，仰头哈哈大笑起来。

范县县城向东不远的黄河金堤之上，有座"仲子庙"，相传是为纪念孔子的弟子仲子曾经在此讲学而建。此日郑燮带人视察金堤防汛顺便来到庙中，见庙宇残破不堪，庙院里蒿草丛生，显然是荒废多年。他看着心中不禁一阵凄凉，当即着人打扫并筹资修葺。等到古庙整饬一新，他又专程拜谒，以表对圣贤古迹的敬仰，对文化遗存的珍重，并亲笔题书"仲子庙"三字，制匾悬挂庙门之上。三个烫金大字，题写得很有讲究，也是他一生很少写的几个斗方大字。新匾既悬，吸引了不少百姓围观。范县虽穷，却是汉代古邑，很有文化底蕴。民间秀才夫子不少，喜好书法成风。有几位老者立于匾下，仰视而评说道：

"此匾何人题写？书风古朴典雅，显然是颇有根基。"

"此乃郑县令板桥手迹。敢问根基何来？"

"有周秦金石之厚重。"

"嗯，可谓刀斧之下不露斫痕，笔墨之间不见漏迹。"

"可不是，有庙堂之气，而无世俗之陋，可谓敛气藏锋，炉火纯青呀。"

几个人正指手画脚漫无边际议论得热闹，就听人群后边有人搭腔道："我看离炉火纯青还相去甚远。"

众人回头看时，却是郑县令本人。他虽是布衣麻鞋，可百姓大都认得，便纷纷拱手施礼。那边郑燮赶忙制止，并说：

"诸位方家在此，既然是品议书法，咱们就不必拘礼。平生很少书写榜书，这幅匾额，也是偶尔为之，纯属强为所难。"

"哪里哪里，郑老爷委实过谦，您这可是正经功夫字呀。"

"要说功夫，倒是多少也还有些，但是要讲正经，可就有些过奖。你们瞧我这点画，非驴非马，是象不象，何言正经？"

老夫子们一愣，个个张口无以应对，都显出一脸的尴尬。

郑燮见状便笑着说："要说书风，我这只能算作是'六分半书'。"

"六分半书？！"

"对呀，是六分半书。"郑燮很认真地解释道，"你们看，我这是以隶书笔法掺入行楷，又时以兰竹之锋出之，可谓是不隶不楷，似书又画，自成一种面目。此书体既介于楷隶之间，而隶多于楷，汉代隶书又称八分书，那我这非隶非楷再加一画，就只能称之为'六分半书'啰。"

一席话，引得大伙儿哈哈大笑起来。郑燮自己却是不笑，接着又说："你们能说这是正经功夫字吗？我是一点儿也不正经呀！"

众人又大笑起来。这一回，郑老爷自己也忍不住开怀大笑。

的确，郑燮的书法，充满了历史感与文化气息。正如那位老夫子所言，他的确是有根基的，但又不拘泥于古人。清代康乾年间，所谓和平盛世，书法界碑学大兴，考据风炽，一时间，往昔之甲骨、金石重焕光芒。此正合郑燮之好。比如"郑文公碑"，这被后人称为"碑书第一"、"真书第一"的古碑，他就情有独钟。而此碑恰就在不远处的云峰山上，何不去看看那难得一见的北魏摩崖石刻呢？郑燮时常这样提醒自己，可总是公务繁忙难以脱身。

十一

此日政务之余，郑燮一边临写《郑文公碑》，一边就想到，何不偷得半日闲暇，携童子前往拜谒此碑。

"《郑文公碑》，原本是当时兖州刺史、书法家郑道昭为悼其父郑羲而书。开始刻在天柱山巅，后见云峰山石质更佳，便又重新摹刻。故先刻者称为'上碑'，后刻者便称之为'下碑'了。下碑字体稍大，且更为清晰……"

郑老爷一路上唠唠叨叨对书童讲着这些，也不顾人家爱听还是不爱听。人家小书童的眼神只是留意风景，就显得有些心不在焉。

"哎，小子，听见吗？叫你哩！你知道吗？《郑文公碑》的字迹，笔画有方也有圆，或以侧得巧，或以正取势，混合篆势于一体，刚劲姿媚于一身，结体宽博，气魄雄伟，堪称千古不朽之作……这些，你这习字的童子都得牢牢记着，练字，不光是捉笔挥洒，还得讲究识碑读帖，才能悟出门道。"

"嗯哼，嗯哼……"童子开始还点头应诺，到后来听得云里雾里，就开始麻木，又东张西望，变得不理不睬了。郑燮还是一路骑在毛驴背上念叨。主仆二人走了老半天，时近午后，这才来到山巅碑峰之前。郑燮站立碑前，仰望良久，悉心领悟，如痴如迷，称赞不已。

"好呀，实在是好呀！"

童子听得早已厌烦，加之又渴又饿，哪里还有心情听他唠叨。正噘嘴发着闷气，却听郑老爷又问：

"唉，我说小子你听着，回去之后，你得随我开始临这碑文。这是我们郑家的骄傲，是我们郑家的荣耀。"

"老爷，还荣耀啥哩，眼瞅天都快黑了！您肚子不饿？"

郑燮一看，可不是，太阳都快落山了，山下早已是一片灰暗。可他还是舍不得就走，急忙拿出笔墨纸砚铺于山石之上，比画着临摹一番。直到夜幕四合，才恋恋不舍地下山。

夜行中，连他自己的肚子也咕咕地叫了起来。这才想起一天之内只吃了一顿早饭，遂感到心慌腿软，连驴子也饿得不愿抬蹄儿。他正有些焦急，忽见远处隐约显出灯火。

"老爷，那……那该不是鬼火？！"

童子吓得直往他怀里钻。

"什么鬼火，是山中的人家。"

郑燮说着，自己心中也不踏实，但口气还要显出不怕，为童子也是替自己壮胆。

就这样，主仆二人大着胆子摸黑下山。等赶着驴走近了，果然就见山脚有数间茅屋，这才放下心来。

郑燮着童子上前叩门。门开之处，就见一位粗布长袍、鹤发童颜的老翁，笑嘻嘻地将他们迎入。那老翁等客人坐定，就吩咐书童将酒菜端上，郑燮心中不胜感激。待到酒足饭饱，这才端详屋中陈设。中堂字画、书柜几案，案桌之上一方巨砚，十分引人注目。这显然不是山中农舍，显然是遁世闲居之山人。又瞅那老者，目光熠熠、儒雅淡定，更是气度不凡。郑燮心中暗暗思忖，该不是遇到了鸿儒知音？

"敢问老者尊姓大名？"

"一介老朽，何为尊者大者，'糊涂老人'是也。"

"'糊涂老人'？先生这一副中堂对联，可是亲自手笔？"

"正是鄙人拙书。"

"'雨歇千山静，云来万木阴'，嗯，联妙字更妙啊。"

"敢问先生此联出自何处？"老者显出得意之色。

"从书风可见，此联显然为汉《开母庙石阙铭》集字联了。"

老人突然眼前一亮："先生慧眼，不愧饱学之士呀。"

"学长面前，岂敢岂敢。"

"此铭来龙去脉，先生可曾知晓？老夫正要请教。"

"岂敢班门弄斧，只是略知一二。此铭全称《嵩山开母庙石阙铭》，为东汉延光二年刻立，篆书二十五行，每行十五字。汉篆得存于今者多砖瓦之文，碑碣皆零星断石，唯此碑例外，故甚为珍贵。笔力雄劲古雅，可谓古篆中之珍品也。"

老者听得，击掌而和。遂又谈到《郑文公碑》，二人所见略同。话热酒酣，老翁遂指几案上那方砚台曰：

"先生识砚否？"

郑燮起身端详，但见那砚同案面一般大小，抚之石质细腻，加之镂刻精良，实属砚台中难得之珍品。如此宝物，何以在此深山？见他半晌惊奇无语，老者道：

"请郑大人为此砚题铭。"

郑燮忽然想到老者的怪名，灵机一动，信笔题道"难得糊涂"四字，随后盖上了"康熙秀才、雍正举人、乾隆进士"的方印。便请老翁撰写跋语。

老人当即挥笔写道："得美石难，得顽石尤难，由美石而转入顽石更难。美于中，顽于外，藏野人之庐，不入富贵之门。"遂也用一方闲章："院试第一、乡试第二、殿试第三。"

郑燮看得，不禁拍手称奇。老人真乃山人方家，果然不同凡响！郑燮兴头正旺，便又提笔补对曰：

聪明难，糊涂难，由聪明而转入糊涂更难。放一着，退一步，当下心安，非图后来福报也。

二人题完之后，会心哈哈大笑。睡得迷迷糊糊的两位书童一下被惊醒，他们揉揉眼睛见窗户都发亮了，又见老爷和那糊涂老头子还在兴致勃勃喝酒聊天，还往那砚台石上题字，相互对视，真是不可思议。

十二

郑燮的笔下，除了竹子兰花，还有不少的石头。沉默无语的石头，在郑燮看来却是深刻的思考者。它浑然敦厚，悄无声息，却给人以思想的启迪。画家在竹下兰旁配以石头，往往象征着质朴顽强、深沉稳固、恒久不变之义。还有石雕的砚台，也是他的钟爱。砚台的文雅是含蓄恒久的。他更喜欢奇石，给人以无限的想象。而巨大的奇石雕成的砚台，就更加的珍贵难得。加之那日砚台上的题字："藏野人之庐，不入富贵之门"，不同凡响，令人叹为观止。郑燮欣赏那奇石砚台，更羡慕老者的慧眼收藏，折服于老人家的学问德行，就像那"难得糊涂"的奇砚……

在郑燮的画笔之下，石头变得有了灵性，更加人格化了。挺拔的、丑怪的、灵动的、顽劣的，像仰天举杯吟风弄月的名士，如斜倚古松之下闲散闭目的隐者，同朝服衣冠谨慎侧立着的宰相，似顶天立地傲视群雄的英雄……他也常常由石头想到友人，想到牢不可破的友谊。要好的文友为了生计与前程，总是聚少离多，天各一方……面对着茅屋青灯，他便更加地怀念他们。

他决心为每个人作一幅画，来表达思念与鼓励的情谊，其中更少不了石头。

这是一幅《石头图》。此前他还没有专意地画过石头。整个画面的主体就是一块石头。自从那夜同那位怪老头子山中论石，他就有了一个新的构思创意，要为最要好的朋友们画几块耸立峻拔的石头。他于政务之余，计划先画三幅。眼下，他画着这第一幅，心中想到的是临危不惧的高凤翰。高凤翰的性格就像一块大海边上高耸的礁石，孤傲地挺立在风浪之中，任凭波涛汹涌、风浪冲击，却是岿然不动。这是高凤翰的秉性人格，也是郑燮自己所推崇的。面对着高官显宦，不显出丝毫的卑屈，甚至严刑审讯，也不曾使他屈服。他画着画着，手就开始有些抖颤，眼睛也被泪水模糊，面前就幻化出高凤翰的身影。那走起路来总是昂首挺胸，蔑视世俗的一切。右臂残废了，他改用左臂挥毫……

眼下这一幅，是画给李鱓的。这个老友的身上有着高贵的气质，也是石头的品格。石头的命运往往是困苦的。仿佛老天故意要给它打磨的机会，好使它的光彩像玉石一样地显亮出来。李鱓第二次被罢了官，原因似乎还是与坚硬的个性有关。但反复的伤害蹂躏，没有使他屈服倒下。郑燮听说他又一次毅然返回故乡，仍旧开始了闲居卖画的恬淡清贫的日子。眼下想象着他的情形，这一块石头，他相对画得圆润，线条是柔和的。因为李鱓生性也有温厚随和的一面，总是泰然处之。每遇文人纷争，总是一副与世无争的样子。印象中总是慢慢地摇着扇子，品着茶茗。再不然就是坐在那里，闭目养神，活脱脱就是一块圆润的石头。但石头的圆润并不改变石质的坚硬与分量的沉重。骨子里，李鱓也有李鱓做人的原则与底线，那就是自尊自重，外圆内方。郑燮想着，即在石头的上面淡淡地施以青色，使得玉石的质地温润地显现出来。这是郑燮对这位同乡挚友人格秉性的理解。温润如玉，却不失钟磬之声。

最后一幅，他是画了要寄给久居京华的书画大家图牧山的。这是他十分钟爱和敬慕的一位书画大家。图牧山的字和画就像他的人一样，既有古朴淡泊、静寂萧瑟的一面，也具才情横溢、飘逸奔放的一面。这后者在他看来更是难能可贵。即使画一块石头，他挥毫之时，也总要形成心中不同凡响的奇特意象：图牧山像荒坟的断碑一样苍苔古老，又像山巅迅疾而来的滚石一般充满无法遏制的凌然气势。他和他的书画，给人的感觉永远都是那么独立不群、桀骜不驯……欣赏图牧山，这体现了郑燮的生活观，更是他的艺术观。

千里寄画，笔墨传情。可见郑燮对于人际友谊是多么的珍重，也可见他此时的心境是多么的宽广闲适。画作好了，似乎意犹未尽。他便在题款时情不自禁地信笔写道：

是日在朝城县，画毕尚有余墨，遂涂于县壁，作卧石一块。朝城讼简刑轻，有卧而理之之妙，故写此示意。三君子闻之，亦知吾为吏之乐不苦也。

题罢搁笔，他自我欣赏一番，显得十分得意。随即苦笑着背着手在地上踱开了方步。心中暗暗自嘲，郑燮呀郑燮，你可真是报喜不报忧呀！瞧那款语，十足一副乐天派的样子。其实他的日子过得并不轻松。一个人，同时管着两个县的事务，哪还有许多的闲暇？他只不过是自律隐忍、驾重若轻罢了。

再说这朝城在范县西北，与范县同属山东曹州府所辖，是郑燮所兼管的一个小县。郑燮知范县，同时兼管着朝城的公务。这样的情形在清代并不多见。可见朝廷对于郑燮还是信任有加。一个人的肩上挑着两副担子，其公务的繁忙也就可想而知。他却还有如此的闲情为友人作画，足见他的行政才干之强与性情飘逸之一斑。

十三

郑燮从政，有他自己的章法。就像他的书法绘画一样，最为可贵处正在于不落俗套。比如由于他对风土民情的热爱与深入了解，他就能同百姓心心相印，他就不用遵循官习，不必墨守成规，而是从体察民情之中独立思考出种种的治理之法，无形之中就破除了许多古板僵死的繁文缛节，而使得作风平实务实扎实靠实，老百姓也渐渐地心中踏实了。百姓安居乐业，违法、告状的人自然就少。眼下，他手中画着石头，就把自己也想象成一块实实在在的卧地之石。他把自己的理政风格形象地称为"卧而理之"。卧而理之，乐在其中。充满了老庄的哲学思想，也体现出郑燮的政治智慧。

此刻的郑燮，开始真正处在了自己辛苦营造的桃花源中，他真正像一块石头，安卧在田园之中，悠哉游哉地望着闲云野鹤，何其淡定自然。

小河里，几只白鹅，悠然地游着。远岸的柳丝，淡淡的，像青雾一般地飘动。浓密的树荫下面，农人和耕牛同样闲散着，同样在清风的拂触中睡卧着。不远处的田埂上，采桑叶的少女，躲进茂密的叶丛中。喜鹊在枝头好奇地翻飞舞蹈，只闻嬉笑不见情容。树下几个活泼的男童，提着筐笼，捡拾随风飘飞的桑叶。

郑燮正看得出神，就见眼前一只母鸡领着一群小鸡走来。它们啾啾地叫着，也不躲人，而是同人十分的亲近。小鸡来到他的眼前，伸着小小的脖颈，歪头注视，随即张着鹅黄的小嘴，啄他鼻尖上刚刚落下的一只小毛虫。绿色的虫子落地挣扎，它急切地呼叫着伙伴，母鸡也被孩子的勇敢惹得兴奋不已。郑老爷欣喜地笑了，仿佛回到了童年，回到了在瓦砾丛中捕捉促织的欢乐岁月。他把自己想象成那只勇敢的小鸡，眼瞅着它征服了那只小毛虫儿。母鸡亲昵地用嘴点点它的屁股。他想到了费妈的亲昵抚慰……

正是夏季瓜果成熟的季节。甜美的五色瓜，翻滚的麦浪，桃杏枝头结得密密麻麻的果实……郑燮的眼中，每样事物都呈现出鲜明的色彩，显得活泼而生动，充满了自然的情趣。

这一切，不但象征着自然的繁荣，也象征着他生命的繁荣。他的创作力，像泉水一般地涌现。他的生活，也像这个偏僻的县城外围的小河，在单纯、闲适与恬静中悠然流淌。

由于他的疏导与感召，人们之间，即使偶然有什么纷争，也很快地化解开来。日常的公事处理完之后，署衙里的县吏们，逐渐地散去。整个庭院，变得空荡荡的，冷清而寂静。大门之外，执勤的衙役懒洋洋地呆立在夕阳中，仿佛是泥塑一般。偶尔，邻居的公鸡，咕咕地叫着，跳过廊墙反倒带来一阵生气。邻近庙中的和尚不时地送来几把苦蒿或新鲜的蔬菜。厨子感谢着送他出去。这是郑燮一天中最闲适的时刻，也是他创作的良辰。他喜欢凭窗画画、写字或是修改诗稿。窗户洞开着，秋日夕阳的冷辉泛红溢入。落红与黄叶在风中窃窃私语。他不时地抬起头，望望外面的风景，便会获得灵感的冲动。于是不无自嘲地信笔写道：

年过五十，得免孩埋。情怡虑淡，岁月方来。弹丸小邑，称是非才。日高犹卧，夜户长开。年丰日永，波淡云回，鸟鸢声乐，牛马群谐。讼庭花落，扫积成堆。时时作画，乱石秋苔；时时作字，古与媚皆；时时作诗，写乐鸣哀。闺中少妇，好乐无猜；花下青童，慧黠释怀。图书在屋，芳草盈阶。昼食一肉，夜饮数杯。有后无后，听已焉哉！

似乎一切都释然，一切都那么惬意。他感到生活的溪流，是那样平静地淌着。美丽年轻的饶氏，正守在他的身边。那丰润的身子散发出花朵一样迷人的气息，令他心跳加快。不是为了传宗接代，不是为了任何的功利目的，只是为了眼前的适意与快乐，他与年轻的饶氏卿卿我我。这个时期，他似乎也喜欢用空灵的文辞，来抒发流动在心中的那股不安分的清流。就像青春期二次到来，爱怜的词语在胸中涌动，令他悸动不安。

然而，更多的时候，他仍然还是一个立足现实的官人。国家社稷，百姓生计，还有他那时时留意的官场阴晴沉浮动态……于是，他此一时的诗文中，仍然是"载道""言志"多于花前月下的柔情蜜意。这样的文风与诗风，显然还是体现着《诗经》与《离骚》传统的影响和儒家治世思想的熏陶。总体来看，郑燮的诗歌，写实的内容比想象的意味要浓。而相比之下他的词，则更具浪漫主义的情调，更能委婉含蓄地抒发自身内心深处人性的热情与光耀；更能够体现出他的文人雅士的多愁善感所营造出来的奇异诗境。

总之，这是一个收获的季节。范县的农民们陶醉在丰收的喜悦之中。郑燮也沉浸在思想与艺术的丰收喜悦中。日积月累，他的生命的记录与宣泄的诗词，竟然有了数百首之多。

十四

妻子郭氏远在兴化老家操持着家务，随时都在孤独地企盼着为官的丈夫归来合欢。但是郑燮似乎并未在意她的这一份苦心。他的诗词中，很少留下思妻的印痕。这也是男人的平常心态，很难说是不是忘恩负义。偶尔之间，他也会想到她的辛苦与不易，但那只是淡淡的一念，随后便不曾出现。这里有年轻的小妾，伴随在他的身旁，为他的生活点染出多彩的颜色。政务暇余，还有那几个聪明伶俐的童子，为他牵驴、沏茶、铺纸研墨，排遣烦闷，逗他欢笑。偶然的饮宴或应酬中，他仍是会把目光投向那些歌伎舞娘，好色与心猿意马，这也是积习难改。但是，在这一切喧嚣闹腾、灯红酒绿与七情六欲的官场生活的间隙，他仍然感到一丝的空落与不安，那就是不忘对故仆的怀念。小王凤的影子，时刻会出现在他的眼前。这就是人性，得到多少也是不会满足的，一旦失去，却会时时惦记。

他小心保存着王凤的一枚青田石图章，那种温润宜人的石质常常令他想到这个朝夕相处的可爱的小伙伴。眼下，这枚他治好送给王凤抄书习字用的印章，成了他们相处日子的全部的留念。三年来，他一直将它包好了揣在自己贴心的衣袋中。想他的时候，就掏出攥在手心把玩。那种温润的感觉，仿佛他的笑容和他那清晰柔和的语气又回来了。

是王凤陪伴着自己读书温课，准备科考。倘若他还活着，那该多好啊。他会陪着自己来范县赴任，陪自己谈话解闷，品茶赏花，整理文案，收藏诗稿，洗笔磨墨，服侍衣食起居，还有……但是，老天妒忌，他和王凤都没有这等福分。

仪仗、锣声、喝道声、嘈杂的脚步声……迎接钦差并陪同出巡的队列在城中狭窄的街道上缓缓地行进。

眼前一张熟悉亲切的脸庞一闪，郑燮突然感到一阵惊异的恍惚——那分明就是童仆王凤呀！他急忙掀起轿帘，探出身子瞭望，这才看见一张小皂隶的脸，那消瘦敏捷的身影，继续在锣声中和其他的皂隶们一道吆喝着行走。他只是偶然地转过头来。郑燮失望地摇头叹息。他记不得这是陪同钦差大人出巡，更忘了处理了一天的公务，他甚至于记不清这天出巡的目的地是何处，连天上下雨都浑然不知。

秋雨，连绵不断，淅淅沥沥。衙宅的夜，就显得更加的寂寞沉闷。温柔的小妾依旧陪伴在身旁。但是郑燮心中王凤的影子依然挥之不去。整个书斋都显得冷冷清清，像他的心绪一样阴暗而空落。

"老爷，您喝碗小米粥吧，医生说暖胃解渴。晚饭又是没吃。"饶氏轻声地埋怨说，怯怯地望着他的脸。她发现老爷的眼睛近日总是直直的，像是被什么物件吸引着。

郑燮默默地接过粥碗，失神地放在眼前的茶几上。眼睛又盯着手中的书。

他想用读书来转移注意力。可灯光下眼前仍然是白天闪现的白皙脸庞。他索性闭上眼睛，想再现那一刻的幻象……无奈之下，他凄然地提笔写道：

乍见心惊意便亲，高飞远鹤未依人。楚王幽梦年年断，错把衣冠认旧臣。

县中小皂隶有似故仆王凤者，每见之黯然……

那些寂寞的日子，郑燮思念夭折的仆童王凤，也思念恩人允禧。恰巧此时，允禧《随猎诗草》与《花间堂诗草》刊刻付印之际，嘱他撰跋。借此机会，郑燮欣然命笔曰：

紫琼崖主人者，圣祖仁皇帝之子，世宗宪皇帝之弟，今上之叔父也。其胸中无一点富贵气，故笔下无一点尘埃气。专与山林隐逸、破屋寒儒争一篇一句一字之短长，是其虚心善下处，即是其辣手不肯让人处。

写到此外，抬头望望窗外的天空，正有一只孤雁鸣叫飞过，那孤傲与峻奇，犹如自个儿的文思缥缈，顿时文思奔涌，岂可自已：

曰清、曰轻、曰新、曰馨。偶然得句，未及写出，旋又失之，虽百思之，不能续也……

正在兴致上时，新来的胖童子来送茶水，手脚笨拙，竟然将水撒落桌上。郑燮不快，遂又想到了王凤，心中连连叹息自己命苦。由此又联想到紫琼崖主人做学问的态度。胖童子撒了茶水，正担心训斥。郑燮只是想着自己的心事。

问紫琼之诗已造其极乎？曰：未也。主人之年才三十有二，此正其勇猛精进之时。今所刻诗，乃前茅，非中权，非后劲也。执此为陶、谢复生，李、杜再作，是诌谀之至，则吾岂敢！

时值乾隆七年（1742）六月二十五日。此一时，他开始遴选修订并手书自己的诗作，名为《诗钞》《词钞》，由门人司徒文膏刻版。

其遴选之严，也就可想而知。

十五

乾隆八年，即一七四三年的早春。这是郑燮主政范县的第二个春天，雨雪充沛，气候调和。老天爷也似乎眷顾郑县令宽厚亲民治县的理念。一个繁茂的夏天与丰收的秋季便在那里等待着，农夫们的脸上浮现出喜悦。

可是，人事却似乎并不那么顺遂。不断地由京城里传出来令人不快甚至不安的消息。

首先是好友鄂容安被降职调离。这位朋友原本是东宫詹事，那可是总管内外庶务的一个肥缺，因此盯着这个位子的人也就不少。他一贯谨慎从事，可仅仅因为私自向副都御史仲永檀探听留在宫中的密奏什么的，竟然两个人同时受到了检举密告。结果仲永檀被当即免职，鄂容安则降调为百无一事的国子先生。这两位都是郑燮在京城中的好友呀。两个好人遭难，消息传来，他夜不成眠，辗转反侧，终于发而为吟，呜呼：

仲子空残呕血，鄂君原不求名。革去东宫詹事，来充国子先生。

一首《鄂公子左迁》，貌似平淡记实，可字里行间却充满了控诉嘲讽、不满和牢骚。对象是谁？是要命的政治纷扰，是该死的宫廷党争，是看不见摸不着但一刻也不曾停息的争风吃醋、争权夺利，是官场上千百年来形成的陈腐积弊呀。还有一点是轻易不便说破的，那就是貌似精明的天子，也往往一叶障目，难辨是非真伪……

然而，处在逆境之中，只有达观，只有隐忍。郑燮还能再说什么？吟罢的诗句，只好书写成条幅寄赠二位，聊表宽慰之意。这原本是去年十二月间的事，而此刻郑燮并不知晓，那可怜的仲永檀已经不在人世。

事情并非就此结束。鄂容安本是军机大臣鄂尔泰的儿子，而仲永檀则又是由鄂尔泰向皇帝保奏"品行端正"而被起用的。在双重的连带下，那位满面须髯、庄敬礼贤的宰相大人，自然免不了受到牵连。会不会也遭降级？或是暂时留任什么的？他的担心不是没有道理。为此，郑燮一连多日心事重重，寝食难安。理政之余连作诗绘画也没了心思。

可是当这一件事情在他心中激起的波澜尚未平息，又传来更加令他纠结的坏消息，说友人杭世骏也被革职。这是二月里的事情。先是盛传杭世骏违抗圣旨，结果被拿问，被杀了……假若果真如此，那不知有多少人又要受到株连。郑燮希望这些统统都是谣传。但是这在他的心中却不断地激起波澜。

一连许多日子，"谣传"总是不断，且并非从一处来。形形色色、五花八门。不同的罪名，不同的情节，不同的下场……这使得郑燮心神更加的不安。白日想得很多，夜晚噩梦连连。即便是谣传，也不是什么好的兆头。空穴难有风，无风不起浪呀！他最最担忧的是这恐怕就是文字狱的前奏……从前在北京的日子，那八年前由乾隆皇帝御试博学鸿词的空前盛况，那正是世骏兄春风得意的日子。唉，人生前途真是难以预料！杭世骏，多么难得的一个人才！学识渊博，思维缜密，性情豪爽，谈论任何问题，都显得出类拔萃、无可辩驳……但是悲剧也就因此而发生。才高出众之人难免偏颇固执，言多高论者，难免语误甚或令论敌难堪，这难道就是祸根所在？郑燮禁不住就联想到了自己。

此后的结果证实：二月，为了寻求直言之士，乾隆皇帝亲自考选御史。在《对策》中，杭世骏肆无忌惮、直言不讳地发表高论，甚至宣泄不满：

……意见不可先设，畛域不可太分。满洲贤才虽多，较之汉人，仅十之三四。天下巡抚尚满汉参半，总督则汉人无一焉，何内满而外汉也？三江两浙，天下人才渊薮，边隅之士，间出者无几。今则果于用边省之人，不计其才，不计其操履，不计其资俸。而十年不调者，皆江浙之人，岂非有意见畛域！

他也许总以为自己遇到了开明之君，岂料乾隆阅后竟龙颜大怒、暴跳如雷，竟然把杭世骏的这一份《对策》当众粗野地摔在御案前面。眼看着天就要塌，众人慌了神，杭世骏本人更傻了眼。

好在年轻的皇上毕竟不是暴君，也并非一味的刚愎自用。他心中爱才，理智未灭。虽然一气发怒，但见那笔墨文采、铿锵的音韵和不顾一切的男儿气魄，毕竟不是凡夫俗子所能。于是，气消独处的乾隆爷极不愿意地又默然捡起那一份《对策》再读。可是那些毫无顾忌的言辞，便再次引发皇上的怒气和再度的咆哮责骂。这情景也够戏剧般的生动，年轻的乾隆爷的性情也是活灵活现。天子毕竟是天子呀，岂容得奴才放肆逆言！就这样，皇上的情绪，被愤怒与感佩挟持，手中拿的，哪里是一份《策对》，简直就成了发泄与重新点燃怒火的媒介。于是，书写工整的《对策》最终被撕得粉碎！从此杭世骏也就成了一个被抛弃的叛逆，一个代表着桀骜不训的汉族读书人的恶劣典型，一个那些被压抑、统治了近百年而心存不满的汉人士子的化身。乾隆皇帝想着，攥着一把《策对》碎片的手开始发抖，牙齿也咬得咯咯直响……

深宫之中发生的这一切，外面的人如何知晓？自然是那些皇上身边当差的太监看在了眼里，于是才会有杭世骏被杀的谣传飞出。是的，刑部已经根据皇上的旨意拟定了他的死刑，但是，乾隆皇帝毕竟还不是暴君，他还有仁厚的一面。他在暴怒和震悸之余又开始反思，随即后悔了，立即传旨：把杭世骏这个不安分的奴才夺取顶戴花翎，发配原籍，永不起用！一句话，毁了他的前程，却也救了他的性命。

"慎勿因循苟且，随声附和，以投时好也。……"这何尝不是郑县令的自省？在杭世骏的身上，显然也有着郑燮的影子。这也是郑燮文人做派的一个明证。如今人家因为脱俗而遭难，他当初却唯恐人家俗脱得不够。郑燮感到歉疚。好在无官一身轻，从此又可以寄情江湖，吟诗作画。他又感到了一丝的艳羡，于是郑燮吟道：

门外青山海上孤，阶前春草梦中癯。宦情不及闲情热，一夜心飞入鉴湖。

这首名为《杭世骏》的不无安慰意味的诗，不单是描绘出友人勇士的豪气风骨，更体现了身在县衙的郑燮的内心深处，仍然没有泯灭的一个艺术家的志趣与良知。他甚至渴望着，有朝一日，重返扬州……

十六

北方的深秋是萧萧凄婉的。黄昏的残阳里，冷风呼啸着，扫落满树的黄叶。这样的景象，在家乡是断然看不到的。郑燮独自一人，逡巡在空荡荡的大衙后院中。眼睐着那绿荫如蓬的几株老槐，叶子在瑟缩中变得稀疏。斑驳的天空，间或有雁阵鸣叫着飞过，留下空旷与寂寞。他感到了一阵悲伤。人过中年，不过也就像这秋雁，几声鸣叫之后，随即销声匿迹。或许唯有子嗣，才能延续生命……于是，心中那只愧疚又可怕的耗子，又蹿出撕咬他的心。他感到隐约作痛。

家贫富书史，我又无儿子。生儿当与分，无儿尽付尔。

自从儿子死后，他是把一切希望都寄托在堂弟墨儿的身上。

面前的台阶，迈上去就是通往前院的廊子。但是就在他抬腿迈步之时，突然感到膝关节的僵硬与疼痛。他知道，这是那难愈的渴疾所致。眼下，虽已年过半百，但是在别人的眼中，正是他在官场上春风得意，可以迈步向上，甚至平步青云的当刻。可他自己却并不这样的乐观。学问、心智、思想和艺术也许正臻于成熟，可是他感到自己的身体，却明显开始衰老着。腰酸腿疼，二目昏花，这些都是显而易见的事实。唉，他努力着跨上台阶，深深地叹一口气，突然焦躁着想着要有自己的子嗣……

一阵轻盈的脚步，接着便是他习惯了的饶氏柔顺的话语："老爷，晚饭都摆好了，您用吧。"

"嗯。"郑燮转身答应着。他异样地望着饶氏的脸庞。她正面对自己，年轻而红润，一脸的认真，一脸的稚气。二十刚刚出头，她还是个孩子呀。郑燮心里嘀咕。每每当自己画画的时候，她起初还出神地看，可不一会儿就忍不住跑出去扑蝶或是拾捡那满园的落花了，或是与小童子嬉闹，显现出少女的天真。

他多么希望她能够为自己生一个儿子。但是，看到她天真活泼的样子，他又有些于心不忍。于是他慢慢地迈步前行。饶氏轻轻地挽着他的手臂。他情不自禁地默吟道：

图书在屋，芳草盈阶，昼食一肉，夜饮数杯。有后无后，听已焉哉！

他感到满足，感到了些许的宽慰。但有的时候，饶氏显然又是一个成熟的招他冲动的女人。她会含情脉脉，也会撩拨他的春心。更会在某一时刻面对落花与交欢的鸟雀显出愁容满面，或是忧心忡忡。郑燮由那青春勃发的脸上的红晕，看到了自己的责任和希望。于是青春的活力，又会在他老迈的胸腔中翻滚燃烧，他又重新感受到了自己的生命力的复苏与回升。在她那勃发的青春活力面前，年过半百的郑燮又变成了一个健全而充满激情的男人，一个能让自己心爱的女人感受到幸福的称职的丈夫……每每这样的夜晚，他会为自己的兴奋而惊异，更为饶氏的幸福而欢乐。他努力奋发，真可谓尽心尽责。终于，在他五十二岁这年，饶氏如愿以偿地为他生下了的第二个儿子。他高兴得连名字都不知该叫什么。叫得富贵了恐怕老天嫉妒，叫得卑贱了又有些于心不忍。干脆就叫宝儿吧！饶氏也乐得这么叫。儿子兴奋得活蹦乱跳。

老年得子，人生幸事。堂弟墨儿闻讯，急忙来到范县庆贺。墨儿此时也已成家。郑燮心中充满了欢乐。显然，婚后的生活，增进了他的人生体验，也使他身体强健了许多。在郑燮眼里，堂弟的性格，虽然还是那么沉默内向，但是看起来较以前成熟开朗多了。眼下家中一切事务，全凭他奔波操持。

"哥，嫂子，尝尝这个。"

他带来了家乡的藕糕与荞麦饼。美食唤起许多儿时的往事，郑燮兴奋地问长问短，嘴里嚼着家乡的点心，打探着旧友与同窗的消息。

"乡邻、族人们的日子，过得如何？有没有人还饿肚子？"

"唉，依旧还是几家欢乐几家愁呀。啥时不是这样？"

墨弟的情绪，开始又有些低落。郑燮就不再说话，开始想象着人们的清苦日子。"飘蓬几载困青毡，忽忽村居又一年……"他也回忆着自己那教书匠的艰苦日子。他能真切地想象出家乡和乡亲们的处境。

在塘边田野，在奇特的垛田中，在弯弯曲曲的溪流河畔，人们依然靠着耕耘收获、捕捞鱼虾、作务莲藕或撑船拉纤来糊口度日。一年的辛苦与血汗，只换得些秕糠与麦粥。一锅荞麦饼、一碗蕴藻和菱角汤，已经是难得的美味，足使挤在破屋子里的几代人笑逐颜开，引起小儿女们一番争夺和欢闹。郑燮想象着，紧紧地皱起了眉头。他不知道号称鱼米之乡的富饶之地，又没有战争和大的灾害，何以就衰败到了如此的地步。

"墨弟，这些银子你带回去吧。"

堂弟有些愕然。

"这是我这几年积蓄的俸银。这一份是给你的。"郑燮指着一个小的囊袋。遂又拿出一个大的囊袋说，"这是分给族人和乡邻们的。"

"分给族人和乡邻们的？！那么多人怎么分？"墨弟有些惊异。

"你听着，你大伯去世时，我们无地埋葬，就不得不把他老人家和我母亲合葬于族人公墓之中。以后我中了进士，又平安地做了这几年安生官，过着不愁吃穿的日子。这都是沾了族人墓地的风水之光，占了大家伙儿的福分。如今，我们的日子好过了，我们不能眼瞅族人的贫苦而不助呀。"

堂弟点头答应着。郑燮的用心同时也在于此，他是故意给堂弟和妻子儿女灌输一种博爱的精神，养成仁厚的品德，也就是他所坚信笃行的儒家的"恕"道。

"记着，凡是宗族、亲友、我的同窗砚友，还有近邻，都要好言慰问，按亲疏关系挨家逐户造册逐户分俸，务必金尽为止。对族中的流浪孤儿，也要设法访求抚慰……"

起初有些惊愕不解的堂弟墨儿，此刻被堂哥的善心深深感动了。他不住地点头答应，眼前的堂哥顿时又高大了许多。

郑板桥作品

十七

　　《诗钞》与《词钞》编辑日久，但却秘不示人，而是一再地锤炼修改，一再地精选删除。毫不吝惜地去掉那些轻率、粗糙、重复及迎合世俗的应景酬答之作。一个貌似放荡不羁、狂狷恣肆的文人，却对自己的作品要求十分的苛刻。他是要把真正能够反映自己内心真情与美意的佳作留给后人。

　　夜深人静，郑燮照例面对青灯开始案头工作。多少个不眠的夜晚，诗人就像勤勉而不知疲倦的农夫在垛田中躬耕，像耐心十足的渔夫在溪流中撒网。他目光敏锐，屏声敛气，在可喜的收获中，精心选择着无愧于自己和时光的最经典的成果，就像在选定那可以传播的种子。

　　诗词是什么？在反复地咀嚼着自己诗词的时刻，他不止一次地扪心自问。它们就是生命的留痕，像露珠似彩虹，如足迹似留影，更像是一个生命留给大地的种子。诗人就是蜗牛，在痛苦与欢乐中，要把艰难行进的足迹留下来，把一个真实的生命的存在与成长的轨迹留下来，也就是把时代与命运的苦乐留下来，把自己周遭的人群，包括所有人间的苦与乐、喜与悲、呻吟与呐喊原本地留下来……诗人郑燮，他把编辑筛选自己的诗词作品，看得多么神圣呀！

　　在这精心甚至苛刻的选择中，郑燮无意之间，表现了自己书法的独特与精湛。俊秀的楷书、飘逸的行书与间或出现的狂放不羁的草书，渐渐地便自然形成了他那遒劲奔放、如兰似竹的六分半书。正因为不经意中的书写，这才更显出书象自由奔放的精彩。

　　"郑先生，您这可是书法精品呀！"

　　精通雕刻的门人司徒文膏看到他的手稿惊叹不已。

　　郑燮笑着说："如果觉得还行，就请用心刻写，好生印刷成册，分送诸友。"

司徒文膏欣然应诺。遂以高妙的雕技完成使命。从此，郑燮的诗、词、小唱及书法艺术，便得以完美面世。这显然是他人生的一件大事、一桩乐事。精心地谋划、设计、商讨，力求刻印成精品。

"我考虑了，《诗钞》之前，刻上慎郡王允禧的这一首题诗。"郑燮特意叮嘱。

司徒文膏会意地点头，遂痴情地诵道：

"高人妙义不救解，充肠朽腐同鱼蟹。此情今古谁复知，疏凿混沌惊真宰。振枯伐萌陈厥粗，浸淫渔畋无不无。按拍遥传月殿曲，走盘乱泻蛟宫珠。十载相知皆道路，夜深把卷吟秋屋。明眸不识鸟雌雄，妄与盲人辨乌鹊。"

"妙哉，妙哉！"司徒文膏连声称赞，"知君者莫过于慎郡王也！写尽了对先生的知遇与敬仰，可谓高人妙义。"

郑燮听得，禁不住一时愕然。他未曾料到，一个只是善于雕版的刻工，竟然有如此的目力。他自己也不由得再度沉浸在那迷人的意境之中。想象着那黄叶飘落的深秋时节，在那遥远的北方，繁华锦绣的京城王府中，慎郡王秉烛独坐，夜读苦思，欣然发出的惊感叹……

于是他在《后刻诗序》中写道：

古人以文章经世，吾辈所为，风月花酒而已。逐光景，慕颜色，嗟困穷，伤老人，虽刿形去皮，搜精抉髓，不过一骚坛词客耳，何与于社稷生民之计，三百篇之旨哉！

这里绝非是诗人的自谦，而是思想家郑燮的文学主张与经世之言。看得出他是典型的一个有思想的大儒。他重视《诗三百篇》的宗旨和优良的传统，他重视古人所赋予诗歌的社会责任与历史使命。郑燮的文学观与艺术观更接近于杜甫，同时又不排除李白。他的创作成就，似乎又要与李杜一比高下。现实主义的内涵与浪漫主义的色彩往往增添了作品的分量光泽。

郑燮的小唱——十首《道情》，始作于雍正七年（1729），是由京城南归之后。经历十四年的锤炼，千百次的修改，可谓是千锤百炼。终于在他到达范县任职的第二年完成。然后也是从司徒文膏的刻刀下面，从酒肆茶楼少女招哥的口中、起林上人的檀板声中，流传于扬州，响彻了北京。流浪乞儿在唱，樵夫道士在唱，诗人墨客在唱，王侯卿相也同样于茶余酒后，在带有几分世事无常的感伤气氛下吟唱不已。如此郑燮的名字，也就广泛地流传。

"老渔翁，一钓竿……"

明眸红唇、清纯的嗓音和那带着浅笑的面容与柔美手势，霎时间把你的心思诱入一个远离红尘、超然闲适而静虚淡泊的境地。在那理想的画图之中，听曲儿的你就是那个渔翁，就是那俯瞰红尘的草根哲人。你开始伴着那闲适的歌唱，环顾周遭，检点反思各自所扮演的世象，反省这世俗人生……一曲完了，如沐清泉，如饮甘露，顿时神清气爽而发出深刻清醒的感慨。

"我如今也谱得《道情》十首，无非唤醒痴聋，消除烦恼。每到山青水绿之处，聊以自遣自歌；若遇争名夺利之场，正好觉人觉世……"

眼下在寂静的衙宅中，当郑燮捧着一本散发墨香的诗集，读着其中一首，他就沉浸在那淡定高远的意境中。这就是诗人的超然，就是读书人的优越。当生活的重压袭来，保护他们的最后一道防线，就唯有精神的力量，超然物外的淡然与释然，是精神上永远的慰藉。

十五婷婷娇可怜，怜渠尚少四三年。宦囊萧瑟音书薄，略寄招哥买粉钱。

这一首《寄招哥》，在别人看来，显得有些轻薄，甚至莫名其妙。但这正是郑燮作为一个文人才子的瞬间真情，是他的骨子里与众不同的嗜好。他喜欢年轻美貌的姑娘，同时青睐英俊潇洒的童子。特别是上了年岁，更喜欢俊男的妩媚动人。他对此向来是毫不掩饰，也不怕招来非议。人生在世，难得有一点儿与众不同的痴迷。

十八

当《道情》唱响，儿子也降生了，真是双喜临门。郑燮的心中再度充满欢乐。此时他的情绪，出现了预想不到的一个高潮。但是他却再也不会像少年时那样的喜形于色。还是一脸的严肃，一身的沉稳。照例每日背着双手低头走在衙门内外，走在街市乡间，没有人看得出他郑老爷的得意与失意。唯独他自己的心中，感到了些许的轻松愉快。当他在书房中独处，他曾经忍不住咧嘴嘿嘿地笑出声。嘴里的《道情》小唱也变了另一种味道。当他看着可怜的饶氏抱着婴儿逗弄，他也是喜得合不拢嘴。但他还是保持着平静的外表。他的这一把年龄，已经令他无法像年轻人一样的轻狂。连同与饶氏亲热，也没了早年的贪婪与激情，甚至感到是一种不得不承受的负担与责任。

兴奋之余，他开始梳理反思人生。开始把自己生命中重要的历程与感悟提炼设计成印章。有的亲手篆刻，有的请好友高凤翰或沈凡民刻制。也有的是朱文震执刀。沈凡民与朱文震，都是篆刻大家，二人刀法相像，皆是郑燮所爱。

"康熙秀才　雍正举人　乾隆进士"

"俗吏"

"七品官耳"

大小数百枚印章，分门别类地装在不同的红木函中，成了一笔财富。书画作品是"龙"，印章堪称是"睛"。画龙点睛，必不可少。他每每完成了一幅作品，仔细地挑选印章，是难得的一种享受。每一颗印章背后，都有一段故事，一道人生的烙印。

就说这"二十年前旧板桥"，包含几多凄凉，又有多大愤慨？"七品官耳"这一方闲章，悲乎喜乎？道尽了人间冷暖与世态炎凉。而这一方"俗吏"，则仿佛是他内心深处发出的一声长长的叹息。虚名、地位，就像一种标签，人生就变得如同一件商品。只要有了一点儿哪怕是牵强附会的名堂，也会使得原本并不可爱的你变出几分"可爱"，原本并不重要的东西，突然变得"重要"，原本并无价值的变得"价值"昂贵，原本销路不畅的玩意儿变得突然紧俏……这就是社会，世俗社会的眼睛，看待一切的标准。在这里，人才，竟像莽原中的百草，天地雨露营养了它，最终也埋没了它。令其生根发芽，又任其自生自灭。其实，每一株草，每一种生发的生命，都是天才，天生之才。然而，老天的公平遇上了人世的不公。无奈之下，能有多少生命，又有多少花儿草儿，充分地显现了它的个性灿烂与生命芬芳？于是，所有的原本都可以永恒的生命，竟都如天空的流星一般，在无人知晓间悄然划过，悄然消失……

当一个官员的心情被艺术家代替，当一个艺术家的思考进入了哲学的层面，就变得漫无边际、深刻无比，甚至神秘莫测……精神的痛苦也就随之而加重。

漫无边际的思考，常常使郑燮陷入茫然的痛苦之中。这就是文人的痛痒，更属于天才人物的专利。他渴望自己的艺术能够被世人接受，能够流传久远，但是他又担心这一切变成现实。他就在这样的矛盾之中，感到了痛苦，甚至绝望。他感到了自己痛苦的深渊是深不可测的呀。

如此这般，他便对那些在命运的摆布之下，依然落魄着的人，那些在人们的妒忌与毁谤之中，照例饱受摧残的灵魂，还有原本是要洁身自好的君子，那些不求闻达而只求无愧于良知的仁厚之士，充满了同情与莫名其妙的歉疚。这样的念头和胸襟，使得他再也不能安于自个儿的平静生活了。他决意，要用自己在文学和艺术上的地位和影响力，利用自己已经被世间认可的所谓出类拔萃的天才的成就，来帮扶和拯救苦难中挣扎的灵魂：那些个个都是身怀绝技，但又不为世人所认可所推崇的人。于是他用目光扫视文坛，精心地遴选对象。经过一番认真选择，别出心裁地作了二十一首七言绝句。每一首诗，集中反映一个人的遭遇、风骨和其独特的艺术造诣。在每一首诗的前面，郑燮还特意简介这些穷困落拓之士的籍贯、字号、名位及学术渊源。

他首先想到的是高凤翰，还有旗人画像图牧山，想到了同乡落拓的大才子李鱓，还有隐居庙宇之中的莲峰诗僧，那不为人知的指画家傅雯、刻竹大师潘西凤、德州进士孙我山、七闽大画师黄慎，还有画芦雁的高手边寿民、辽东世胄李锴，更有以八股文见长的郭沅、奇人中的奇人音布……

凡大人先生，载之国书，传之左右史。而星散落拓之辈，名位不高，各怀绝艺，深恐失传，故以二十八字标其梗概……

在郑燮的笔下，每一首诗都是一个人物的传记，且不是外传，而是文学的正传。虽然文字不多，寥寥几十个字，但是真正做到了言简意赅。那简约生动的笔触，那庄严凝重的神情，那胸中惊雷般的惊惧与悲凉……

十九

郑燮的心目中，音布是奇人中之奇人。彼此相识于京城。一个丑陋年迈的骑兵，却备受骑卒敬爱。他不光是酒仙，更是大书法家。自幼痴迷书法，遍临古帖，书风严谨而又豪放。

"藏帖千本如屋高。摩挲寝食四十载，熔铸昔哲神嚣嚣……"如此深厚学养，与郑燮志趣相投。恃才倨傲，目中无人，二人却相见恨晚。他们在一起，仿佛有说不完的话。每每酒酣挥毫，总是酣畅淋漓，尽兴而甚欢。在郑燮看来，音布酒后狂草，笔圆墨润腕肘活络，如同龙飞凤舞，更似巧匠运斤，收放有度，悠然自得，怪变无常，却又是法度极严。真所谓，"云垂海立露蛟蜃，巨右大木趋波涛"，那种桀骜不驯、出神入化的神态，令人感佩不已。倘若收心静气，书写楷书，则笔下又是一番境界了："楷法端庄杂流丽，九华春殿金环摇。"令人屏息静气，叹曰天工。音布如此绝技，却不被世俗待见，原因乃是在于脱俗。"欻然却立更呼酒，纸上余力犹腾跳。"一时间，"长安城中贵介子，高车大马行相邀。"他却不识抬举，只是大笑回绝。宁为和尚道士义书，也不向达官贵人卖字。葛衣竹杖，逍遥固然逍遥……郑燮离开京城总是挂念，时常打探他的消息。

此日，郑燮在范县县署前面的树荫下闲步，偶遇一卖字者。他破衣烂衫，满脸憔悴，像是许多日子没吃饱饭。脚下一双军靴表明是个退伍的军人。谈话中意外得知这老兵不但与音布同营，竟然还是挚友门人。于是就把他请至县衙书斋，方知音布已逝，凄惨结局令人难以置信。

郑燮眼前，呈现一个老迈无依的音布。他的眼睛被泪水模糊了，那孤独萧索……随即发而为诗：

柳板棺材盖破祛，纸钱萧淡挂辀车。森罗未是无情地，或恐知人就索书。

　　从此人世间就少了一个书法家，甚至不曾留下什么作品的大书法家。郑燮的这首绝句，就成了对这位奇才人物唯一的纪念。郑燮的痛苦更在于，这个世界上为什么不能为奇人留下立锥之地。他仿佛看见，一具瘦小的尸身上，只盖着一片破烂的袍衫。一口单薄的柳木棺材，在灵车上摇摇晃晃。没有孝子，更没有哭声相伴。车边稀稀拉拉悬挂着几串随风飘动的纸钱。几个衰弱的老兵，默默地跟在灵车后面。路上观看的人们指指戳戳，说是那个给钱不要的酒疯子，终于去了阎罗殿……如此悲伤想象着，那孤零零的灵车，即消失在荒烟冷雾弥漫着的乱坟岗上。一代奇才，就这样在孤独寂寞中悄然消逝，如同天空中一抹闲云随风飘逝。

　　比起冷酷、偏私、狭窄的人世，森罗世界未必是无情之地，未必会更阴森、更冷酷、更恐怖。郑燮希望音布能在那里得到尊敬，得到安息。他心中想着音布，难道不是也在为自己着想吗。在郑燮看来，他自己也就是一个活着的音布，只不过处境的形式有所不同罢了。他感到了深深的悲哀，满肚子的不平与委屈顿时涌上心头……他禁不住放声痛哭。这使得那述说着往事的老兵，也忍不住掩面哽咽。

　　音布，号闻远，这个出生于山海关外长白山的穷秀才，常人眼中，不过只是一个穷困不堪、终日半醉半醒的落魄书生。但他自己却是腰杆直挺着，时不时地还要唾骂那些庸俗小人，那些把家世与科甲整天挂在嘴上和那些不仁不义的富家子弟、浅薄得意之人。这又是一种士子的类型：愤慨、酗酒、无休止的谩骂，内心越来越孤傲而忧郁。在浊浪滔天的河流中，如同一条原本要扬帆远航的船，最终却搁浅在岸边。郑燮初次见到音布的时候，他是那样的孤独与愤慨，可谓气急败坏，只能以酒浇愁。人过中年，非但没有仕途上的进展，反而被学使剥夺了儒巾，流落为一介军中骑卒，命运的不济可见一斑。但在骑兵营中，他却意外地受到了军士们的尊敬。这是他万万没有想到的。大伙儿尊重他的耿介品格和渊博学识，崇拜他的书法，也就乐于把他当成一个先生来服侍。时常会把大碗的酒、肉摆在他的面前。音布每每见得，总是哈哈大笑着欣然受用。那种豪爽与悲切，令人动容。那一刻，在军士们眼中，他成了神仙，大口喝酒，大块吃肉，大声地毫无顾忌地说笑。

　　"哈哈，弟兄们，快拿笔墨纸砚来！"

待到酒足饭饱，他便向兵士们索要文房四宝，随即挽起衣袖，奋笔挥洒。

酒后的音布，落笔更加果敢、迅疾，思维也是出奇的敏捷、灵锐。笔锋在宣纸上飞舞，形成翻江倒海的气势，留下令人惊异的书法作品。他写完了一幅，又写一幅。每写完一幅，兵士们便一哄而上地争抢。半醉半醒的音布就陶醉在得意之中。既然军士们喜欢，那他就再写。直到墨干纸尽，他才打着鼾声昏昏睡去。

在老兵的回忆和郑燮的记忆中，音布就是这样一位慷慨豪爽、不拘小节而更是才气横溢的大书法家。然而书坛之上，却并无人知晓。他的字，乍一瞧似乎少有法度，仔细端详便可见得欧、柳的庄重与颜真卿的伟岸与霸气了。是刚与柔、劲与润两种风格的融合统一。尤其他的草书，更如龙怒鱼腾一般，表现出强烈的自由天趣和深厚的书法功力。

"板桥仁兄，请了！"

当他与郑燮对饮之时，总是显出无比的欢乐。他频频欢手捧起酒盅提议共饮。深情使他变得少见的温文尔雅、意态静重。他一边喝酒，一边还不住地评论着书坛人物与政坛事件。此刻，他对人物的评论也是十分的审慎中肯。郑燮感受到的，是一个智慧而理性的大学问家的风采。他简直不相信音布是酗酒成癖的狂人。心想他的外在的疯癫轻狂，只是在宣泄对现实的不满和心中愤懑。他是一天才，天才的个性岂能与常人雷同？五岳之外，别有奇峰，岂可用一般的尺度衡量之……可是眼下，这样的一个天才竟然默默地消失了，如同一颗流星由天空悄然划过，竟然无人知晓！这是多么大的悲哀。原希望靠他来扭转书坛的媚俗之风哩，可惜再也看不到他狂饮之后的奋笔疾书了！郑燮心中的悲伤无法排解，几乎彻夜难眠。他于悲愤之中，又吟出了《音布》这首长达四十八行的长诗来哀悼他的这位特殊的朋友。他希望音布的事迹及其遭遇，能够永远流传下去。以后的事实果然如此。

二十

郑燮微服走在范县街市上。他看到许多人围着一个盲人听唱曲儿，那声音虽是沙哑，却显得十分的富有音韵的节奏和趣味。郑燮好奇地听了一阵，等到一曲歌了，便与之攀谈起来。他才得知那盲人名叫陈孟周。两人竟然很谈得来，甚至还探讨起了有关诗词的话题。陈孟周恳切地求教有关填词的方式。郑燮讲着，还为他吟诵了李白的《菩萨蛮》和《忆秦娥》，并为他分析这两首词的体裁、音调和平仄。事情仿佛就这样偶然地过去了。但几天之后，郑燮又在那个街市的墙角里见到了陈孟周，并意外地听到他在吟诵他自己新填的词，当即被那词的奇特意境与音韵的娴熟震动。那首词也是《忆秦娥》：

"……何时了，有缘不若无缘好。无缘好，怎生禁得多情自小。重逢那觅回生草，相思未创招魂稿。招魂稿，月虽无恨，天何不老！"陈孟周吟诵完了，瞪起无神的盲目对着天空沉醉遐想。郑燮惊异地呆立着，内心的震撼久久难以平静。他怎么也不能相信，一个盲人，前几天还向自己讨教填词的常识，突然就谱出了如此美妙动人的词来。那内心的细腻婉约，如同幽怨的闺秀一般，又如同天然的流泉清澈纯美。那词句，被他那真挚而又苍凉的嗓音吟诵出来，简直就像是杜鹃啼血，又如猿呼虎啸，更像是雷鸣电闪般地令人心弦震颤。

他完全陶醉了，却突然又感到了自己的无能和惭愧，感到了自己以往词句的枯燥和苍白无力。也说不清是文人的虚荣还是士子的自尊，使得他一时无法接受这样的现实。他起初迷惑着，此后又冷静地思索，重新领悟着诗词创作的真谛。他反复地叩问自己，好的诗词，到底是千锤百炼的结晶，还只是妙手采摘的自然奇葩？他想到自己的创作，一阕词的诞生总是那样的艰难，就像婴儿在母腹的形成与成长，从混沌之中逐渐地显现出胚胎，然后又艰难而令人担忧地长成。常常为了一个字，或一处适当的韵脚而苦思冥想、反复推敲斟酌。原来文学的创作，对于愚人和天才，是完全不同的概念呀！郑燮思虑着，自己究竟是愚人还是天才？

这就是郑燮，一个心性十分要强的人。经历过痛苦的磨难，甚至愤懑地亲手焚烧了自己新近创作的词稿，但是即便如此，他仍然没有从痛苦与自卑中解脱出来。他不是那种盲目乐观、一味自信和沾沾自喜的人。他的自信甚至自负是要建立在真正实力的基础上。当他的自信受到挑战之时，他感到了痛苦万分。眼下他正在淮安舟中，苦闷难耐之时，就研墨展纸给墨弟写信，诉说自己的烦恼。同时也为自己发现了天才的词人而感到庆幸。

平生乐于发掘他人之好，无论一才一技一行一言之美，皆当尽数称道。

郑燮感到了精神的释然。他对自己客观冷静的剖析感到满意，这也是他的胸襟宽广所致。于是对于盲人陈孟周奇迹般的创作才华，他便逢人即夸，甚至亲自讲解他的词作风情要义，多日乐此不疲。

一个盲词人的突然涌现，竟使得郑燮心中产生如许大的波澜！况且他的诗词，当时在文坛早已有了极高的声誉和定评。人们公认他是词好于诗，而诗也是出类拔萃。但一经同默默无闻的陈孟周相比，竟然就成了当焚的废纸。郑燮一时的看法是否有些偏激我们姑且不论，仅就他对于艺术的态度，对于诗词质量的神圣感而言，却是显而易见的。只可惜了那些个被付之一炬的词稿，其中肯定不乏佳妙之作。而盲人陈孟周的那一首《忆秦娥》，其实也并不一定就像郑燮自己认为的那样高不可攀。

乾隆十年（1745）四月，传来不幸的消息：军机大臣，也是郑燮敬重的老师鄂尔泰逝世。郑燮感到无比的悲伤，陷入了深深的怀念。这位和蔼可亲的满族高官贵族，在他的心目中却是精明而仁厚的名士大儒。他是满人，但却是郑燮心中为数不多的真正能打破民族隔阂的一位胸襟宽广的当朝重臣。他不论满汉还是别的少数民族，唯以德能衡量，皆能礼遇敬待，且能公正地提拔使用。他的这种客观与宽容，不仅在外放主政中赢得了非同寻常的政绩与政声，更在读书人中树立了威望，深得雍正皇帝的赏识重用。他平日言谈，操着一口标准的京腔京韵，语调悦耳，语气温和而铿锵。他仪表堂堂，器宇轩昂，宽阔方正的额头，高挺正直的鼻梁，再配上面颊上那几缕浓密的美髯，令人感到一种无声的威严与亲切。在郑燮的印象中，当他沉默端坐之时，他那安详清澈的目光总是透着智慧与庄重刚毅，显出国栋名臣的博雅风范。这就是这位达官重臣在郑燮心中的深刻印象，也是眼下怀念他老人家时，眼前浮现出的清晰形象。

二十一

许多时候，郑燮的耳边还会响着鄂尔泰那动听的话语："为人大事不可糊涂，小事不可不糊涂。若小事不糊涂，则大事必至糊涂矣。"

这是多么的智慧，又是多么的精明。郑燮觉得仅就这一句话，鄂尔泰大人就足以做自己的先生。他的用人之道，更是与众不同：

"忠厚老诚而略无才具者，可信而不可用；聪明才智而动出范围者，可用而不可信。"

他还说："但能济事，俱属可用，虽小人亦当惜之，教之；但不能济事，俱属无用，即善人亦当移之。"

这是鄂大人的人生信条和用人之道，也是他处理宫廷内外以及西南少数民族事务和复杂人际关系的准则以至选用人才的原则。鄂大人为人处事的态度，明哲而稳健的言谈举止，对郑燮的影响实在是很深的。如今他老人家已经驾鹤西行，郑燮在悲伤之余，情不自禁地回忆起那些一同经历过的珍贵往事。

鄂尔泰作为乾隆元年（1736）殿试的正考官，他与郑燮的关系，首先是慧眼识珠的知遇之恩。他不单是郑燮尊重的官长，也是他殿试的房师。更重要的，他老人家还是郑燮挚友鄂容安的父亲，因此就更是一位格外令自己亲近敬重的长者。如今老人家去了，无论公谊私情都使郑燮心中充满了无法排解的哀思和极为复杂的心境。于是他于静夜时分，借题发挥，一口气写了五首诗，来哀挽他所崇敬的长者。其中的《立朝》写道：

> 立朝何必无纤过，要在闻而遽改之。千古怙终缘宠恋，问君恋得几多时？

还有《君臣》一首，道：

> 君是天公办事人，吾曹臣下二三臣。兢兢奉若穹苍意，莫待雷霆始认真。

他在诗中表现出的情绪显然是复杂困扰的，既有所谓的糊涂，也不无清醒。既有敬重，也不无掩饰很深的愤慨与无奈。

当他脑海中酝酿着这些诗句，他便情不自禁地想到了自己的仕途与处境，想到自己到达范县之后的日日夜夜、点点滴滴，想到自己是如何面对种种的积弊而犯愁的。回顾自己又是如何微服私访了解民艰、体察民怨，进而着手寻根溯源、革除流弊的。眼下虽是连年丰收，讼简刑轻，百姓的日子达到太平安乐，但是他却感到了新的惆怅，他再也不忍心诗酒自娱，再也无法陶醉于他所营造的桃花源中逍遥自在了。看来自己从前所梦想的无为而治的理想，也只是一种空想而已。鄂尔泰这个大人物的离世，使他开始重新考虑自己的人生与事业。

郑燮的书画与诗词作品，普遍受到赞誉。更有爱妾饶氏的生育，使他沐浴在晚年得子的喜悦中。郑家的家业，在墨弟的悉心经营之下，也呈现出兴盛的气象。作为一个读书人，他的一切的世俗梦想，都似乎在逐步地实现着。理应说老天已把他推入幸福之门。在这种情势下，他还有什么不满足的呢？但是，他却陷入了新的烦恼，进入了一个新的精神的低谷——怀旧与怀乡的情绪，时时地涌起在心头。

在平淡与恬适中，他常常想到已故的亲人和儿时的伙伴，特别是想到父亲和陆先生。每每端起碗吃饭的时候，他就想到费妈，想到那热乎乎的烧饼。浓厚的情绪在他的心中翻卷起波澜，他的心湖再也无法平静。

怀旧与怀乡，这是人性之中最真实的感情。郑燮常常为此而忘记了食物的甘甜。他停箸凝神，呆滞地望着窗外的竹影。每每此时，善解人意的饶氏就会默默地起身站在他的背后，轻轻地为他捶背宽心。她没有想到越是这样，郑燮就越发地感到了厌烦自己的现实处境，厌烦那些官场之上司空见惯了的虚伪、推诿、明争暗斗与嫉恨，甚至谣言诬陷等等的陈腐习气、丑恶风气。身子虽在官场上，但他骨子里面毕竟还是诗人、书画家，是个理想主义的读书人。他不愿意把自己的个性淹没在这样灰暗的氛围之中。从鄂尔泰的身上，他看清楚了要想出污泥而不染的艰难。这也许是他一生中很少画过所谓出污泥而不染的荷花的原因所在。尽管他的家乡到处都是莲藕荷塘，但是他没有看出周敦颐先生所描述的荷花的高洁之美何在。他只看出了竹子的正直气节，看出了兰花的高洁脱俗，于是他吩咐童子拿来纸笔，开始写一幅竹子、画几株兰花来调整自己的心境。画完了一幅画，他就自言自语地说：

"鄂大人的处世原则是大事不可糊涂，小事不可不糊涂，这就像是兰、竹的品格，可是真正理想的兰竹，也许只能在我辈笔下了。"

说到这里，他就又沉默着了。举目所见到的，却是官场上的乱象：无论大事小事，都同样的是非模糊，混沌一团的糊涂。更有依仗皇帝或权贵的势力和恩宠，凭借手中的权力，各自逞强一方，夸夸其谈、享乐贪赃、互相包庇怂恿，人人自以为是、不顾百姓死活、只是为所欲为等等的令人难以尽数的腐败世象。郑燮看在眼里，痛在心上，却是回天无术，挽澜无力。只得把这一切的腐化的扫除，寄托于皇上励精图治的英明与巡按和御史的大胆作为，寄望于一切朝廷的耳目喉舌的监督作用的发挥。他甚至梦想盼望有朝一日，醒悟了的皇帝勃然震怒、大发雷霆，快刀斩乱麻地革故鼎新、扫除积弊、起用贤良、廓清政治，开拓出一个风清气正的局面，产生一种振奋人心的整顿作用。但是，随后他就失望了，甚至绝望了！

他痛苦地发现，皇帝老爷的耳目并不那样灵敏，头脑也并不那样清楚。所谓"天视自我民视，天听自我民听"，不过是一个古老的神话。天子离开民众，实在是太遥远了！于是他才发出深深的哀叹："县门一尺情犹隔，况是君门隔紫宸。"

这种难以改变的隔阂，是多么的可怕，又是多么的难以打破呀！官僚与民众，皇上与百姓，一个凌然在上，一个匍匐在地，那种客观存在的隔阂，是决然难以根除的。然而，其中近乎天然的裂痕，却是最最要命的隐患，更是社会的痼疾。它会使上下离心离德，它会使官员乃至皇上变成聋子和瞎子，变得看不清也听不见，会使人间的是非模糊、人生的方向迷失，以致黑白颠倒、真伪难辨、忠奸不分……如此，总有一天，这种要命的隔阂，会惹来大祸临头，造成官逼民反，干戈再起，生灵涂炭，血流成河……

二十二

他再也不忍心想下去了，也减退了在这样的环境中讨生活、混日子的乐趣和信心……郑燮感到了身心疲惫，感到困恼不堪。情绪烦乱之时，他就格外地怀念故乡兴化和扬州，怀念友人和亲朋。

夏日的署衙，正午或晚间还是炎热难耐。每每见他如此久坐发呆，聪明的饶氏就悄然地送来一杯茶水或是给他轻轻地在背后扇着扇子。梧桐树上蝉子的鸣叫更增添了宦游者的烦恼。郑燮下意识地喝着茶水，或是感到了背后的凉意，他就得到了些许的轻松与解脱。于是想到了往日在扬州卖画的自由自在，想到挚友金农和李鱓他们……大约是在水边，他与李鱓坐在一块大石上垂钓。他们一面钓鱼，一面闲聊。几只轻盈的燕子，展开翅膀穿梭地飞舞在水面上。几缕轻柔的柳丝，帘幕一般在清风中飘动。平静的水面，看不见鱼儿的影子。他反倒担心它们贪吃上当，而结束了自由天趣。于是故意地高声说笑，以惊扰鱼儿们别食饵上钩。李鱓的心思，更是不在钓鱼上。于是他们又是一阵高谈阔论。由人世到政治的黑暗与纷争，最后还是归结为艺术的探讨。他们发现自己的心思，终归还是在书画与诗词的创作上。说话之间，金农老兄也来凑热闹。他竟然租来了一条画舫。于是他们登舟离岸，借着朦胧夜色，在玲珑剔透的瘦西湖上置酒赏月。船上的妩媚歌伎与英俊童子，忽然又唱起郑燮的《道情》了。那婉转而悠扬的歌声，远远地伴着法海桥头传来的笛音，如同天堂仙乐一般的迷人。

重复的日子，过得飞快。每日击鼓升堂，当众审案的时候越来越少。而微服出行，探访民间疾苦，同野老农叟的交谈虽说有趣，却也毕竟没有多少共同的志趣与爱好呀。郑燮渐渐地感到了乏味甚至无聊。他看到农夫领着自己的儿孙埋头在自家的土地上劳作，就感到了某种艳羡。他梦想着，有一天也会拥有一片属于自己的土地，而不是租种别人的田地。在那恒久属于自己的田地上，风和日丽的日子，他和墨弟率领着自家的子侄们一块儿耕耘耙耱。他还想象着冬日农闲时节的趣事：

一夜的安睡，清晨一睁眼，就见得屋窗上的竹影被积雪压着了。偶然一阵微风吹来，发出微笑般的轻响。在冬晨的静寂中，蓦然几声喜鹊的鸣叫，带给人融融的喜庆。那是丰衣足食的农夫的心情。这时勤劳的饶氏早已把早餐做好，一碗热乎乎的米粥，胜过山珍海味。于是他穿衣起来，一家人就聚在一起，其乐融融地就着咸菜、烧饼，开始喝粥。那种天伦之趣，胜过天堂神仙……

这样的梦往往在漫漫冬夜里。外面，黄河故道刮来呼啸的北风，一切都被吹成了苍黄一色。他的心情就感到了格外的凄凉，于是时时更怀念着家乡的翠绿与嫣红。他睡不着时就回忆故乡，回想儿时的往事，随即就似睡非睡地进入浅浅的梦乡。于是几乎整夜都在温柔的梦里体验着浓浓的乡情……亲切的板桥、长堤，蓬勃在淡雾中的春柳，沿河蜿蜒排列着的城墙和老屋，四周的翠竹、鲜花和热闹的早市……当他醒来的时候，发现自己竟然是老泪横溢。

看看天色尚早，饶氏和小儿子睡得正香。他于是蹑手蹑脚地披衣起身来到书房，展纸提笔，给墨弟写信。在这个世界上，墨弟是他唯一的诉说心事和倾吐乡情的对象。此刻他的脑海之中，故乡却并不像梦中呈现的那样美好迷人了。那里的贫穷、破败与荒芜及带有几分酸楚的冷落，突然涌上他的心头。郑家至今，尚没有一块像样的坟地。于是他想到了自己的百年归宿，想到祖孙、父子、母子团聚的情形……他希望墨弟能办一件大事，就是买下兴化郊区那片久已在他心中惦记的原本荒废着的土地。他思谋着在其中建一座属于自家的归宿，是农舍一样的院子，而不是富贵人家的豪宅。一圈矮矮的土墙，搭盖几间茅舍，加上满院的竹木花草。这就是自己理想之中隐居终老的地方。可以住家待客，可以藏书作画，可以与好友论诗品茗，亦可以教授弟子与儿孙读书习字。矮墙的外面，就是农舍邻人，可以听到鸡鸣狗吠，亦可闻得牛羊的声息。走出柴门，即可见得人间烟火与往来风帆……

"唉，吾其长为农夫以没世乎！"

郑燮慨叹着，也向往着。他急切地想把这些美好的念头统统告知墨弟。

看来此间的郑燮，虽是身居衙宅，心已开始不安。困惑和隐忧使得他平素"得志泽加于民，不得志则修身见于世"的志向有些摇晃。像李鱓那样归隐故里独善其身，做个笔耕不辍的"农夫"，也未尝不是读书人理想的生活。然而，慨叹归慨叹，忧愤归忧愤，他的心中还是更多地想着自己的职责："出则共计天下。"他只是希望摆脱官场恼人的恶习与纷扰。

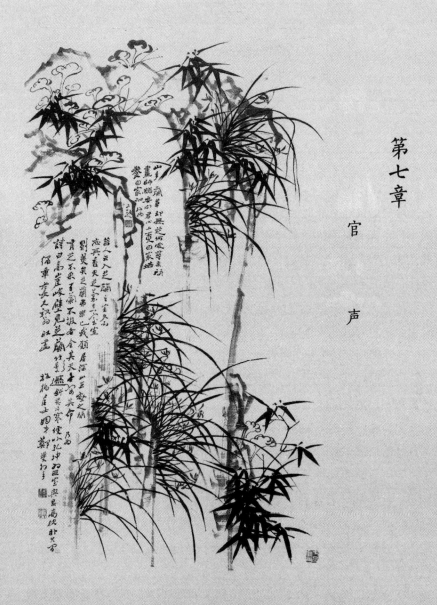

第七章

官 声

一

范县任上将近四年，由于政绩突出，官声向好，乾隆十一年（1746），朝廷决定把郑燮这位并不唯上是奉的耿介之人，由黄河岸边的这个兔子不拉屎的穷困小县，调到许多人争着抢着想去的富庶的潍县。郑燮接旨并不高兴，倒有些恋恋不舍。离开范县赴任之前，他就托人把饶氏和儿子送回兴化老家。潍县的情况不明，他不愿意拖儿携妻地就去赴任。

临别范县之夜，郑燮躺在床上，默默地回想这四年的作为：整顿官风、体察民情、防涝治碱、肃盗审案、兴利除弊……费了多少心血，如今这个贫困小县，百姓刚刚安居乐业，可自己又要离去！

"唉，总算没愧拿朝廷俸禄，没白吃范县百姓的小米！"

遂又想到，范县固小，也是"朝歌在北，濮水在南"的历史名邑呀，过去这四年中，自己同十万编氓，同甘共苦……"邻鸡喔喔来，庭花开扁豆。"他真还有些留恋那"廧破墙仍缺"的民宅之中的农家安乐生活哩。

第二天一早就要动身了，不料一出衙门，就见街道两旁聚满了男女老少拱手相送，还有的捧着好酒好菜……郑板桥一路挥泪揖别，心中不禁吟道："范县民情有古风，一团和蔼又包容。老夫去后想思切，但望人安与岁丰。"

此诗以后曾手书远道来潍县看望他的衙役，随即成为了范县百姓中流行的一首诗歌。

政声人去后。范县人怀念一心为民做主的郑老爷，更赞扬他的累累政绩。在范县任上，郑燮刚直不阿，办事公正，不逢迎官长，不欺压下属，爱民如子，为老百姓做了不少好事，因而深受百姓敬重。当他离去之后，范县百姓怀念他，就有“郑板桥是清官，不图银子不爱钱”的民谣广为流传。人们还自发在城南门外的黄河金堤上竖起一座“德政碑”，怀念这位亲民爱民的清官县老爷。

范县离着潍县，少说也有千里之遥。郑老爷乖巧固执，依旧是弃轿不坐，执意骑着毛驴晓行夜宿往潍县上任。

两头毛驴子，一头他骑，一头驮书驮琴驮行囊。他一路之上，起先还摇头晃脑、观景吟诗，悠哉游哉。三天过后，便沉了脸不再作声，显然是感到了长途跋涉的劳顿辛苦。驴子骑得多了，屁股有些吃不消，两条腿也受不了呀。下得驴来迈不开步子，晚间疼得平躺不成。往后几日他就干脆多走少骑，行进的速度就慢了许多。如此磨磨蹭蹭，连牵驴的童子脚底板也打起了血泡，见天地瘸着腿、噘起了嘴巴。加之沿途乡间，干旱正烈，官道上的尘土，经旱风一吹，就地打着旋儿飞舞，落得行人一身满脸。两人相互看看，活像老少一对土猴儿。郑燮暗暗好笑，心想这胖小子可跟着自己吃了大苦头。到了潍县地面，沿途逃荒要饭的人随处可见。所过村庄，也是满目灾后的萧条景象，这更令郑老爷心情十分的沉重不安。

行尽青山是潍县，过完潍县又青山。宰官枉负诗情性，不得林峦指顾间。

这一首绝句题为《恼潍县》，就形成于赴任道上，显然是由驴背上来。路途漫漫，诗意绵绵，却掩盖不住他心中的焦虑。

傍晚时分，要进城了。远远望去，潍县的城墙，既古老又雄伟坚固，城门上箭楼高耸林立，那阵势可不同于范县，完全是一个军事要塞般的州府架势。

眼瞅到了城门洞下，就见一群人站在那里焦急地张望。其中一个长袍马褂、戴着银丝眼镜的，郑燮猜想是县衙的师爷一类人物。还有穿着官服、头佩顶戴花翎的，心想一定是来迎候新县令的吧。他于是翻身下驴，亲手牵着毛驴子从那群人身边慢慢走过，直到进了城门，竟然也没有一个人注意到他。这也难怪，他只身单骑、麻鞋布衣，满身满脸的尘灰，哪里还有半点儿县太爷的威风。结果城门外面率领衙役迎候多时的师爷和各司头目都没能认出他来。直到郑燮进得衙门一个时辰之后，那一帮子人才闻讯匆匆赶来。

第二天，潍县城里就传开一首儿歌："好一个稀奇又古怪，新到老爷像乞丐，脸黑人瘦个子矮，骑驴不需大轿抬，可怜兮兮是猴胎，可怜兮兮是猴胎。"

郑燮听得，只是苦笑摇头，心中并不恼怒。心想猴子胎又咋的？论起辈分来，猴子还是人类的祖宗哩！

郑老爷潍县上任伊始，白天忙于料理公务，夜晚照例让师爷找来《县志》与相关的古籍悉心阅读。他很快对潍县的情况开始有了大概的了解。特别是地理人物、民俗风情和历史沿革，都是他颇感兴趣的。潍县自古是所谓"东莱首邑，北海名城"，民风淳朴但也不失剽悍。此地秦时已经设郡，是驰道经过之地。郑燮深知驰道是中国历史上最早的高速国道，它起源于诸侯争霸的春秋时代。当时的战争主要以车马战阵为主。为便于战车通行，各国都十分注意修筑道路。当然，秦始皇统一六国之后，修筑的驰道是最为宏伟直接的，因此又称之为直道，即从国都咸阳逢山开路、遇水搭桥，直接辐射九州四方。东方的这一条驰道恰巧就穿过了潍县，形成了穿城而过的东西通衢。潍县也就有幸成为了京东古道的重要枢纽。四通八达，商贾聚会，物资集散，堪称胶东咽喉、工商重镇，更是兵家必争的军事要冲。尽管秦时还没有建筑城池，但已经是车水马龙、各种货物堆积如山的著名集市。到了汉代，为了征战之需，潍县修筑了土城墙……

二

一连好些日子，郑燮一边读着县志古籍，一边就在脑海里勾勒着一张潍县历史风貌与沿革演变的图画，寻找破解着使得这里兴旺发达的历史奥秘。除了地理位置的优势，在郑燮看来，奠定潍县重要地位的，还有一个重要的因素，那就是潍水古渡口的作用。眼下依然繁忙的古渡口在县城郊外东坪渠村的东端，而东坪渠则位于寒亭区朱里镇的潍河岸边。郑燮研读很细，并且随时记下自己的心得。阅读中他还发现早在两千多年前，秦国驰道在潍河上就有一处重要渡口，历经两晋，到了隋朝，潍河改道东移，渡口也随之迁移，最终在东坪渠安家落户，从此千余年如一日地车水马龙……看来，明清经济的繁荣和人文教育的昌盛，也只是历史的自然延续。直到乾隆年间，繁荣几近空前，便有"南苏州，北潍县"的说法出现。

郑燮读到高兴之时，就想把所得与人交流。可是在这举目无亲之地，同谁交流呢？那位师爷似乎对于这些并无兴趣，他便又想到了给堂弟墨儿写信，于是他就写下了潍县署中寄舍弟墨的第一封内容不像家书的家书。这一回，竟是专谈读书的：

读书以过目成诵为能，最是不济事。

他望着面前的书，不无突兀地写道：

眼中了了，心下匆匆，方寸无多，往来应接不暇，如看场中美色，一眼即过，与我何与也。

此时，他想到了自己年少之时读书易犯的毛病，感到了上述一番感慨的重要。于是接着写道：

千古过目成诵，孰有如孔子者乎？读《易》至韦编三绝，不知翻阅过几千百遍来，微言精义，愈探愈出，愈研愈入，愈往而不知其所穷。虽生知安行之圣，不废困勉下学之功也。东坡读书不用两遍，然其在翰林读《阿房官赋》至四鼓，老吏苦之，坡洒然不倦。岂以一过即记，遂了其事乎！唯虞世南、张睢阳、张方平，平生书不再读，迄无佳文。

他这些感慨，哪里是在给堂弟写信，分明是在谈自己的读书体会，充满了学术的意味。看来，他是把阅读县志与相关的古籍、了解潍县的县情同做学问密切结合的，而且就如何读书，也是颇有心得。以致使得他的家书，就具有了很强的学术价值，更是研究他的读书广度与深度及思想感情的重要依据。

且过辄成诵，又有无所不诵之陋。即如《史记》百三十篇中，以《项羽本纪》为最，而《项羽本纪》中，又以钜鹿之战、鸿门之宴、垓下之会为最。反复诵观，可欣可泣，在此数段耳。若一部《史记》，篇篇都读，字字都记，岂非没分晓的钝汉！更有小说家言，各种传奇恶曲，及打油诗词，亦复寓目不忘，如破烂厨柜，臭油坏酱悉贮其中，其龌龊亦耐不得。

悉心的阅读，常常使得他暂时地脱离开现实的烦恼，直至进入能够同古圣先贤对话的境地。许多的国学经典，郑燮可以烂熟于心地背诵。在京华客居，他曾经与人打赌，当众默写四书五经，传为佳话。

这天眼看夜深，看到郑老爷如痴如迷地潜心苦读，挥毫作书，张师爷便着人张罗着给老爷预备宵夜。这在范县是从未有过的，可是到了潍县，就成了一种规矩。

吃点儿什么呢？还是先尝尝潍县的小吃吧。那可是应有尽有。不久宵夜端了上来。其中一个小巧的瓷盘中，是一块精致的点心。郑燮正纳闷，师爷用细长的指头一指说："老爷您尝尝，这是潍县的名点，豌豆黄。"郑燮正有些饥饿，就拿起吃了，果然是酥甜香软，很是与众不同。随后又是一小碗奇特的面食。郑燮正要推辞，师爷又说："这个老爷您可得尝尝。"郑燮问："这是什么？"说是潍县米粉。郑燮用筷子挑起几丝放进嘴里品品，顿时有了食欲。

结果不几日，他就遍尝了潍县包子、潍县火烧，还有乡下人吃的杠子头馒头。还有一种肉食，名为"邓家肴肉"，同著名的东坡肉有着截然不同的风味，却也是肥而不腻，很是他所喜欢吃的。这几种物美价廉的地方小吃，此后就成了他在潍县招待客人的保留食品。不过他每次吃了，都要坚持自己付钱。这就成了一个新的规矩。

三

斗鸡走狗自年年，只爱风流不爱钱。博进已偿三十万，青楼犹伴美人眠。

这是一些潍县富豪在郑燮心目中的印象。而在这"三更灯火不曾收"、"云外清歌花外笛"的小苏州，一些人醉生梦死，更多的人却是处在饥寒交迫之中，城中每时每刻都演绎着不忍入目的人生悲剧。故郑县令在他的《潍县竹枝词》中发出感叹曰：

潍县原是富豪都，尚有穷黎痛剥肤。

潍县既然是个富庶繁华的大县，那么郑燮的此次调职，就被世人艳羡地视为"升调"。升调当然是一件喜事，于是怀着各种不同的目的前来恭贺者自然不少，同时面临着吃请与接受贺礼的问题。不善做官的郑燮与世俗的强烈冲突也就从此开始。他在范县任上可是从来不接受宴请和礼品的呀。郑老爷既然于此道格格不入，他的烦恼与痛苦也就从此加深。他感到自己仿佛就像是一团腐物，而周围的专食腐败之物的大小秃鹫、乌鸦和苍蝇蚊蛆见了，顿时趋之若鹜，围得水泄不通。他感到了被误解和糟践的无奈，甚至愤慨！

潍县时属山东莱州府。白狼河悠然地由西向东从县城中繁华街市流过。这天，郑燮沿着河畔漫步观景，心中就念叨着"白狼河"这个名字。一阵清风袭来，河水翻卷着层层雪白的浪花。在郑燮看来，这条河的名字可是有些不善，有些名不副实。白狼河，很容易使人想到"白眼狼"这种奸恶之兽。再想想，也难怪了，潍县就好比是一大块肥肉，而潍县的县令在有些人眼里自然也就是一个肥缺。难怪许多人都觊觎此职，而更多的人则盯着这块肥肉，谁都想来撕咬一口。郑燮仿佛看见那些贪婪的目光，正盯着自己。上下左右那些盯着这肥缺肥肉的大小官吏和各路恶霸豪强，不就像饿狼一般。狼的本性是吃人不吐骨头，这些家伙同样是吃黑了心。听说每一任县令上任，要么同流合污、沆瀣一气坑害百姓，要么，用不了多久，就会被他们千方百计地诬陷赶走。看来潍县的县令可是不好当呀！应付这些个苍蝇蚊子、狼虫虎豹可不是一件容易事情。圣贤书中可没有现成的答案，一介书生的郑燮哪里又懂得这些？他只是一门心思地下决心勤政爱民，秉公办事。是狼是虎奔身来了再说！

眼瞅郑老爷上任月余，不但拒绝了各种宴请和各色人等送来的礼品，还不张罗着拜见那些所谓的"玉皇大帝"、"土地山神"。细心而又胆小怕事的张师爷心中暗暗发急。一日，尽心尽职的张师爷实在沉不住气了，就提供一个近日当见的要客名单请郑老爷过目。可是郑燮看过之后，并不理睬他这一套。还是见天白日到城里乡间转悠，夜里就埋头读书。衙门里倒是显得平平静静，众人并没看出郑老爷的心中却是很不平静。

郑燮细心地发现，城中白狼河上的几座古老的石桥，那连接着新县城与东关古老土城子的石桥，很是具有连通古今的象征意义。人们从桥上走到河的西岸，就如同走进了潍县的过去。这天，郑老爷兴致勃勃地来到县城脚下的坝崖大街的繁华市井。看到许多染布的作坊和卖布的铺子，这令他感到十分的惊奇。那些古老的手工织布机，那些头上顶着兰花布帕的朴质的织娘，还有那年轻英俊的布庄的相公，街上走着的那些被沉重棉花担子压弯了腰的棉农……原来潍县的乡下，盛产优质的棉花。农民户户都种棉花，家家的姑娘媳妇都会纺线织布。于是家织土布，就成了潍县最主要的特产。全县的土布，都在这坝崖大街上集散出售。设置在坝崖和东关一带的土布庄，成为潍县繁荣的主要支柱。郑燮几乎挨着个地拜访那些作坊和铺子，同伙计和老板们没完没了地攀谈。街市的作坊和布庄，养活了许多辛劳的手工工人，也寄生着不少地痞恶霸。这也使得这一带的繁华之中隐匿着社会的污垢与渣滓。

除了纺织手工业的发达，潍县另一个繁荣的支柱却是屠宰业。杀猪，听起来怪瘆人的，但却又是潍县人的自豪与骄傲。杀猪业的兴起，仰仗民间养猪业的兴旺。潍县的腌肉和杀猪菜也就远近闻名。可以想象，无数的杀猪作坊，满城的血腥气味，给潍县带来了另一种繁荣与财富。但在带来商机的同时，也带来了奢靡与铺张风气。郑县令上任不久，就看出了这些问题，他有诗为证：

"三更灯火不曾收,玉脍金齑满市楼。云外清歌花外笛,潍州原是小苏州。"

潍县又如同一只贪婪的大螃蟹,向四面八方伸出了摄取财富与传播繁华的钳足。当财富集中的同时,它再以当时最为奢华的苏州为榜样,来吸引怂恿人们享受它的繁荣。于是酒肆青楼、翠袖湘裙和珠饰玉佩,还有山珍海味……潍县的妇女随时模仿着苏州最流行的款式。妓院、赌馆、豪华的酒家……潍县的男人则像苏州的纨绔浪子一样挥金如土,这使潍县赢得了"小苏州"盛名的同时也埋下了腐朽的隐患。

于是郑老爷看到,潍县的社会,正是在这畸形繁荣的背后,被分割成对比鲜明的两重天地。郑燮后来在《潍县竹枝词》中写道:

东家贫儿西家仆,西家歌舞东家哭。骨肉分离只一墙,听他笞骂由他辱。

这写真的曲词,由青楼酒肆的歌女童子们口中唱出,就显得越发的哀怨悲伤。胶州的名花、诸城的西施、江南的艳姬纷纷云集潍县……当富儿们一掷千金,在醇酒、美人、赌场与鸦片的尘烟笼罩下醉生梦死的时候,多少穷人则在生计的威逼之下挣扎在艰难困苦之中。而其中也不乏热血汉子被逼无奈,铤而走险者。于是,偷窃、诈骗、明火执仗、结伙抢劫,甚至光天化日之下杀人越货……恶性命案频发,积案多多,积重难返,郑燮感到了头疼。犯罪与伏法者过多,礼义廉耻悉数被践踏。为了生存,有人竟然把牢狱当作生活的家园。遇有朝廷赦诏颁布,他们也会感激涕零。但是叩头谢恩之后,又唯恐失去这遮风蔽雨的立锥之地。

四

郑燮还发现,有些人之所以冒着死罪和滑入山谷摔死的危险,从荒僻的山径偷运私盐，有些人之所以不惜卖掉妻子儿女，全都因为穷愁潦倒，生计所迫……这是潍县繁华掩盖之下的另一面。人们似乎视而不见的漆黑的一面，水深火热的一面！望着那背巷拐角的人市上插着草标卖儿女、一家老小生离死别的场景，郑老爷不寒而栗。置身在这样一个畸形繁荣的社会环境中，郑燮作为新上任的地方官，感到了深深的困惑忧虑。他突然格外怀念范县，怀念那虽贫穷却淳朴平等的人际关系与社会环境。那种虽然封闭但却清静的亲和忍让的氛围，连同那些鹑衣百结的谨小慎微的小吏，如今想来都是格外亲切可爱。这种记忆与现实的反差，在郑燮的精神上，形成了一种压力。他并没有料到范县的百姓和下属也正深深地怀念着自己。他只是强烈地思念着范县和那里的人们与故事。

此日，正是春暖花开。公务尚未理出头绪的郑燮却无心赏花踏青，而是默坐大堂，面对着满几的案卷，默然不语。堂前有几只燕子飞舞，他顿时又想到了范县清净的衙宅。他的烦闷无奈的心中，顿时又充满了对旧日治下政通人和的怀念和按捺不住的伤感。人生真是如意之事不过十之二三，老天总是同你开着恶作剧般的玩笑。看到你的好日子，总要有意无意地搅局，叫你不得开心颜。恰在此时，衙役报说有范县的旧属来探望他，郑燮的心中别提有多高兴。他立即起身相迎，哪怕只是这个自己原本连名字都叫不出的小差役，他也高兴得不得了。二人对坐喝茶，津津有味地交谈起来。

"范县下雨了没？春雨是贵如香油呀！"

"下了，郑老爷，一连几场透雨，眼下正是农家下种的大好时机。"

"那好呀！黄河春汛如何？外出逃荒的人们都回来了吧？"

"春汛平安度过。去年逃难的人们早早地回来了，托郑老爷您的大福，全都安居乐业。大伙儿都盼着老爷您回来看看。"

郑燮喜得嘴都合不拢了，忙说："是呀，我做梦都想着回范县看看哩。"他说着，禁不住用帕子沾着泛红的眼圈。

谈起范县的百姓和人们对自己的怀念，郑燮禁不住心中热血翻涌。君子固穷，但气节不俗。相比之下，他是真喜欢范县的民风。他甚至想着，有朝一日脱去官服，即举家移居范县，与那些古朴百姓结为邻里，让子孙后代都融入那里醇厚古朴的民风之中。

就这样，郑燮到了富庶的潍县，却格外地怀念贫困的范县。对于潍县繁华之下掩盖的种种社会矛盾充满了担忧，甚至感到自己无能为力。真是老虎吃天，一时不知道如何下手。但此后的事实证明，他并不是退缩，而是面对新的挑战时的犯难与思索，迎接新的进取的开端。是的，他忧虑潍县的现状，更担忧这里所潜伏的危机。但郑燮毕竟是郑燮，这复杂的现实与同样复杂的心情，反而激发了他的智慧与作为。他很快就适应了新的环境与新的考验，挺起了单薄但很有傲然骨气的腰板，鼓起了克服困难的勇气。他暗暗下了决心，要使出自己浑身的解数，治理它、教化它，他要亲手把它带入一个理想的境地。他那从不屈服的性格，使他规划着，要像治理范县那样，把畸形散漫且不无肮脏的潍县，缔造成淳朴洁净充满阳光的理想之地，如同陶渊明所描述的桃花源一样。

他在《潍县竹枝词（之一）》里写道：

奢靡只爱学南邦，学得南邦未算强。留取三分淳朴意，与君携手入陶唐。

在他的理想之中，苏州又算得了什么，北方的淳朴和廓清的天地，满园的桃李花香，那才是令人向往的理想境界呀！可见，郑县令开始对治理潍县有了信心，开始构想着安民治县的方略与举措，常常于静夜之中编织出美好的梦境，令自己深深地陶醉其间。

然而悄然降临的灾害却像恶魔一样步步袭来。先是一连几个月没有落过雨雪，旱风照例趁机肆虐。都到四五月天了，农田还是一片枯黄。农民的苦难由此加重。郑燮发现，潍县东南两面邻山，北面向海，形成了一片南高北低的斜坡平原。春夏之交的旱风由内陆刮来，把海上吹来的一点儿湿气全都又带回了海洋。天不下雨，到了播种的节气，农民们照样得耕耘下种。土里的种子发芽需要地墒，许多人挑了井水浇土催苗。禾苗好容易露出头来，更需要雨水滋养呀！可是天空仍然不见一丝云。农民们盼雨盼得都快疯了，四乡都可以看到跪天祈雨的人群。人们号天抢地，但是抬头望，头顶上依然还是烈日高悬。井里的水早已干涸，人们只好望天嗟叹，坐视秧苗被赤日逐渐地烤得焦枯。于是，农民们绝望了，开始拖家带口地出门逃荒。到哪里去呢？有的沿着官道去济南，有的去了京城……更多的人行至海边，走投无路就乘船去了关外。前路茫茫，吉凶未卜，人们盲目地前去，即称之为"闯关东"。也有不少的人就来到了传说中的小苏州潍县县城谋生。

　　其实这次大灾荒，从乾隆十年（1745）即郑燮调职潍县的前一年就已经开始。灾荒的范围涉及大半个山东省，其中潍县的灾害又是多重的。旱灾过后往往又是水灾。胶东半岛的雨水，多半集中在七八月间。每年降雨七八百毫米，在干旱了四五个月之后，集中一两个月之内降下，那只能是淫雨霏霏，连日不开。如果秋夏还偏了一点儿雨水的话，那么此时田里即将收获的那一点儿庄稼，正等着秋阳的照射灌浆成熟哩。于是盼了大半年下雨的农民，又开始眼巴巴盼着天晴日出。结果，黄金一样的希望，就被雨水浸泡成了湿漉漉的影子。潍县的淫雨，使白狼河水猛涨，疯狂的洪水漫上了石桥、坝崖，直涨至城墙的一半。桥梁冲毁了，城墙倒塌了，白狼河成了真正的"白眼饿狼"，更像一条闯出笼子的恶蟒，缠绕吞噬着城外的民居和良田庄稼。

　　而对潍县而言，春秋时节往往又不光是天旱，带着难闻咸湿气味的台风，常常会推动渤海的海潮暴涨。潮水席卷着潍县北部的低洼地带，海涛所过，天水一汪。等到水退之后，农田、村落和庄稼就又变成了白茫茫的一片盐碱滩涂。尤其是距离县城西北一百二十里之遥的禹王台，更是饱受海水溢涨的侵害……郑燮禁不住暗暗嗟叹：貌似富庶的潍县呀，百姓可是生活在水深火热之中。

五

　　更凶狠的还有横行无忌的灾后瘟疫。许多人全家都病倒了，却又是缺医少药。郑燮急中生智，忙动员全县开中药铺子的老板捐药救灾。命令全县的中医郎中无偿出诊，治病救人。这是潍县历史上没有过的举动。起初人们很不习惯，甚至联合抵制。他申明大义，力排非议，赏罚严明，政令这才得通。接着又是七月十九日的台风引起海水倒灌。洪水像发疯的猛兽一般，骤然袭来，汹涌澎湃，人力难以阻挡。面对那阵势，郑燮完全惊呆了。他万万没有想到，迎接自己的会是这样一连串的天灾打击。上任伊始，还没等他烧什么三把火，老天爷先给他迎头三大棒！他懵了！慌了，更心急如焚。这小小的七品芝麻官可真不好当呀！他暗暗叫苦不迭。

天灾，像狂涛巨浪般地涌至，一下就把潍县带进了饥馑、恐怖和痛苦的深渊，同时也把新上任的郑县令一步步推向苦不堪言的旋涡。其实最可怕的还不是瘟疫的肆虐，而是粮食的匮乏。活着的人，天天就得吃饭，可是许多人家已经断顿。苦难中，人们的生存愿望还那样的强烈。一个幸存下来的人，当粮食吃尽了之后，他们就开始吃树根啃树皮，有的开始杀牛、杀驴来吃。这些原本是农家的命根子呀！最后连草根和观音土都吃光了……年迈体弱者开始倒下。无情的天灾，更像一张可怕的网，不但网尽了大地的生机，也网尽了人们心灵中的善良。当一切可吃的统统吃完，人性就开始泯灭。这时候的人，同饥饿至极的动物没有了任何的区别。于是，人吃人的可怕日子开始了！先是争着吃死去的人，而后就开始吃活着的人了，易子而食，易妻而食……郑燮闻所未闻，可是如今却就变成了现实！想到这些可怕的情景，他开始不忍心下咽任何的食物。

乡村的灾民，漫无目的地向城镇涌来，像泛滥的海水向低洼地上聚集一样。洼地聚满了，又开始向四面八方漫溢。以往长满庄稼的大地上，如今成了狼藉一片。海水漫溢过的盐碱滩上横陈着溃烂的尸体。灾民的人潮，从四面八方集聚，又向四面八方流动。人们的心中想着生存的希望：到关外去，传说中那里是一片等着开垦的土地，土壤是黑色的，插根棍子就可以长出庄稼。于是饥饿的人们眼前出现了幻觉：大白馒头，还有高粱米饭，雪白雪白的，鲜红鲜红的，还有浑圆浑圆的土豆和老南瓜……人们来了精神，一个个男女老少舔着干裂的嘴唇，拼命迈开脚步，朝着太阳升起的地方狂奔……就这样一路狂奔而去，怀着幻觉般的希望。直到倒下为止，直到把妻儿一个个卖掉……延至乾隆十一年（1746）的秋天，饥馑与苦旱，继续困扰着胶东半岛。如果说"米贵于金"，如今则水与米早已变得同样的金贵。七八月间的雨季，一反常态地变成了干旱无雨。在人们焦急的期盼中，白狼河水逐渐枯竭了，米市中的米也像白狼河的水位那样日日见少。米价却像坝崖似的，越来越突兀挺立。

酷热难耐的日子，郑燮带人在潍县县城的人潮中艰难穿行。十字街头、大小巷道、各个庙宇，乃至县衙的大门外面，处处都挤满了衣衫褴褛、面若土灰的饥饿的人群。污浊、混乱、大呼小叫、拥挤不堪。人们见县令到来，都大张着口不住地呼喊着老爷，颤抖着伸出骨瘦如柴的手，眼神中那种强烈的渴望，就像钢针一样，刺穿了郑老爷的心。本老爷也是无能为力呀！他想着，心如刀绞。这可怎么办呢？郑燮问自己，也问身边的人。所有的人都摇头不语。面对愈来愈多的四面八方涌入城中的灾民，眼见街头日日增多的饿殍，郑老爷再也无法保持沉默。他夜里睡不着觉，把师爷和各司头目叫来商议。大家都说无能为力。说城内的粮仓中倒是有粮食，可那是官仓，没有上峰和皇上的圣旨，谁也不得动用。不然就有革职查办甚至杀头的危险。可当父母官的人不能眼睁着百姓都饿死呀！这可怎么办呢？灯影里，人们的眼光都集中到了郑老爷的身上。郑燮无言以对，痛苦无奈的脸上双目深陷，显得更加的憔悴苍老，又更加的冷峻严肃。见人们都看着自己，郑燮提笔铺纸，在一张宣纸上写了大大的四个字：开仓赈灾！

胆小怕事的张师爷和六司头目们一见"开仓赈灾"四字，立刻就傻了眼。赈灾是急若星火，但没有得到朝廷准许，擅自开仓赈济那可是犯了大忌呀！为了百姓而冒犯上峰与朝廷，在官场上那就无异于是一件蠢事，简直是自毁前程，甚至是冒着身家性命草率行事呀！

"郑老爷，这可万万使不得呀！"众人齐声劝阻。

"开仓赈灾！"

郑老爷目光如炬，话语斩钉截铁。

"老爷，这可真是使不得呀！得先禀告朝廷……"张师爷哀求他说。

"是呀，得先禀告朝廷呀！"六司头目全都跪在了他的面前，谁都害怕跟着受到牵连。

"听见了么，君子一言，驷马难追！开仓赈灾！"

"郑老爷，这可万万使不得呀！"张师爷话音开始发颤。

"对呀，咱们还是先禀报朝廷，待圣旨下来再……"

"人命关天，刻不容缓呀！岂能等得？"郑燮心急若焚。

"可上面怪罪下来，我等可担待不起呀！"

"不用诸位承担，我郑某人一人担当！"

郑燮说着指了指那宣纸上的四个大字："立此为证，我郑某人一人做事一人承担！绝不牵连诸位。"

"郑老爷，您可要三思而后行呀！"众人还是劝阻。

郑燮一拍桌子，愤然喝道："你们诸位都听着，立即开仓赈灾！一切后果均由本县令承担！"

"可是，皇上要是怪罪下来……老爷，还是先上个急折子禀报……"没等张师爷说完，郑燮就扪心自语道：

"此何时！俟辗转申报，民无孑遗矣；有谴我任之！"

当天，潍县严守紧闭的官仓即被打开，饥饿的灾民们蜂拥而至。郑燮站在人群中，高声讲道：

"开仓赈灾，是一方官府的责任，更是皇上的恩泽。"

混乱的人群顿时鸦雀无声。人们都屏气听着。

"希望大家伙儿互相礼让，按照排队顺序，书写契券，按照人头和户头领取官粮。借一还一，不得含糊。"

于是开仓赈济的秩序井然。如此日夜不息，连续多日人心稳定。从此城中再也没有人被饿死。

六

然而，灾难并没有到此结束。灾情似乎仍在继续考验着郑县令的理政能力。在这种时候，其他受灾府县的官员们都依照所谓的惯例和经验，有的闭目塞听、装聋作哑，不顾百姓死活，公然隐瞒灾情，以免自找麻烦。有的则不顾人命关天、十万火急，只是敷衍塞责，例行公事，忙于文书提交，消极等待圣旨。而潍县的郑县令竟然果敢行事，公然自作主张，命令开仓赈灾。消息一下子疯传开来，郑燮顿时成了同僚们议论的一个怪物。而潍县也就成了灾民逃命的希望之所。更多的灾民蜂拥而至，这是郑老爷没有料想到的新情况。这给潍县和郑老爷带来了更大的压力。

来自周遭各州各县的灾民暴增，潍县县城几乎成了一个摇摇欲覆的孤舟。这可如何了得？张师爷和各司头目顿时慌了手脚。纷纷建议立即关闭城门，只许出城，不许进城，再让衙役把外乡人清理出城去。这可如何是好？

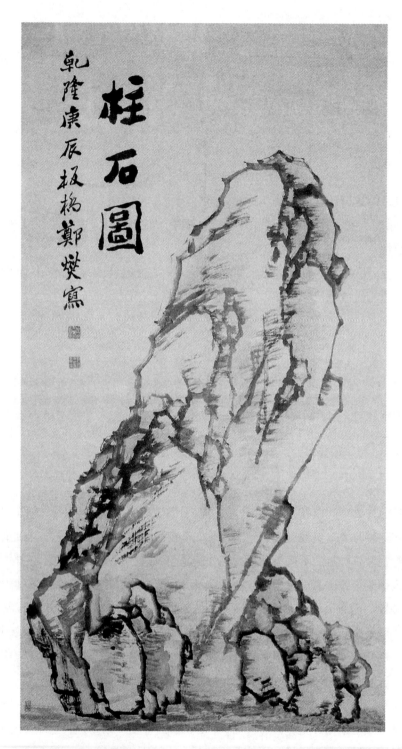

郑板桥作品《柱石图》

郑燮也感到了事态严重。

又是一个不眠的夜晚。童子再次催他用餐就寝，可郑燮仍是毫无倦意，更毫无食欲。人是更加的瘦羸苍老，但精神却是格外的昂奋。他的耳边，充斥着灾民的哭喊和呻吟，心头却是装满了那些愁苦而憔悴不堪的面容。这些惨不忍睹的画面和刻骨铭心的声响日夜困扰着他，这是远比那民间的疾苦之声更要令他坐卧不安的。

"人家既然来了就不要再赶走，城门也不必关闭。"

郑燮当堂宣布。为了缓解危机，为了能够救济更多的灾民，郑燮同时主张一面抓紧申报救粮款，一面号召地方豪富募捐救灾。同时他还下令查封了城内那些囤积居奇的不法奸商的大量存粮，责令其平价抛售给灾民。他还亲自上门，苦口婆心地劝导县中大户设厂煮粥，轮流供给流离失所的灾民。这几项措施一经实行，矛盾很快得到了缓解。他趁热打铁，利用灾民聚集城中无所事事的现状，千方百计集资，规划一系列修复和新建水毁工程。以工代赈、招募那些逃难来的饥民投入劳动。事实很快证明，这可是一举多得的明智举措。不仅避免了社会秩序的混乱，也解决了灾民的温饱。

就在这样的繁忙中，郑燮迎来了乾隆十二年（1747）的新春佳节。他没有离开潍县回乡过年，而是把妻儿接来团聚。没有平常年关那么多庸俗应酬，他正好吟诗作画。这天夜晚，他躺在床上睡不着。冬夜原本是静悄悄的，但他却似乎听到风雨之声。似乎听到屋外风中的竹子发出萧萧的声响，他就想到了灾民们呼天唤地的祷告与呻吟。饥饿、凛冽、瑟缩。这就是乾隆十二年的除夕夜，郑燮仿佛是在灾民的哀号声中度过的。正好他应约刚刚为一位同科的父辈画了一幅《风竹图》尚未落款，于是就提笔写道："衙斋卧听萧萧竹，疑是民间疾苦声。些小吾曹州县吏，一枝一叶总关情。"

写完沉吟半晌，一时不知所向。面对着这苦难的人间，他感到无能为力。作为地方官，他不能等闲旁观呀。他开始谋划着来年的举措。他是要有作为的。他想起了那副流传在坊间的楹联，显然是讲给为官者听的，说的都是大实话："得一官不荣，失一官不辱，勿道一官无用，地方全凭一官；穿百姓之衣，吃百姓之饭，莫以百姓可欺，自己也是百姓。"

然而，仅仅是不欺骗百姓，也是远远地不够呀！一任地方官员，穿着百姓的衣，吃着百姓的饭，就得替百姓说话，为百姓做事呀。特别是遇到眼下这样的灾荒之年，就得有所作为呀。他眼下最担心的，却是这场百年不遇的大灾荒继续蔓延。

看来郑燮的担忧不是没有道理。当新的一年开始之后，山东半岛上的荒灾仍在继续着，新年并没有给人们带来新的生机。只是在潍县，已经开始的灾后重建的局面仍在拓展着。这在整个山东引起人们关注，也招来同僚们的妒忌。郑燮感到了无形的压力。但是他还是奋力躬行。自以为做事要上对得起天，下对得起地，中间也要对得住百姓和自己。

北方的酷寒把农作物的生长，限定在不足百日的无霜期内。上年夏秋的连续干旱，早就酿成了一个颗粒无收的年馑，也同时预定了一个青黄不接的早春。连续十个月的干旱，使土地龟裂，人们的心中更是焦渴难耐。白狼河水完全干涸了。城中和乡间的每一口井都露了底。井口黑洞洞的，就像一只只巴望着老天爷快快降雨的眼睛。干旱耽误了农时。端午节到来的时候，田野里还是枯黄的一片。

"下一场雨吧，老天爷快睁眼，救一救这一方可怜的百姓！"

祈雨的人，已经再也不是成群结队的百姓，而是县令郑老爷自己。他在大白天，顶着烈日，戴着一顶草帽，走到乡下空旷的田野里。原本已经是春耕大忙的季节，眼前却看不到一个劳作的农夫。他跪下身子，双手在地上刨下去。挖到一尺许了，还不见一点儿湿墒。人们完全绝望了，这才有他的《逃荒行》：

十日卖一儿，五日卖一妇。来日剩一身，茫茫即长路。长路迂以远，关山杂豺虎。天荒虎不饥，肝人伺岩阻。豺狼白昼出，诸村乱击鼓。嗟予皮发焦，骨断折腰膂。见人目先瞪，得食咽反吐。不堪充虎饥，虎亦弃不取。

灾情的严重可想而知。一边是为了生存而卖儿鬻女，一边则又是真情的救助与人性的温暖。一边是虎狼的兽性与残忍，一边又是前途未卜的无望与茫然。刚刚忍痛卖掉自己儿女的母亲，突然看到一个被遗弃在道旁的婴儿，她该怎么办呢？

道旁见遗婴，怜拾置担釜。卖尽自家儿，反为他人抚。路妇有同伴，怜而与之乳。咽咽怀中声，咿咿口中语。似欲呼爷娘，言笑令人楚。

这些危难之中的人，他们成群结队像潮水一样涌向远方他乡。只是想着远离这失去亲人和欢乐的灾难之地。

七

能够走得动的都逃了。留在家乡的老弱病残，则在这新的一年和又一个漫漫春夏，继续遭受着干旱的煎熬。

此刻，郑燮在田野中正跪拜老天祈求降雨，突然不知从哪里来了那么多的灾民。他惊异地发现，那些没有外逃的老人和儿童，那些骨瘦如柴的人，个个都瞪大着深陷的眼睛，流露出急切的渴望。那目光是多么的可怕，又是多么的令人难忘。没有人再仰望天空了，也没有人再祈求老天怜悯保佑了，人们都盯着这个好名声的布衣县太爷。

"老天爷，救救这一方的百姓吧！"郑燮不敢看这些灾民的眼睛了。他干脆闭目又一次在心中为他们祈求。随即就起身走向前去，把自己怀中揣着的打算当午餐的煎饼掏出来。孩子们立即把他围住。他小心翼翼地把那煎饼撕开分给他们吃。人群中出现一阵骚动。也就在此时，谁也没有留意到天空中突然聚集起一团乌云。随着一声隆隆的由远方滚来的雷声，人们仰头望天，就感到有凉丝丝的雨点坠落下来，人群立即沸腾！失去了生机的大地也开始欢腾。

"要下雨了！"

"要下雨了！"

老少爷们儿欢呼着，跳跃着。郑燮的脸上也绽开了笑容。他抬头望着不断加厚着的浓密的云层，高兴得一时不知如何是好。老天爷可真正是开了眼。

这迟迟到来的雨，从五月十八日开始降落，浓密的云层，充沛的雨水，重新点燃了人们生活的希望，也使得郑燮感到了由衷的喜悦。潍县城中，干枯了许久的白狼河又重新开始哗啦啦地流淌着河水。就在人们兴高采烈地等待雨住风停，准备着整地播种的时候，天上的雨却是越下越大了。

老天爷似乎故意同人们作对。大旱过后又是连续两个多月的淫雨，龟裂的胶东平原转眼之间又成了一望无际的水洼。这预想不到的灾害，又一次沉重的打击，就像是有人在郑燮原本受伤的心上深深地又刺了一刀。他同那些农夫和孩子们面对那茫茫的水洼，完全地失望了。

整整一个夏季，就在这样的愁苦之中过去。人们凭借在退水后的地里挖野菜抓小鱼小蟹度日。郑老爷对此也是束手无策。苦闷之时，他就作画解闷。他修书慎郡王告知潍坊赴任，得了回信，算是一件高兴的事情。慎郡王还寄来了一首七律，读着令他回忆起从前在京城相逢与交往的日子。那可是令人真正高兴的时光。可惜美好的时光，只是一去不再。

二十年前晤郑公，谈谐亲见古人风。东郊系马春芜绿，西墅弹棋夜炬红。浮世相看真落落，长途别去太匆匆。忽看堂上登双鲤，烟水桃花锦浪通。

读着，忆着，忆着，读着。心中竟然生出了郊外训诂的兴致。灾害实在过重，无奈之中需要暂时的超脱。早就听说潍县城南的历代茔域有不少古碑。此日，他就带了童子至郊外寻看。这一次，他竟然是坐轿去的，所谓"肩舆"是也。当他下轿步入古坟地观看到了于适的字，禁不住击掌赞叹曰：

"果真名不虚传！"

心想，书艺之事，贵在个性，常庸之作，实在是没有什么看头！

"岁连歉，人相食，斗粟值钱千百……"

作为地方官，郑燮的主要任务仍然是继续救灾。日夜操劳奔波，仍然还是沉重而混乱不堪。丙寅丁卯，连续四年，郑燮大为疲惫，精神更是难以振作。是日恰逢同年好友王文治、郭方仪来访，相约出游，见农夫辛劳于田间，所收却寥寥无几，郑燮遂伤心默然，得词二首，恰能表达他此时心境。曰：

云淡风高，送鸿雁一声凄楚。最怕是打场天气，秋阴秋雨。霜穗未储终岁食，县符已索逃租户。更爪牙常例急于官，田家苦。

由此，他又情不自禁地联想到了自己故乡的美好金秋：

紫蟹熟，红菱剥；枇橘响，村歌作。听喧填社鼓，漫山动郭……祝年年多似此丰穰，田家乐。

眼瞅又进入了秋季。此夜无聊，依旧读书作画。面对窗外冷冷清清的月光与塘中毫无生机的水色，耳边就不由得响起了亲切的兴化乡音。宦游之人，黄卷青灯之下，孤独中思乡的人儿苦闷不堪，便作《竹图》，其中画得两株竹子，并一石相傍。并题诗曰：

磊磊一块石，疏疏两枚竹。佳趣少人知，幽情在空谷……

是夜，不是在潍县县衙而是在省城济南的试院。远山如黛，近水似镜。悄然无声的一切，令人感到更加的寂寞难耐。月光也就显得更加冷冷清清、凄凄惨惨。

八

郑燮孤身一人在考试院中徘徊，眼前一排排的考生号舍当然是亮着灯火。高耸的明远楼，深锁严封的试院。他自己也仿佛又回到了那谋取功名的年月。那是熟悉得离自己很近，但又是陌生得离自己很远。近在咫尺、恍若隔世。他自己也一时弄不清自己此刻的真实身份。今年到山东主考乡试的是正白旗人德保，郑燮奉命则以同考官的身份，和号舍中那些家破人亡、浩劫余生的秀才共同品尝着这试院中的苦涩冷月。远远地却传来一阵宴饮的喧嚣声。

是的，一切的繁文缛节与铺排讲究是不可简化更改的。这是官场上的规矩，是几千年形成的习气。主考官德保大人要备酒与考官们夜饮赏月。郑燮自己也不得不强颜欢笑地参加。

"平分秋色玉轮清，照耀奎垣影倍明。好客弥惭孔北海，论诗偏爱郑康成。不因佳节生乡感，惟以冰心见物情。料得三条椽烛尽，几人翘首望蓬瀛。"

饮宴中，德保诗兴勃发，吟以相赠，郑燮也以诗相和。不过此时的郑诗人，不仅为灾民的处境担忧，为浓重的乡愁笼罩，更渴望着风调雨顺和故乡的涛声与月色……当他面对这灯红酒绿的场面，萦绕在胸中的尽是饥民们悲愁的面容，一幕幕凄惨的景象，和一副副官僚们冷漠推托的嘴脸……一副七品顶戴，那沉重的分量，似乎压得他抬不起头来。父母官的使命与责任，令他在酒宴中无法释然，只能在无止尽的灾难与哀号声中焦虑、挣扎。他无端地怀念起了扬州……怀念起那兴化老家，那妻、妾、子女所在的远方，也许此刻正笼罩着一片欢欣与宁馨的世界，但那个世界对他却是无比的遥远。杯影交错中，郑燮的视线越来越蒙眬，心里也越来越迷茫了。他在酬答诗中竟然写道：

十载扬州作画师，长将赭墨代胭脂。写来竹柏无颜色，卖与东风不合时。潦倒山东七品官，几年不听夜江湍。昨来话到瓜洲渡，梦绕金山晓日寒。

显然，他这是酒后吐真言呀。而在别人看来，也许只是一种不无自嘲、卖弄才情。当他清醒的时候，他也曾经不止一次地扪心自问：为官的作为仅限于此，那这芝麻官还值得一做？

五十五岁的郑燮自感岁月催人，他的思绪就像那风雨中的竹叶，是既不安还有些纷乱。年龄就像一道道怪圈，随它分分秒秒地旋转，身体和心理就会潜移默化。由此而引发的诗词书画之风的改变更是不自觉的。那就像是一颗经霜的果子，哪一分钟开始变红是谁也说不清的。年过半百，在生命的旅程上，会进入一片新的迷雾笼罩的境地，感到无可言喻的艰难与迷茫，同时也离不开亲人的照顾与体恤。感情与身体，同样的敏感而脆弱。郑燮十分渴望家人能在自己身边。可是，潍坊上任之前，饶氏与孩子已经南归故乡。他呆呆地坐在空落落的衙宅中，下得大堂来，就感到周身疲困不堪，连面前的茶碗也懒得端起。算来宝贝儿子已经四岁，正是骑着竹竿满院奔跑的时光。想到宝贝儿子，他就禁不住忆起自己的童年……四岁时的燮儿，已是无母的孤儿，在费妈的背上度着童年的岁月。他突然害怕在富贵娇宠的环境里，惯坏了儿子。于是他给堂弟写信，说：

> 余五十二岁始得一子，岂有不爱之理！然爱之必以其道，虽嬉戏玩耍，务令忠厚悱恻，毋为刻急也。

郁郁苍苍，满园子的树木，自然也就招来许多的鸟雀。更有那些使人目不暇接的青绿和红色的蜻蜓，还有水中新生出的螃蟹。"拴蜻蜓"、"系螃蟹"对小孩子只是图得一时的欢喜，但是却无形中养成儿童残忍的性格。爱护小动物，培养同情与悲悯的心态，是十分的重要呀。

> 夫读书中举、中进士、做官，此是小事。第一要明理做个好人。

明理的好人，不仅是他对儿子的期望，也是他对弟弟和所有家人的期望。他经常在家书中不厌其烦地叮咛：

要多置农具，养成妇女们勤苦劳作的习惯；避免染上斗叶子牌或听说书一类的浮华风气。冬天，遇有穷亲戚上门，务必先泡上一大碗炒米，佐以酱姜，来温暖身子，驱除寒冷云云。

要以主客之礼敬重佃农，更要善待家人的子女……他不厌其烦，絮絮叨叨，这也许与年龄有关。从前他是很少这样讲述这些具体琐碎的事情的。可是如今他却是不自觉地就要想到这些，简直就有些谨小慎微。他的心情，正是在这种对亲人的关怀与责任中得到了很好的调适与安抚。他渐渐感到了秋日的美好。他的作诗作画的兴趣也开始变得浓厚，每日照常忙于公务，一有闲暇，就会作画题诗。画面的格调也是积极向上，题画诗的调子也开始恢复了早前的高亢与坚韧。

> 余家有茅屋二间，南面种竹。夏日新篁初放，绿阴照人，置一小榻其中，甚凉适也……

这样的画面，时常会在他的笔下出现。在诗人的心中，永远都有一个美好的家园，那是同他的身心化为一体的。哪怕离家千里万里，温暖的故乡与家园总是在他的身边伴随，形影不离。

九

这样的日子并没有过去多久，新的痛苦与烦恼又一次折磨着诗人的心灵。先是传说金冬心去了！随后又说袁枚死了！

冬心兄是啥时在哪里倒下的？郑燮毫不知晓。他的身体一贯就欠佳，特别是双腿疼痛，行走不便，但他却是生性好动，仿佛是一只陀螺，被心中的骚动之鞭抽打着，永远也停不下来。正因为这样，郑燮才不相信他有一天会真的倒下再也爬不起来。他是那样的坚韧乐观，总是在开怀畅饮，开心大笑，把豪情与欢乐带给身边的每一个人。无论有多久没有见面，只要一见，就是一片笑声。还有他的艺术，他的个性鲜明的真书与那苍劲艳丽的梅花，处处都透出他的旺盛且与众不同的顽强生命力。这样的一个朋友，怎么就不辞而别？然而，又一个声音也在远处响着，仿佛是说：在乱世风雨中，人的生命就如同油灯的光焰，飘摇在风雨之中，显得是那样的脆弱，那样的渺小，随时都可能熄灭消失……这一回的消息也许是真的。他不知道什么时候才能前去为客死异乡的好友痛哭一场，眼下也就只能向空遥祭。

浙江才子袁枚，世所公认有胆有识的能吏。他与郑燮互慕其名、惺惺相惜。当郑燮听说袁枚为解除百姓困苦所表现出的爱心与魄力，更是心领神会。可见二人虽未见面，彼此在心中都耸立着对方的理想形象。此刻，风传心中的那尊偶像式人物蓦然倒下了，郑燮一时难以接受。看来此生果真难以相见？！他为这位偶像式人物的离去竟然顿足大哭。直到又有消息证实袁枚的死讯只是谣传，他才如梦方醒。

"板桥作宰山东，与余从未识面。有误传余死者，板桥大哭，以足蹋地。余闻而感焉。后廿年，与余相见于卢雅雨席间，板桥言：'天下虽大，人才屈指不过数人。'余故赠诗云：'闻死误抛千点泪，论才不觉九州宽。'板桥深于时文，工画，诗非所长……"袁枚这段话道出了他对郑燮的评价。

　　这两位清代著名的文学家，年龄虽相差二十多岁，但却有许多相似之处。同是乾隆年间进士，都曾担任过十来年县令，都是有口皆碑政绩卓著的清官。辞官的原因也差不多，郑板桥是为放赈救灾，得罪上司；袁枚则厌恶官场迎来送往阿谀奉承，不甘心为"官奴"。辞官后，郑板桥以卖画为生，袁枚则以卖文为生。最重要的是，二人都反对当时的程朱理学和考据之学，反对"格调说"、"神韵说"。在写诗作文上都倾向于痛快淋漓地抒发真情实感，追求清新自然，强调雅俗共赏，反对堆砌辞藻滥用典故。但在其他问题上，也有相互抵牾之处。例如，郑板桥就对袁枚的志怪笔记小说《子不语》颇有微词，在《寄杭大宗书》中，措辞激烈地批评此书"一卷未终，恶心欲呕"，"以此等恶札刻而行世，殊令我为袁家才子惜，为士林叹，为天下人哭，悲从中来，百方抑制而未能自已也"。郑板桥的批评显然有过火之处，但是《子不语》中确实存在浓厚的因果报应、荒诞迷信等弊病。袁枚说郑板桥"深于时文，工画，诗非所长"。对这个评价，郑板桥则在《与伊福纳》信中说："至谓板桥不会作诗，我不愿辩；若云深于时文，一深字谈何容易，则我岂敢当之……板桥何人，而能领此一深字乎，袁枚之言，雅不愿闻。"郑的态度谦和自抑，低调应对，相比之下，袁枚就显得高傲，甚至有些自命不凡了。袁枚说郑板桥"诗非所长"，实际上郑板桥的诗写得甚佳。郑板桥出身贫苦，久居民间，深知老百姓被压迫剥削的痛苦和贪官污吏的恶行，所以，像《悍吏》《私刑恶》《逃荒行》《还家行》等诗，在反映百姓穷苦生活、鞭挞酷吏肆虐横行方面，甚至比袁枚的诗更有深度，更受好评。至于郑板桥的《家书》，更是脍炙人口，虽谈家务琐事，每多精辟见解，且深刻独到，发人所未发，启人心智。

十

　　乾隆十三年（1748），即郑燮治理潍县三年之际，乾隆皇帝决定要到泰山封禅——祭祀天地。据说直接的原因也是因为山东大灾中，有饥民铤而走险聚众造反，结果遭到朝廷残酷镇压。事后，皇上一方面派大员勘灾放赈，一方面亲自前来降福安民。为了迎接圣驾，山东上下官员忙得不亦乐乎。天子大驾光临，自然少不了在山上建设行宫、凿修御道，至于刷新庙宇、整理文物古迹更是不在话下。此间，郑燮也得到一份差使，被称之为"书画史"，即圣驾游历泰山自然要遍览书画文物，即命他随侍以备咨询。这虽然是一个临时设立的官职，但同样是朝廷命官，郑燮心中不胜荣幸。为了这件差事，郑燮居住泰山绝顶四十余日，为迎圣做着准备。其实也就是事先游历，熟悉沿途碑刻与胜迹文物。这对于郑燮，无异于如鱼得水。他平生酷嗜山水，更喜好文物碑刻。如此在山中流连多日，可谓乐哉、悠哉、快哉。早年友人入幕山东，他就羡慕不已，赋诗云：

封禅碑铭今在否？鸟迹虫鱼怪异。为我吊秦皇汉帝。

这次郑燮在泰山逗留那么长时间，可是大饱眼福。每日览古迹赏山景，读碑铭观日出……日复一日，陶醉其中，岂不是得其所哉！为了纪念这段快乐惬意的日子，他还特意为自己刻制"乾隆东巡书画史"图章一枚，炫耀于世，引为自豪。至于乾隆上山以后，有没有接见过他，有没有听他介绍泰山书法，是否欣赏过他的诗词书画？史料没有记载，大概也没有什么值得记述的内容吧。历史的烟云，湮没了不知多少史实，给后人留下了许多的空白与疑难，也为我们的想象与研究提供了无穷的线索与空间。不过郑燮在泰山的这些日子，心中倒是一直挂念着潍县的百姓。他时常在落日余晖中遥望潍县的方向，想象着人们的日子，期盼着风调雨顺。老天爷没有使他失望。早春的几场小雪，显示出这片饱经灾患的大地，已经亮出了复苏的希望。人人都寄望于老天开眼和一个苦尽甘来的丰年。人们祈求流落到辽东半岛的逃荒者，能够家家团聚。

事实是，紧随其后的几场春风刮过，大地开始回暖。荒芜的土地上，开始长出了足以让人们渡过饥荒的苦苣。于是男女老少，开始出现在田野上，掏挖着那救命的野菜。人们感到了老天的关照，看到了一线生之希望。逃荒的人们陆续回到了家乡，开始收拾农具，准备春耕。田野上出现了令人喜悦的生机。

　　在夕阳的辉映下，郑燮欣然登上东岳之巅。那俯瞰之下的平原、河流和冰雪覆盖的村镇的青色影子……他被眼前汹涌的云海所吸引，还有那落日辉煌与奇妙变幻的云雾。郑燮兴致勃勃、从容不迫地攀登着每一座名峰，仔细地欣赏着沿途古碑与摩崖石刻，就像在阅读一部书法典籍瑰宝。那些历朝历代的官员和大书法家的手迹，被镌刻在泰山石崖上，被镌刻在精美的石碑上，成为了永恒。他研究着，考证着，仔细地揣摩着。

　　东巡开始于二月，乾隆皇帝奉太后先到诸淀汇集的赵北口临阅水围，到曲阜举行祭孔大典，然后在二三月之交登临泰山，举行封禅大礼——这正是郑燮最紧张忙碌的时候。随后，皇帝的行程，由"家家泉水，户户垂杨"的济南而到达山东直隶边界附近的德州。一个多月的旅程即将接近终点，浮现在乾隆皇帝脑中的是京城宫阙熟悉的影子，是亲切的宫灯、朝仪、军机处，以及堆积如山的奏章和僵硬死板的祖宗家法。

　　乾隆皇帝其实也像任何一位喜好游玩的年轻人一样，总是感到游兴未尽却又希望早日还朝。皇宫里的日子虽然舒适但也并不能随心所欲。他例行公事的这次东巡，完成了预定的各项程序，也满足了某种秘而不宣的私欲。等到一切都完了，一切似乎都是心想事成，就感到了一种无可言喻的空虚与厌倦。这就是所谓心想事成的结果。其实并谈不上幸福。

　　此后的人们很难想象，这位三十八岁，正当春秋鼎盛的皇帝，在龙舟之中是如何招妓夜饮尽情享乐的。人们更难以想象，在那大灾之年，如日中天的皇帝在一片祥和的歌声舞影中，整个地沉醉在醇酒与美女的香风软语之中，沉醉在较之苏州风味而更加迷人的山东爽直少女的香艳之中的安逸情形……当然，昼来清醒的时候，他也多少了解到了此地灾情的严重。于是，皇帝下诏免了山东的赋税，并派遣大学士高斌和都御史刘统勋为特使，到当地办理赈给。这才有了此后渤海湾、运河的大批风帆往来，码头上也泊集着满载灾粮的船只。一段朝野关心的历史，就这样烟消云散了，留在书画史郑燮记忆中的恐怕就只有那一枚唯有纪念意义的印章。

十一

连年的天灾，终于露出了转运的曙色。五月，端午节到来的时候，潍河两岸弥漫着热烈的气氛。屡遭磨难的人们显露出生生不息的热情。身着官服的郑燮心情复杂地坐轿行走在河岸上，眼前的景象令他开心。

一阵清风吹过，天上落下了蒙蒙细雨。这是比香油还要金贵的甘霖，他感到了好久未有的轻松。一连许多日子，他陪同下来赈灾的州府官员们沿着潍河一路而来，巡视着灾荒给生民造成的创伤，也看到了逃荒归来的百姓开始在田间劳作。及时雨，傍着那清风与赈粮，给人们的心中播下了希望，也令郑燮感到了肩头担子的轻松。

一路的旌旗仪仗，浩浩荡荡。俗世官人的威仪把沉寂许久的官道搅扰得热闹异常。天公也回心转意，雨竟然下了一整天。潍河的岸柳，在黄昏的雨雾中更显得墨绿迷人。在一阵阵的雨中，天空偶然透射出的一缕斜阳，更增加了平原上的温暖气氛。长长的柳丝，垂拂在官员们的轿子上和吏卒手中的彩色仪仗上，水珠纷纷四下弹落着。开道的锣声中，夹杂着人喧马嘶和远远的布谷鸟的鸣叫，仿佛在宣示着灾后大地的复苏和民情的回还。

田野里，几个光着膀子的农夫，赤脚踩着田埂的泥泞，快步来到灯笼上写着一个"郑"字的郑县令的轿子前，献上几个新出锅的热粽子。还有的用粗糙的黑瓷大碗向县老爷敬上一杯自酿的高粱小烧。有一位激动的老农，竟然手扶着郑燮的轿杠，忘情地描述着桑麻丰收的预兆。

御史高斌十分羡慕郑县令的口碑与人缘，两人很快地亲近起来。在黄昏细雨和田圃的蛙鸣中，郑燮与高斌二人赋诗相赠，举杯互敬，为健康、为节日，更为预见肇启的丰年。郑县令突然意识到，这还是自己主政潍县以来的第一个真正的万物复苏的春天，于是诗兴大发。

　　盛夏，在白狼河水日夜奔流和潍河岸柳的飘拂中，这片胶东半岛心脏地带平原上的作物，正如人们所期盼的，青青葱葱地茁壮起来。潍城的集市，也逐渐地恢复了往日的活跃。绿杨、酒幌、歌舞、笛声，重新又装点起这座古城的繁华。树立在白狼河滩上的秋千架，不知何时，也经过了一番整饰。潍县健美娇柔的少女们，坐在焕然一新的秋千画板上，像彩蝶一般地飘摆着裙裾。嬉戏中她们仰起蛾眉，羞涩而又大胆地笑迎那在秋千柱上敏捷攀升的少年。

　　城里的人们并不知道县城四周的田野里，收获并不似人们预计中那么丰盛。灾后容易滋生的蝗虫、雨水和疫疠，仍然掠劫了不少的生命和食粮，只是比起两三年来的蹂躏与践踏，已经算是微末之灾了。

　　此日，郑燮布衣麻履，独自骑着一头毛驴，出东门沿着坝崖北行，他是到北郊关帝庙访友的。庙中的住持恒彻上人是郑燮的挚友。一整天，他都与这位宽厚练达的高僧品茗交谈，共用斋饭，一同对诗下棋。两人情投意合、其乐融融。时值金秋，庙院中葡萄熟了，恒彻上人慷慨地让小和尚摘来一大盘请郑燮尝鲜。葡萄很甜、很润，含在嘴里的感觉就像高僧的微笑和言谈一样甜蜜可人。郑燮心中十分的惬意，所有的俗念与官场的苦闷统统消失了。他深知庙里的葡萄，原本只是献给关老爷的供品。摘了来招待客人，这可是特殊的礼遇，可见他与高僧的关系非同一般。因此，他在北郊一待就是一整天，每次都是月上中天之时，才恋恋不舍地离去。

　　此一时，衙门里的事务逐渐理顺。灾难面前鉴真金，经过了连续的挑战与考验，人们显然已经完全接受了新来的郑县令。他用与众不同的行动与业绩，征服了刁难与猜忌和那些不欢迎他的人，更赢得了百姓的赞誉和信任。随着灾情的减退，忧心忡忡的郑燮心情较前好了许多。特别是他看到逃往关外的人们，开始陆陆续续地回来了，有的还抱着新出生的孩子。劫后余生，人们互相见了面显得格外的亲热。闯关东的人们无意间也带回了那片辽阔大地上热烈非常的人情味和垦荒者豪迈的胸襟。当然在那地老天荒的远方，同时也留下许多亲人的遗骨与魂灵，留下了人们无尽的思念与牵挂。这时候，诗人的板桥当然要比县令的郑燮更能体察出人们心灵的变化与难以愈合的创伤。从他这一时期写下的诗词来看，他似乎更加注重人们的心理状况。这当然是一般的官人所不具备的人文情怀。

　　大地复苏了。灾害中洪水猛兽般的故乡又显现出温情脉脉的柔情。浑黄色的大地又渐渐呈现一派充满希望的迷人的葱茏。那些逃难异乡的人，纷纷闻讯而归。绿色的田野，这是人们梦寐以求的景象，这种梦境般的色彩，就是故乡亲切的召唤。难民们急切归来，一踏上故乡的土地，见到那覆盖着平原的墨绿，感动的泪水就模糊了眼睛……

十二

然而，当逃难归来的人们走进那破败的村落，踏入荒凉残破的庭院瓦屋，竟惊异地发现灶膛、墙根与炕脚的孔洞，早已成了黄鼠狼与硕鼠公然出入的巢穴。败破的门窗，在深秋的风中瑟缩抖颤，发出空落的声响。四壁的墙土，也随之簌簌跌落。这景象令人不寒而栗……

然而这些并不能丝毫减退人们还家的喜悦，人们开始夜以继日地用双手恢复着家园。等到屋子修葺一新，已是来年春暖花开时节。屋角的桃杏花又开了，招来满园的蝴蝶蜜蜂，还有那旧日的燕子，在房梁上重新结集，开始了新一年的繁衍生息。时常下乡巡视的郑燮看着这一切的变化，心中得到了极大的宽慰。他情不自禁地为人们的新光景而高兴、喝彩。当他走进一户农民焕然一新的家，就禁不住要吟诗填词。他以诗人的眼光和思维面对这一切的景象，咀嚼着生活的味道，构思着新的诗句。

新的春天，那忙着结集的燕子，是不是还是从前的一对？蒲塘水暖，池里的鸳鸯追逐嬉戏，然后走上岸去，在沙洲上一对对地依偎，可否象征着人们的新生活？这一切充满生机的景象，激发了诗人的激情与无限的想象。夜来雨水的滴答声，天空隐约的星辰，树影的摇曳晃动，暗夜中的鸟鸣狗吠……点点滴滴，都好像充满了温情，完全替代和洗刷了灾难中的饮泣与叹息。新的生活在人们勤劳的双手中显现出来。幸存的邻居和亲友们又重新相聚一起，相互宽慰闻讯、传递着各种各样的好消息。

"听说皇帝下诏啦，准许俺们赎回卖掉的妻儿……"

郑板桥作品《兰蕙争妍》

"那不就等于是破镜重圆吗？！"

人们欣喜地传送着好消息。于是，收获的季节，人们得到的就不仅仅是粮食，而且还有一家人团聚的指望和夫妻破镜重圆的梦想。

收成，团聚！紧接着又是一个快乐的年节……乐观的人们欣喜不已，奔走欢呼。然而，人们并没有料到，还会有意想不到的苦果等待在那里……在诗人的热情、悲悯与敏锐的感受中，这种喜剧中包含的更加深刻的悲剧，又给人间造成如同撕裂肝肺的痛楚！

郑燮亲眼目睹了这种难以启齿的痛苦。他的古风《还家行》，记录了这样的畸形世象。在圣旨的恩泽下，离别的夫妻是得到了团圆，但是随之而来的却是难以想象的尴尬与痛苦。于是诗人写道：

其妻闻夫至，且喜且彷徨。大义归故夫，新夫非不良。摘去乳下儿，抽刀割我肠。其儿知永绝，抱颈索阿娘。堕地几翻覆，污面涂泥浆……

读之不禁想到唐人杜甫……那个在自己的茅屋为秋风所破、冻饿难当的时刻却想着天下的黎民百姓，发出"安得广厦千万间，大庇天下寒士俱欢颜"的呼唤。而此时的郑燮，不仅以同样的笔触记录下百姓生活的悲剧，而且以"恨不得填满了普天饥债"的胸襟，更加投入地从事着拯救黎民的努力。

大灾过后，潍坊古城的街头，到处都是滞留下来的灾民。男女长幼，衣衫褴褛，面黄肌瘦，随处都有哄抢与盗窃案子发生。街市的店铺也不敢开门营业。牢里关满了抓来的犯人。一时间，似乎是社会治安出了问题。可郑燮不这么认为，他觉得是人们的肚子空着，法律也就成了无用的条文。他焦虑不安，苦苦地思索着解决的办法。一般的办法，都是"增加捕役，增加镇压的力度"。师爷和六司衙门的头目无不如此地建议，却统统遭到了郑老爷的喝止。

"你们休要胡言！民众者，你我衣食父母也，如今遭此大灾，生计无依，其中有做出些越轨之事者，不问个青红皂白就要镇压！岂有此理！"

师爷和六司头目都不敢作声。他们知道，以往郑老爷是喝了酒才骂人，近来则是不喝酒也骂开人了。

"那老爷您的意思是？"师爷仗着年长，试探着问。

"偷盗者，均以食不果腹、衣不蔽体而为。如今大灾当头，也正值用工之际，我们既要加强防洪抗灾，又要让人们有饭吃有衣穿才行呀！"

"天底下可曾有此两全其美之事？"

"有呀，咋就没有？！"

大伙儿的眼睛都惊异地瞪着郑老爷。

郑燮厉声道："我郑某人决计开展以工代赈。各位都看到了，那些被洪水冲垮的石城、土城急需抢修，城墙上的谯楼、炮台和那一堵堵的短墙、垛口……人们只要有了活干，自然也就安居乐业，鸡鸣狗盗之事自然便消失。"

"这么大的工程，资金从何而来？"

师爷的担心其实也是郑老爷自己的惆怅，更是六司头目们瞠目结舌的原因。

此后，郑燮日夜废寝忘食地谋划筹措。他的文艺才情迅即又转化成治理地方的本领。不等师爷和六司头目反应过来，工程竟然陆续开工。结果流落街头的外乡灾民们很快都有活干有饭吃了，人心随即稳定下来。城中的治安大为好转，街市供应也开始趋于正常。潍县自然也就恢复了往日的秩序。

大灾之年，城建工程大上。这可是潍县历史上从未有过的奇迹。洪水过后，各县皆是百废待兴，可是又都苦于无钱做事。地方上拿不出那么多的钱，朝廷更是无力拨款。唯独潍县不同，一下子开了那么多的修复工程，使得县城的面貌在周围县城中脱颖而出。人们惊异地看到，数十年不遇的天灾不但没有损毁潍县这座古老的城市，反而使它焕发了新容。所有的工程费用都是郑燮设法筹措，人们传颂着他的功德：

"郑知县可是一心为公呀，他平日省吃俭用，竟以三百六十千文捐修石城六十尺！"

这个消息一经传开，比任何的动员令还要管用。富豪士绅们纷纷效仿，慷慨解囊资助恢复水毁工程。全县先后有二百四十多位士绅，捐资计八千七百八十六两白银，修筑了一千七百四十尺的石城。而土城的修补费用，则由郑燮动员城内各烟行捐献开工。

十三

郑燮每日带人在工地上巡查，保证工程质量不出问题。他终日在烈日下奔波，人显得更加黑瘦，但是心情却好了许多。还不时地有新诗作面世。他从灾民们脸上的笑容和渐渐出现的红润，看到了生活的喜悦。开始有了从政共济天下的成就感。经过数月的奋战，工程陆续完工。这天，郑燮带领师爷和六司官吏欣慰地站在漱玉桥上，望着修缮一新的城垣，心中不胜慰藉。他激动地感慨道：

"你们瞧，这巍峨的城垣多么像是一条大船，它从远古驶来，承载着我们先人的勤劳和智慧。不仅是古代文明的标志，也浸润着我们先祖人性中的温暖与善良，见证着历代人们齐心协力、团结互助的业绩，象征着人们在风雨飘摇中的和衷共济呀。"

这一段诗歌一样深情的话语，在场的各位听了都十分地感动。郑县令接着说：

"各位，你们看到这修复一新的城垣有何感想？看来这坏事之中的确是不无好事呀。连年的患难与共，不但亲近了我与各位的关系，也去除了官民之间的隔阂，更产生了某种教化的作用。你们看看咱们潍县如今的民风，那是多么的勤劳，又是多么的淳厚。"

"是呀，郑老爷说得太对了。民风可是大有改观呀。潍县几乎夜不闭户，路不拾遗。"师爷不无夸张地附和道。

"是呀，谁说不是。"

"郑大人治县有方，爱民有德，亲民有情呀！"

"对呀，尤其是那些烟行，原本都是些吸血鬼嘛，可是在郑老爷感召下，竟然也慷慨解囊，捐献出那么多的银子……"

大家七嘴八舌地议论着，话题不知啥时竟变成了对郑县令的恭维。郑燮平日很是不习惯这样，可此刻他倒是听着耳顺，也觉得大伙儿夸的也是实情。他更加感到了为官一任、造福一方的快乐，感到自己的数十年寒窗，含辛茹苦的功夫可是没有白下。毕竟博取功名，共济天下，这是世代读书人的远大理想呀。

这时，人群突然一阵涌动。

"让开，请大伙儿让开……"

一个大嗓门急切地吆喝着。随声就见人群里挤出一位衣衫破烂的叫花子。他身材高大，气度不凡，破衣烂衫裹不住他那眉宇之间透着的读书人才有的几分聪慧。

"瞧，花子老五来啦！"

"快来看，花子老五又要唱小曲儿了。"

人们议论着。郑燮就见那潍县城中有名的乞丐头目花子老五手里操着一对镶了铜铃子的牛胛骨，满脸谦恭地站在了自己面前，一拱手就唤了一声"郑老爷在上"。

还没等郑燮回过神来，那人就跪在了他的面前。

"郑老爷，俺王老五代表潍县所有的叫花子今天当着父老乡亲的面向您老人家下跪致谢啦。"

郑燮急忙上前搀起，嘴里还说：

"壮士请起，离了县衙大堂就不必下跪。有话请讲。"

只见那王老五一脸的严肃，也不说话，起身清了清嗓子。人群里顿时鸦雀无声，人们聚精会神地等着。就听得一阵清脆的牛骨板有节奏地拍打过后，那花子老五声若洪钟地唱道：

骨板一收咱开言，潍县赈给有神仙。这个神仙猜是谁？就是俺们郑青天。郑老爷是大清官，开仓济贫不等天。以工代赈钱自捐，乞丐也成勤快汉。三年工程一年完，潍县旧貌妆新颜。市井平安人兴旺，不愁吃来不愁穿……

听他唱到这里，人群就发出一阵哄笑。

有人打断他问："哎，我说花子老五，不愁吃穿那你为啥还要讨口？"

"对呀，赶紧改行吧。"

花子老五也不恼，笑嘻嘻地一挠头说：

"咱这瞎好也是个职业嘛，咋就随便改行？"

一句话逗得众人哈哈大笑。郑燮也跟大伙儿笑了起来。他自从来到潍县，似乎从来也没有这样开心地笑过。他真正感受到了一个父母官"与民同乐"的味道。师爷和六司头目也都十分地感动。大家兴奋地说着话，一行人慢慢地沿着河岸走去。郑燮的目光越过石栏望着桥下的流水，一时竟然诗兴大发，便捋着胡须随口吟道：

留取三分淳朴意，与君携手入陶唐……

十四

世间再好的事情也会有人说三道四，潍县救灾岂能例外？郑燮很快就听到了刺耳的闲言，说潍县赈灾发放粮食多有虚假！有人甚至上奏告状，眼瞅着就闹成了官司。

"赈济作假，这可是天大的罪过呀。哪个做了如此亏心之事，就叫五雷轰顶，否则造谣者八辈子绝后！信口雌黄，岂有此理！"

这天，他喝了闷酒，就又对着衙宅院子里的老槐树骂将起来。当差的衙役们都相互挤眼听着，他们倒要看看刚刚还处在赞扬声中的郑县令怎么就突然变得气急败坏。可不是，凭空造谣诬陷，这无异于当头一瓢冷水。郑燮心中开始很是不安，也很是委屈怨恼。要命的是他自己情知，这也并非是完全的无中生有，想着任何事情也不可能做到完美无缺呀，怎么就有人如此地吹毛求疵，借题发挥。他夜里又开始失眠，就要喝几盅闷酒，然后谩骂不止。渴疾也随之严重起来，时常口干舌燥，浑身乏力。

此刻，借着酒劲，他很想同友人诉说。可是身边却没有一位知己之人。他就研墨铺纸，给友人写信。

复堂仁兄钧鉴：作宰山东，忽忽八年余⋯⋯

　　等到冷静下来，他就反复仔细地检讨自己的公事，发现问题还真出在急来的粗心大意。他的新的烦恼便因此而起。他并没有料到，这可是枪打出头鸟，官场原本就养成了拖沓、推诿的恶习，郑燮却是在救灾中体现出少有的雷厉风行。这自然就触犯了不成文的老规矩，惹得那些老于世故，惯于粉饰、推脱的官员甚为窘困和不满。加之他还铁面无情查获囤积，又使那些为富不仁的奸商破财丢脸，这又招来一片怨言。总之，郑老爷并没有意识到自己的认真赈灾，给灾民百姓带来了好处，而使那些只做官不做事的人颜面难堪，使那些意欲中饱私囊的奸伪者，失了一次巧取豪夺的大好时机，这怎能不惹出非议甚或祸端。

　　灾情过后，那忌恨的怒火便趁机发泄燃烧。他们求全责备，甚至颠倒黑白、造谣中伤。一个细小的失误，竟被说成是天大的罪孽。更有人借风起浪、推波助澜，一时流言四起，纷纷扬扬。原本有功的郑燮，倒被搽得满脸是黑，好像果真是一个罪人。这使郑燮感到无奈，也令他手下那些尽职的官吏寒心。发放救济粮食，有人冒领，也有遗漏、缺损的问题，但是谁能说这不是难以避免的失误？当时那么多的灾民，许多家庭支离破碎，户数很难点清，发放粮食又是那样的紧迫。然而其中的每一个误差，事后都可能变成被那些贪官污吏发泄私愤和攻击诬蔑的把柄。要是真正查究起来，每一项被夸大的失误又都是官场之大忌、律条所严禁，都可以被严厉问责。

　　官司到了上面，恰巧遇到的裁判官是郑燮的友人丹翁。对此郑燮当时并不知情，后来他看到了友人充满智慧的公正客观的判词，不禁感慨系之：

　　"写赈时原有七口，后一女出嫁，一仆在逃，只剩五口；在首者既非无因，而领者原非虚冒。"

　　这分明是在巧妙地为郑燮开脱责任嘛。仿佛是阴沉沉的天空中终于透出了一道天光，郑燮感激地在心中一遍又一遍地默念着这段貌似公正无意、实则充满偏向智慧的判词。他深深感到了友谊和正义的温暖与宽慰。从此风停雨过。这种平静而圆熟的处世智慧与郑燮自己一贯所持的疾恶如仇的作风相比，他倍感自叹弗如。他由此展开思想，深刻反省着自己的为官之道与处世哲学。他还从孔夫子对尧和舜这两位古代圣君不同的称赞，仔细分辨着"天道"与"人道"的高低差异。在郑燮看来，天，可能使风调雨顺，寒暑宜时。天，也可能形成疫疠、蝗灾与荒旱。天生万物，也包容万物，并无偏私；利、害、好、恶，并不单单以人类为中心，而是万物兼顾的。这是天人合一的思想，是更加圆满而周详的一种治理天下的理念。帝尧正是遵循这样的理念，因此获得圣君之赞。而舜则行的是所谓人道，凭着人类的智慧和勇气彰善惩恶。在人事上，舜做了最妥善的安排与运用。在刑罚上，舜对四凶做了最明快果敢的处断。但这种看似尽善尽美的做法，却未必合于天道，所以自舜之后，道尽数穷，缺乏圆通、含蓄、绵延的力量。

作为思想家的郑燮，由现实的刺激而内省，由孔子观点和历史的启示，得出了独到的天道与人道治理天下的不同之论，可谓深刻而意义深远。

留得一分做不到处，便是一分蓄积，天道其信然矣。

在他看来，丹翁的判词，使他的这一思想得到了一个印证，使他对自己的思考，增强了信心。丹翁的做法，不是披荆斩棘，而是以更大的胸襟和定力，更丰富的经验和智慧，来巧解连环，化解矛盾，既避免了刺激小人，又保护了善良与正义。

"即所谓大事不可糊涂，小事不可不糊涂；若小事不糊涂，则大事必至糊涂矣。"郑燮心中念叨着，他是从丹翁的胸襟与识见联想到了房师鄂尔泰的名言。他突然领悟到鄂尔泰口中的"糊涂"，不是逃避现实的世故，而是真正符合实际的圆通的智慧和包容精神。

"唉，世间的事情就是如此，无小人亦不能成其为君子，唯有君子能容纳小人。这个世界才成其为世界呀。"

郑燮感叹道，翻一个身，眼看得窗户纸已经泛出白光。他便立即披衣下地，研墨展纸，挥笔写信给那位智慧的丹翁兄。瞧那灵动的笔画与欢乐的词语，跃动着的思绪辽阔的视野，彰显出他内心无限的喜悦：

……此等辞令，固非庸手所能，亦非狠手所办，真是解连环妙手。夫妙则何可方物乎？千古好文章，只是即景即情，得事得理，固不必引经断律，称为辣手也。吾安能求之天下如老长兄者，日与之谈文章秘妙，经史神髓乎？真可以消长夏度寒宵矣……

十五

　　"一个人处世久了，遭遇的不平、委屈甚或打击就会增多，那他就会越发应该努力达到一种'糊涂'的境界。因为，你还得把那些个小人庸人迷糊住了才行呀。"

　　夜深人静之时，郑燮一边独自小酌，一边随意地翻看着屈原的《离骚》。突然抬起头就对面前呆立的童子说。衙宅孤灯，原本就静得有些吓人，郑老爷的古怪话语也就显得格外突兀。那胖童子便瞪起一双单纯的大眼睛，显出无奈的糊里又糊涂。

　　"傻小子，给你说啥你也不懂。我所说的糊涂，是一种处世的哲学，你小子也得学着点儿。"

　　童子伸手摸摸自己的脑袋，显然是满脑子都是雾气了。郑老爷摇头苦笑，心想这样的一种感悟在这衙门之中跟谁说好呢？师爷是个俗人，六司头目也未必理解。但是他还是忍不住要说出来，不然他会憋闷难受的。但这一回，他不再难为那可怜单纯的小书童了，而是在心中对着自己说，是自己同自己心灵的对话。

　　"其实说白了，糊涂也就是圆通包容，不计较个人的小亏欠罢了。讲的是一个人的肚量要大，所谓宰相肚里能撑船，讲的正是这个。瞧瞧这官场之上，历来都是只要做到了圆通容包，你才能够护身自保。接下来才能谈得上做点儿施展才华、造福百姓的事情。这样的糊涂又何乐而不为之？反之，如果没有这糊涂的掩护，连自身都难保，又何谈悬壶济世？"

　　"糊涂的难得，对于你郑燮这样固执己见的读书人来讲，可不是文字或思想上的对立，而是理想与人性之间的冲突呀。"

　　政务闲暇的时候，正画着一幅画，郑燮会突然停下来，脑海中随即闪现出这样的念头。

他搁了笔，端起茶碗，慢慢地品着。一个人的心思、秉性同社会现实中的诸多意想不到的是是非非、始料不及的种种变故，要得到相融相通谈何容易！这种情况下，假若你还那么清醒，你受得了吗？你过得去吗？你立得住吗？一连给自己提了这么三个问题，他感到十分的焦躁不安，感到做人实在是太难，而做一个七品的小吏，整天面对上下左右这么多的嘴脸，简直就像面对一群难以理喻的麻雀！

他这么想着，恰巧就见窗户外面的竹丛上黑乎乎落了一群麻雀，七嘴八舌正吵得热闹，心中就不胜烦乱。他一生似乎对于麻雀总是不那么喜欢，觉得它们总是七嘴八舌、一盘散沙。因此他的画中很少有画到麻雀的。在叽叽喳喳的麻雀面前，一个人不能糊涂那还能怎样？

聪明难，糊涂难，由聪明而转入糊涂更难。放一着，退一步，当下心安；非图后来福报也。

写完了，他欣赏着。感到在"难得糊涂"这自己人生的座右铭上又加了一个完整的注解，更彰显出"难得糊涂"积极入世的深意。

"唉，江山易改，本性难移呀！快置酒具菜，我要喝两盅了！"他对着胖童子呼唤。

如此几盅下肚，郑燮面色开始泛红，额头上的青筋也冒了起来。于是他要来笔墨接着给李鱓兄写那封才开了头的书信：

……簿书鞅掌，案牍劳形，忙里休闲，坐衙斋中，置酒壶，具蔬碟，摊《离骚》经一卷，且饮且读，悠悠然神怡志得，几忘此身在官……

写到此处，他搁笔操筷，呷一口酒，就一口菜。那菜是院中自种的丝瓜小炒，甚是新鲜。他不禁叹气，接着写道：

然与当日江南之乐比并，又漫乎其小也。燮爱酒，好谩骂人，不知何故，历久而不能改。在范县时，尝受姚太守之告诫，谓世间只有狂生狂士而无狂官，板桥苟能自家改变性情，不失为一个循良之吏，却不一定屈于下位，作宰到底也。

写到此，郑燮不由得摇头自嘲，苦笑不止。恰巧胖童子进来添酒，看着有些惊异，又不敢作声，即慢慢退了出去。他是怕听老爷谩骂，更是怕惊扰了老爷的文思。

姚太守爱我甚挚，其言甚善，巴望板桥上进之心，昭然可见。余也何德，乃蒙太守如此加爱。但是板桥肚里曾打算过，使酒骂人，本来不是好事，欲图上进，除非戒酒闭口，前程荡荡，达亦何难。心所不甘者，为了求官之故，有酒不饮，有口不言，自加桎梏，自抑性情，与墟墓中之陈死人何异乎？

天生万物，各适其用，各遂其好。鸟，翼而飞；兽，足而走；人，口而言。有口不言，岂非等诸翼而不飞，足而不走，有负其用，于心安否？且衣之暖者莫如裘，味之美者莫如酒。酒品酒德，前人早有词赞，何必多说，……官小官大，身外之事耳。适我性情，不官亦可长寿；违性逆情，虽官而不永年。官而夭不如寿而乐，我宁取其前者。……

十六

古往今来的官场之上，奸臣陷害忠良的事情哪朝哪代没有？为什么耿直忠君的下场往往反倒悲惨？原来真正决定一个人命运的，终究还是他自己的秉性人格。因此，"主张糊涂"一词，在郑燮这里就变成了"难得糊涂"。表明了这"糊涂"二字，是既重要又难得做到。其实他是在强调其难能可贵。对于别人，对那些性情温和才华平庸的人，也许做到糊涂并不是一件难事，反倒是不需过分努力。可是对于像郑燮这样的耿介才子，事情就没有那么简单。不过这样的理念，对于他的绘画倒是不无启示和补益。

在常人心目里，衙斋本该是深宅华屋。事实并非都是如此。板桥在潍县所居的书斋用他自己的话讲，却是"小山茅斋短短篱，文窗绣案紧封皮"。

可见规模并不甚大，装修未必豪华。然而就在这小小的素雅天地中，他每日余暇临窗挥洒，伏案疾书，或是踱步沉思，呆坐默想……产生了多少的灵感与佳作。

郑燮画兰花，与他画竹一样，也是以书法入画。笔力遒劲而有力，删繁就简三五枝，清润欲滴两三朵，顿时即幽香缕缕，儒雅可掬。兰花画好了，他提笔在手，仔细地端详，自感满意，即要题款盖印了。但是脑子里就突然地想到，世间的事物果真有这么单纯美好吗？为什么不能在兰花丛中加几枝荆棘？现实中的兰花往往不是单独生长，而是同别的植物包括荆棘一同生活。他突然眼睛一亮，兰竹与荆棘，不正是君子和小人的象征！其实这也并非是自己的发现，而是古来既有的。宋人苏东坡，或更早一些的文士画家就有了表现。但那时也许并非自觉。这可也是难得糊涂的体现与延伸呀。

郑燮便重新拿起笔，在那兰花的近旁，用浓墨铁笔平添两枝荆棘。画面反倒增添了笔墨层次，显得协调而丰富。荆棘的存在，何尝不是对兰花的呵护？生活中其实也是这样，比如一只馋嘴的羊要啃兰花，近旁的荆棘不就起到了保护作用？画完了兰花荆棘，郑燮乘兴而为，三五枝浓浓淡淡的竹子，在荆棘交杂中呈现，竹叶清疏如洗，荆棘也丝毫没有刺眼的感觉。画完竹子荆棘图，似乎意犹未尽，便提笔写道：

莫漫锄荆棘，由他与竹高。西铭原曾说，万物总同胞。

这画龙点睛之笔，其实是"难得糊涂"最好的诠释。由圆通到包容，最后到练达，是思想的飞跃，更是智慧的结晶。这一绘画的主体，从此成了郑燮绘画中的精品，而且不断在创作中得到拓展。在不久以后创作的送给友人的长卷中，画着一丛丛茂盛的兰花，配以劲竹与坚石。最耐人寻味的是在长卷末端的兰丛中，穿插着数枝荆棘。落款明明白白地题曰：

满幅皆君子，其后以荆棘终之，何也？盖君子能容纳小人，无小人亦不能成君子，故棘中之兰，其花更硕茂矣。

不过，有时郑燮笔下的荆棘也象征着皇帝的爪牙甚或保国卫民的猛士。

……秦筑长城，秦之棘篱也。汉有韩、彭、英，汉之棘卫也；三人既诛，汉高过沛，遂有"安得猛士守四方"之慨。

由此《从兰棘刺图》的题款可见，郑燮对于荆棘的认识也是在不断深化和丰富，也更加体现出辩证的思维。

这充满书香雅趣的书屋内，悬挂了由他自己书写的许多友人的诗句。比如中堂这一副联，"偷临画稿奴藏笔，贪看斜阳婢倚楼"，就是前辈颜秋水的句子，隐透出他的处境与心态。再比如"奴潜去志神先沮，鹤有饥容羽不修"，是满人常建极的句子，捕捉了人与禽鸟动态之一瞬，反映表里的必然联系，表现锐利的观察力与写实功夫。"秋风雁响钱王塔，暮雨人耕贾相园"，则是湖州人潘汝龙的句子，上句奏的是清秋交响乐，下句绘的是空蒙暮雨图。这些作者诗名虽然都不及板桥，但是充满了来自实际生活与大自然的天趣，便得到了他的赏识，足见衙斋主人的逸致高情。

十七

乾隆十四年（1749）五月，亦即郑燮主政潍县的第四年。他整日忙于政务，努力地维护着政通人和、百姓安居乐业的局面。突然传来噩耗，说他老来所得的宝贝儿子竟然夭折在兴化老家。这个晴天霹雳，一下子把他打蒙了！苍天无眼呀！他一时不能相信这会是真的！

昼食一肉，夜饮数杯。有后无后，听已焉哉……

独处的时候，他像失了魂一样，嘴里反复地念叨这无奈的诗句。这还是他在范县所作的自我安慰的一首小诗。那时这个短命的儿子还没有出生。可他心中多么想要一个孩子呀！但又觉得那是遥不可及的梦。有时，当他面对着乐观、活泼的爱妾饶氏，又感到了一种平静的幸福。于是，便写下这首小诗，表露出无可奈何的释然。然而不久，饶氏竟然就有了身孕，孩子顺利诞生了！这喜出望外的结果，在绝望中点燃了他生命的希望。子嗣象征着他生命的延续，也象征着人丁不旺的郑氏家族从此又有了一支延续的香火。这是一个生命对家族的责任和最低奉献呀，对于郑燮心灵的宽慰无异于当初金榜题名。他的欣喜也就可想而知。他把许多的希望与理想都寄托于儿子的未来，把自己许多的遗憾与不如意，都希望用儿子的未来加以弥补。

就这样，被他和全家视若掌上明珠的孩子逐渐长大了，郑燮担心的是他的启蒙教育。他想着要使得妻和妾，还有堂弟墨儿能成为培养孩子忠厚品性和善良之心的老师。于是，他便有意在家书中不厌其烦地大谈天道与人道这些天下大理。他希望当孩子懂事的时候，能读到这些家书，或者是由叔父为他讲解，而成为他待人处世的准则。可见父亲的用心，该是多么的细腻而周全。是年春天，孩子算来已经六岁了，是到了入塾馆启蒙的时候了。郑燮还特别写了四首五言绝句，叮嘱墨弟教他唱诵，以便在潜移默化中，了解民间的疾苦和劳作的不易。如今想起来，他竟然忘情地诵起了那些诗句：

二月卖新丝，五月粜新谷。医得眼前疮，剜却心头肉。

背诵到这一句，他突然感到心头一阵难忍的剧痛，连呼吸也感到了困难。他觉得自己是无论如何承受不起这无情的打击呀……郑燮一觉醒来，早已经老泪横溢，于是再也无法入睡。

那是温暖的春日，当他披着阳光在田间巡视，看到杨柳泛翠，麦苗儿返青，老牛舐犊，就仿佛看到儿子在江南故乡和暖的阳光下健康成长着，当晚即在家书中写道：

吾儿六岁，年最小，其同学长者当称为某先生，次亦称为某兄，不得直呼其名。纸笔墨砚，吾家所有，宜不时散给诸众同学。每见贫家之子，寡妇之儿，求十数钱，买川连纸钉仿字簿，而十日不得者，当察其故而无意中与之。至阴雨不能即归，辄留饭；薄暮，以旧鞋与穿而去。彼父母之爱子，虽无佳好衣服，必制新鞋袜来上学堂，一遭泥泞，复制为难矣。

　　如今，宝贝儿子死了，失去了传宗接代的人，他的人生热情陡然减退，对官场的生活便失去原本就所剩无几的兴趣。好在潍县的水毁城工复修了，许多的急难事务也得到了处理。如今他茫然地走在城北水洼边的堤坝上，眼瞅着那茂盛的蒲草抽出一棒棒蒲茸，初夏的阳光照耀着那一片葱绿，景色是那样的迷人，他却毫无感觉。

　　也就在这同一年中，好友高凤翰也去了。宦途之中，同样是备受屈辱和摧残的高凤翰，带着满腹经纶与出类拔萃的书画才艺不辞而别。这接踵而来的情感上的打击，使郑燮精神麻木、心灰意冷。他眼看着苍老了许多，连自己对着镜子都几乎不敢自认。这令朋友们十分担忧，有的还以诗劝慰他，曰：

　　"……一官樗散鬓如丝，万事苍茫心独苦。人生作达在当前，唯有清游豁灵府……"

　　但是，说起来容易，还是那句话，难得糊涂呀！每当他看到别人家的孩子，看到高凤翰的遗作，就忍不住要唉声叹气，甚至伤心落泪。在他看来，凤翰仁兄的绘画，体现的是他那坎坷的一生。早期的作品，虽是细致秀润、妥帖工整，同时又使人感到一股蓬勃的朝气。看得出在规矩之外，另有超脱的创造。近年的作品，则于寂寥之中渐入萧疏淡泊之境。

　　郑燮自言自语，挥笔书写。

　　瞧那些枯木、寒鸦、野渡与荆棘丛生的小径。他是丹青高手，不单用笔作画，兴奋起来还会用双手蘸墨泼洒。瞧那斑斑的墨迹，简直就是野马长啸，是灵魂对命运的宣战……如此强悍而桀骜不驯的一条汉子，竟然是冻饿而死！老天爷呀！你快告诉我吧，究竟是凤翰征服了命运，还是命运征服了凤翰呢？

　　命运就像风浪中的一条小船，它将驶向哪里？能否停止颠簸？谁又能够左右得了？

十八

忧伤的日子里，他只能把闲暇时间，消磨在拜访友人上。比如古雅而幽深的郭尚书府，还有那潍县著名的学者韩梦周家，不然就是到关帝庙同住持和尚恒彻上人一起下棋谈天，以寻求心中的宁静。

郭尚书府在潍县的东门附近，棋盘街的西边。明朝天启年间，尚书郭尚友想在家乡过一种闭门读书的隐居生活，所以就买下了这座园产。然后在他的精心谋划下，兴造了"旧华轩""知鱼亭""松篁阁""来风轩"等古朴而幽雅的建筑景观，号称南园。由县衙到南园不远，郑老爷公余饭后常去小坐。

平日寂静的园子，此刻出现了说笑声。郭尚书的孙子郭一璐，正陪着郑燮观赏园中的假山奇石和古建。做过江西饶州知府的郭一璐，也是一个热爱林园的饱学之士，并对祖上的园子继续加以修建。经过了三代百余年的经营之后，园中不仅有广阔的荷塘、苍郁的名贵树木和庄严而古老的楼台，更有丰富的藏书和铜鼎、石碑一类稀世的文化珍宝。郑燮对于这些又是格外地喜欢。他简直有些入迷，脚下的步子也迈不开了。可谓是一步一景，渐入佳境。他们的身后，是太守的侄儿郭伟业、郭伟勋两位伴随，他们也是郑燮的诗文至友，彼此很能谈得来。

眼下虽是暑气逼人的夏季，园子里青竹招风，荷塘泻凉，更有那开放着的艳丽荷花映日。白的、紫的、红的、黄的，看着娇媚欲滴，真是美不胜收。郑燮平日虽不画荷花，但是他对荷花的爱与理解还是独到的。除了人们惯常所讲的出污泥而不染、盥清流以不俗之外，他对于晚秋冬日的残荷，更是十分的留意。

"郑老爷，你瞧，我们的荷塘虽小，可是十分的热闹。南北的好品种荟萃，花儿也是五颜六色，应有尽有。"

郑燮点头称是，随即说："到了秋冬，荷塘的景色，更能发人深省。那些枯黄的残荷在萧瑟寒风中挺立，虽然无花无果，却不畏严寒，坚守寂寥，默默地孕育着来年的新生命。"

三个人都点头称是。他们深感郑先生的思想，就是这样的深邃，这样的与众不同。往往能从普通的事物、常人的见识和人们司空见惯的现象中得出不同的感悟，令人耳目一新。

几个人说着话，就在荷塘边上一座凉亭坐下来歇息。于是主人吩咐侍女摆上茶具，大家就品茗交谈。在美如图画的景色中，时空似乎也穿越到了过去，宾主也都忘记了当下而进入了理想中的情景。于是，思绪信马由缰，随意谈天说地，吟诗论画，话题无所不及，真是海阔天空、无际无涯。

整整一个下午，郑燮都在郭府的园中度过。由交谈而至吟诗，由品茗而到鉴赏古印与古砚。到了后来，郑燮突然就来了兴趣，吩咐备了文房四宝，开始动手临写那一幅传说中大禹王手书的"岣嵝碑"的墨拓。这是一幅奇书墨迹，郑燮真是爱不释手。

潍县衙斋之外，郑燮诗文的活动中心，就得数这郭氏的南园了。郭质亭母亲此日生辰，郑燮特送橘子、香橼、橄榄三者为寿，送呈诗云：

"持荐一盘呈阿母，可能风景似瓜州。"

郭母甚是高兴。可见相交之深。南园最吸引板桥的，还有一处丛竹。潍县自古无竹，元代蔡跬到潍任职，无竹可赏，以种芦苇代竹。板桥官潍时提议植竹，南园才有竹千竿。在这里，板桥品茗赏竹，留下了书画诗文多多。眼下这"郭家园"木匾，即是板桥手书。而园中的石刻《兰草图》，更是郑燮所画。

"郑先生，今日阿母生日，请您留下墨宝。"郭质亭说。

郑燮欣然允诺，沉吟半晌，遂即兴提笔写道：

我被微官困煞人，到君园馆长精神。请看一片萧萧竹，画里阶前总绝尘。

质亭鼓掌赞叹，遂让人刻于园中石墙。

就这样，在炎热难耐的夏季和苦闷的日子里，郑燮就会一整天地在郭府园中，在浓浓的友情与古色古香的文化气氛中，享受着亭上的凉风和满塘的荷香，以至于完全地忘记了政务的纷扰与心灵的忧伤。这样的时光，其实也并非是一种消磨，而是文化的熏陶与情怀的陶冶。对于他的身心健康与书画的创作，倒是很有补益。每次郭府归来回到衙宅，他都感到心情格外的轻松愉快，觉得生活中的乐趣又增加了许多。

在潍县，郑燮的另一位知心好友则是韩梦周。这位贫生也是家道中落的书香门第。为了生计，他连教书用的几间旧房也都租了出去，如今成了当铺的仓库。而他自己却蜷曲于陋巷的茅棚之中，埋头苦读。这种安贫乐道与自强不息，使得郑燮对他充满了敬意和同情。他们的偶然相识，也充满了戏剧般的色彩。

是夜，郑燮照例夜出私访。为官以来，他已经养成了这样的习惯。当他走到城内东关的陋巷之中，就听到了隐约的读书声。那声音在静夜中如同琴瑟弹拨，显得十分悦耳。郑燮循声走去，就看到一间破屋窗户透出昏暗的灯光。于是他叩门进去，便见一位寒士端坐桌前秉烛夜读。

"请问，先生您是？"

"本人郑燮……人称郑板桥便是。"

"啊呀，什么风把咱潍县大老爷吹到寒舍来了？"

"是冬夜里的春风嘛。"

"先生此话怎讲？"

"寒夜闻到读书声，胜似杨柳舞春风嘛。"

二人会意，拱手相拜，随即哈哈大笑。当即就在周郎的寒舍之中守着一杯清茶，一直聊到深夜。二人训古论今，语出不凡，火花四溅，相见恨晚。可谓茶逢知己千杯少，一气喝至东方白。

从此，郑燮与韩梦周，成了忘记彼此身份、年龄的好友。他们相互走进了对方的心灵天地之中，不胜欣喜。同时，郑老爷的日常花销中，也就多出了一项对韩梦周的接济，直到他考中科举、进入仕途。这一段佳话，一段传奇友谊，两个素不相识的读书人，各自平添一个知己，一份生死不渝的友情。

十九

　　光阴荏苒，郑燮到潍县转眼已经五年。五年之中，风风雨雨、潮起潮落，整个潍县，就像一条风浪中飘摇的大船，而掌舵的人，竟然是一个貌似文弱的衰老的文人，这连郑燮自己想起来都觉得有些蹊跷。

　　如今风平浪静，正当他要轻松地喘一口气，回顾一下自己的人生，却担心老天爷又降下什么意想不到的灾难。他的德行与政声在民间传颂，他的清廉与勤勉在同僚中风闻，他的字画的价格也在悄然地飙升，但老天并不妒忌，只是欣赏着他的努力与作为。作为文化人的郑燮，又恢复了那种独立不群的心绪，那种独坐衙署中倾听萧萧竹声、苦思冥想着许多玄虚的问题，在书眉状尾的空白中画竹写石，还不时写信给几位出家为僧的挚友交流着思想的心得与艺术的新境，正所谓：

　　闲书状尾与山僧，乱纸荒麻叠几层。最爱一窗晴日照，老夫衙署冷于冰。

　　这其中的一个"冷"字一个"冰"字，足见他心境的难得平和。是年冬季的一天，除了日常程序与琐碎，又是整日的闲暇。郑燮照例潜心于吟诗作画。他兴致勃勃地提笔写下这《署中无纸书状尾数十与佛上人》之一首，背手捻须，得意地自我欣赏。他感到自己此刻的心境，只有同山间庙里的和尚交流才能得到理解。

　　清净平和，便是郑燮此刻的处境与心境。简朴的生活，恬淡的内心。在这一段平静日子里，他兴之所至，决定把自己大半生的著述，重新加以整理和修订，然后再亲自抄写出来，交与司徒文膏刻版印刷。他这么做，倒不是受所谓"一本书、一顶轿、一房小"的官场世风的影响，而是出于对艺术的喜爱和对文化的钟情。于是在这一窗晴日、半边冷月的衙斋中，他昼夜努力，潜心地开始了自己的工作。

诗钞、词钞、小唱、家书，还有别的一些精到的文字，他就像辛苦的农夫在深秋时节，开始着自己的收获。尽管他的书画已经名扬天下，但是他还是对自己的诗文情有独钟。因为其中，记录着他大半的生命轨迹，浸润着他各个时期的思想火花，燃烧着他的情感。整理这些作品，重新地阅读筛选，反复地修改推敲，这是他深感惬意的事情。遴选是十分的严格，他平生最烦那些无聊应酬之作，生怕此类作品混入，就像沙子混入了精米。他虽然不敢设想自己这些东西就一定能够传世，但是他不希望自己身后留下任何一点儿文字上的缺憾。他担心自己百年之后有人把那些自己认为不好的作品重新收入，于是就在《后刻诗序》中特别说明：

板桥诗刻止于此矣；死后如有托名翻版，将平日无聊应酬之作改窜烂入，吾必为厉鬼以击其脑！

他不许他的珍藏中，混杂着稗子与干瘪的谷粒。就像一只孤芳自恋的小鸟，即使死后，也要努力维护羽毛的净洁与鲜丽。不仅遴选要精，还要对社会和后人作文有所补益。在词钞序中，他郑重提出了写文章的一大诀窍，那就是反复地修改。这在当时，是很了不起的一个观点。因为那时人们崇尚才子，都喜用"一气呵成"和"行云流水"来形容佳作的产生。而郑燮却主张文章要千斟万酌，一改再改，在修改中使文义精深，曲折通达，沉着痛快。当然他也讲到，有些时候因为思想上的偏差，也会在一改再改中误入歧途，丧失了生机。他说：

然改而善者十之七，改而谬者亦十之三，乖隔晦拙，反走入荆棘中去。

即便如此，板桥仍旧强调修改诗文的重要。

眼下，他正在静寂中呆坐，呆若木鸡、苦思冥想。他又开始琢磨着自己的诗句，有些句子总是令人犹豫不定。他原本读着经书，看到了某一经典的句子，就会想到自己的作品，想到某一句需要斟酌。即使有些作品已经千斟万酌，结果是一改再改，突然意识到改坏了，这才推翻，仍旧采用最初的句子。但是他并不感到懊丧，只是苦苦地一笑，认为在琢磨的过程中，自己已经获得了益处，在曲曲折折中，领悟了作文的妙理。

二十

潍城既是一座古城，城内外照例有许多的庙宇，供奉着各样的神明。郑燮同庙里的出家人很是谈得来，不少成了挚友。可惜许多的庙宇都在洪灾中遭到了损毁，他便亲自视察灾情。郑燮痛惜地看到文昌祠、城隍庙、玉清宫……有的廊毁，有的殿塌，有的墙倒屋漏，有的泥塑金身遭到水淹，心中不胜悲凉，叹息水火无情！

"唉，人不得避难，神灵同样也在劫难逃。"

如今灾民的生活逐渐恢复正常，郑燮就牵挂着那些亟待修复的庙宇。可是要修复庙宇照例没有资金呀。他苦思冥想，最后还是决定带头捐献，并倡导富商集资。仅仅倡修城北的玉清宫，他个人就捐银五十两，信徒们随之纷纷捐银，修缮工程相继开工。经过数年努力，便使得那些风雨中破败了的庙宇一一得到恢复。

此日，郑老爷和县民共捐千余两白银修建的城隍庙酬神戏台落成。庙里的住持道人请郑老爷光临竣工仪式。

"郑老爷修城隍庙善举，必有善报。贫道已替老爷向城隍祈求无量功德。"

郑燮只是悉心品茗，笑而不语。

当他得知道士原本也是穷苦出身，并没有读过书，也不精通道教的学问，郑燮便说：

"道长，可知道这城隍庙为何要供奉城隍爷？"

道士说："城隍是剪除凶恶、保国护邦之神，掌管阴间祸福……"

郑燮便说："'城'者，挖土所筑之高墙也，'隍'者，无水之护城壕也。

古人造城便是为了保护城内百姓的安全，所以修了高大的城墙、城楼、城门以及城壕和护城河。他们认为与人们的生活、生产安全密切相关的事物，都有神主宰，于是城和隍被神化为城市的保护神。道教随后即把它纳入自己的神系，称它是剪除凶恶、保国护邦之神，并管领阴间的亡魂。"

道士恍然醒悟，赶忙为郑老爷添茶，并一再请求他讲下去。

"依我看，无论是佛家还是道家，无论供奉的什么神，世间的神明大致上也就两类。"

道士听得有些纳闷，就瞪着眼看他。郑燮慢慢地说：

"首先一类是被神化了的人，例如黄帝、尧、禹、文王、孔子……由于人们的崇敬、效法而使之神化了。你们说是不是？"

道士想了想，会意地点头问："那另一类呢？"

"另一类，则是被人格化了的神话故事中的各种形象，往往是一些难以理解的自然现象的化身，比如天地、风雷、河岳、城隍……许多神奇的自然现象难以理解，就感到神秘，便产生了敬畏，随即赋予了人的形象而成为敬奉的偶像……"

"那照老爷说，老子和释迦牟尼又是什么？"

"当然是属于前一类的圣贤之人，他们都是历史上真正有过的。老子因为有《道德经》、释迦牟尼因为有《贝叶经》传世，才有了那么多的信奉者，成为了道教与佛教的开山鼻祖。"

"郑大人，了不起的识见。贫道在城隍庙里住了这么多年，如此的高论，闻所未闻呀。"

眼瞅到了晚饭时辰，他就吩咐小道士生火备饭。郑燮也不客气，他很喜欢吃庙里的素斋，那种清清淡淡、汤汤水水，很是符合他此时的心境和口味。

饭后时辰尚早，道士恳请郑老爷留下墨宝。郑燮兴致正高，望着晚霞映红的窗外，沉吟良久。宇宙万物，天地人神……文思若天马行空，灵感飞扬，一时竟不能自已，竟以行楷书写道：

一角四足而毛者为麟，两翼两足而文采者为凤，无足而以蚷蠩行者为蛇，上下震电，风霆云雷，有足而无所可用者为龙。各一其名，各一其物，不相袭也。故仰而视之苍然者，天也；俛而临之块然者，地也。其中之耳、目、口、鼻、手、足而能言，衣冠揖让而能礼者，人也。人则非天，天则非人，断断如矣。自周公以来，称为上帝，而后世又呼为玉皇。于是耳、目、口、鼻、手、足，冕旒执玉而人之，而又范之以金，塑之以土，刻之以木，斫之以玉；而又从之以妙龄之官，陪之以武毅之将。而天下后世遂哀哀然，从而人之，俨在其上，俨在其左右矣。即如府州县邑，皆各有城如环无端，而齿齿啮啮者是也。城之外有隍，抱城而流，而汤汤汩汩者是也，又何必乌纱袍笏而人之乎？而四海之大，九州之众，莫不以人祀之，而又予以祸福之权，授之以生死之柄，而又两廊森肃，陪之以十殿之王，而又有刀花剑树、铜蛇铁狗、黑风㷊（铡）以惧骇之。而人亦哀哀然从而惧之矣。非惟人惧之，而吾亦惧之。每至殿庭之后，寝官之前。其窗阴阴，其风浙浙，吾亦毛发栗竖，状如有鬼者，乃知古帝王神道设教，信不爽也。子产曰："凡此所以为媚也。愚民不媚不信。"然乎！然乎！潍邑城隍庙在县治西，旧颇整翼。乾隆十四年大雨，两廊倒塌，而东廊更甚，爨于朔望瞻拜，见而伤之，谋诸绅士，是宜新整，诸公咸曰："俞。"于是鸠工庀材，重建两廊，高于旧者三尺，其殿厦、寝室、神像、炉鼎、鼓钟，焕然一新，是亦足矣。而于大门之外，又新立演戏台一所，费用几及千金，不且多事乎哉！岂有神而好戏者乎？是又不然。（读）《曹娥碑》云："盱能抚节安歌，婆娑乐神。"则歌舞迎神，古人已屡有之矣。《诗》云："琴瑟击鼓，以迓田祖。"夫田果有祖，田祖果乐琴瑟，谁其知之？不过因人心之报称，以致其重叠爱媚于尔大神尔。今城隍既以人道祀之，何必不以歌舞之事娱之哉！况金元院本，演古劝今，其是是非非，善善恶恶，令人激昂慷慨，回心向道者亦不少也。至于鄙俚之辞，情欲之事，直可置之不论耳。此戏台之设，亦不尽为多事也。总之，伏羲神农、黄帝尧舜、禹汤文武、周公孔子，此人而神者也，后世当以人道祀之；天地日月、风雷山川、河岳社稷、城隍中溜井灶，此神而不人者也，不当以人道祀之。然自古圣人亦皆以人道祀之矣，夫茧栗握尺之牲，太羹元酒之味，大路越席之素，瑚琏簠簋之华，天地神祇岂尝食之、饮之、服之、驾之哉？盖在天之声色臭味，不可仿佛，姑就人心之愿慕，以致其崇极云尔。若是，则城隍庙碑记之作，非为一乡一邑言之，直可探千古之礼意矣。

郑县令挥毫书写，道士屏声敛息，秉灯伺候。一篇千古奇文，如此诞生。文思飘逸，可谓空前。令道士如坠云雾之中，立即着人镌刻竖碑。

板橋自叙

板橋居士姓鄭氏名燮揚州興化人興化有三鄭氏其一為鐵鄭其一為糖鄭其一為板橋鄭居士自稱為鄭板橋蓋其名故燮下咸稱為鄭板橋

郑板桥自序（局部）

板桥非闭户读书者，长游于古松

荒寺平沙远水峭崖墟墓之间，

然无之非读书也。求精求当之则

粗者皆精深，当剔求精者皆粗思之

思之鬼神通之

五十六岁

板桥又记时年已

郑板桥自序（局部）

二十一

乾隆十六年（1751）隆冬岁末，郑燮五十九岁。年关将近，算起来自己担任县令已近十年。十年不短，可弹指一挥呀。

此日退堂，郑燮独坐衙斋发呆。突然飞来一只乌鸦落在梧桐树上，冷冷地冲着窗户叫了两声。他突然打个寒噤，茫然之下即在面前展开的宣纸上涂出一枝老干，又凄然地点几朵白梅，再于空处写几片竹叶。如此构图，也许正符合此刻心境。那梅花的苍老与竹子的萧瑟，组合成了一种生命的顽强与无奈。画完了这幅画，他便找出一方印石，用刻刀精心地镌刻一方闲章：

"十年县令"

当他把这方古朴的印章盖在那幅《竹梅图》上，不禁感到一阵悲凉。遂挥笔题诗曰：

一生从未画梅花，不识孤山处士家。今日画梅兼画竹，岁寒心事满烟霞。

"十年县令"，又是一颗新的闲章。他的闲章，往往具有深刻意蕴。"俗吏""官独冷""游好在六经""富贵非吾愿""鸡犬图书共一船"……数十年间，连他自己也说不清有多少闲章。"闲"而不闲呀，每一颗都寄托了不同的心境情怀。比如那"恨不得填满普天饥债"和"痛痒相关"，显然是对民间疾苦的关切。这些陆续刻出的闲章，充满他一路走来的喜怒哀乐。唯独这"十年县令"，倒像是乏味的陈述，其实却更有深意。"十年县令"，貌似大白话，却寄托了无法捉摸的心事。仿佛是说：宦海十年，谈何容易！挨过这十年，往后的岁月将如何度过？"十年县令"，十年的颠簸与惆怅：

可晓金莲红烛赐，老了东坡两鬓，最辜负，朝云一枕……

郑燮独自吟诵着，突然感觉鼻子一酸，热泪就模糊了双眼。然而，他很快就意识到，这十年的体验，对自己而言，也许还只是宦海风波的一个前奏。呜呼：

十年盖破黄绸被，尽历遍，官滋味。雨过槐厅天似水，正宜泼茗，正宜开酿，又是文书累。坐曹一片吆呼碎，衙子催人妆傀儡，束吏平情然也未？酒阑烛跋，漏寒风起，多少雄心退！

他正吟诵着，就听见有人叩门，进来差人与师爷，报说禹王台海潮暴涨，潍县北部大片农田受淹云云。郑燮蓦然惊起，方才意识到自己重任在肩，还远远不是唏嘘伤感的时候。

两天之后，郑燮即出现在一百二十里之外的灾情严重的禹王台一带。

好家伙，郑燮这一回可是开阔了眼界。他站在禹王台上远远望去，但见以往平静的海面，眼下成了波涛汹涌的恶魔。那种狂暴与险恶，令人不寒而栗。郑燮很自然就联想到宦海沉浮的惊悸，联想到妖言惑众与鬼魅无情的难以防范。

时值二月中旬，原野上冷风飕飕刺骨。也许是受到春汛的鼓动，也许是月亮潮汐引扰，潍县北部的潍河下游，再度受到了海水的回流侵袭。沿岸大片良田被淹，许多村庄泡在水中，眼前只是汪洋一片。

潮水仍然是源源不断地涌入，波涛翻滚着汹涌的浊浪，挟带着腥咸气味的北风无情地打在郑老爷的脸上，但他却毫不觉得。禹王台，那雄伟古老的墩台，还有那台上陈旧荒寂的禹王庙，就像是一个无声的传说，诉说着昔日的辉煌与今朝的衰败。无情泛滥的浊浪，借助风声浪吼，企图震慑这古人征服洪灾的见证。郑燮围着庙墙走过一圈，他发现庙两侧刻画着的大禹王治水的丰功，在浊浪面前竟显得那样微不足道。整个古台，倾斜着挣扎在水中，看起来就像是怒涛中的一艘沉舟。

郑燮来到庙前，突然一阵大风吹开了虚掩的庙门。急骤的檐铃和门窗的爆响，像神明的震怒，又像人们顿足捶胸的哀号。但见当地的皂吏还有面有饥色的妇孺孩童，这些在古庙中避难的灾民，无言地瑟缩着拥挤在火堆旁烤火取暖。见有人来，几个衣服褴褛的孩子，扭头惊异地看着这个身穿官服的老者。那一张张饥饿而幼稚的脸、畏怯的眼神，令郑老爷感到了一阵心寒。

他抬头望着苍天，心中念道：

"呜呼，天地不仁，以万物为刍狗。威逼之下，号称万物之灵的人类，竟然就如此孤立无援、无能为力？！"

突然，人们都站了起来。其中一个孩童，不顾一切地冲过来跪在他的面前喊着：

"县令大老爷，县令大老爷，给我一口饼吃呀，给我一口饼吃呀，我三天没吃了……"

郑燮赶忙抱起那赤身裸体的孩童，儿子活着的话，也该有这么大了吧。如此想着，眼泪就止不住流了下来。他转身呼来差吏，把原本自己留下晚餐的煎饼，拿一张递到那孩童手中。面前顿时就又围上来一群孩童。他索性把剩下的煎饼全都分给饥饿至极的孩子们。他再也不忍心去看那些孤独无助的眼睛，当即吩咐随吏为灾民落实救济，之后便退出庙院。

眼瞅夜幕降临，天空变得同水面一样的灰暗起来。苍茫冰冷的灰暗掺和着海水独有的腥咸令人窒息。在临时搭起的帐篷中、昏黄的灯光下，人们发现郑老爷眼圈红红的，干裂的嘴唇却是毫无血色。帐篷里生起了炉火，水壶中烧着开水。童子为老爷泡上一杯热茶。郑燮双手端着茶杯，却并不曾喝进一口。他嘴唇紧闭，双眉紧皱，下颌上稀疏的胡须颤抖着。

沧海茫茫水接天，草中时见一畦田。波涛过处皆盐卤，自古何曾说有年！

郑燮写完搁笔，扼腕长叹。遂走出帐篷，举目逡巡，眼前黑乎乎的，四顾茫然。

第二天，东方才刚放亮，就又落雨了，真是雪上加霜。郑燮急忙起身出外察看。眼前竟是一片血红！血雨！是血雨！老天果真就一反常态地降下了血红的怪雨。郑县令当即被惊得目瞪口呆，急忙喊出随员们观看。大家都被惊呆了！谁见过这样奇怪的天象？分明是不祥之兆！

天降血雨，意味着未来的灾难！郑燮曾经听老辈儿的人们说过，却是从未见过。眼下见得，真是惊得不轻。果然是雨下如注血呀，那淡淡的猩红，像雨水稀释过的血液。郑燮抬头望天，那厚厚的黑云之间，竟像是天空的伤疤被揭开了一条裂缝，猩红的血液，即由那缝隙中渗出。是伤疤，果真是伤疤！郑燮的心中如此地肯定。这是乾隆十三年（1748）的灾害留下的伤疤呀，是潍县的痛，也是他郑燮自己政治生涯的痛。

"快拿酒来！"

他返回帐篷，大声地吆喝道。随吏赶忙把一个装酒的葫芦递到了他的手中。酒壮人胆！郑燮仰头饮一大口，顿时感到周身发热，浑身上下的血液加速了涌动。他又连喝几口，原本苍白的脸色就变得通红，很快就同那天空的血雨融为了一色。他哈哈大笑，高声地咏诵自己的诗词。随即吩咐师爷和六司衙门首领们给老爷听着，无论老天降下怎样的灾难，我们都要咬牙挺住！他开始感到自己又有了勇气和活力，就像返回到青壮年一样，昂奋地抖擞精神，勇敢地迎接更大的考验。

二十二

挨至是年夏季，完成了抗灾的救急，花甲之年的郑燮，又不顾炎夏酷热，风尘仆仆地继续为潍县百姓的温饱与平安而四处奔波，甚至上省城济南报灾化缘。

人们看得清白，司空见惯的是面对灾难，地方的官吏们往往文过饰非胜于奋力救济，虚张声势掩盖无能为力，隐匿灾情多于如实禀报，麻木不仁甚于痛心疾首……而在世俗者的眼中，这样的官员，恰恰才是清醒明智者，反之就成了所谓糊涂。

郑燮不合时宜的作为，很快又在同僚及上司间引发不安。于是，原先的那些谣传与指责，重新暗流涌动，很快就汇集成一股邪恶的浊流猛然向郑燮袭来。郑燮对此又是毫无设防，更是束手无策。他面对困难的勇气，再也扛不住这所料不及的邪恶。夜来独处，他一杯接一杯地喝着闷酒，直喝得醉眼蒙眬，天旋地转，手中的酒杯，就像是眼中的大海。

　　一从吏议三年谪，得赋淮南百首诗。

　　这是乾隆四年（1739），他送给刚刚结束三年放逐生活而由塞外风霜中归来扬州的卢转运使的诗句。被诬陷、放逐后的卢转运使不管多么的达观，毕竟已是鬓染白霜……高凤翰、卢转运使，都是官场上少见的耿介之人呀，可是在劫难逃。

　　酒喝下肚子，开始是火辣辣的燥热，但那只能暖他的肉体，暖不了他心中透骨的寒冷。他又觉得自己仿佛是处在官场的宴饮席上，趵突泉畔，满席的达官贵人，一张张虚伪的笑脸，闹哄哄趋炎附势的恭维之声……

　　"郑县令，你该不该为巡抚大人祝酒献诗一首？"

　　"是呀，赶紧献诗一首！"

　　"听说你还任过什么书画特使，那就干脆献一幅竹子图吧。听说你的竹子可卖得上价？"

　　"快呀，郑县令，不必拿捏，巡抚大人早不耐烦了！"

　　"郑板桥，还愣着干啥呀！"

　　"怎么，肚子里没词了？江郎才尽？"

　　"看来也是徒有其名呀！"

　　"可不是，盛名之下，其实难副呀！"

　　"看来也不过是草包一个！"

　　"哈哈哈哈！草包，草包。"

　　"郑草包，郑草包！"

　　席间的叫喊，令喝了不少闷酒的郑燮怒火中烧。他还从未遭受这样的轻蔑与侮辱！更何况是这些在他眼中几乎一文不值的庸官政客。但为了赈济，为了潍县的百姓，他得强忍着呀，牙咬碎了也只能往肚子里咽呀。

　　"郑县令，你听到了没有？嗯？"

　　突然，所有的声音都停止下来。宴会大厅顿时变得鸦雀无声。

　　"怎么，还要本大人亲自求你不成？"

　　是巡抚大人的声音！郑燮心中一怔。这冷冷的声音，令所有的人都感到恐惧。突然,"冒滥""中饱",这些莫须有的罪名就像是两只恶魔,朝他袭来,他简直就躲避不及。也许在巡抚大人的心目中,郑燮,也就是这样一个贪婪无度的庸官而已。如此,他就应该像一只叭儿狗一样地摇尾乞怜,像一只绵羊一样的恭顺、谦卑,像眼前那些个政僚一样地弯腰屈背,奉敬乞求!可是,郑燮却无法说服自己,因为他是一个清官,一个勤勉廉洁的芝麻官,他就没有必要像那些个昏官一样呀!于是他刚强地当众叹息道:"将白头供作折腰人,将毋左!"

几乎所有的人都大吃一惊!

"郑县令喝醉了吧!"

"对呀,是喝醉了!"

有人为他圆场,其实是让巡抚大人下台阶。

巡抚大人勃然大怒!

"郑大人,我就是要你这白头之人拱手献诗一首,你看如何?!"

"好啊,小的遵命。"

郑燮随口答应着。他的胸中,翻滚着怒火。那烈焰升腾着,终于化作一股浩然之气,顶直了他的脊梁。

郑燮接过笔,饱蘸浓墨,器宇轩昂地挥笔写道:

原原有本岂徒然,静里观澜感逝川。流到海边浑是卤,更谁人辨识清泉。

声息了,笔停了,一切都仿佛冻结了。唯有那趵突泉的水涌声咕咕地传来,就像是远远地滚来的雷声。终于吐出了一口恶气,郑燮就势把笔一甩,转身哼着小唱拂袖而去。

"郑县令醉了!"

"不,郑板桥这是疯了?!"

"是疯了,你瞧那眼神!"

"果真疯了吗?"

巡抚大人惊慌失措地问道,众人面面相觑。

老狸猫把一只花盆打破了。郑燮摘了官帽官靴,脱了厚厚的官袍,只穿着白色的内衣蹲在地上，慢慢把那破碎的瓷片捡拾起来，企图拼接圆合，可是怎么也做不到。盆中原本栽着一株苗壮的兰花，花朵竟然还盛开着，紫红色的花瓣，淡雅清纯甚是好看，还散发着阵阵的清香。郑燮十分喜欢这株花期格外悠长的兰花，从春到夏，只要面对这株兰花，他的心境就会变得轻松愉快。于是每日晨昏，他都要亲自浇水侍弄，手忙脚乱的很是惬意。有时他还会让童子取来宣纸和毛笔，动手临摹写真，很是忘情惬意。不料老天妒忌，大概是花香引来了蜂蝶，而蜂蝶又招来了那只贪嘴好色的老狸猫！结果，狸猫追逐蜂蝶，竟然踩翻了花盆。虽说是无意，却也是可恨呀！郑燮很是怨恨那只原本老实可爱的狸猫，埋怨它放着老鼠不抓，偏偏要追蜂扑蝶！结果，闯下如此的大祸，令人不胜伤心。老狸猫仿佛很懂人事，知道自己犯了大错，远远地蹲在一旁垂头丧气。

二十三

自从济南报灾归来，郑燮像是病了一场，总是缓不过精神。他白天恍恍惚惚，夜里经常失眠，睡着了就生噩梦。他梦见巡抚大人的双手就像龙爪一样恶狠狠地追着他抓，或是梦见自己逃回到了兴化老家，逃回到了扬州，逃回到了瓜洲江岸的青山竹林中……醒来就会感到失望，浑身的虚汗大淌，心里空落落乱糟糟的，就像面前这破碎的花盆一样无法收拾。

郑燮懊丧地丢下那些黑色的碎瓷片，垂着手呆呆地愣在那里。那裸根的兰花静静躺在地上，倒是格外的自由自在，并不显示丝毫的凄凉。这令他眼前一亮。

"对于兰花而言，打碎了花盆，岂不是一种解脱？"

郑燮这么想着，就觉那跌落地上依然怒放的兰花显得更加可爱。由那破盆中砰然而出，就像笼中的小鸟逃离了鸟笼，转眼变成了一个自由的生命……

"唉，兰自山中来，本该山中去。乌盆再好，毕竟是一种约束，寄人篱下而已！"

这时童子过来想要打扫那些碎片，郑燮却小心翼翼地捧起那落地的兰花说："不急，你备纸笔吧，我要作一张画。"

郑燮随即别出心裁地画了一幅《破盆兰花图》，作为对那盆兰花的纪念，更是他自己的一种人生的感悟，寄托了他决意要挣脱官场樊笼的强烈愿望。

画完了这幅画，他又沉吟半晌，随即题诗曰：

春雨春风写妙颜，幽情逸韵落人间。而今究竟无知己，打破乌盆更入山。

此后几天，不知何故，他突然格外地思念老友李鱓。于是写信要求墨弟打听李鱓下落，回信令他喜出望外，说复堂正在中堡故里闲居。昭阳离中堡仅四十里水路，一叶轻舟，有好风相送，半日可到。板桥便计划着届时一定亲至中堡拜访。他想象着老友见面的情景。

两年之后，即乾隆十八年（1753）春天，郑燮毅然决心辞官归去。他给朝廷写了辞奏，声言自己"老病不支"，请求告老还乡。郑县令究竟何以辞官？一时成为人们猜想议论的话题。终究众说纷纭、莫衷一是。潍县的百姓舍不得他走，同僚中却有人暗暗高兴。官场之中，更不乏幸灾乐祸之徒。

决心既定，他并不感到解脱的轻松。就像当初离开范县那样，他丢不下潍县的百姓，更舍不得结交的挚友。他没有别的办法，只能默默地忍受，只能用诗词书画含蓄地表达心情。

山东遇荒岁，牛马先受殃；人食十之三，畜食何可量。杀畜食其肉，畜尽人亦亡。帝心轸念之，布德回穹苍。东转辽海粟，西截湘汉粮。云帆下天津，朦艟竭太仓。金钱数百万，便宜为赈方。何以未赈时，不能为周防？何以既赈后，不能使乐康？何以方赈时，冒滥兼遗忘？臣也实不材，吾君非不良。臣幼读书史，散漫无主张；如收败贯钱，如撑断港航；所以遇烦剧，束手徒周章。臣家江淮间，虾螺鱼藕乡；破书犹在架，破毡犹在床。待罪已十年，素餐何久长。秋云雁为伴，春雨鹤谋梁；去去好藏拙，满湖莼菜香。

这首貌似责过的古风，郑燮毫不掩饰地名之为《思归行》。看得出，这并非是诗人内心自我表白的需求，显然是想让世人阅知，甚至想呈送上峰以至乾隆皇帝御览。归根结底，他是吟给皇上听的。其中多处出现"君"与"臣"的称谓，足以见得。

此后不久，闻之同窗陆白义兄惨遭文字狱之祸，郑燮感慨系之，默然书作十一字联以抒发无奈与不满，曰：

世道不同，话到口边留半句；
人心难测，事当行处再三思。

是积极还是消极？这件事更坚定了他的去意。

郑燮去意已定。他辞官是发自本心，而绝非自谦或赌气。此后的两年，他在等待中度过。那种焦虑的煎熬是旁人难以想象的。然而身在其位，还不能不谋其政。于是，每日依旧是忙忙碌碌，丝毫不敢懈怠。他一面帮助灾民重建残破的家园，继续筹划着潍县的民生及建设，甚至继续带头捐出俸银建桥修庙，办学兴教。政务之余，他仍然吟诗作画、续写家书、应邀撰书各种碑文等等，此间所作《重修文昌阁记》堪称妙文。

他朝思暮想，归心似箭。每每行走在潍县的田野，眼前就幻化出故乡令他流连入迷的江岸、村镇、庙宇和楼阁，还有同那些诗画好友一道赏春品秋的快乐……

万岁爷终于恩准他的请求。时值岁尾，既然已正式去任，他就不愿意在衙宅中多待一日，便借住郭府南园。

乾隆十七年壬申十月二十五日，即一七五二年冬，适逢郑燮六十寿辰。友人纷纷祝寿，多愿康宁无恙。郑燮即席作自寿长联以自嘲。可谓拨雾现月，振聋发聩，令四座皆惊耳。曰：

常如作客，何问康宁？但使囊有余钱，瓮有余酿，釜有余粮，取数页赏心旧纸，放浪吟哦。性要阔，皮要顽，五官灵动胜千官，过到六旬犹少。

定欲成仙，空生烦恼。只令耳无俗声，眼无俗物，胸无俗事，将几枝随意新花，纵横穿插。睡得迟，起得早，一日清闲似两日，算来百岁已多。

二十四

乾隆十八年（1753），潍县郊外遍野的春麦又一次返青了。白狼河春水奔涌，胶东平原上再度暖风和煦、葱绿宜人。郑燮马上要离开治理了七年之久的潍县，也终于能够结束十年的宦海生涯。就这样离开潍县、告别官场？他却又觉得很不甘心！

恰巧，此日一位相好的同僚前来告别。郑燮一反常态地画一幅菊花图赠之，并题诗曰：

进又无能退又难，宦途踢踏不堪看。吾家颇有东篱菊，归去秋风耐岁寒。

此刻，郑燮的心境就是如此的复杂。笑声中掩饰了心灵的隐痛，癫狂里不无无奈的辛酸。仕途毕竟是自己苦苦追求大半生的俗世正途，当官毕竟是每一个读书人梦寐以求的人生正果。就这样一走了之？就从此与之永诀？他心中的痛苦，实属无以言表，只当仰天苦笑。

听说郑县令要告老还乡，每天都有不少的人来送行。人们讲了许多惜别和赞扬的话，也有不少人写了赞美的诗。郑燮在感激之余，并没有多么地看重。他最看重的是一副赠联：

三绝诗书画，一官归去来。

这岂不正是他那动人心魄的《道情》中的情味，晚景？他顿时释然，心想有兴化、扬州，有那么多的好友，有亲切熟悉的被翠竹簇拥着的陋室家园，每日吟诗填词写字作画，何乐不在，何愁不了！

做了十多年的县令，他更坚定了自己从前的看法，那就是：历来做官的多半不做好事！记得上任范县，就听百姓议论，说上一任知县是一心钻钱眼儿的贪官，不知新来的知县是个什么样子？那时举国上下无官不贪，各地县令一般都和豪绅互相勾结，贪赃枉法，鱼肉乡民。而郑燮恰恰相反，他不把劣绅土豪奸商市侩放在眼里，这就引起了一些坏人的不满……从各方面攻击他的流言蜚语不断。最令人气愤的是省里来了一位大员，板桥去迎接时，因为抗灾脚上穿的草鞋没来得及换掉，那位大员面斥板桥有意犯上，如此上下夹攻，使板桥彻底看透了官场的腐败，恨不能马上掼掉这顶乌纱帽。如今可好，真要如愿以偿了……

老困乌纱十二年，游鱼此日纵深渊。春风荡荡春城阔，闲逐儿童放纸鸢。买山无力买船居，多载芳醪少载书。夜月酒酣江月上，美人纤手炙鲈鱼。

诗后跋语为乾隆癸酉太簇之月。

离开潍县的日子终于到来。一大早，新上任的县令、师爷、六司头目和绅士、文友们，早早地齐集县衙大堂前，为卸任的郑老爷送行。七年朝夕相处，七年风雨同舟，一朝要离别了，人们心中都有些依依不舍。

"郑老爷一路消停走好。"

"郑老爷，潍县还是您家，想回来您就回来看看。"

郑燮答应着，同大伙儿一一握别。走出县衙大门台阶，他禁不住回头望一望那一对威风凛凛的石狮子与周围那几株参天古树。静默之间，就见树上突然飞起一群鸽子，像是在等待他的到来一样。这时，一阵毛驴子的叫声打破了沉默。但见小书童牵着两头毛驴子等候在县衙的门侧。老县令的行装，似乎也太寒碜了。其中铺着毡褥的一头驴，想该是老县令要骑的了。另一头驮负着装书画的箱子和那张跟随了他多年的古琴。这便是郑老爷的全部家当？看到这简单的行囊，人群中那些曾经被他训斥甚至惩处过的下属，或是有过利害摩擦始终抱有成见而来看笑话的人，也都深深感动。

这一阵，街上的百姓闻讯聚拢来，纷纷跪倒路边送别他们心目中的清官郑老爷。人越聚越多，很快就挤满了衙门外的广场。一时间唏嘘声、私语声和"老爷您走好"的话别声还有哭泣之声，浑然响成了一片。

人群继续扩大，街道被堵了，只得靠差人开出一条狭道行进。郑燮一路拱了双手，不停地向人们致谢。还有的店主端出了酒菜，央告他喝一杯、尝一口。郑燮就感动地举起酒杯喝一口酒，吃一口菜。这么一路慢慢地走着，眼前已是万人空巷，仿佛整个潍县城里的人都聚集到了这条街上。

太阳升起老高了，把道边古树的影子投到人群里，黑压压的一大片。郑燮看着心里不胜感慨。这就足够了，公道自在人心。看到这场面，他再也没有什么遗憾。人们的盛情说明了一切，七年的努力值了。潍县的百姓有口皆碑，有口皆碑呀。

随着人们惜别的盛情，一阵春风拂面吹来再加上酒劲，郑燮感到周身从未有过的温暖，更像笼罩了许多日子的雾霾突然消散，一下感到了豁然开朗的愉快。

好容易出了城门，等候在城外送行的多是四乡闻讯赶来的农夫。一位白发老者攀着驴鞍哭着挽留；年轻的妇人牵着孩童求他摩抚一下那剃光的脑袋；有人递上一把园中新产的菜蔬或一篮杏脯；大部分人家更描摹了板桥的画像，捧在手中。郑燮点头拱手，劝慰致谢，缓缓地在人丛中穿行，心中感激不已，眼前只是一片模糊不清。

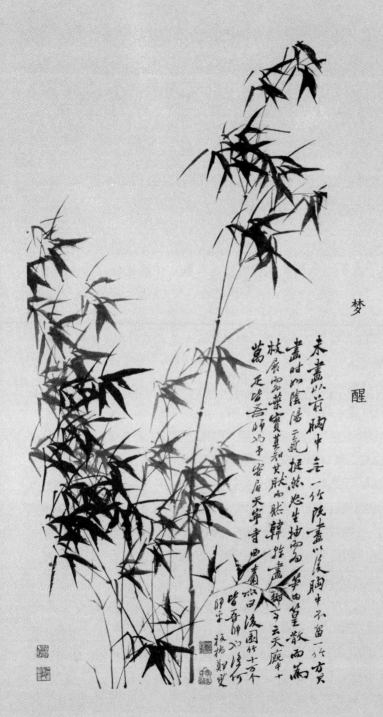

第八章

梦　醒

未盡以前胸中有一竿
畫時如陰陽二氣挺於
枝層雲葉實莫知其脈而脈
萬正浩吾師以

未盡以後胸中不留一竿
挺於忽生抽篁笋由篁散兩滿
莫知其脈而脈韓幹盡馬子云天廄中
吾師以有後園竹十万个
吾晉師以淳何
師呈　板橋鄭燮

一

乌纱掷去不为官，囊橐萧萧两袖寒。写取一片清瘦竹，秋风江上作渔竿。

诗是这么写的，可谓潇洒淋漓。但是实际生活并没有那么轻松愉快呀。回到兴化，何处安家？

郑燮风尘仆仆辞官归来，当他孤零零牵着毛驴站立在家乡的土地上，望着那兴化城中的一片青色的瓦屋，这才意识到自己是上无片瓦下无立锥之地！

人家做官告老还乡，都是前呼后拥，彰福显贵地不胜荣耀，而他却是身孤影单、两手空空。就有谣传说他郑燮是朝廷罢官而归！

破败的老屋早已变卖，妻女都是寄住在亲戚家中。好在堂弟郑墨倒是热情有加，亲热地把他迎进自己的屋中安脚。郑燮环顾左右，感到十分的惭愧。在范县时，堂弟郑墨刚刚买下这所鹦鹉桥南的房产，郑燮便写信给堂弟，希望在他新宅附近再买一块地皮，盖几间屋子，作为自己晚年归老之所。如今看来，一切都成空想。

"一任清知府，十万雪花银。"郑燮实实在在当了十多年的县令，钱都哪里去了？清正廉洁的他，所得有限的俸银除过花销，仅周济贫士、捐款修城所费银子竟数百两，再加上官场的应酬花销，归来真是山穷水尽。回到兴化老家，郑燮终日呆坐，郁郁寡欢，仿佛又成了当年的郑之本。

终于又回到了日夜思念的扬州。秋日晴朗的日子，漫步在瘦西湖畔。眼前拱桥流水，画船风帆，碧水荡漾，岸柳轻烟……突然，一艘画船轻轻摇来，船上传来歌伎清脆悠扬的歌声，竟然是自己的一首小唱：

老书生，白屋中，说黄虞，道古风，许多后辈高科中。门前仆从雄如虎，陌上旌旗去似龙，一朝势落成春梦。倒不如蓬门僻巷，教几个小小蒙童。

"老爷，登船游湖可好？"

那歌伎召唤的声音，软绵亲切，如同唱曲儿一般令他无法推辞。于是登船就座，临风品茗、饮酒听曲。琵琶伴奏，唱的仍然还是他的《道情》十首。等到一曲终了，半壶酒干，船亦行至湖心，正当斜阳如金，晚霞似火。郑燮心中不胜喜悦，脸上脖根儿也是赤红。

"姑娘家住何处，为何总唱这板桥的《道情》小唱？"

"奴家本是这扬州城中花农之女。只因板桥《道情》讲得句句是真，声声有意，故客人都愿意听嘛。"

"是吗，那你说到底是白屋中的老书生好呢还是高科状元郎好？"

"那？当然还是状元郎好。"姑娘说得羞红了脸。

"那郑板桥又是怎样看呢？"郑燮又问。

"老夫子人家是火眼金睛看破红尘，指点世人迷津哩嘛。"

郑燮听得，哈哈大笑起来。

那姑娘被笑得莫名其妙，一时羞得满脸更红。低头径自拨弄弦子，不知如何是好。

笑声落下，郑燮即呆呆地愣在那里，连自己也不知道该再说点儿什么。一时只是饮酒，什么也不说，什么也不想说了。从此，他只能用画笔驱赶心中隐隐作痛的不快。好在扬州依然如故，画舫江鱼、酒楼茶肆、歌伎童子，还有名园文友……一切都还为他敞开着胸怀。

年岁、阅历、生理与环境，都影响到了他的情绪，更潜移默化地影响到他的创作。郑燮深感，人生就像一条河流，如今越过了急流险滩而逐渐趋于平静。他的诗词书画和他的生命轨迹一样，同样进入了一个淡泊、含蓄，也是深沉而耐人寻味的境地。

这天，他回到住屋，独自一人喝得半醉，眼瞅手中的空酒瓶子，就如同又回到了二十年前。那时候自己还是身强力壮、风华尚茂。每日埋头于纸上笔耕，把对故乡的一片深情化作笔下的千株幽兰、万竿翠竹。那种勤勉潇洒与风流倜傥，依旧历历在目、令人陶醉。

"快备纸墨，我要作画！"

童子研墨铺纸，郑燮挥笔写下了回到扬州的第一幅墨竹。意犹未尽，便欣然题诗曰：

二十年前载酒瓶，春风倚醉竹西亭。而今再种扬州竹，依旧淮南一片青。

唐人刘禹锡"春江一曲柳千条，二十年前旧板桥。曾与美人桥上别，恨无消息到今朝"。其中"二十年前旧板桥"，触发了辞官归来的郑燮对世事沧桑的感叹。为了表明自己秉性依旧、好恶依旧、理想依旧的心迹，他特地刻了一方"二十年前旧板桥"的印章，以回敬那些势利小人和世态炎凉，也彰显他不畏权势、不爱金钱的高尚人格。

一次喝多了酒，他竟然公开宣示："索我画我不画，不索我画偏要画！"还说："我郑燮之画，有三不卖，达官贵人不卖、够了生活不卖、老子不喜欢不卖。"连大街上的儿童，都传唱着他的"三不卖歌"。有些盐商千方百计骗他的字画却弄不到手，可是那些农夫、小贩、工匠，倒是很容易求到他的画。他时常说："凡吾画兰、画竹、画石，用以慰天下之劳人，非以供天下之安享人也。"此言一出，劳人岂不拍手称快！

"歌吹扬州惹怪名，兰香竹影伴书声。一枝画笔春秋笔，十首《道情》天地情。脱却乌纱真面目，泼干水墨是生平。板桥不在虹桥在，无数青山分外明。"三百年后，历史学家邓拓先生的即兴咏诵也传递出了当时扬州人的心声。

二

过去的那些老友，今天都在哪里？自从郑燮赴任，大家的消息倒是不时

郑板桥作品

地传来，也有短暂相见的。但总是聚少离多，消息也往往失真，造成了不少的误解。还有的十年间音讯全无，只能在梦中重温旧情。如今归来，又回到了朋友的圈子中间，证实了许多的谣传，也得到了不少的新闻。往往又是悲喜交加，令他欲哭无泪。

首先是六十四岁的高翔去世。这位比郑燮年长五岁的老兄，从小志存高远，像是一只不合群的孤雁，终究要飞离红尘。在这茫茫人世间，又少了一位知心的朋友，画坛又少了一位天才的画家。他为之深深哀痛。多少年来，这位扬州土生土长的艺术家，一直是守着故土。除了在瘦西湖畔呆坐着观望日出月落，就是到蜀冈北麓为石涛恩师扫墓。到了晚年，就干脆离群索居在他的"弹指阁"里，过起了隐居避世的生活。清汤寡水，清心寡欲，闭目塞听，心如止水，兴来写山绘梅，兴去复入神游……

"避客年来高凤冈，叩门从不出书堂。想因误读香山句，纸阁芦帘对孟光。"

静夜独处，眼前便呈现寒山瘦水与枯枝淡梅，禁不住地就吟诵着这首当地流传的《扬州竹枝词》来。这是专写高翔的一首。据说晚年的高翔正如当年的石涛，远离尘俗与市井的喧闹，常年闭门谢客，一个人静静地读书、悟艺、作画。

一个天真聪慧的英俊少年的身影，像风筝一样飘在他的想象天幕上。那就是少年时期的高翔。当时石涛老病孤独，隐居在扬州城外大涤草堂。而这位瘦高而热情的少年才子年仅十六七岁，正是天真烂漫，对人生充满了憧憬又不无叛逆。他勇敢地来到孤独无助的石涛老人身边，向这位倔强的老画师恳切求教。少年细细地品读着眼前这位仙风道骨的老人，深感是一本艺术的大书，更是人格伟岸的大树。

"作画不可雕凿，不可板腐，不可沉泥，不可牵连，不可脱节，不可无理……在于墨海中立定精神，笔锋下决出生活，尺幅上换去毛骨，混沌里放出光明，纵使笔不笔，墨不墨，画不画，自有我在……"

一代宗师的教诲，注入了青年高翔的艺术灵魂。

"谁将一石春前酒，漫洒孤山雪后坟。"

这是石涛老人在世时自题的《墓门图》。如同杜鹃啼血的诗句，深深地打动了高翔的心。他从此更加地痴迷于阅读石涛这本跨越了两个王朝的难得的大书，同时也悉心地守护着这棵根深叶茂但又孤独无双的大树。

国破家亡鬓总皤，一囊诗画作头陀。横涂竖抹千千幅，墨点无多泪点多。

这首沉重的题画诗，正是郑燮与石涛精神相通的体现。

如今高翔远去了，去到九天之上拜会他魂牵梦绕的石涛上人了，郑燮为他而深深地感到了一丝欣慰。

还是在潍县任上，郑燮曾经作《梅兰竹菊》四条屏。那四首题画诗，可谓是画坛咏四君子诗歌的一绝。

玉骨冰肌品最高，冷淡清癯任挥毫。等闲着上胭脂水，却是红梅不是桃。

如今这一首咏梅诗又令他想到了好友李方膺。

随着高翔的离去，接踵而去的竟是装满了一池愁水的"秋池"李方膺。李方膺与高翔不同，他大部分的时间在外地做官，而罢官之后则寓居金陵而并非扬州。但扬州无可替代的艺术氛围却一直牢牢地牵着他这个南通人的心。作为公认的"扬州八怪"之一，李方膺的艺术追求与感情的归宿从来没有离开过扬州。当他每每回到扬州，他就和郑燮、李鱓、金农如同松竹梅菊一样地紧紧相拥，成了形影不离的密友。他们饮酒品茗，吟诗作画，携伎游湖，彻夜长谈，有寻不尽的乐子、说不完的知心话题。他们不光是气息相投，艺术观点一致，更有着仕途上相类似的遭遇及不见容于世俗的切肤之痛。

于是，同病相怜人，他们嬉笑怒骂，他们评说历史、抨击现实、怒斥贪腐、褒扬圣贤，友谊之外更有志同道合的亲密维系。在郑燮看来，官宦子弟的李方膺之晚境，可是远不及草民出身的高翔那般刚烈悲壮。身为宦游之人，晚年的李方膺寄居金陵闹市，却是穷愁潦倒、贫病交加、孤苦伶仃，更像是一片枯黄寂寞的树叶瑟缩在秋风之中。他勉强地依附在清王朝这棵貌似根深叶茂、实质上根基已经开始腐朽的大树之上。

乾隆十九年（1754），也就是高翔逝世后第二年秋天，当钟山明孝陵上的梧桐树开始被秋风染黄，李方膺这片病羸的枯叶，突然预感到自己的人生就要落幕，便想到了落叶归根。于是他央求人们把自己由金陵抬回南通老家……是年九月三日，李方膺撒手人寰，是年五十九岁。他得的哪里是什么要命的大病！郑燮太了解李方膺了，他那是心病呀，真正的不治之症。医家的诊断，证明了郑燮的判断。

留得根科大，何愁叶短稀。春雷潜夜发，香气入云飞。

这是他当初歌咏兰花的题诗，如今用以悼念李方膺倒是十分的贴切。

"铁杆铜皮碧玉枝，庭前老树是吾师。画家门户终须立，不学元章与补之。"

郑燮默默地吟诵着李方膺这首著名的题画诗。在艺术上，他同郑燮一样地强调标新创异，自立门户，主张宁愿师法自然，绝不落入窠臼。想不到这样的一个倔强守诚的挚友，竟然就这样早早地不辞而别。郑燮禁不住潸然泪下。

"怀奇负气。"郑燮念叨着。

难道这不也是对板桥你心病的诊断吗？同样的疾恶如仇，同样的桀骜不驯，同样的宦海遭际以至打击与波折……看来终究还是难得糊涂，难得糊涂呀！

三

好在还有李鱓、汪士慎、金农、黄慎几位老兄健在。老友相聚，仿佛所有的话都已经讲完，剩下的就只有相对无语。

"啊哦，近日可好？"

"尚好，仁兄可好？"

"还好。你呢？"

"精神还行吧。腰腿可是硬朗？"

"唉，老眼昏花，腰酸腿疼，可是大不如从前啦。"

如此云云。当着他们一个个地弯腰屈背，被童子或弟子搀扶着进门，拱手问候，嘻嘻哈哈一阵，然后就座，随即便是咳嗽打盹儿，最后陷于沉默。如此这般。他们酒也是仔细抿着喝，茶则是慢慢地呷，一颗花生米，放进嘴里要嚼老半天，油炸的小鱼儿，最多也就能吃半条。他们更是很少谈及字画什么的，随口吟诗倒是常事，但所谓艺术仿佛已是隔世之事。

每逢此时，郑燮就不胜感慨。严寒酷暑，不单在每个人的鬓边增添了霜雪的颜色，在每一张脸上雕琢出曲曲折折的沟回，更在心灵和性情上，打下了无法抚平的烙印。

他们聚会的这个地方，正是李鱓的"浮沤馆"。宅院坐落在扬州城南砚池岸边，回到扬州的郑燮眼下就应邀借住于此。

待买田庄然后归，此生无分到荆扉。借君十亩堪栽秫，赁我三间好下帏。柳线软拖波细细，秧针青惹燕飞飞。梦中长与先生会，草阁南津旧钓矶。

郑燮这首日后所写的《怀李鱓》真是这一时候的境况与心情的写照，也是"浮沤馆"周围优美环境的纪实。

汪士慎的左眼竟然失明！一个画家的眼睛那该是多么的重要呀。已有七八年了吧，他用视力模糊的右眼勉强度日。如今，这位面色憔悴的忠厚老友就坐在自己面前，紧闭着双目，却是面带微笑。泰然处之的安详，令郑燮大为吃惊。这哪里是从前那个机敏而灵动的汪士慎，简直就是一尊金农笔下参禅打坐的瘦羸达摩。算来也是六十八岁的老翁。命运并没有击败这貌似衰弱的汉子，他仍旧整天不停手地写字作画。那老到的笔墨，苍劲的线条和高古韵致，浑然融入了一生的深情与大爱。

一椽深巷住，半榻乱书横。欲与寒梅友，还同野鹤行。自怜闲处老，安用占浮名。

郑燮吟诵这位仁兄的《岁暮自嘲》。一旁的金农听得，竟然鼓起掌来，还问汪士慎说：

"仁兄呀，你清贫半世，老天可是有所不公。如是一个好人，竟然还要无端摘去一盏心灯,却何以又如此的豁达?"

汪士慎笑而不语,沉吟半晌这才调侃地说:"衰龄忽尔丧明,然无所痛惜,从此不复见碌碌寻常人,觉可喜也。"

一语即出,四座哗然。

好逗乐子的金农摸着脑袋敏感地问:"唉,老兄呀,你可得说清楚,在座的哪个是碌碌之人。"

汪士慎笑而不语。大伙儿更是哈哈大笑起来。

这就是汪士慎和金农的关系,到了一起,就是斗嘴。

"哎,我说左盲生,看你近来的书法可是有些不同凡响呀,成了脱缰的野马,疯狂矣!"

"是嘛,那叫狂草,懂不懂?看不清,就满纸跑野马。"

"左盲生?"郑燮认真地说,"难道汪兄又有新名号?"

"可不是,左眼失明的人嘛。"金农解释道。

"嗯,不错,精当、自嘲,还有深意。"

"岂止仁兄自嘲。"金农认真地说,"一个人眼睛失明,倒是可以打开心眼看世界了。心眼比俗眼更尖锐,摄入的事物比俗眼见到的宽阔真实。"

"这回,我明白了,此乃先生近来何以悬腕写大字狂草与大幅梅花的心源所在,满纸的空灵大气,正是涌自心泉。"郑燮趁机赞誉。

汪士慎不语,显出感动的神情。

"谁说不是。眼见不如心见。"金农故意羡慕地说。

"我倒是羡慕你的腿哩,瘸虽瘸了,倒是也无大碍。"汪士慎板起脸回敬道,"不用四处云游,不必为生计奔波。整日坐而论道,坐井观天、坐享其成……"

众人哄笑。

汪士慎、金农还有郑燮三人,各怀绝技,如同岁寒三友,可是铁杆知己呀。

"休言老夫跛足,终比健足逐俗、权贵面前屈膝要好。"

金农说着不无得意地吟诵着自己病中所作的自慰五言诗。汪士慎则故意展开一幅左眼失明后为发泄烦恼而奋笔挥洒的狂草。众人啧啧赞赏。什么苦与甜,什么幸与不幸,不过只是情愿而已。郑燮心中感叹。这欢乐的情形把他心中那一团官场失意的懊恼与失去友人的忧伤一下子就扫除得无影无踪。

这应当是回到扬州预料之中的快乐。特别看到老友金农与汪士慎的笑貌如此的天真烂漫，他更是不胜感慨，于是提笔画一石一竹，并题诗曰：

石块无多竹叶稀，二公清介最相依。秋风昨夜窗前到，百岁苍苔老更肥。

掌声与欢呼声再起。志同道合的友情相聚真是其乐陶陶。

四

十年离别，恍若隔世。幸运与不幸，改变了郑燮，也改变了金农。生活的反复磨难，打造出了一个不同凡人的郑燮，也锻炼出一个异乎寻常的金农。当时人们也许并没有意识到，从此扬州乃至中国的画坛，除了郑燮之外，又多了一名丹青大家金农。

"冬心仁兄，你可曾知道在我的心中，你是曾经过世了一回呀？"

金农听得大为惊异："此话怎讲？"

"那一年有消息说，你老人家已经过世……"

"是呀，其实我只是病危而已。"

"可那消息，却令我绝望……"

郑燮原本是想戏谑金农，不料自己竟又感到了悲伤。

金农瞪眼望着挚友，显出感动又好奇的样子。

"我是一连许多天不思茶饭，甚至设灵遥祭……"

金农再也无法平静，努力要站立起来，郑燮急忙过去把他扶住，两个人相对无语。

见此情形，那位与金农形影不离的彭郎赶忙上前扶住了二位先生。彭郎可是重义之人，金农卧病时，那些平日随他花天酒地者纷纷离去，唯有彭郎日夜煎药煮粥，聊天解闷……此时，冬心授意彭郎展开一幅画作，竟然是他自己的墨竹。笔法竟然是那样的老辣而苍劲，令郑燮十分地惊讶。

"吾素性爱竹，近颇画此，亦不学而能……"

见郑燮愣着，冬心摇头晃脑地说，语气得意滑稽，再次惹得众人哗笑。

可是当读到"恨板桥不见我也！"连他自己也是老泪横溢。郑燮更是泪垂双腮。郑燮反复地端详着那幅竹子，真是又惊又喜。

"想不到你是胸有成竹呀！"

"他不光是画竹，还画梅，画马，画人，画佛……"

汪士慎抢先说，好像是在夸耀自己。

乾隆十二年（1747），当金冬心缠绵病榻度过漫漫冬季，孤独寂寞中听到窗外竹子的瑟瑟，眼瞅着窗户纸上摇曳的竹影，便想到了挚友郑燮。春天到来时，他就像读到了郑燮的题画诗，干枯的生命得到了滋润。他就唤来彭郎研墨铺纸，开始挥洒写竹。眼下自己的竹子，能够得到郑燮的认可！

郑燮更是开心。他拿出金农以前寄给自己的一幅自我写真图，当众炫耀。那自画像上的金农，显得自信而端庄。

"你们看看，此金农，可非彼金农呀。"

"今日，你可得回我一幅竹子。"金农认真地说，"不瞒你说，我画竹子还是你板桥引逗而来。"

罗聘、项均，那几位在场的冬心的弟子都高兴地鼓掌助阵。

金冬心更是来了精神，连连请求郑燮当众即兴作画。

郑燮哪有不应之理。于是，雅集变成了一个小小的笔会。

郑燮一边挥笔作画，心中就想象着老友金农十年间的不幸遭遇。好友董耻夫的竹枝词写得最为真切：

"金寿门称老客星，肩书怀砚短童青。苦心文字多情事，春雨桃根瘗狗铭。"

郑燮欣然命笔，那可是笔笔有情。他心中慢慢地咀嚼着好友的那些苦涩的往事，还有那些深情而又不无滑稽的浪漫生活……就感到了天赋人性的自由与温暖。

见郑燮用心作画，众人都围拢在四周，屏声敛气地观摩。久违了如此亲切的氛围，郑燮就是喜欢这样，众星捧月般的得意使他创作的灵感顿生，情绪渐入佳境。这还是他回到扬州参加文友雅集头次挥毫泼墨，心情格外地兴奋。

那位年轻的丹青才俊罗聘，看得聚精会神。心想，板桥先生果真名不虚传，只见寥寥几笔，就把两枝写活。郑燮开始用他那独特的皴法在两竹之间添画一块石头。年轻才俊眼前出现奇幻景象，他竟透过郑燮笔下那卧石见到了鬼魅的存在。他甚至进而看到了人世间揶揄、势利、凶暴和种种的丑陋……他这才意识到，板桥先生写竹，笔下所画的石头，可绝非陪衬之物、等闲之笔，而是在暗示庸俗的人世，进一步衬托竹子的高洁，是在含蓄地鞭笞人间的万恶与不平。他的竹中之石与兰中荆棘一样，正体现了他老人家的社会认知与美学意象。

石如叟，竹如孙，或老或幼皆可人。

罗聘心中不禁有些惭愧。这是专为金农先生所画呀！谁说板桥先生笔下之石均是寓坏贬俗，眼下，因了这个出人意料的题款，倒成了卧佛般的可爱。

金农拍手叫绝。随即端起酒盅邀黄慎、李鱓和汪士慎几位干杯。

"喝，一醉方休，酒逢知己呀！"

"好，我干了，你也得干！"

"彭郎，拿剑来，我得舞一曲了。"

郑燮的声音显得更像一个争强好胜的少年。

五

郑燮笔下的竹子，变得更加精当。他在墨竹的题款中，坦然道出自己这种修炼升华的历程：

始余画竹，能少而不能多；既而能多矣，又不能少。此层功力，最为难也。近六十外，始知减枝减叶之法。苏季子曰："简练以为揣摩"；文章绘事，岂有二道！此幅似得简字诀。

在书法绘画中，他也琢磨出了"当留白处得留白，宁空毋满"的哲理。一幅画的繁简，也是难免要随自然、随年事与体验而改变，而支配。多与少，繁与简，动与静，都随你领悟的程度而变得随心所欲，方可谓"人书俱老"。

他终于感到了"归山"的轻松愉快。一个人，思念了几十年，终于可以用自己的行动实践一回自己的主张，这该是多么大的一个幸福呀。得一官，不觉得过喜，去了官，也不觉得可悲。他的流传在民间的《道情》曲儿，他的人生态度加之大半生的遭遇，如今竟是那样浑然一体。这也许就是人们惯常所讲的气数。人活到了这个份儿上，也就算是进入了随心所欲的境界，可谓是神仙老子才会得到的状态吧。这就是气运循序积累到了气数的结果，体现在做人与绘画，也就达到了一种人艺俱佳、炉火纯青的境界了吧。他还有什么放不下的？

作画题诗双搅扰，弃官耕地两便宜。

冗官辞去，专心笔耕，不亦说乎。

我梦扬州，便想到扬州梦我。第一是隋堤绿柳，不堪烟锁。潮打三更瓜步月，雨荒十里红桥火。更红鲜冷淡不成圆，樱桃颗。

何日向，江村躲；何日上，江楼卧。有诗人某某，酒人个个。花径不无新点缀，沙鸥颇有闲功课。将白头供作折腰人，将毋左？

这一首《满江红·思家》的梦境，眼下似乎已经变为现实，他兴之所至，动手为自己刻一枚图章："所南翁后"。这是从前他没有勇气做到的。如今这颗图章，盖在他的书画作品上，非悲非喜，无褒无贬。剩下的只有几分自豪与几分自信。

在这人生的深秋，使得郑燮心旌荡漾的还有浓浓乡情，荷塘鲫鱼，绿草青秧，棋盘垛田，水牛洞箫……这使他不至于消沉，不至于寡欢。时常把酒临窗，吟诵新词，曰：

　　草绿如秧，秧青似草，棋盘画出春田。雨浓桑重，鸠妇唤晴烟。江上斜桥古岸，挂酒旗林外翩翩。山城远，斜阳鼓角，雉堞暮云边。

　　老夫三十载，燕南赵北，涨海蛮天。喜归来故旧，情话依然。提起鬌龄嬉戏，有鸥盟未冷前言。欣重见，携男抱幼，姻娅好相联。

　　平静的日子，郑燮的案头摆着徐渭的文集与画册。那位晚明的狂人，总是伴随他日夜。他反复捧读，反复咀嚼那些来自心灵深处的生命的绝响，揣摩那些狂放不羁的书法神品，总觉得亲切无比。袁中郎所作《徐文长传》，他不知读过多少遍，几乎可以倒背如流了，可是每读一遍，还是总觉得有所新得。

　　是的，那个颇有争议的徐文长，倒是很少画兰写竹，而郑燮却从他的书法与绘画中读出了兰韵竹意。于是那笔法韵致有意无意地就渗透到了他的笔墨之中。正所谓"时时学之弗辍，盖师其意，不在迹象间也"。

　　"才横而笔豪"，这就是郑燮的审美标准。"徐青藤门下走狗郑燮"，这颗图章，表现出他对文长先生的虔敬甚至是迷信。除此而外，他就很少心仪别人。学七分，丢三分，是上乘的治学之法。照葫芦画瓢，则是下能之举。当他看到有人模仿自己的兰竹，就不以为然，甚至有些鄙夷。但是在他看来独创也不是空中楼阁，离不开对传统的学习借鉴。

　　归来扬州的第二年，即乾隆十九年（1754）春天，郑燮曾应邀到杭州作画，住南屏静寺。这次游杭州，不比入仕前的那一次，出面接待的是杭州太守吴作哲，他是久闻板桥艺名的，是一个板桥艺术的铁杆粉丝。板桥题画曰：

　　今日醉，明日饱，说我情形颇颠倒，哪知腹中皆画稿。画他一幅与太守，太守慌了锣来了。四旁观者多惊奇，又说画卷画得好。请问世人此中情，一言反复知多少？吁嗟乎，一言反复知多少？

　　有官员陪着游览的地方，先是去了会稽。他拜谒了大禹墓，造访兰亭故址，自然少不了细细观摩碑刻。板桥自小多次摹写《兰亭序》，现今看到书圣真迹，免不了兴奋万分。徐渭的榴花书屋，已成私人住宅，板桥还是亲临参观，这是他一心向往的地方，到了会稽怎能不询问前往。在板桥的印象中，风景绝佳的地方是山阴道上，而险怪多趣的则是吼山。过去范蠡在这里有一段故事，宾主边走边谈种种的传说，更给板桥增加了游兴。他感觉无官一身轻，同当日宦游完全是另外一种感觉。此次，还去了吴程（今吴兴）。吴程同样是风景名胜荟萃。太湖南岸的县城，风光秀美。府署亭池馆榭密集，是扬州人吴听翁所修葺，格调不俗，板桥十分喜欢。他在主人的陪伴下，还游了苕溪、雪溪、卞山、白雀、道场山等处。米芾醉心的苕溪，自然也是流连之地。游览之余，自然免不了有诗画之会。主人盛情，客人应有诗为报。这一年的七月，板桥给孙扩图写过两首诗，把吴兴的山水、故人的友谊、太湖的波涛、苕溪的风光罗列了一番，虽没有什么深文大义，但也看出他的心情，早已入乡随俗，读书行路，在游历中感悟着大自然与传统文化的美丽。

六

在扬州，每日清晨与黄昏，郑燮照例都要在院子里散步。他从容依杖，慢步独行。不时地就会停下脚步，面朝映出竹影的墙壁发呆，或是面对着圃中一丛兰花出神。

眼前的这丛兰花，无论是多么的风情万种，大自然中最基本的原色还是画家所钟情的白与黑。墨的浓淡干湿焦润，巧妙地融合成了世间一切物象最基本、最美妙的本色。世间再也没有比水墨的颜色更加高贵、丰富而变幻无穷的了。

"墨弟，你瞧这园中的竹子，粗一看，倒是大同小异，但仔细分辨，就发现没有一枝一叶的雷同。"

墨弟刻意地点头，表示理解。他是一个有家有业的成年人了，满脑子都是房产田土、柴米油盐和一大家子人的生计。但是他很能理解堂哥的心性与追求。

有两只好凑热闹的喜鹊大大咧咧地叽喳喧叫着落在不远处的竹丛上。

"呵哦，我说喜鹊，你们倏然而至，倏然而去，自由盘旋，这是你们的福分呀。我老朽很是羡慕，夜里做梦才能够同你们一道飞翔，那又是一种多么美妙的滋味。"

墨弟见堂兄如此喜欢飞鸟，就说要为他买一个鸟笼来养两只会学人语的八哥和会唱山歌的黄鹂。

郑燮听得，急忙摆手制止道："要不得，要不得！鸟儿乃自然精灵，生来就该自由自在飞翔。"

墨弟无奈，又只好点头。

"我们将来有了自己的庭院，院子里可以多种些树。只要房前屋后有树，鸟儿就会留住。"

墨弟频频点头。

这天，照例又是金农做东，雅集之后来到酒肆，喝了酒，又用茶。郑燮满脸通红，兴之所至，尽情挥洒，引得歌伎童子与挚友们围观。他画完一幅画，无论是竹子还是兰花，就会随笔题上一首同样是来自自己胸中的诗歌，那种随心所欲与自由奔放再加上书法的墨趣与神韵，令众人击掌叫绝。

他一边题写，嘴里还念念有词。落款只是一个"燮"字，就戛然搁笔。全场顿时讶然。

就这样，郑燮，又回到了自己的从前。扬州、名园、好友，新茶、美酒、佳肴，还有动听的小唱、喧哗与欢笑……

一切的一切，使他又恢复了陶醉，终日沉浸在惬意之中。他时常在心中暗语：扬州的美酒，洗刷了自己那风尘小吏的憋屈与顾虑。他感到自己就像一只自由自在的燕子，飞翔在江南水乡的天空，更像是浪里白条，随心所欲地翻江倒海。的确，在他笔下，竹子与兰花生活的天地是那样的广阔，扬州使他的心灵像他笔下的竹影兰姿一般，恣肆汪洋，摇曳多姿，如同欢笑中的那个郑板桥，随性且由衷，得意而有形。这可是真正实现了他那想象已久的神仙境地：

一阵狂风倒卷来，竹枝翻回向天开。扫云扫雾真吾事，岂屑区区扫地埃。

画工何事好离奇，一干掀天去不知。若使循循墙下立，拂云擎日待何时！

这样的心境只有脱离宦海烟波才会出现呀。在乌烟瘴气的官场中，在山东半岛的黄土原野上，他只是困处一隅的风尘小吏，整日唯唯诺诺，既不能扫云拨雾，也无能拂云擎日。于是，那时他绝望了，在他拂袖而返不再安于"循循墙下立"时，却在艺术及心灵上获得了自由的翱翔。身心两愉，岂不快哉！

七

乾隆二十二年（1757）春二月，皇帝奉太后南巡。这是乾隆皇帝的第二次南下。游幸了扬州瘦西湖之后，皇帝的车驾就渡江而去——江宁、苏州、杭州……一路地巡幸下去，除了游山玩水，享受地方官员与百姓的顶礼膜拜，也许还包含着化解民族隔阂与安抚汉人的动机。这些个政治手腕平民百姓当然是浑然不知，唯有精明的读书人心知肚明。郑燮当然是看得一清二楚。

然而，如今的板桥郑燮是百姓，再也不须卷入迎接御驾的紧张与忙碌之中。他悠闲地袖手旁观，饭后茶余不痛不痒地议论种种的消息甚或谣传。圣上的恩泽并未承受到丝毫，倒是感觉到了车驾离去后突然陷入的静寂，同时他也留心到了经过一番折腾之后，扬州的北郊发生了空前的巨变。

首先是经过疏浚之后，天宁门外到红桥一带的小秦淮河变得宽了、深了。沿岸的商业街上铺面多了，珍宝、古董、字画、茶叶和土产，灯笼、旗幌、嘈杂和酒肆的喧闹，交织成了扬州特有的繁华。

红桥东西两侧，瘦西湖沿岸的名园之中，不但新添了无数亭榭，而且悬

郑板桥作品

挂出了乾隆皇帝御赐的匾额和御制的诗联……

最使扬州人感到惊叹与骄傲的，是耸立在法海寺西北、横跨瘦西湖的五亭桥。雕刻着狮头的白石，整齐地排列着。那雄踞在桥面上的五座方亭，构成了庄严而奇特的桥廊。黄色琉璃瓦倒映在水中，阵阵河风吹过，便摇晃成满湖的金碧辉煌。

郑燮走在河岸上观看，对此倒是颇有兴致。他发现贯通两岸的桥身，筑有三个主要的桥洞，而翼护着中央主亭的四座亭基，则又各有三个方向不同的桥洞；每当满月当空，十五个桥洞便各映出一轮圆月。这种水月生辉的景色，远非咏着"腰缠十万贯，骑鹤下扬州"的古人所能想象得到。

五亭桥西，更有新辟的河道。河道千折百曲，可以经过微波峡而到达九曲池边的平山堂码头。可以在蜀冈中峰的平山堂与东峰观音山的峡谷中，听岭上飞瀑和松涛的鸣响。在瘦西湖东面，迎恩桥以上的草河沿岸，搭满了"档子"，香亭、戏台、假山、盆景……都是为迎接乾隆皇帝御驾而设置的景点。对于这些媚态十足的人造景致，郑燮感到浮艳而夸张，很是不以为然。这一方面体现了盐商与地方官员们的忠君之意，也反映出整个社会的一阵浮泛的心态。

表面富庶而繁华的扬州似乎又显得格外的势利。这不禁令郑燮和扬州的有识之士们感到了别扭与惆怅。

冬天，每当梅花岭上梅花盛放的时候，郑燮喜欢到岭上踏雪赏梅。他一生虽然较少画梅，但却是喜欢梅花的风姿与品格，喜欢那临寒独放的凛然个性，更因了岭上安息着的忠魂。

此日，天气晴好，郑燮再度登上了梅花岭。他站立高处，俯瞰着脚下的扬州城，嘴里念念有词，眼前便呈现出那惨烈悲壮的一幕：

"顺治二年乙酉四月，江都围急。督相史忠烈公知势不可为，集诸将而语之曰：'吾誓与城为殉，然仓皇中不可落于敌人之手以死，谁为我临期成此大节者？'副将军史德威慨然任之。忠烈喜曰：'吾尚未有子，汝当以同姓为吾后。吾上书太夫人，谱汝诸孙中……'"

每每行走在那段并不峻拔的山路上，郑燮的耳边就会响起忠烈公感天动地的话音。

眼前，在那盛开的腊梅丛中，就又展现出那血染沃土的惨烈而悲壮的一幕……

《梅花岭记》，他默默地背诵着那些悲壮苍凉的文句，便轻轻循着梅花的香气，来到了西侧的史公墓前。但见寒风之中，梅花的落英纷纷撒下，落满了生了青苔的坟茔。凭吊殉国英灵的人们，手中都捧着鲜花，心情都是同样的沉重，也有的提着酒瓶与祭品，手中牵着儿童。

人们看到郑燮，有的就认出来了，纷纷地让出一条路来。郑燮的脸上是异常的庄严，他慢慢地走上前去，由袖筒中掏出事先写在黄表纸上的一段祭词，俯身下去，点燃在香炉台上，最后就是深深的三鞠躬。他敬仰这位忠烈之士，敬重他的精忠报国的气节与人生追求。同时也为自己的懦弱甚至是苟且偷安而感到羞愧。他想，汉族的读书之人，要是都像忠烈公那样的富于气节，那就不至于世代遭受屈辱与不幸了。

其实，此刻在他的心中，还是萦绕着从政十年的那些不堪回首的往事。他感到自己的骨气实在是无颜来见这位用生命书写了忠诚诗篇的先贤。

梅花岭在扬州古城北边广储门附近，其实并非是一座天然的山岭，而是人工堆积而成的土丘。在一望无际的江南水乡，倒是显得格外峻秀。传说是明万历年间，州守吴秀浚河积土而成。后因丘上遍植梅花而得名。明朝兵部尚书、大学士史可法的衣冠冢就坐落在丘上。这位孤军抵抗、誓与扬州城共存亡、兵败殉国的英雄成为了扬州的骄傲。清代著名文学家、史学家全祖望的一篇《梅花岭记》让这位抵御外来入侵的民族英雄与梅花岭一道千秋不朽，也就成为了郑燮的崇敬之地。

眼下站在忠烈公的坟头回望，看得见紧邻的天宁寺。历史仿佛有意如此地安排，如今这座寺院却成了乾隆皇帝御驾南巡的行宫。郑燮如此地想来，不由得苦笑着摇头。当扬州十日与嘉定三屠的惨剧，仍旧在长一辈口中像噩梦一般传述，无数的江南农夫与读书人在田园中耕作或破庙中栖隐苦读之时，有些人却在平山堂下和迎恩桥畔习演着接驾的礼仪。那繁华的噪声远远地传来，令郑燮的心中感到了无限的悲哀。

这是现实，与读书人的梦永远都是相互矛盾的现实。

转眼已是郑燮潍县归来第五个春天。他的心湖原本早已经风平浪静，每日品茗饮酒，吟诗作画，雅集会友似乎成了一种常态。他已经开始完全习惯了这样的生活，就像一只远航归来的老船，终于在人生的港湾中懒散而安逸地停泊下来。

可是自从接到卢见曾亲笔书写的请帖，郑燮的心中就再也无法平静。只听说，卢转运使经历过一切，心胸变得更加豁达，民本的思想也更加牢固。他当初主政颍州，由于治水政绩突出而被擢升为两淮盐运使。他在扬州上任，因维护盐民利益得罪不法盐商而遭诬告被革职发配。四年后冤案昭雪，被补为滦州知州，第二年又升为永平府知府，如今复职扬州，修浚河池，免除水患，还修建红桥二十四景及金焦楼观，使古老的扬州更加妩媚多姿。

八

时值乾隆二十二年（1757）春日，这天郑燮早早地起来换上最讲究的衣服，就由童子陪着持帖来到湖边。

官复原职的卢转运使满面春光地亲自下船迎接他。两人亲热地牵手而行于画舫上客席就座。郑燮高兴地看到陈撰、厉鹗、惠栋、沈大成等诸位文豪名士也都先后到来，还有"扬州八怪"中的各位挚友等数十人皆为上客。

身材矮小的卢转运使更是兴奋异常。他老人家穿着便服，像个精明强干的士绅。他干脆站立在椅子上，指着虹桥东西两岸的桃花与湖心长春岭上的梅林对郑燮和周围各位说：

"你们看，那桃花与梅花交相辉映，再披上朝霞该是多么的迷人！还有那边，你们看，香车、骏马、官轿、仪仗还有涌动的人潮……"

郑燮和诸位顺着转运使的指向望去，但见密密匝匝的人流，正从湖西的廿四桥、北门大街还有长春桥上不断地涌来，一座座的名园，很快就像是人流会聚的深潭，变得深邃莫测。

"板桥先生，你瞧，怎么会有这么多的人呢？"

卢见曾浓重的山东口音里充满了掩饰不住的喜悦。

"我看都是奔着您卢转运使的呀。"

"哪里，哪里！有许多人都是慕着你们这些丹青圣手、诗文大家之名而来。"

这时，童子掀开竹帘，为尊贵的宾客送上精致的茶点。

"好呀，大家用点心吧，就着清明的新茶，别有一番滋味。"

卢转运使说着，起身亲手捡起一块块的点心，用小托盘盛了递到郑燮手中。

这时湖面上突然变得悄静，人们的眼光全都集中到了卢转运使的身上。他站立在画舫高高的船头，迎风捧着一只硕大的酒杯，全场顿时悄然。但见卢转运使仰头豪饮一杯，然后声若洪钟地朗吟：

重来修禊四经年，熟识虹桥顿改前。潴汉畅交零雨后，浮图高插绮云巅……

当他的声音落下，整个瘦西湖几乎都被掌声与欢呼声掀起巨澜了。人们在欢呼声中望着修禊亭下水中开始漂流着羽觞，就像诗泉的闸门已经开启。水边或水阁中的诗人们顿时振作起来，羽觞所到之处，便有人即兴朗声诵诗，更有人随声唱和，也有由水中取觞饮酒者。欢声笑语与吟咏之声不绝于耳。

郑燮望着亭子，望着众星捧月一样被诗人们所环绕着的卢转运使由衷地笑了。他的心中被卢转运使方才的诗句所点燃的诗情开始燃烧。

一从吏议三年谪，得赋淮南百首诗。

他默默地咀嚼着，感到整个身子的热血都在沸腾。那还是乾隆四年（1739），他赠送给刚刚由塞外返回扬州的卢转运使的诗句。其寓意用在此时倒是依然恰当。

"怎么样？我们老家的佳酿不错吧。"

"嗯，真是好酒。绵香醇厚，余味无穷呀。就像您的诗，您那醇厚而耐人寻味的秉性……"

"就是这青州大曲，我年轻的时候，一次能喝两斤。"

"那您是非饮三碗而不过冈的英雄呀。"

二人仰头大笑。神交多年而头一次相见的袁枚，也端着酒杯凑了过来，说：

郑板桥作品

"板桥贤弟，相见恨晚呀。"

郑燮急忙起身举杯相应："未曾谋面，已成神交！"

"知音难觅，我单敬贤弟一杯，谢您真情。"

"板桥先生，我卢某单敬您一杯，是为感谢您的赠诗。如同久旱的甘霖，沁人心脾呀。"

在人们的心目中，郑燮不光是诗人画家，更是深刻而不随波逐流的思想、文章大家。

"十年盖破黄紬被，尽历遍，官滋味。雨过槐厅天似水，正宜泼茗，正宜开酿，又是文书累。"

这一首苏东坡的《青玉案·宦况》，眼下由转运使的口中吟出，郑燮听得更是感慨万千。他惊回首，想看看转运使到底是醉是醒？当他望着那张强颜欢笑的面容，禁不住想到了"苏亭"，那是转运使官邸新造的一景，起名"苏亭"，包含着怀念推崇苏东坡之意。转运使喜欢郑燮书法，恳请他题写"苏亭"二字。有意无意之间，就把三位命运相同的文化人牵系在了一起。

三月的暖风，吹动着水阁上的檐铃，发出欢快的声响。转角桥边，船行如织。西岸的扫垢山下，隐隐的笛声开始变得清晰诱人。童子端着托盘，上面摆放着卢转运使墨迹未干的诗稿和一些空白的诗笺来到了郑燮面前，他挥笔步韵曰：

莫以青年笑老年，老怀豪宕倍从前。张筵赌酒还通夕，策马登山直到巅。落日澄霞江外树，鲜鱼晚饭越中船。风光可乐须行乐，梅豆青青渐已圆。

郑燮书罢，一面递出诗笺，还故意高声吟诵着末尾两句，轻松愉快地抬头望去，所见已是绚丽的夕阳。

九

这一年的深秋八月，板桥有很长一段时间，客居在兴化西南一百六十里的高邮县。每日除了写字、作画，享受那向往已久的清静之外，还能够与阔别二十余年的好友织文交谈品茗游玩。

织文是郑燮儿时的少数挚友之一，可以同游，可以论诗，可以长谈，是无时不在互相思念着的朋友。他在板桥心目中的地位，只有金冬心和李鱓可以比拟。这也是有诗为证的：

杭州只有金农好，宦海长从李鱓游。每到高山奇绝处，思君同倚树边楼。

织文不但能作诗，更是郑燮诗文的崇拜者。这些年来，无论郑燮的诗、词还是小唱，他都像对待他们的友谊一样地珍藏着、玩味着，能诵、能唱，还能体会出弦外之音和诗人内心的甜蜜与酸苦。这使得郑燮甚为感动。为此，他一回到扬州，便把新作的诗，写成十几张屏风帖子，寄赠给织文。

眼下郑燮站立在船头，望着自己的影子陷入了沉思。他身着织文特意为自己准备的布衣麻鞋，头上也戴了一顶草帽，同在船尾摇船的织文一样成了农夫的模样。船在慢慢地行进，两岸的景色，田野、村落、树木、庄稼，远山近水，艳妆妩媚的村姑与水边垂钓的老者……还有那亲切的乡音与民谣，就像变幻着的梦境。

"郑燮，你还记得咱们那年去看社戏吗？"织文亲热地问。

"记得呀，你还在船上为我们钓鱼，做了鲜美的鱼汤。"

"那鲫鱼可真鲜，还有莲蓬，也是最甜的哩。"

"等到秋天，我们再回真州，看看那些竹山溪水、老树与老屋。"

"你可以在水边林中吟诗作画，我再为你垂钓，再烧一回鱼汤。"

"那太好了。我当场为你吟诗作画如何？"

"那敢情好，但我可受用不起呀！"

"给你作画我情愿，把画卖给盐商，那才是明珠暗投！"

织文憨厚地笑，郑燮也嘿嘿地笑。

纵横的河渠，像棋盘一般地刻画在淮南平原。垛田上的油菜与紫色的荇叶、褐色的蒲茸，同水面上嫩红与粉白的荷花交织，色彩千变万化。

"我们家乡可真是美呀，小时候我们咋就没有发现它竟这么美呢？"郑燮感慨地说。

"是呀，我如今天天守着它，总也看不够哩。"

"真是羡慕你呀，一辈子不离开生身之地。"

"你干脆来高邮落户吧。"织文认真地相邀。

"我这次来就是要多住些时日。"

"你想住多久就住多久。"

"瞧这些荷花，一塘连着一塘的。"

郑燮好奇地俯下身去，像小孩子一样地伸手抚那绿得迷人的荷叶，用手指蘸那晶莹剔透的露珠。

船行得很慢。晚霞把岸柳和养鸭人家的蜗庐罩上迷人的金红。几只莲蓬摇摇摆摆地滑过了船窗，顿时有几分秋意。

郑燮半晌不语。

"板桥兄，你说石涛与八大山人哪个更高？"织文问。

郑燮想了想，审慎地说："论人品志节，两位大师不相上下。但是在艺术声望上，石涛却似乎略输八大一分。"

"那是为什么呢？"

"我想这是'博'与'专'的缘故。"

"对呀，相比之下，八大更专。"

"你讲的是有道理，人物、山水、花鸟、兰竹……在创作题材上，石涛走着广博的途径，而八大则专注于花鸟。"

"我看得明白，你是推崇八大的，在绘画题材上，你选择了'专'。在笔墨风格上，你选择了'简'。在名号上，你只是常用'板桥'。可谓是八大再世呀！"

我被微官困煞人，到君园馆长精神。请看一片萧萧竹，画里阶前总绝尘。

眼下，郑燮又在为织文画的《竹子图》上欣然题下了这首绝句。织文甚为感激，不知如何是好，一再称赞先生当了官人依然不忘旧情，不嫌弃少时农家友人。郑燮用一幅画、一首题画诗表达了自己的心情：

两枝修竹出重霄，几叶新篁倒挂梢。本是同根复同气，有何卑下有何高？

告别织文之时，两人紧紧地拥抱。不知何故，郑燮感到了一阵心酸，老泪就模糊了双眼。不觉得来高邮已经数十日矣，真是日月如梭。

十

人们发现，郑板桥笔下的竹子，越发简约精到了。主干与枝梢，叶茎与叶片，无一笔多余，真是惜墨如金。

在画竹的题跋中，郑燮往往阐明自己的创作意图，也流露出探索的甘苦与自身艺术风格演进的轨迹。

"唉，这石头可得点上几笔苔藓才成。不然太单。"

金农评说。郑燮看他一眼，不置可否。

"石上不点苔，我看有些欠妥。石头上面光秃秃的，反倒容易喧宾夺主，也显得有些单薄。"金农进一步批评道。

郑燮重新拿起笔，补题：

"石不点苔，惧其浊吾画气。"

李鱓这回来了精神，拍手称赞说："高哉，妙哉。不愧是郑板桥，就是高出旁人一筹！"

金农有些尴尬，更是不服。

郑燮拿起画，对他说："金农仁兄，你再看看效果。"

金农起身后退几步，仔细地端详，说："唉呀，还真有那么一股清爽之气，是来自兰竹的，石头没份儿，但也不抢眼，板桥所言有理，李鱓兄弟，你赞得也对。"

李鱓摇头苦笑曰："话全被你金冬心讲了，我们还能再说什么哩？"

郑燮哈哈大笑，金农也随之大笑。李鱓却是又恢复了一脸的严肃，嘴角上仅露出一丝勉强的笑意。他显然还是对那出宦之事耿耿于怀。

"描绘一件物象，唯状其形、态之外，更需领会体现其神髓。冬心兄之腊梅与马及僧颇有其味。"郑燮说。他原本是想对金农有所启发。因为他毕竟是五十岁之后才开始作画，难免造型上不是十分的讲究。

李鱓早已听出了弦外之音，而金农却是完全以为郑燮在表扬自己，听着十分的得意。

"以画竹为例，"郑燮接着说，"瘦劲孤高，是竹的精神，也是竹的灵魂。豪迈凌云，是竹的生态，也是竹的气概。无论生于悬崖峭壁，甚或傍于山石而生，竹、石只是相互衬托，各尽情态。唯有'依于石而不囿于石'，才能充分表现出竹之节操、格调、韵味，不为外貌所局限，乃竹之品也。"

金农点头称是："啊哦，我明白了，因之，你板桥画竹，不单是写'生'，更要写竹之'神'、竹之'节'与竹之'品'了。"

这一回，轮到李鱓为金农鼓掌。郑燮却听出那掌声背后不无嘲讽的意味。李鱓毕竟是少年得志，他的眼睛里对于金农这样大半辈子行走于江湖之上的落拓之人总有几分瞧不上眼。这一点郑燮倒是很不以为然，便说：

"冬心兄，你理解不错，是这个意思。技巧的掌握简单，而艺术思想传达则难，这正是我们对后世最难尽到的责任。"

"可你们想过没有，"李鱓像是故意抬杠地说，"留下了方法与技巧，弄不好还会拘束后人个性。滞碍不化，空具形式，难免束缚手脚。其实思想与技巧本当一体，很难区分。任何可以讲解、传授的方法，都不能作为终身的依靠。"

"复堂兄讲得好，这也是我所担忧的一个问题。"

世间所谓掀天揭地之文，震电惊雷之字，呵神骂鬼之谈，无古无今之画，原不在寻常眼孔中也。未画之前，不立一格；既画之后，不留一格。

他们说话之间白莲与童子早已将酒菜备齐，并为每人斟满一杯。

金农一见酒显然又有些激动，他抢先仰头喝一杯说："嗯，板桥贤弟言之有理，言之有理！"遂又指着那一幅郑燮的新作道，"这样的画，这样的题跋，便是无古无今之作，不仅表现出不寻常的境界，更自信与气魄。既不必立格，也无法立格，更不是别人可以效仿，可谓妙哉！"

郑燮听得，也不好再说什么，便举杯提议大家干杯。三个老友再加上罗聘连喝三杯。又有金农带来的牛肉和罗聘夫妇预备的时蔬小菜下酒，最是可口悦人。三杯之后，金农嘴里嚼着牛肉，拉长了声音又背诵道：

敢云我画竟无师，亦有开蒙上学时。画到天机流露处，无今无古寸心知。

这是郑燮另一幅画上的题识，更是郑燮对自己绘画根源与师承关系的阐发与评定。他的艺术观点往往在绘画的款文与题诗之中即兴呈现。这是他的习惯与风格，不拘形式，信马由缰，貌似随意，其实自成体系。

"嗯，'天机流露'就是个性的流露，是你对于自然的认识与感受。既要由前人的画法与想法引发自己的个性，也要由前人的法则中感悟和领会自然神韵。因此，所谓'天机流露'，就是要陶冶个性与共性于一炉，达到主客观的融通。否则，空有个性，也不过是偏颇的成见而已，并不等于艺术。"

李鱓谈着自己的理解，显然对于郑燮又是不无启发。引发他更全面深刻的议论，达到了理性的高度。

不泥古法，不执己见，惟在活而已矣。

金农又一次端起酒盅，红着脸，故意扯长嗓门朗诵道。依旧是郑燮的题画诗，可见金农对于郑燮的艺术观点是格外关注赞赏。

"这其中的一个'活'字，含义最为丰富。"李鱓显然已经打开了话匣子，"当包括做人的活，做事的活，读书的活，作书绘画的活……真知与活用，乃板桥老弟神韵所在矣。"

如此，几位志同道合的友人，一直喝到微醉，论及大彻大悟，尽兴而散。

十一

人怕出名猪怕壮，辞官回到故乡的郑燮，不断地遭到索要字画的搅扰，这令他不胜烦忧。在俗人眼中，他是官人又是丹青圣手，他的画就成了炙手可热的玩意儿，成了可以拿去送人卖钱，或是装点门面的金箔。

于是，邻人、熟人、友人、八竿子打不着的亲戚，加之当地的大小官员、富豪……谁都想伸手索要一张兰花或竹子，好像他郑燮是不费吹灰之力就可以一挥而就似的。

"麻丫头二哥，可在家呀？"

大大咧咧地进门，高声地叫着郑燮的乳名，手中竟提了几只烧饼和一串霉豆干。

"你是——？"

"书民我呀，二哥您可是贵人多忘呀！连老玩伴都不认识啦？！"

郑燮心中不快，却还是急忙起身施礼。

"啊哦，原来是书民兄弟。"

"是呀，我给您带来了你好吃的烧饼、豆干。"

"是吗？"

"听说您还喜欢吃狗肉？"

郑燮一时不知如何应答，心中很是不悦。

"怎么，当了十年县太爷，还装穷？"

郑燮不愿再说什么，只盼他赶紧离开。

"听说您是被罢了官，我可不信。有这等事情？"

郑燮一下来了气，不愿再搭理此人！

"辞也罢，罢也罢，反正是没了乌纱帽。今日兄弟上门就是求您一幅画竹装点新房。不知给还是不给？"

郑燮无奈，只得研墨铺纸，抱病为他画了。

他越想越气，题款时还是表达了不满：

细雨微风江上村，绿林豪客暮敲门。相逢不用相回避，翠竹芝兰画几盆。

人上了年纪加之顽疾缠身，精力日渐不支，就越发地害怕这无端的搅扰。加之那些伸手之人，多是附庸风雅，要字索画，不是为了卖钱，便是打算送礼。略不遂意便会怫然而去，从此竟成陌路甚至到处指责、诋毁。如何才能摆脱这无休止的纠缠？

一日，来访的拙公和尚说："这些伸手者，并非是喜欢先生艺术，而是想在您生命的暮色中，采摘一份金果，攀折几枝银花。"

郑燮听得十分气恼："这无异于绿林强盗！"

"我就听有人扬言说要抓紧多要您的字画，等您百年之后好卖高价。"

这句话深深地刺痛了郑燮的心。拙公和尚的肺腑之言促使郑燮下了公开润格的决心。

这天黎明，想了整整一夜的郑燮，终于痛下决心自定书画润格，高悬在自己的书斋墙上：

大幅六两，中幅四两，小幅二两，条幅、对联一两，扇子、斗方五钱。

凡送礼物食物，总不如白银为妙；公之所送，未必弟之所好也。送现银则中心喜乐，书画皆佳。礼物既属纠缠，赊欠尤为赖账。年老体倦，亦不能陪诸君子作无益语言也。

画竹多于买竹钱，纸高六尺价三千。任渠话旧论交接，只当秋风过耳边。乾隆己卯，拙公和尚属书谢客。板桥郑燮。

"纸高六尺价三千"，一两银子大约五百文，据《扬州画舫录》载，扬州如意馆上等酒席每席二钱四分，酒则包醉。《姜露庵杂记》载："米每斗六十文，家用买柴一日一文足矣。"此两书均成于板桥所处时代之后，可见板桥润格的标准是相当高昂的。但润格不足以使主人致富，板桥身后并无多少家产便是证明。书画卖了钱，板桥就制一大布袋，银钱食物均置袋中，遇贫苦的熟人，常以袋中钱物周济，不亦快哉！

还是郑板桥的风格，坦荡幽默，又不乏机智。当面锣对面鼓，把平时读书人似乎难以启齿的话语，全都挑开了讲白了。终究把卡在喉咙眼上的一根骨刺吐了出来！他感到了轻松愉快，满意自己还是做了破天荒的事情，一件不顾及别人而不委屈自己的事情。为此他真感谢拙公和尚，还特意为他写了一幅相应的字，表达了谢意。

郑燮的润格一出，反响强烈。一时间说什么话的都有。讥笑的，辱骂的，污蔑的，造谣生事的，当然也有理解肯定的。郑燮听到，一概当作耳旁风。见他毫不在乎，议论之声逐渐停息。他只希望，率真的文词，讥刺而幽默的诗句，加上银子所产生的吓阻之力，能使那些巧取豪夺附庸风雅的纠缠者望而却步，而使自己得到生活、思考与创作的宁静。板桥润格一出，扬州画家仿效者甚多，但润格没有超过板桥的。此后各地更有许多书画家纷纷效仿，开了字画市场价格公开的一代先河。

双目失明的汪士慎到底还是走了，享年七十四岁，也算是寿终正寝。不久又传来年仅四十八岁的慎郡王在京城谢世的噩耗，令郑燮感到十分的悲伤。前年他游历胶州，还应邀为高凤翰题写了墓碑。当他书写完"高南阜先生之墓"七字，就好像看见了高凤翰的面目正在对着自己张望。这些个曾经往来密切的挚友，一个个都成了阴阳分割的隔世之人，真是令他忧伤难抑。想到自己也是譬如朝露，去日无多，顿然生出无限的悲凉与感慨。

晚年的郑燮，不仅需要宁静，也渴望在宁静中思索。把一生经历的感悟、产生的念头清理出来，也许就是一个人的思想，他的人生哲学。自己的人生哲学究竟是什么？在静夜之中，他像屈原一样，仰天叩问，却不得甚解。

人生的意义究竟是什么？你从何处来，又往何处去呢？

近来郑燮时常扪心自问。越是宁静，越发会想到这样的悠远而辽阔的问题。想到一个生命来到这个世界上，辛辛苦苦度过那么几十年，最后寂寞地化入土中。这究竟有什么意义？他回答不出。就像自己作画，画一幅画，难道果真就是为了卖几个钱吗？人生难道不就是自己用一生的时间和经历所画的一幅长卷吗？

十二

他的眼前幻化出一个人，那是汉相萧何。萧何可谓是智勇双全的人物，有着跌宕起伏、意义非常的辉煌人生。他突然觉得自己所要完成的这一幅人生的巨作，恰如汉相萧何经营宏伟的长安未央宫：首先从大体着手，先立东阙、北阙、前殿、武库、太仓，然后才是寝殿、宫室、左右廊庑……大体的奠立，使结构稳定，条理清楚。细节的增添使内容丰富、活泼，使整个画面充满了生机情趣……基于这样的类比，他在题画中说：

画大幅竹，人以为难，吾以为易。每日只画一竿，至完至足，须五七日画五七竿，皆离立完好。然后以淡竹、小竹、碎竹经纬其间。或疏或密，或浓或淡，或长或短，或肥或瘦，随意缓急，便构成大局矣。

就像是一只候鸟，努力经过了长途的飞翔，如今已到深秋，栖落在高高的枝头，回望一路飞过的那些田野村落，那些远山近水，还有那些似曾相识的城镇古庙中的亭台楼阁，其中大同小异的风景人物，男男女女的，声色犬马也好，庸俗不堪也罢，总还是那样的亲切甚或遥远而陌生……直至爱子病殁，他在无法解脱的痛苦中开始写作《自叙》：

板桥居士，姓郑氏，名燮，扬州兴化人。兴化有三郑氏，其一为"铁郑"，其一为"糖郑"，其一为"板桥郑"。居士自喜其名，故天下咸称为郑板桥云。板桥外王父汪氏，名翊文，奇才博学，隐居不仕。生女一人，端严聪慧特绝，即板桥之母也。板桥文学性分，得外家气居多。父立庵先生，以文章品行为士先。教授生徒数百辈，皆成就。板桥幼随其父学，无他师也。幼时殊无异人处，少长，虽长大，貌寝陋，人咸易之。又好大言，自负太过，谩骂无择。诸先辈皆侧目，戒勿与往来。然读书能自刻苦，自愤激，自竖立，不苟同俗，深自屈曲委蛇，由浅入深，由卑及高，由迩达远，以赴古人之奥区，以自畅其性情才力之所不尽。人咸谓板桥读书善记，不知非善记，乃善诵耳。板桥每读一书，必千百遍。舟中、马上、被底，或当食忘匕箸，或对客不听其语，并自忘其所语，皆记书默诵也。书有弗记者乎？

平生不治经学，爱读史书以及诗文词集，传奇说簿之类，靡不览究。有时说经，亦爱其斑驳陆离，五色炫烂。以文章之法论经，非《六经》本根也。酷嗜山水。又好色，尤多余桃口齿，及椒风弄儿之戏。然自知老且丑，此辈利吾金币来耳。有一言干与外政，即叱去之，未尝为所迷惑。好山水，未能远迹；其所经历，亦不尽游趣。乾隆十三年，大驾东巡，燮为书画史，治顿所，卧泰山绝顶四十余日，亦足豪矣……

板桥非闭户读书者，长游于古松、荒寺、平沙、远水、峭壁、墟墓之间。然无之非读书也。求精求当，当则粗者皆精；不当则精者皆粗。思之，思之，鬼神通之！

板桥又记，时年已五十八矣。

此时的郑燮，应邀游览着范大任先生的别墅"古淡园"。这座位于如皋洗钵池畔的明代庭园，如今在深秋雨过后的烟霞之中显出一派萧瑟与沧桑。

亭榭秋树、玉笛芦花，辉煌与茫然交织一起，真是难分伯仲。景物中的人，人物心中之景，同样是彼此难以分清。诗人于黄昏晚霞中迎风而立，长空雁阵，秋水孤舟……此刻的心境是悲是乐，还是喜忧参半？远离功利也罢，寄情书画也好，说到底，终究还是断不了那一缕文人的绵绵愁思。这就是读书人的晚境，也是一位历尽坎坷、痼疾缠身的老人难以驾驭的独木心舟。

眼瞅已年近花甲，然而他的生命中，仍然不乏创造的激情。无论心境如何，人们关注的郑板桥先生照例在吟诗作画，仍然在访友旅行，依旧在不住地思考拓新，继续着自己积极进取的艺术人生。

在清凉澄澈的秋光里，他老人家画完了一幅《兰竹图》，不禁就想到了艺道与画理。于是即在空白处信笔题道：

画兰之法，三枝五叶；画石之法，丛三聚五。皆起手法，非为兰竹一道仅仅如此，遂了其平生学问也。古之善画者，大都以造物为师。天之所生，即吾之所画，总需一块元气团结而成。此幅虽属小景，要是山脚下洞穴旁之兰，不是盆中磊石凑栽之兰，谓其气整故尔……

不知何故，郑燮一生没有正式收徒传艺。近日，他不知不觉地开始回顾总结着自己的画艺，觉得总也有些体会。这些点滴的心得，随意借着题画的款识写下，或许对后人会有些许用处。从此他的题画诗多体现丹青经验。

十三

年年清明，今又清明。年年虹桥，今仍虹桥。还是春雨纷纷下，再度悲情无由生。湖水溢涨时，湖畔的桃花又开了。扬州的诗人画师们随着卢转运使的一声召唤，便又雅集而来。郑燮文思敏捷依旧，他那即兴的诗句脱口而出，仍不乏名人高士的浪漫情怀：

今年春色是何心，才见阳和又带阴。柳丝碧从烟外染，桃花红向雨中深。笙歌婉转随游舫，灯火参差出远林。佳境佳辰拼一醉，任他杯酒渍衣襟。

郑板桥作品

然而，酒的作用也是双向的。喝到恰好之时，那是一种忘我的幸福与欢乐。但是再要多喝几杯，就到了"借酒浇愁愁更愁"的境地。眼下，郑燮手持酒杯面色赤红，胸前衣襟上满是洒落的酒渍。他自觉眼睛开始迷蒙，瞅着画舫外面的一切都在晃动。那水波云影，那近处岸边的梅林与桃林……一切都是恍惚。他心中就想，又是一年一度梅林结子、桃花谢落，时光果然如白驹过隙、转瞬即逝……花开花落，水流不归，草长叶黄，几度夕阳……眼前的景物开始变得模糊，幻化出凄凉的景象……他定睛再看时，那夕照残阳中，法海寺孤高的白塔已在晚风与浓云里恍然浮动，亦真亦幻，若有若无。他的眼前突然出现了幻觉：那些逝去的亲朋好友，则纷纷地呈现出熟悉的笑脸，似乎在向他微笑召唤……

他看得真切，其中就有慎郡王允禧。四十八岁，如日中天、大有可为的年岁，紧随其后的便是一贯硬朗无疾的李鱓……

他的眼前突然变得一团漆黑，无论怎样地圆睁，什么也瞧不清。他完全醉了，醉得一塌糊涂，被人抬回住地。等到夜深人静之时，方才独自醒来。他感到头疼口渴，起身慢慢地喝一杯茶水，就又想起了醉后的幻象，想到了慎郡王允禧，想到乾隆七年（1742）自己应邀为他所撰《随猎诗草·花间堂诗草跋》，其中的一段，记得最为真切：

问琼崖之诗已造其极乎？曰：未也。主人年才三十有二，此正其勇猛精进之时。今所刻诗，乃前茅，非中权，非后劲也。

可如今前茅即刻，而中权、后劲又在哪里？如是地追问，禁不住悲从中来。仅仅十六年后，他竟然就不辞而别！去年，即乾隆二十七年（1762），郑燮自己也是进入七十岁的古稀之年。最令他难以下咽的另一碗苦酒，那更是晴天霹雳——李鱓去矣！

复堂李鱓，老画师也。为蒋南沙、高铁岭弟子，花卉、翎羽、虫鱼皆妙绝，尤工兰竹。然燮画兰竹绝不与之同道。复堂喜曰："是能自立门户者。"今年七十，兰竹益进，惜复堂不再，不复有商量画事之人也！

痛定思痛，更是痛上加痛呀！相伴近五十年，朝夕相处之人，如今只有在梦中方能相见……大白天，他的眼前也会出现幻觉，看见李鱓坐过的椅子、蹲过的石头上面出现了他的身影，当他惊异地呼唤他的名字，却没有人回应。有时候画着画，郑燮也会回想起欢乐的往事……仍然是在虹桥，卢转运使主持的修禊宴会上初识袁枚的情形。他们畅谈痛饮，直至黄昏。但见新月水影与大洪园中的灯火交相辉映。西门城上就响起了更鼓，渡春桥畔也隐约传来断断续续的箫声……

春夜风凉，夜风穿堂而过，飘来花香与寒意。郑燮突然打了一个寒噤，心中感到了无尽的苦寒凄凉。仿佛听到袁枚的朗诵：

郑虔三绝闻名久，相见邗江意倍欢。遇晚共怜双鬓短，论才不觉九州宽。红桥酒影风灯乱，山左官声竹马寒。底事误传坡老死，费君老泪竟虚弹。

呜呼！"室藏美妇邻夸艳，君有奇才我不贫。"这是他对袁枚的回赠。

一七六二年，郑燮七十岁。生日这天，金农、黄慎、李方膺和罗聘几位特意为他合作一幅图像。郑燮见了喜出望外，欣然题诗道：

老夫七十满头白，抛却乌纱更便服。同人为我祝千秋，勿学板桥烂兰竹。

此年板桥为人诗画题跋甚多，撰写的对联也不少。他的兰竹多题七绝，且看其中一首：

老夫自任是青山，颇长春风竹与兰。君正虚心素心客，岩阿相借又何难。

此时郑燮依然还是身健笔健。然而岁月无情，人事更替。李方膺去也，此后黄慎离开扬州回了福建老家。就在郑燮与袁枚相逢后大约半年，在霜花轻洒的晚秋时节，唯一还活在世间的老友金冬心也无声无息地离他而去了。

郑燮此时连痛苦的感觉也已经麻木。他就像一潭无澜的死水，早已经习惯了孤寂中的平静。回想金农的晚境，那整个生命的寒冬，就仿佛是一个出家之人，过得是那样的清苦淡定。在郑燮的印象中，他似乎整日都在同佛相处：诵佛、礼佛、画佛，还无休无止地静心敛气抄写经文。原本喜欢热闹更喜好出行、喜好挥霍的那个金冬心似乎早已不复存在，而另一个于贫困清苦之中与佛相对的金农依然默默地活在人世间。郑燮面对他的造像，默默地为他祈福。

十四

······关山远，征人何处，九月未成衣。柴扉无一事，乾坤偌大，尽可容伊。但著书原错，学剑全非。漫把丝桐遣兴，怕有人户外闻知。如相问，年来踪迹，采药未曾归。

这是故乡黄昏的晚唱，更是郑燮生命的晚景。可谓是心事浩茫连广宇。人入老境，万事皆通。

回顾来路，感到了许多的失误与遗憾，比如"著书"原本就是一个错误的选择，而"学剑"则更是想入非非的事情。至于弄弦抚琴，就更是附庸风雅。理想之中的生活还是做个柴门野老，寄情山水，采药不归······然而，连这一丁点儿的理想也是难以遂愿。原因在于他还是有家室之人，便不能像金农那样安心隐居，一年到头，他仍旧不得不乘船往来于扬州与兴化之间，航行于曲曲折折的河渠水道中。

村外、城郊，时而传来亲切的鸡鸣狗吠，还有那熟悉的引车叫卖之声，往往勾起童年的记忆。然而，世事变迁，物是人非。他每次出行，都要在行囊中装些散碎银钱或糖果糕饼之类，随时分散给路上遇到的故人子弟或家乡贫儿。他便成了一个颇受欢迎的乡绅。其实他自己的生活也还并不富裕。

二月，一个晴和的日子，园子的鸟鸣带来了春的气息。郑燮昨夜睡得不错。早饭后感到浑身有了精神。他便吩咐童子沏茶，一边琢磨着要吟诗作画。

近来寂寞独处，饱受渴疾困扰。服药针灸，时好时坏。病病歪歪的，更加多愁善感。眼下茶才沏好，就听到叩门声起。原来是兴化老家的金谷香先生扶杖而来。郑燮一边为他斟茶，一边就琢磨着词句。随即书写一副七言联曰：

烹茶活火还温酒，洗砚余波好灌花。

此日，他回到兴化。许多年了，那家老酒楼尚在。他进门环视左右，老老少少，全是些陌生面孔。年轻人都在尽情地饮酒划拳，没有人注意到他这个衣着简朴的孤老头子的存在。那年久变黑的粉墙上自己应酒家之邀书写的诗句尚在：

童仆飘零不可寻，客途长伴一张琴。五更上马披风露，晓月随人出树林。麦秀带烟春郭迥，山光隔岸大江深。劳劳天地成何事，扑碎鞭梢为苦吟。

他感叹着，复回到桌前坐定，呷一口老酒，慢慢地嚼着蚕豆，品着那五香的滋味。店家闻讯赶来，周围就聚了看客。又是喝酒书写，在一片喝彩叫好中，一醉方休，才被墨弟接回拥绿园中歇息。

宦海归来两袖空，逢人卖竹画清风。还愁口说无凭据，暗里赃私遍鲁东。
板桥老人郑燮自赞又自嘲也。乾隆乙酉，客中画并题。

这一年，即乾隆三十年，公元一七六五年，直到梅花岭上的梅花再度开放，扬州至兴化的道上，人们也没有看到那个骨瘦如柴的老人的身影。此时，他病卧在兴化拥绿园中，从春到夏，从秋到冬，忍受着疾病的折磨。但是他的心中，依然没有放弃对人生的思考与对艺术的追求。脑子里时常还会闪烁理想的光芒，呈现出欣慰的微笑。

十亩桑麻搆小园，自成农圃自成村。凡葩乱草何能入，惟有芝兰近竹根。

这其实就是郑燮理想之中的天国，他感觉到自己正朝着那里行进。就像入仕的门径，同样是十分的艰难。但是，他不畏征途艰险，依然前行不止。

茅屋一间，新篁数干。雪白纸窗，微浸绿色，此时独坐其中，一盏雨前茶，一方端砚石，一张宣州纸，几笔折枝花，朋友来至，风声竹响，愈喧愈静。家僮扫地，侍女焚香，往来竹阴中。清光映于面上，绝可怜爱。何必十二金钗，梨园百辈，须置此身心于清风静响中也。

这是人间，还是天国？重病中的郑燮，显然已经是感觉到了自己就要离开这个纷繁芜杂的人世而到另一个世界去了。那里是清清爽爽、干干净净的。没有贫富之差，没有贵贱等级之分，没有种族的歧视，没有算计与妒忌，没有势利与虚伪，没有贪婪与奢侈，没有钩心斗角溜须拍马，没有圈套与阴谋，更没有忧谗畏讥与失意烦恼……那才是能够使人"糊涂"的世界。

好友董耻夫的《扬州竹枝词》吟唱到九十八阕：

梦醒扬州一酒瓢，月明何处玉人箫？竹枝词好凭谁赏，绝世风流郑板桥。

老酒、美人、洞箫，依然围绕着这位自称其貌不扬，却是绝代风流的伟大思想家、艺术家，成为了他的标志与象征符号。他是出类拔萃的浪漫主义先驱，更是充满智慧与幽默诙谐的现实主义大师。他对于生与死的态度也同对待艺术的创新一样明智而坦然。在死亡面前，他显然是真正做到了从容面对，视死如归。他在重病甚至是弥留之际，还微笑着为自己作了一副挽联，也是他留给这个世界的最后一件作品，如同俚语山歌，更像是他的拿手小唱，曰：

张长哥，李矮哥，慢慢同行，胆小休教吓我；
地藏王，阎罗王，粗粗相会，面狠好不惊人。

作为一代艺术大师，郑板桥生命的最后一年，即一七六五年，七十三岁的老人，他在诗词书画创作上仍然没有停止奋力探索的脚步。在这一年中的最后日子里，他强忍病痛，留给后世的一张扇面、一副对联和一张墨竹，当属他告别人间的三件墨宝，臻于板桥书画的至高境界。

扇面是为蔚起先生写的："雾里山疑失，雷鸣雨未休。夕阳开一半，吐出望江楼。"五言一绝，雨雾空蒙，雷鸣电闪，残阳如血，声色呼应，堪称绝唱。且用墨清淡，行款随心，不板不凿，可谓神品矣。

对联则最为脍炙人口："琢开云雷成古器，辟开蒙翳见通衢"，加以别开生面的边款，书法凝重不失飘逸，诗句写实意境浩渺，可谓人书俱老，实乃极品。

《墨竹》则题句为："参差错落无多竹，引得春风入座来。"奋发自信，春风得意，全不像即将告别人世之病老所言，更见笔力硬朗挺秀，元气饱满充沛，与平日所画相比，更显苍劲飘逸。

郑燮这三件最后的墨宝，是他肉体涅槃前留给人间的精神舍利。充分展现了他"三绝诗书画，政坛一清官"的高超意境与思想品格，也呈现出他辉煌人生的最后高潮。

难得糊涂的郑板桥，终于达到了糊涂境地而长眠故土。一七六五年十二月十二日，他溘然病殁于拥绿园竹丛之中。按照他的遗愿，遗体安葬于兴化管阮庄的"椅把子"地里。坟旁植一片竹林，以遂老人遗愿。

为怀念先贤，他同窗之弟周榘画有一幅《板桥先生行吟图》。画面十分传神逼真，至今被人们奉祀于拥绿园中。郑板桥谢世后，风流余韵绵延三百年，收藏者、追随者、研究者日益众多。有关他为官、从艺的轶闻故事至今仍在扬州、兴化、潍县广为流传。兴化"郑桥板故居"与"郑板桥纪念馆"业已开放。扬州、焦山、范县与潍县也都有相应的纪念陈设。这位人格高尚、独领风骚的艺术大师，必将与他的大量作品一起，长留人间，成为永恒。

2014 年 6 月 31 日完稿

2014 年 9 月 4 日改定于义耕堂

附录一　郑板桥年表

康熙三十二年癸酉（1693）　　　一岁

康熙三十五年丙子（1696）　　　四岁
　　母汪夫人卒，育于乳母费氏。

康熙三十六年丁丑（1697）　　　五岁
　　约于本年，父立庵续娶郝夫人。

康熙三十七年戊寅（1698）　　　六岁
　　祖父郑湜去世，寿五十三岁。

康熙三十八年己卯（1699）　　　七岁
　　乳母费氏为生活所迫，不告而去。

康熙四十一年壬午（1702）　　　十岁
　　乳母费氏重返板桥家中。

康熙四十二年癸未（1703）　　　　十一岁

　　乳母费氏之子俊为操江堤塘官，欲迎养其母，费氏不肯离去。

康熙四十五年丙戌（1706）　　　　十四岁

　　继母郝夫人卒。

康熙四十八年己丑（1709）　　　　十七岁

　　随父亲读书于真州之毛家桥。

康熙五十一年壬辰（1712）　　　　二十岁

　　回兴化，从乡先辈陆种园先生学填词。

康熙五十四年乙未（1715）　　　　二十三岁

　　是年徐夫人来归。书欧阳修《秋声赋》。

康熙五十六年丁酉（1717）　　　　二十五岁

　　堂弟墨出生。

康熙五十七年戊戌（1718）　　　　二十六岁

　　设塾于真州之江村，有《村塾示诸徒》诗。

康熙六十一年壬寅（1722）　　　　三十岁

　　父立庵病故。作《七歌》自述遭遇。是年已有二女一子。

雍正元年癸卯（1723）　　　　三十一岁

　　友人顾万峰赴山东常使君幕，先生作《贺新郎》三阕赠之。

雍正二年甲辰（1724）　　　　　三十二岁

出游江西，登庐山，结识家居长安之无方上人。

雍正三年乙巳（1725）　　　　　三十三岁

出游北京。作《燕京杂诗》三首，《花品跋》,《画盆兰送大中丞孙丈予告归乡》。

雍正五年丁未（1727）　　　　　三十五岁

客于通州。

雍正六年戊申（1728）　　　　　三十六岁

住兴化天宁寺读书，手抄"四书"。

雍正七年己酉（1729）　　　　　三十七岁

完成《道情》十首初稿。

雍正九年辛亥（1731）　　　　　三十九岁

客于扬州，有《客扬州不得之西村》诗。是年徐夫人病殁。有《除夕前一日上中尊汪夫子》诗。

雍正十年壬子（1732）　　　　　四十岁

游杭州，读书于杭州韬光庵，观潮于钱塘江上。作《韬光》诗、《观潮行》诗、《沁园春·西湖夜月有怀扬州旧游》词、《杭州韬光庵中寄舍弟墨》家书。赴南京乡试，中举人。作《得南闱捷音》诗、《念奴娇·金陵怀古》词十二首。

雍正十一年癸丑（1733）　　　　四十一岁

叔省庵公卒。客海陵，有《赠梅鉴和尚》诗。

雍正十二年甲寅（1734）　　　　四十二岁

作《怀舍弟墨》诗、《为顾世永代弟买妾事手书》七律一首。

雍正十三年乙卯（1735）　　　　四十三岁

读书焦山，在镇江别峰庵和双峰阁读书。作《焦山读书寄四弟墨》《仪真县江村茶社寄舍弟》《焦山别峰庵雨中无事书寄舍弟墨》《焦山双峰阁寄舍弟墨》家书四封。

乾隆元年丙辰（1736）　　　　四十四岁

赴北京应礼部试，中进士。作《秋葵石笋图》并纪以诗，喻自己功名恨晚。作《赠瓮山无方上人》《瓮山示无方上人》《赠图牧山》《酬中书舍人方超然弟》《读昌黎上宰相书因呈执政》《游香山卧佛寺访青崖和尚和壁间晴岚学士虚亭侍读原韵》《寄青崖和尚》《山中夜坐再陪起林上人作》诗。

乾隆二年丁巳（1737）　　　　四十五岁

作《乳母诗》。南归扬州，复与友人顾万峰相遇。顾有《赠板桥郑大进士》诗。

乾隆三年戊午（1738）　　　　四十六岁

江南大旱，作《上江南大方伯晏老夫子》七律四首。

乾隆四年己未（1739）　　　　四十七岁

为卢雅雨书七言律诗轴，复题《画盆兰送大中丞孙丈予告归乡》。

乾隆五年庚申（1740）　　　　四十八岁

为董伟业耻夫《扬州竹枝词》作序，作《兰竹图轴》（饮牛四长兄）。

乾隆六年辛酉（1741）　　　　　　**四十九岁**

作《逢客舟中寄勘宗上人口号》，入京途中，又《淮安舟中寄弟墨》书，在京结识雍正弟慎郡王允禧。

乾隆七年壬戌（1742）　　　　　　**五十岁**

是年春，出任山东范县令。定诗集、词集并手写付梓。将之任，与慎郡王允禧相唱和，写《将之范县拜辞紫琼崖主人》诗，允禧亦有《送板桥郑燮为范县令》诗相赠。为紫琼崖主人写刻之《随猎诗草》《花间堂诗草》完成，并为撰跋，又有《与紫琼崖主人书》。

乾隆八年癸亥（1743）　　　　　　**五十一岁**

返扬州，应马日琯宴。暮春，与金冬心、杭士骏等燕于马氏之小玲珑山馆。《道情》十首付梓。作《止足》诗，有《跋临兰亭序》。

乾隆九年甲子（1744）　　　　　　**五十二岁**

妾饶氏生子。作《范县诗》《送陈坤秀才入都》《赠二生》《登范县东城楼》《音布》诸诗。作《范县署中寄舍弟墨》家书四封。

乾隆十年乙丑（1745）　　　　　　**五十三岁**

作《范县呈姚太守光滇》《怀扬州旧居》《怀江七姜七》《姑恶》《怀李三鱓》《署中示舍弟墨》诸诗。先生从祖福国和尚至范县见访，为作《扬州福国和尚至范赋二诗赠行》。作《范县署中寄舍弟墨第五书》。购李萌《岁朝图》，并装裱题记。

乾隆十一年丙寅（1746）　　　　　　**五十四岁**

自范县调署潍县。是年山东大饥，饥民出关觅食，有感而作《逃荒行》。

乾隆十二年丁卯（1747）　　　　五十五岁

　　是年饥荒未已，随高斌放赈，有《和高相公给赈山东道中并五日自寿之作》。德保主试山东，先生同在试院，相与唱和，有《济南试院奉和宫詹德大主师枉赠之作》，德保亦有《赠郑大尹板桥》诗。作《玉女摇仙佩、寄呈慎郡王》词。作《和学使者于殿元敏中枉赠之作》《御史沈椒园先生新修南池建少陵书院并作杂剧侑神令岁时歌舞以祀》诸诗。作《兰竹石轴》（春风莫漫）。

乾隆十三年戊辰（1748）　　　　五十六岁

　　重修潍县城，召四乡饥民就食赴工。撰《乾隆修城记》。饥民由关外陆续返乡。为撰《还家行》以纪其事。乾隆东巡，先生为书画史，治顿所，卧泰山绝顶四十余日。作《与江宾谷江禹九书》论文。

乾隆十四年己巳（1749）　　　　五十七岁

　　子入塾就师，旋于兴化病殁。有《潍县与舍弟墨家书》五通。重订家书十六通、诗钞、词钞并手写付梓。撰《板桥自叙》。与御史沈廷芳椒园同游郭氏园，沈有《过潍县郑令板桥招同朱天门孝廉家房仲兄纳凉郭氏园》诗相赠。扎《潍县永禁烟行经纪》碑文，作《兰石图》（泰山高绝）。

乾隆十五年庚午（1750）　　　　五十八岁

　　修县文昌阁、魁星楼，撰《文昌祠记》。于《板桥自叙》后又缀附记数十言。

乾隆十六年辛未（1751）　　　　五十九岁

　　服官十年，对官场黑暗多致不满，乃有归田之意，撰诗《思归行》、词《满江红·思家》《唐多令·思归》等述志。书《难得糊涂》匾额。作《菊图》（晚香图）。

乾隆十七年壬申（1752）　　　六十岁

是年去官。潍县诸绅修城隍庙，先生主其事，撰《城隍庙碑记》。作《兰竹石图》（世间盆盎）。书长联自寿。有《赠钟启明并留别》诗。

乾隆十八年癸酉（1753）　　　六十一岁

板桥于乾隆十七年去职后，仍留潍县郭伟勋（字芸亭）家之郭家园度岁，是年春始南归。板桥有墨迹《怀潍县送郭伦异归里》诗，后附跋云："乾隆二十八年，岁在癸未夏四月，板桥郑燮去官十载，寿七十又一。"据此，则郑氏自云去官之日在乾隆十八年，我意实际去官之时乃在去年年末耳。作《予告归里，画竹别潍县绅士民》（乌纱掷去），画《兰竹石图》（昔李涉）。

乾隆十九年甲戌（1754）　　　六十二岁

是年春，游杭州。又应乌程知县孙扩图邀至湖州匝月。复过钱塘，至会稽，探禹穴，游兰亭，往来山阴道上，自云为平生快举。五月，返兴化。有《与墨弟书》《赠济宁乌程知县孙扩图》二首。秋，与汪仲升堂、药根上人等集百尺楼，分韵赋诗。作《竹石图》（昔东坡居士）。作《墨兰图轴》（予作兰有年）。是年马日琯卒（年六十八）。

乾隆二十年乙亥（1755）　　　六十三岁

与李复堂、李方膺合作《岁寒三友图》，先生并题诗。作《柱石图》（世人作柱石图）。

乾隆二十一年丙子（1756）　　　六十四岁

秋日，会饮三老五少于扬州竹西亭，合作《九畹芳兰图》以纪其盛。跋兴化王李四贤手卷。为李约社师诗集作序。作《竹石图》（昔人画华封三祝）。

乾隆二十二年丁丑（1757）　　　**六十五岁**

乾隆乙亥，卢雅雨再为两淮运使。是年红桥修禊甚盛，先生亦予其会，有《和雅雨山人红桥修禊》诗四首、《再和卢雅雨》四首。游高邮，作《由兴化迂曲至高邮七截句》。作《竹图》（小苑茅堂）。

乾隆二十三年戊寅（1758）　　　**六十六岁**

作词《西村感旧·调寄贺新郎》。有《真州杂诗八首并及左右江县》（真州八首属和纷纷皆可喜不辞老丑再叠前韵）诸诗。作《旧枝新篁图》，题为"两枝旧竹，两干新篁，旧枝方茂，新竿已长，子子孙孙，继续无疆。乾隆戊寅春日板桥郑燮画并题"。作《兰竹图》（满目黄沙）。作《兰竹图轴》（官罢囊空）。作《山顶妙香图轴》（身在千山）。作《双松图轴》（一作《画松赠肃公》）。作《竹石图》（四十年来）。又作《竹石图》（无多竹叶）。书李壶庵《道情》十首。

乾隆二十四年己卯（1759）　　　**六十七岁**

是年从拙公和尚议，自定书画润格。撰《兴化城北平望铺自在庵记》。

乾隆二十五年庚辰（1760）　　　**六十八岁**

撰《板桥自序》及《刘柳村册子》于扬州汪氏之文园。作《兰图》（画兰之法）。作《兰竹石图》（文与可、梅道人）。跋《黄慎画丁有煜像卷》。

乾隆二十六年辛巳（1761）　　　**六十九岁**

作《芝兰全性图》（昔人云）。作《竹石图》（一块峰峦）。作《兰图》（板桥道人），又：（唯君心地），又：（乌衣子弟）。作《竹图》（竹里秋风）。作《竹图》（神龙见首）。作《兰竹石图》（老去仍然）。作《墨竹轴》（欲为乾坤）。作《墨竹册页十二帖》。题《高凤翰画册》。方婉仪是年三十，板桥作《石壁丛兰》为寿。

乾隆二十七年壬午（1762）　　　七十岁

作《兰竹石图》《竹石图》（写来三祝）《竹图》《墨竹图轴》《墨竹四条屏》《松菊兰石四条屏》。

乾隆二十八年癸未（1763）　　　七十一岁

卢雅雨官两淮都转，清明日招先生及诸名人泛舟红桥，各纪以诗，与袁枚相晤于席上，袁枚有诗《投板桥明府》，作《兰竹轴》（挥毫已写）。作《竹石图》（七十老人）。作《竹图》（山僧爱我），又：（曲曲溶溶）。书《怀潍县二首轴》（相思不尽）。书《七言行书联》（操存正固）。

乾隆二十九年甲申（1764）　　　七十二岁

作《兰竹图》（九畹兰花），又：（掀天揭地）。作《竹图》（竹称为君），又：（绕膝龙孙），又：（画有在纸），又：（画竹之法）。临《怀素自序帖》（其述形似）。为人题画册，有萱猫、八哥、鹌鹑、鹭鸶、菊花、芙蓉六诗。

乾隆三十年乙酉（1765）　　　七十三岁

作《竹图》（宦海归来），又：（两枝修竹）。书《行书扇面》（雾裏山疑）。书《行书长联》（百尺高梧）。是年十二月十二日卒于兴化拥绿园。

附录二　参考文献

1.《扬州画舫录》,（清）李斗著，中华书局。

2.《扬州十日》,（清）王秀楚，电子阅读版。

3.《郑板桥全集》，卞孝萱编，齐鲁书社。

4.《郑板桥年谱》，党明放著，首都师范大学出版社。

5.《郑板桥思想评传》，张树俊著，百花文艺出版社。

6.《郑板桥传》，王家诚著，百花文艺出版社。

7.《郑板桥评传》，郭味蕖著，《艺林记事》电子版。

8.《扬州八怪》，文物出版社资料室编，文物出版社。

9.《郑板桥范县年谱与民间故事》，郭克柱编著，濮阳日报社印。